思想的・睿智的・獨見的

經典名著文庫

策劃　楊榮川

五南圖書出版公司 印行

經典名著文庫

學術評議者簡介（依姓氏筆畫排序）

- 丘為君　美國俄亥俄州立大學歷史研究所博士
- 吳惠林　美國芝加哥大學經濟系訪問研究、臺灣大學經濟系博士
- 宋鎮照　美國佛羅里達大學社會學博士
- 林玉体　美國愛荷華大學哲學博士
- 邱燮友　國立臺灣師範大學國文研究所文學碩士
- 洪漢鼎　德國杜塞爾多夫大學榮譽博士
- 孫效智　德國慕尼黑哲學院哲學博士
- 秦夢群　美國麥迪遜威斯康辛大學博士
- 高明士　日本東京大學歷史學博士
- 高宣揚　巴黎第一大學哲學系博士
- 張光宇　美國加州大學柏克萊校區語言學博士
- 張炳陽　國立臺灣大學哲學研究所博士
- 陳秀蓉　國立臺灣大學理學院心理學研究所臨床心理學組博士
- 陳思賢　美國約翰霍普金斯大學政治學博士
- 陳清秀　美國喬治城大學訪問研究、臺灣大學法學博士
- 陳鼓應　國立臺灣大學哲學研究所
- 曾永義　國家文學博士、中央研究院院士
- 黃光國　美國夏威夷大學社會心理學博士
- 黃光雄　國家教育學博士
- 黃昆輝　美國北科羅拉多州立大學博士
- 黃政傑　美國麥迪遜威斯康辛大學博士
- 楊維哲　美國普林斯頓大學數學博士
- 葉海煙　私立輔仁大學哲學研究所博士
- 葉國良　國立臺灣大學中文所博士
- 廖達琪　美國密西根大學政治學博士
- 劉滄龍　德國柏林洪堡大學哲學博士
- 黎建球　私立輔仁大學哲學研究所博士
- 盧美貴　國立臺灣師範大學教育學博士
- 薛化元　國立臺灣大學歷史學系博士
- 謝宗林　美國聖路易華盛頓大學經濟研究所博士候選人
- 簡成熙　國立高雄師範大學教育研究所博士
- 顏厥安　德國慕尼黑大學法學博士

經典名著文庫087

蘇格拉底對話集

柏拉圖 著　王曉朝 編譯

經典永恆‧名著常在

五十週年的獻禮‧「經典名著文庫」出版緣起

總策劃 楊榮川

五南，五十年了。半個世紀，人生旅程的一大半，我們走過來了。不敢說有多大成就，至少沒有凋零。

五南忝為學術出版的一員，在大專教材、學術專著、知識讀本出版已逾壹萬參仟種之後，面對著當今圖書界媚俗的追逐、淺碟化的內容以及碎片化的資訊圖景當中，我們思索著：邁向百年的未來歷程裡，我們能為知識界、文化學術界做些什麼？在速食文化的生態下，有什麼值得讓人雋永品味的？

歷代經典‧當今名著，經過時間的洗禮，千錘百鍊，流傳至今，光芒耀人；不僅使我們能領悟前人的智慧，同時也增深加廣我們思考的深度與視野。十九世紀唯意志論開創者叔本華，在其〈論閱讀和書籍〉文中指出：「對任何時代所謂的暢銷書要持謹慎的態度。」他覺得讀書應該精挑細選，把時間用來閱讀那些「古今中外的偉大人物的著作」，閱讀那些「站在人類之巔的著作及享受不朽聲譽的人們的作品」。閱讀就要「讀原著」，是他的體悟。他甚至認爲，閱讀經典原著，勝過於親炙教誨。他說：

「一個人的著作是這個人的思想菁華。所以，儘管一個人具有偉大的思想能力，但閱讀這個人的著作總會比與這個人的交往獲得更多的內容。就最重要的方面而言，閱讀這些著作的確可以取代，甚至遠遠超過與這個人的近身交往。」

爲什麼？原因正在於這些著作正是他思想的完整呈現，是他所有的思考、研究和學習的結果；而與這個人的交往卻是片斷的、支離的、隨機的。何況，想與之交談，如今時空，只能徒呼負負，空留神往而已。

三十歲就當芝加哥大學校長、四十六歲榮任名譽校長的赫欽斯（Robert M. Hutchins, 1899-1977），是力倡人文教育的大師。「教育要教眞理」，是其名言，強調「經典就是人文教育最佳的方式」。他認爲：

「西方學術思想傳遞下來的永恆學識，即那些不因時代變遷而有所減損其價值的古代經典及現代名著，乃是眞正的文化菁華所在。」

這些經典在一定程度上代表西方文明發展的軌跡，故而他爲大學擬訂了從柏拉圖的《理想國》，以至愛因斯坦的《相對論》，構成著名的「大學百本經典名著課程」。成爲大學通識教育課程的典範。

歷代經典·當今名著，超越了時空，價值永恆。五南跟業界一樣，過去已偶有引進，但都未系統化的完整舖陳。我們決心投入巨資，有計畫的系統梳選，成立「經典名著文庫」，希望收入古今中外思想性的、充滿睿智與獨見的經典、名著，包括：

- 歷經千百年的時間洗禮，依然耀明的著作。遠溯二千三百年前，亞里斯多德的《尼各馬科倫理學》、柏拉圖的《理想國》，還有奧古斯丁的《懺悔錄》。
- 聲震寰宇、澤流遐裔的著作。西方哲學不用說，東方哲學中，我國的孔孟、老莊哲學，古印度毗耶娑（Vyāsa）的《薄伽梵歌》、日本鈴木大拙的《禪與心理分析》，都不缺漏。
- 成就一家之言，獨領風騷之名著。諸如伽森狄（Pierre Gassendi）與笛卡兒論戰的《對笛卡兒沉思錄的詰難》、達爾文（Darwin）的《物種起源》、米塞斯（Mises）的《人的行爲》，以至當今印度獲得諾貝爾經濟學獎阿馬蒂亞·

森（Amartya Sen）的《貧困與饑荒》，及法國當代的哲學家及漢學家余蓮（François Jullien）的《功效論》。

梳選的書目已超過七百種，初期計劃首爲三百種。先從思想性的經典開始，漸次及於專業性的論著。「江山代有才人出，各領風騷數百年」，這是一項理想性的、永續性的巨大出版工程。不在意讀者的眾寡，只考慮它的學術價值，力求完整展現先哲思想的軌跡。雖然不符合商業經營模式的考量，但只要能爲知識界開啓一片智慧之窗，營造一座百花綻放的世界文明公園，任君遨遊、取菁吸蜜、嘉惠學子，於願足矣！

最後，要感謝學界的支持與熱心參與。擔任「學術評議」的專家，義務的提供建言；各書「導讀」的撰寫者，不計代價地導引讀者進入堂奧；而著譯者日以繼夜，伏案疾書，更是辛苦，感謝你們。也期待熱心文化傳承的智者參與耕耘，共同經營這座「世界文明公園」。如能得到廣大讀者的共鳴與滋潤，那麼經典永恆，名著常在。就不是夢想了！

二〇一七年八月一日 於

五南圖書出版公司

編譯者導言

輯入本書的十篇對話是古希臘大哲學家柏拉圖（Plato，西元前四二七年—三四七年）的作品，蘇格拉底（Socrates，西元前四六九—三九九年）是這些對話中的主要對話人。學術界認爲，柏拉圖在這些對話中描述的思想觀點主要是蘇格拉底的思想，故稱之爲「蘇格拉底對話」。爲了幫助讀者閱讀使用本書，特寫出以下導讀性的文字，是爲編譯者導言。

一、蘇格拉底的時代與生平

古希臘的地理範圍大體上包括位於歐亞兩大洲交界處的愛琴海地區，由希臘半島、小亞細亞西部沿海地區，以及愛琴海上諸島和南部的克里特島組成。

西元前九—八世紀，在這個區域產生了相傳爲詩人荷馬所作的兩部史詩——《伊利亞特》和《奧德修紀》。所以，這個時期被稱作「荷馬時代」。在荷馬時代後期，古希臘結束了部落大遷徙的歷史，開始了由部落向民族的過渡。希臘半島、愛琴海諸島和小亞細亞西岸基本上形成一個整體，產生了具有固定地域和共同方言的三個民族：伊奧尼亞人、埃俄利亞人和多立斯人。他們就是原始希臘人，是後來統一的希臘民族的基本成分。西元前五世紀的希臘歷史學家修昔底德提到這個時期時說：「我認爲這個時候，整個國家甚至還沒有叫做『希臘』。」「荷馬雖然生在特洛伊戰爭以後很久，但是他從來沒有在任何地方用『希臘人』這個名稱來代表全部軍隊。」「我認爲在他那個時候，希臘人還沒有統一的名稱，以和希臘人以外的世界區別開來。」❶

希臘人這個統一的名稱來源於一則爲古希臘人普遍相信的神話傳說。普羅米修斯和普羅諾亞生杜卡利翁和皮拉。大洪水以後倖存的杜卡利翁和皮拉生子希倫。希倫就是整個希臘民族的始祖，而他的三個兒子，多魯斯、克蘇索斯、埃俄羅斯，分別是多立斯人、伊奧尼亞人和埃俄利亞人的祖先。杜卡利翁還有一個女兒，生子馬其頓，即爲馬其頓人的祖先，所以馬其頓人和希臘人是表兄弟。諸如此類的遠古神話包含著古代民族對遠古歷史的記憶。「從整個希臘歷史中，我們可以看到所有希臘人有一種日益增長的意識：他們屬於一個民族，構成一個統一體。這個統一體不僅以共同的宗教、共同的語言爲特徵，而且以或多或少共同擁有的文化爲標誌。」❷

宗教在古希臘民族的形成過程中起了重要作用。西元前五世紀的希臘歷史學家希羅多德說：「赫西奧德和荷馬的時代比之我們的時代不會早過四百年；是他們把諸神的家世教給

---

❶ 修昔底德：《伯羅奔尼撒戰爭史》，謝德風譯，北京：商務印書館，一九六〇年，第三頁。

❷ Rostovtzeff, M., *A History of the Ancient World*, vol. 1, Oxford, 1925, p.229.

希臘人，把它們的一些名字、尊榮和技藝教給了所有的人並且說出了它們的外形。」❸位於德爾斐的神托所原先供奉地神該亞，到了西元前八世紀開始供奉阿波羅。到了西元前七〇〇年，阿波羅逐漸成爲全希臘崇拜的神，連異族人也來求神諭。西元前七三五年，西西里島的那克索斯要建立殖民城邦，建城者前來向阿波羅求神諭。西元前六七五年，呂底亞國王巨格斯派人前來德爾斐求神諭。後來，雅典的立法者梭倫和斯巴達的立法者萊喀古斯都來到德爾斐求神諭。阿波羅神廟的女祭司成爲全希臘人都敬畏的預言家。阿波羅神和德爾斐神托所成爲統一的希臘民族的象徵。

荷馬時代後期，鐵器在希臘得到廣泛使用，生產力有了新的發展。這時不僅有了大量家奴，而且在農業、手工業等生產領域中廣泛使用奴隸，奴隸和奴隸主階級逐漸形成。原來氏族成員中的分化日益加深，部落和氏族首領轉化爲奴隸主貴族，一般成員轉化爲平民，出現了奴隸主、奴隸、平民三大階級。整個社會有了建立新的組織機構的需要。城邦的議事會和人民大會是改造舊機構而成的，執政官則是新建的官職。西元前六八三年，雅典廢除王權，次年實行一年一任的執政官制度。斯巴達的監察官制度始於西元前七五七年，而它的二王制、長老院和民眾大會則早在西元前九世紀就有了。到了這個時候，原來的城市正式成爲城邦國家，城邦中的居民就成爲「公民」。

❸ 希羅多德：《歷史》，王嘉雋譯，北京：商務印書館，一九五九年，第三〇〇頁。

從西元前七七六年開始，全希臘實行四年一次的奧林匹亞賽會（競技會、運動會），對統一希臘起了很好的作用。它同時也成爲希臘各城邦共同採用的紀元標準。在此之前，各城邦的紀元標準不同，有的以首席執政官或以監察官的名字作年號依據。奧林匹亞賽會以後，傳記作者將四年一次的賽會作爲紀元標準，希臘有了統一的紀年依據。

古希臘世界盛行向海外移民。移民的起因是多種多樣的：有的是遭受敵人侵略，被迫流落出走；有的是由於城邦內亂而被驅逐出境；有的是遇上難以克服的天災；有的是人口過多，本邦無力負荷；還有一些冒險家，受到外方土地肥沃、景物美妙的傳說的誘惑而出走。無論原因何在，但目的都在於覓取新土地，取得新的安身立命之所。移民團體到達一個新的地方，總要奪取一片土地或是開闢一片土地分給各個成員。爲了防衛當地居民的襲擊，或者海盜的劫掠，他們築城聚居。就這樣，到了西元前八世紀，希臘人的殖民城邦已經布滿地中海和黑海沿岸。這些海外殖民團體在殖民地安頓下來二、三代之後，又派遣新的移民到鄰近的甚至遙遠的海島和海濱去建立新的殖民城邦，而沒有向亞洲大陸縱深發展。從西元前七世紀起，希臘文明的中心從小亞細亞的那些殖民城邦回歸希臘本土。希臘半島上的國家開始城邦化。大規模的海外殖民活動告一段落。

希臘的城邦由衛城發展而來。最早的時候，人們在遭到敵對勢力或海盜的威脅時就聚集在那裡，在高地和山頭上建築城牆和城堡。後來由於耕作的發展和定居的需要，衛城就從山頭搬到平坦的地方或河畔。後來，衛城逐漸轉化爲建有生產場所、宗教生活中心和首領、祭司居屋的城市。衛城加上周邊的居民住宅就成爲城市，再加上周邊的土地與村落，就成爲大小不等的城邦。

希臘全境各地區經濟政治的發展很不平衡。歷史學家希羅多德說：「伊奧尼亞人在亞細亞只建立了十二座城市並拒絕再擴大這個數目，這原因在我看來是當他們居住在伯羅奔尼撒的時候，他們是分成十二個部落的。」❹最早建立城邦國家的有：科林斯地峽的科林斯、麥加拉；小亞細亞的米利都、愛菲索、士麥拿；阿提卡的雅典；伯羅奔尼撒半島的斯巴達、阿戈斯、奧林匹亞；希臘中部彼俄提亞地區的底比斯和福基斯地區的德爾斐；希臘北部帖撒利地區的拉利薩等。據《劍橋古代史》記載，西元前八〇〇年到西元前五〇〇年建立的、有文獻或考古資料可查的希臘殖民地有一百四十多個。這些殖民城邦一般都在沿海地區，土地肥沃，交通便利，商貿發達。城邦一經建立，經濟和政治發展較快，很快超過本土內陸的城邦。最早的希臘哲學家就誕生或活動在這些殖民城邦裡，這裡就是希臘哲學誕生的搖籃。

西元前五世紀的古希臘社會發生了劇烈的變動。西元前五〇〇年，米利都等城邦發生反抗波斯的起義，得到伊奧尼亞地區各城邦和希臘本土雅典等城邦的支持。由於起義慘遭鎮壓，米利都等繁華城邦被焚爲焦土，喪失獨立，導致伊奧尼亞地區經濟社會淪落不振。學術文化中心西移。一批知識菁英輾轉流徙，來到雅典這個希臘本土的中心，播種出雅典黃金時代的燦爛文化。

❹ 希羅多德：《歷史》，第二四〇頁。

西元前五世紀也是雅典城邦繁榮、發達、衰落的時期。雅典是阿提卡半島的一個城，阿提卡統一爲一個城邦以後，雅典成爲這個國家的名稱。雅典的王政時代約於西元前六八三年結束，開始有一年一任的執政官。梭倫大約於西元前五九四年擔任執政官，實行改革，爲雅典的奴隸主民主制奠定基礎。西元前六世紀末，克利斯提尼實行一系列政制改革，最終摧毀了氏族貴族的反抗，被稱爲雅典民主制之父。雅典從此蒸蒸日上。它同斯巴達結盟，擔負起領導全希臘民族抗擊波斯帝國入侵的偉大歷史使命。經歷了數十年戰爭的磨難，希臘人粉碎了數十萬侵略大軍的進攻，將波斯帝國徹底打敗。

希波戰爭後期，雅典和斯巴達爭霸。斯巴達控制了伯羅奔尼撒同盟，雅典則建立提洛同盟，向雅典納貢的城邦有三百多個。奴隸主民主派的傑出領袖伯里克利統治雅典三十餘年（約西元前四六二—四二九年）。他大力推行民主政治革新，擴充軍事經濟實力，宣導繁榮學術文化，開闢了雅典奴隸主民主制的黃金時代，使雅典成爲全希臘政治、經濟和文化中心。從此，始於西元前六世紀的希臘哲學的發展進入一個新階段，在以雅典爲中心的希臘本土發展起來。

第歐根尼·拉爾修記載說：「據阿波羅多洛在其《編年史》中說，他〔蘇格拉底〕出生於阿普色菲翁執政的時候，是第七十七屆奧林匹亞賽會的第四年，塔格利翁月❺的第六天，

---

❺ 希臘年曆的月份名稱，相當於現在西曆的五—六月。

當時雅典人正在淨化城邦，而據提洛人說，那一天還是阿耳忒彌神的生日。他死於第九十五屆奧林匹亞賽會的第一年，享年七十歲。」[6]根據這條史料推算，蘇格拉底生於西元前四六九年，死於西元前三九九年。第歐根尼‧拉爾修又記載說：「如我們在柏拉圖的《泰阿泰德篇》中所讀到的，蘇格拉底是雕刻匠索佛隆尼司庫和助產婦斐娜瑞特的兒子；他是雅典公民，住在阿羅卑克區。」[7]然而，柏拉圖在《泰阿泰德篇》中只提到蘇格拉底的母親，[8]而沒有提到蘇格拉底的父親。柏拉圖提到蘇格拉底的父親是在其他對話中。[9]

蘇格拉底出生時，希臘與波斯之間的戰爭已趨向希臘人獲勝的結局。而到了西元前四四四年，雅典和斯巴達訂立三十年和約。雅典民主派政治家伯里克利在這一和平時期完善民主制度，建立強大海軍，在愛琴海地區擴展勢力範圍，統領「提洛同盟」諸盟邦，成爲海上霸主。少年蘇格拉底在雅典濃厚的文化氣氛圍中接受良好教育，獲得豐富的知識。蘇格拉底青壯年時期同雅典的學者名流交往甚多，聲譽漸起。蘇格拉底深諳智者的學說，以智者爲

---

❻ Diogenes Laertius, *Lives of Eminent Phiosophers*, 2. 44., 2 vols, translated by R. D. Hicks, the Loeb Classical Library, 1972.

❼ Diogenes Laertius, *Lives of Eminent Phiosophers*, 2. 18.

❽ 柏拉圖：《泰阿泰德篇》149a。

❾ 參閱柏拉圖：《阿爾基比亞德上篇》121a, 131e；《歐緒德謨篇》297e；《大希庇亞篇》298b；《拉凱斯篇》180d, 187d。

主要論敵，對他們進行犀利的抨擊。到了伯羅奔尼撒戰爭爆發前，蘇格拉底已經成爲雅典頗有影響的人物，在他周圍聚集起一批追隨者。

蘇格拉底的後半生處於伯羅奔尼撒戰爭時期。這場大戰長達二十七年，是希臘社會的一個重要轉折點。戰爭使全希臘的政治秩序陷入極度混亂，僭主們公然宣揚血和火的殺伐，弱肉強食就是「正義」和「公道」。斯巴達打著「解放希臘，幫助諸邦擺脫雅典統治」的旗號，雅典則高喊「爲帝國利益而戰」，雙方實際上都在赤裸裸地推行霸權主義的政治原則。戰爭使雅典帝國從強盛走向衰落，也使城邦社會及其精神生活走向解體。作爲忠於雅典城邦的公民，蘇格拉底參加過三次戰爭。[10]他在征戰中英勇殺敵、吃苦耐勞、搶救戰友，以其英勇表現獲得了良好的社會聲譽。蘇格拉底後來討論「正義」問題，批駁智者的強權政治哲學，對當時的現實政治進行了嚴厲的批判。

蘇格拉底敏銳地觀察到伯羅奔尼撒戰爭給雅典帶來的深刻危機。在他看來，整個危機的根源是道德和人性的墮落，因此拯救社會的根本出路在於改善靈魂和人的本性。於是，他藉「神的命令」爲自己設定哲學使命，在雅典城內到處找人談話，討論問題，啓迪心智，引導人們追求智慧和道德上的善，用以改善靈魂，進而批判愚昧、私欲、不義和邪惡，以振奮城邦社會。他將自己比作一隻神賜給雅典的「虻子」，在城邦裡飛來飛去，螫刺、驚醒雅

[10] 柏拉圖：《申辯篇》28e。

典這頭高貴而懶惰的駑馬，促其重新奮發。❶他對雅典人說：「我是你們感恩的和忠心的僕人，但是我寧可服從神而不服從你們，只要我還有生命和能力，我將永不停止實踐哲學，對你們進行規勸，向我遇到的每一個人闡明眞理。我將以我通常的方式繼續說，我的好朋友，你是一名雅典人，屬於這個因其智慧和力量而著稱於世的最偉大的城市。你只注意盡力獲取金錢，以及名聲和榮譽，而不注意或思考眞理、理智和靈魂的完善，難道你不感到可恥嗎？」❷蘇格拉底喜歡和青年交往，他的教育對象以青年居多。他想用他的哲學塑造年輕一代，在他們身上寄託他的理想。他在雅典的街頭巷尾和公共場所談話時，周圍經常簇擁著許多青年子弟。他總是循循善誘，啓迪他們的心智。對雅典青年，蘇格拉底不僅有哲學教育的言教，而且有身體力行的身教。

蘇格拉底無意參政，但作爲一名公民，他忠實地履行了他的政治義務。在多次重大政治事件中，他顯示出獨立不倚、剛正不阿的品質。比如，西元前四〇六年民主派執政時，雅典海軍在阿吉紐西島擊敗斯巴達艦隊，但自己也損失了二十五艘戰船和四千名軍人；暴風雨妨礙了勝利者打撈陣亡者的屍體。雅典民眾認爲此事違反慣例，於是控告海軍將領瀆職，提請五百人議事會審議。當時正好輪到蘇格拉底擔任議事會主席，面對狂怒喧嘩的群眾和他們發

❶ 柏拉圖：《申辯篇》30d。
❷ 柏拉圖：《申辯篇》29d。

出的威脅恐嚇，蘇格拉底堅持依法辦事，反對把不合法的提案付諸表決。又如，西元前四〇四年，雅典貴族在斯巴達的支持下建立「三十僭主」寡頭專制的政權，實行殘暴統治，逮捕政敵，殺害了許多人。蘇格拉底拒絕接受「三十僭主」的派遣，去抓捕一位雅典公民，結果受到「三十僭主」的仇視，勒令他不得繼續講學，還要加害於他。只是由於三十僭主不久以後就被推翻，蘇格拉底才沒有遭殃。

西元前三九九年，蘇格拉底受到一些人的指控。罪名主要有兩條：一條是不敬城邦所敬的眾神而引進新神；另一條是腐蝕敗壞青年。他在法庭上爲自己的所作所爲進行申辯，毫不退縮求饒，結果被判處死刑。朋友們打算營救他逃離雅典，但他予以拒絕。他認爲自己必須遵守雅典法律，因爲他和城邦之間有神聖的契約，不能違背。他飲鴆就刑之前仍舊在和朋友們討論哲學問題，用自己的生命報答了祖國城邦。

關於蘇格拉底之死，黑格爾評價說：「他的遭遇並非只是他本人的個人浪漫遭遇，而是雅典的悲劇、希臘的悲劇，它不過是藉此事件，藉蘇格拉底表現出來而已。這裡有兩種力量在互相對抗：一種力量是神聖的法律，是樸素的習俗——與意志相一致的美德、宗教——要求人們在其規律中自由地、高尚地、合乎倫理地生活，我們可以用抽象的方式將它稱爲客觀的自由……另一個原則同樣是意識的神聖法律，知識的法律，是主觀的自由，這是那教人識別善惡的知識之樹上的果實，它自身的知識也就是理性，這是往後一切時代的哲學的普遍原則。」[13]蘇格拉底的生活原則旨在維護城邦社會的長遠利益，但它不能爲雅典公民所理解，雅典公民當時已被戰爭、內訌和政變弄得暈頭轉向，意亂神迷，不能體察「虻子」的使命和善意，也無力解救自己。蘇格拉底被他苦苦眷戀的城邦處死，這不僅是他個人的悲劇，也是雅典城邦的悲劇。蘇格拉底死後不久，雅典人就後悔處死了這位偉人。第歐根尼・拉爾修記載說：「雅典人不久就對他們的行爲後悔了，他們懲處控告者，判處美勒托死刑；他們樹立了一座由呂西普製造的銅像來紀念蘇格拉底，放置在行進途中的山坡上。不久以後，阿尼圖斯去訪問赫臘克利亞，當地居民當天就將他驅逐出境。」[14]

二、蘇格拉底的哲學活動與思想

蘇格拉底是一位偉大的哲學家，但要研究他的哲學卻非常困難。引起這些困難的主要原因是蘇格拉底「談哲學」和「做哲學」，卻從來不「寫哲學」。蘇格拉底本人沒有寫過任何著作，不過有一些他的學生和古代學者記述了他的活動與思想。今人透過現存史料解讀他的哲學思想，當然需要識別哪些是蘇格拉底本人的思想，哪些是別人的或後人的。

古希臘留存至今的有關蘇格拉底的史料主要有四種：(1)與蘇格拉底同時代的喜劇家阿里

---

[13] 黑格爾：《哲學史講演錄》，賀麟、王太慶譯。北京：商務印書館，一九六六年，第二卷，第四四—四五頁。

[14] Diogenes Laertius, *Lives of Eminent Phiosophers*, 2. 43.

斯托芬的作品，主要是西元前四二三年上演的《雲》。該劇本對於我們了解蘇格拉底思想有重要參考價值，但它把蘇格拉底描繪成一個玩弄詭辯的智者、有無神論傾向的自然哲學家、禁欲主義的道德家，這些描述與其他史料的記載不符。⑵蘇格拉底的學生色諾芬的著作《回憶蘇格拉底》。色諾芬大約生於西元前四三〇年，年輕時追隨蘇格拉底。他以親炙弟子的身分，平實地回憶和記載了蘇格拉底的活動與思想。他的記載可信度較高。⑶柏拉圖的對話，主要是早期對話。柏拉圖年輕時跟隨蘇格拉底學習。蘇格拉底被處死以後，柏拉圖離開雅典，在外地遊歷十二年，在此期間寫了許多以蘇格拉底爲主角的對話，比較眞實地記述了蘇格拉底的思想。⑷亞里斯多德的著作中有四十多處提到蘇格拉底的思想，但大都簡明扼要。蘇格拉底去世時，亞里斯多德尚未出生，但他在柏拉圖學園中生活了二十年，可以從柏拉圖那裡得到許多關於蘇格拉底的知識，也可以看到當時有關蘇格拉底的著述。所以，亞里斯多德的相關論述可以與色諾芬、柏拉圖的著作對照使用。

依據上述史料，可以指出蘇格拉底有以下幾方面的哲學思想：

第一，使哲學研究的主題從自然轉向人

蘇格拉底要求哲學抓住人和生活本身，教導人對自己有一種澈底的反省和自覺，從而認識和改造他自己，改造他的生活和世界。所以他教導的不是單純的知識和局部的智慧，而是要給人生和哲學灌注新的生命，震撼人的全部心靈，使之摧毀舊我，尋求自新，這就引發了當時希臘思想精神和哲學的全盤改造。希臘宗教聖地德爾斐神廟的牆上銘刻著一句箴言——認識你自己。在色諾芬的《回憶蘇格拉底》中，蘇格拉底問自以爲熱愛哲學的歐緒德謨有沒有看到過、思考過這幾個字，有沒有注意過、察看過自己是什麼樣的人。蘇格拉底說：「必須先察看了自己作為人的用處如何，能力如何，才能算是認識自己。」⑮這是蘇格拉底對「認識你自己」的最一般解釋。在柏拉圖的《卡爾米德篇》中，對話人克里底亞說：「事實上，認識你自己，這正是我想說的什麼是節制，我完全同意刻在德爾斐神廟裡的這句銘文。」「認識你自己和要有節制是一回事。」⑯蘇格拉底多次提到德爾菲神廟中的那句箴言，「認識你自己」，以此為自己的哲學主題。

智者已經說過「人是萬物的尺度」，但在蘇格拉底看來，由於他們沒有弄懂人自身究竟是什麼，也就不能對這個命題有正當的運用。因為人之所以為人，不能僅僅歸結為他有感覺和欲望，而應歸結為人有靈魂，能夠追求善。人之所以為人就在於靈魂的求善。要完成認識你自己的任務就要研究人的靈魂。唯有靈魂才是理性和智慧的所在地。他論證說，由於使用者和被使用的工具是有分別的，而使用身體的是靈魂，所以靈魂是使用者，是統治身體的。所以認識你自己應該是認識你的靈魂，而愛自己也不是愛自己的身體，更不是愛錢財，這些東西都會消逝，只有對靈魂的愛才能持續存在。而「將自制這種美德植入靈魂之

⑮ 色諾芬：《回憶蘇格拉底》，吳永泉譯，北京：商務印書館，北京，一九八四年，第一四九頁。

⑯ 柏拉圖：《卡爾米德篇》164d-165a。

中」[17]就是蘇格拉底的靈魂治療。可見，蘇格拉底將哲學從研究客觀世界轉向研究人本身，研究人的認識能力，開創了「人學」。他看到人除了擁有各種具體知識以外，還擁有更高抽象層次的一般的知識，亦即關於知與無知的知識，還擁有關於善與惡的知識，這就又提出了認識論與倫理學的一般問題。

色諾芬在《回憶蘇格拉底》中說：「他〔蘇格拉底〕並不像其他大多數哲學家那樣，辯論事物的本性，推想智者們所稱的宇宙是怎樣產生的，天上所有的物體是透過什麼必然規律形成的。相反，他總是力圖證明那些寧願思考這類題目的人是愚妄的。」「他時常就一些關於人類的問題作一些辯論，考究什麼事是虔敬的，什麼事是不虔敬的；什麼是適當的，什麼是不適當的；什麼是正義的，什麼是非正義的；什麼是精神健全的，什麼是精神不健全的；什麼是堅忍，什麼是懦怯；什麼是國家，什麼是政治家的風度；什麼是統治人民的政府，以及善於統治人民的人應當具有什麼品格；還有一些別的問題。他認爲凡精通這些問題的人就是有價值配受尊重的人，至於那些不懂這些問題的人，可以正當地把他們看爲並不比奴隸強多少。」[18]

柏拉圖的《斐多篇》也描述了蘇格拉底的思想轉變過程。「年輕的時候，我對那門被稱

[17] 柏拉圖：《卡爾米德篇》157a。

[18] 色諾芬：《回憶蘇格拉底》，第四—五頁。

作自然科學的學問有著極大的熱情。我想，要是能知道每一事物產生、滅亡或持續的原因那就好了。我不斷地反覆思考，對這樣一類問題困惑不解。」「後來我聽人說他讀了阿那克薩戈拉的一本書，書上斷言產生秩序的是心靈，它是一切事物的原因。這種解釋使我感到高興。在某種意義上它似乎是正確的，心靈應當是一切事物的原因，我想如果心靈是原因，那麼心靈產生秩序使萬物有序，把每一個別的事物按最適合它的方式進行安排。」「我擔心，由於用肉眼觀察對象，試圖借助每一種感官去理解它們，我也有可能使自己的靈魂完全變瞎。所以我決定，一定要求助於某些理論，在探討事物眞理時使用它們。」[19]

羅馬哲學家西塞羅對蘇格拉底實現的這一歷史性轉變也有深刻的認識。他說：「蘇格拉底首先把哲學從天上召喚下來，寓於城邦之中，甚至引入家庭，迫使哲學思考人生和道德，善與惡。」[20]蘇格拉底的哲學變革不在於將人們的視線從自然哲學轉向人間的日常生活，而在於他將哲學的主題轉向人自身，在人的本性中激揚出一種深蘊邏輯力量的理性精神。蘇格拉底對人的本性作深刻反思，並且運用他的哲學和道德原則去探討社會的政治、宗教、審美、語言等問題，試圖透過改造希臘人的思維和精神生活來克服社會的全面危機。

---

[19] 柏拉圖：《斐多篇》96a-99d。

[20] Cicero, *Tusculan Disputations*, 4.10, English translation by J. E. King, Loeb Classical Library, Harvard University Press, 1971.

第二，歸納和定義的哲學方法

亞里斯多德明確指出蘇格拉底在哲學上的貢獻。「有兩件事可以公正地歸於蘇格拉底，即歸納的論證和普遍的定義，這二者都是知識的出發點。」[21]蘇格拉底否定了以往的自然哲學，運用歸納和定義的方法，建立了倫理學。

蘇格拉底的哲學探索從經驗出發，但他對智者感覺主義的主觀性和相對性不滿。他在德行的背後尋求是非善惡，在通行的法律背後尋求正義，在現存國家的歷史中尋求公共生活的穩定原則，在諸神的背後尋求神性。在這樣的探索過程中，他對哲學的一些根本問題形成了看法，這些看法作爲他的基本原則，貫穿在他的具體活動和思想之中。

蘇格拉底的主要哲學活動是探索一些道德概念的定義。在蘇格拉底對話中，最基本的問題形式是：X是什麼？勇敢、自制、虔誠、友愛、正義、美德等等道德概念都成爲他探究的對象。智者認爲概念都是約定俗成的，沒有確定的意義。蘇格拉底透過考察定義，規範人的理性知識，探討人和事物的本質，揭示這些概念的深刻的含義。從方法論的層面看，蘇格拉底用邏輯方法揭示一類事物的共同本質屬性，要求概念有確定的內涵和外延，這就是蘇格拉底所說的理性的知識。

蘇格拉底使用的邏輯方法主要是歸納推理。他要求對話者提供某種美德的定義，對話人

---

[21] 亞里斯多德：《形而上學》1078b27。

往往將特殊事例當作定義，提出一些過於編狹或寬泛的看法，而蘇格拉底在比較分析中使對方陷入自相矛盾，放棄錯誤定義，然後引導對方從部分到全體，從特殊到普遍，歸納出一類事物的共同本質，從而揭示某類事物的「本質特性」。這就是蘇格拉底寓於一切善的事物之中的絕對的善，寓於一切美的事物中的絕對的美，等等。蘇格拉底的探索是柏拉圖「型相實在論」的直接思想淵源。

第三，美德倫理思想

倫理思想是蘇格拉底哲學的主要內容。蘇格拉底以前的哲學家還沒有形成一種批判性的理性思維。而隨著理性思維能力的提升，蘇格拉底上演了希臘倫理學的首場正劇。「美德即知識」是蘇格拉底倫理學的基本命題。它表明美德的本性是知識，人的理智本性和道德本性是同一的。「美德」這個詞的希臘原文是 ἀρετή，中文譯成美德或德性。這個詞在希臘文中的含義比中文要廣，它不僅指人的優秀品質，而且也指任何事物的優點、長處和美好的本性。[22]蘇格拉底以前的哲學家使用過這個詞，但沒有一位對 ἀρετή 作過倫理意義上的關注。[23]蘇格拉底將人在生活行爲中表現出來的所有優秀善良的品質，如正義、自制、勇敢、

---

[22] Cf. Liddell H. G., & Scott, R., 1996, *Greek-English Lexicon*, with a Revised Supplement, Clarendon Press, Oxford, p. 238.

[23] Cf. Peters, F. E., 1967. *Greek Philosophical Terms: A Historical Lexicon.*, New York: New York University Press, p. 25.

智慧、友愛、虔誠，等等，都稱爲人的ἀρετή。色諾芬指出：「蘇格拉底說，正義和其他一切美德都是智慧。因爲正義的事和一切道德的行爲都是美好的；凡認識這些的人決不會願意選擇別的事情；凡不認識這些的人也絕不可能將它們付諸實踐。所以智慧的人總是做美好的事情，愚昧的人則不可能做美好的事，即使他們試著去做也是要失敗的。既然正義和其他美好的事都是美德，很顯然正義和其他一切美德便都是智慧。」[24]

亞里斯多德解釋說：「老蘇格拉底認爲，德性的知識乃是目的。他也探討什麼是公正、勇敢以及德性的每個部分。他的行爲也很合理；因爲他認爲，一切美德都是知識，所以，認識公正與是公正的乃是同時出現的……」[25]蘇格拉底討論種種具體美德的定義，經過往復辯駁，最終都歸結到這個基本命題。蘇格拉底提出美德即知識，明確肯定理性知識在人的道德行爲中起決定性作用，從而賦予道德價值以客觀性、確定性和規範性，這就在古希臘哲學中首次建立起一種理性主義的道德哲學。

蘇格拉底認爲，既然美德的共同本性是知識，人的理智本性貫穿在道德本性之中，那麼美德就具有整體性和可教性。正義、自制、勇敢、友愛、虔敬等美德都是同質的，都是由人的理智本性體現爲道德本性，它們是相互貫通、內在聯繫的整體。人可以透過學習獲得

---

[24] 色諾芬：《回憶蘇格拉底》，第一一七頁。

[25] 亞里斯多德：《優台謨倫理學》1216b4-8。

美德，也可以透過教育改造社會狀況。智慧和知識能力是人人皆有的天賦，有些人缺乏美德只是由於感覺的迷誤和欲望膨脹，以至於扭曲了人的理智本性，所以透過知識教育和道德陶冶可以恢復他們的理智本性，培植美德。由此推廣到社會，可以透過道德教育改善人的靈魂，匡正祛邪，使城邦生活確立在有嚴整規範的理性道德價值的基礎之上。

蘇格拉底指出，智者的相對主義感覺論助長個人利己主義和享樂主義，是造成社會道德混亂的思想根源。因此，他強調知識，貶低感覺，要求人們運用理性去探討倫理觀念和道德價值，確定普遍的、絕對的善。然而，從理論上分析，蘇格拉底認爲靈魂的本性只是理性，美德只是純理智的，忽視了意志和情感對形成美德的作用。理性知識對形成美德、規範道德行爲無疑起著主導作用，以此批評智者主張個人情感欲望支配一切行爲固然是正確的，但是人的意志和欲望也是形成道德品性和情操的重要因素，正當的欲望、堅韌的意志、良好的習慣、高尚的情感、審美的激情等等都能陶冶美德。蘇格拉底否認靈魂的非理性部分，排斥一切意志和情感的道德價值，這在理論上是片面的。

三、蘇格拉底的歷史地位和直接影響

蘇格拉底是希臘古典時期最重要的哲學家之一。他以一種對哲學的嶄新理解開創了希臘哲學的新紀元。他宣導哲學的變革，體現了時代精神。他具有強大的人格魅力，終生不渝地恪守哲學理想和道德原則，不惜爲此英勇獻身，成爲後人仰慕的偉大思想家。他對後世的直接影響主要表現在柏拉圖和小蘇格拉底學派身上。

柏拉圖是蘇格拉底思想的主要繼承者。柏拉圖大約二十歲時成爲蘇格拉底的學生。傳說有一天晚上蘇格拉底夢見一隻小天鵝飛來停在他的膝蓋上，發出嘹亮美妙的鳴聲後就沖天飛去，第二天，有人把柏拉圖介紹給他，蘇格拉底就把柏拉圖看作是他所夢見的那隻天鵝。這個故事說明他們倆的師徒關係不同尋常，蘇格拉底很器重這位學生，柏拉圖也非常尊敬這位老師。在蘇格拉底的影響下，柏拉圖開始從事哲學研究，並爲此貢獻了畢生精力。柏拉圖寫的對話大部分以蘇格拉底爲主要發言人，字裡行間表達了他對老師的學問和道德所懷有的深深的敬仰之情。在蘇格拉底身後，他的弟子柏拉圖和再傳弟子亞里斯多德構築了博大精深的理性主義哲學體系，使希臘哲學達到光輝燦爛的全盛狀態。

蘇格拉底生前追隨者甚多，難以計數。儘管他本人並沒有建立學派的企圖，但他的教誨影響了一批希臘哲學家。蘇格拉底的其他一些學生吸取和發揮了蘇格拉底思想的某些內容，糅和其他哲學思想而自成學派，且有代代傳人，產生持久影響。這些學派被稱作「小蘇格拉底學派」，主要有麥加拉學派、昔尼克學派、居勒尼學派。

麥加拉學派（Megarian School）的創始人是歐幾里德（Eucleides）。柏拉圖在《泰阿泰德篇》開頭寫西元前三六九年雅典和科林斯之戰中歐幾里德將負重傷的泰阿泰德從科林斯運回雅典，歐幾里德曾經記錄蘇格拉底同泰阿泰德的談話，並向蘇格拉底反覆核對。[26]由此

---

[26] 柏拉圖：《泰阿泰德篇》142a。

推算他年長於柏拉圖。除了歐幾里德，麥加拉學派的哲學家還有歐布里德（Eubulides）、斯提爾波（Stilpo）、狄奧多羅（Diodorus）、菲羅（Philo），等等。這個學派一直延續到西元前三世紀，其邏輯思想由斯多亞學派繼承和發展。

善是蘇格拉底哲學的基本範疇，但蘇格拉底沒有具體闡發善的本體論意義。歐幾里德使用愛利亞學派的觀點闡發蘇格拉底的「善」，將至善規定爲與自身相似和相同的「一」，這樣一來，既給巴門尼德的「一」以一定的規定性，又賦予蘇格拉底的「善」以本體論意義。歐幾里德認爲人的理性所認識的普遍本質即共相才是最高的善，這種不變的絕對自身同一的存在才是眞實的存在。他拒絕承認與至善相對立的實在，將人所感知到的一切流動變化的現象都說成是毫無眞實性可言的非存在，是無知和惡的淵藪，沒有認識價值和道德價值。「他的學說是在蘇格拉底影響之下被倫理化了的愛利亞主義。」㉗

昔尼克學派（Cynic School）亦譯爲犬儒學派。它的創始人是蘇格拉底的學生安提司泰尼（Antisthenes）。由於「他常常在白獵犬運動場的距離大門不遠處與人交談，因此有人認爲犬儒學派就得名於白獵犬運動場。安提司泰尼本人也有個綽號叫純種獵犬。」㉘這個學派一直延續到羅馬帝國時期。屬於昔尼克學派的有第歐根尼（Diogenes）、克拉底（Crates）、希帕基婭（Hippachia）、莫尼摩（Monimus）、彼翁（Bion）、凱爾基達

㉗ 策勒爾：《古希臘哲學史綱》，翁紹軍譯，濟南：山東人民出版社，一九九六，第一一四頁。

㉘ Diogenes Laertius, *Lives of Eminent Phiosophers*, 6. 12.

（Cercidas）等人。

安提司泰尼大約生活在西元前四四六年到三六六年。他是雅典人，但血統並不純正，因爲他的母親是色雷斯人。他對那些因爲自己是純正雅典人而自負的人表示輕蔑，說他們並不比土中滋生出來的蝸牛和蝗蟲強。起初，他跟隨高爾吉亞學習修辭學，所以他的講話頗有雄辯之風。後來，他與蘇格拉底取得聯繫。「他從蘇格拉底那裡獲得了莫大的收益，以至於常常勸誡其門徒與他一起做蘇格拉底的學生。他住在拜里厄斯，每天都要徒步五里去雅典聆聽蘇格拉底講學。從蘇格拉底身上，他學到了一種剛毅的精神，這種精神甚至可以與他對感覺的不屑相媲美，由此他開始了犬儒式的生活。」[29]

安提司泰尼在倫理學上的建樹雖然不多，但卻開創了一種潮流。安提司泰尼主張善即順應自然，因此要滿足於最簡單的生活需要，節制物質欲望。然而他自己並不能將此主張貫徹到底，因爲他畢竟還有一個家。而另一位犬儒第歐根尼則透過觀察老鼠的生活方式體悟到了自己適應環境的方式。第歐根尼是一個澈底的、極端的、純粹的犬儒，是後世犬儒的典範。在他的影響下，「犬儒派奉行苦行主義，長髮、赤足、身穿破爛不堪的短外套，肩背一個破皮袋子，手裡拿根象徵權杖的木棍或拐杖。他們以乞食爲生，隨遇而安，渴了喝點清水即可。白天在大街上、市場裡、體育場等一切有人群的地方遊蕩，與人交談或辯論，不時把

㉙ Diogenes Laertius, *Lives of Eminent Phiosophers*, 6. 3.

嚴厲的斥責、不失幽默的嘲笑、尖刻的諷刺無情地拋向路人。晚上則睡在神廟、大街上，以天爲被，以地爲床。」[30]這個以反文明、反社會爲其行爲特徵的昔尼克學派後來一直延續到羅馬帝國。

居勒尼學派（Cyrenaic School）的創始人是阿里斯提波（Aristippus）。他在血統上屬於北非希臘城邦居勒尼（Cyrene）人，該學派因此而得名。阿里斯提波大約生活於西元前四三五至三五〇年間。蘇格拉底的名聲吸引他去了雅典。他看來相當有錢，在蘇格拉底的追隨者中他第一個給老師送學費，但被退了回來。蘇格拉底本人和蘇格拉底的一些學生都不喜歡他，但他仍舊堅持己見，並與他們爭辯，有自己的獨立思想。在行爲方式上，阿里斯提波奉行的原則與昔尼克學派的苦行正好相反。昔尼克學派主拋棄快樂和享受，以簡樸順應自然，而阿里斯提波則認爲有理性的人應當在現實的人事中千方百計地追求個人的快樂和享受。在第歐根尼．拉爾修的相關記載中，奢侈、浪費、爭辯、酗酒、嫖娼，構成了阿里斯提波的生活基調。

居勒尼學派一直延續到希臘化時代。「阿里斯提波的學生有他的女兒阿勒特、托勒邁斯的埃西俄普和居勒尼的安提珀特。」[31]居勒尼學派還有其他一些代表人物，但他們並不認爲

---

[30] 楊巨平：《古希臘羅馬犬儒現象研究》，北京：人民出版社，二〇〇二年，第六頁。

[31] Diogenes Laertius, *Lives of Eminent Phiosophers*, 2. 85.

自己是阿里斯提波的追隨者，而是赫格西亞、安尼凱里、狄奧多羅的追隨者。這些人與阿里斯提波觀點相近，但並不屬於居勒尼學派，而是有他們自己的小學派。

居勒尼學派的倫理原則是：快樂（ἡδονή）是善。在西方倫理學中，居勒尼學派最先論述了快樂論的基本原則，具有深遠影響。第歐根尼．拉爾修提到整個居勒尼學派的學說時說：「有兩種狀態，即快樂和痛苦，前者是一種和諧平暢的狀態；後者是一種粗糙難受的狀態。」「快樂狀態令人愜意，痛苦狀態令所有的人反感。」「快樂是一種內心體驗，不能只歸結爲視聽感覺，如我們愉快地聽到模仿呻吟的聲音，而現實的呻吟是會引起痛苦的。」「目的和幸福不是一回事。目的是特殊的快樂，幸福則是所有特殊快樂的總和。」「即使快樂來自最不體面的行爲，它也是善。因爲即使行爲是反常的，無論如何，其作爲結果的快樂仍舊因其本身是可欲的，因而就是善的。」㉜

阿里斯提波本人的生活方式確實也體現了他貪圖享受、追求安逸的所謂快樂精神。但是在理解居勒尼學派的快樂主義時我們不能在一般的意義上把它理解爲宣導肉體快樂的享樂主義。因爲居勒尼學派的快樂主義有兩個環節，一個是確定以快樂爲基本原則，另一個是要求人們憑藉精神的教養去獲得快樂。快樂是原則，但這一原則只對有精神教養的人有效。這兩

㉜ Diogenes Laertius, *Lives of Eminent Phiosophers*, 2. 87.

個環節後來在伊壁鳩魯主義中間有了更加清晰的表現。[33]

四、本書的內容和體例

柏拉圖是蘇格拉底最優秀的學生，是蘇格拉底思想的繼承者和發揚光大者。柏拉圖一生從事哲學著作的創作前後長達五十年，他的大部分著作都採用對話體。

柏拉圖的早期對話有：《申辯篇》（*Apology*）、《克里托篇》（*Crito*）、《拉凱斯篇》（*Laches*）、《呂西斯篇》（*Lysis*）、《卡爾米德篇》（*Charmides*）、《歐緒弗洛篇》（*Euthyphro*）、《小希庇亞篇》（*Lesser Hippias*）、、《伊安篇》（*Ion*）《普羅泰戈拉篇》（*Protagoras*）、《高爾吉亞篇》（*Gorgias*）。這些對話也就是所謂的「蘇格拉底的對話」，它們的主要論題和思想方法基本上屬於蘇格拉底，其中的內容被學者當作研究蘇格拉底思想的主要資料來引用。

本書中的十篇對話的譯文取自拙譯《柏拉圖全集》增訂版。筆者爲每篇對話撰寫導讀性的提要，並參考其他研究者的著作，給每篇對話分節，添加了標題。爲了增強本書的學術功能，編譯者還在本書附錄中添加了蘇格拉底年表、柏拉圖著作篇名縮略語表和索引。

本書對柏拉圖對話的標注採用國際通行的標準頁的注法。一五七八年，斯特方（H.

---

[33] 參閱黑格爾：《哲學史講演錄》第二卷，第一三二頁。

Stephanus）在巴黎出版了希臘文版柏拉圖全集。他編定的分卷、頁碼和分欄（a, b, c, d, e）以後爲各國學者廣泛採用，成爲標注柏拉圖著作標準頁的基準，大大方便了檢索。例如《國家篇》II.429d，即指柏拉圖《國家篇》第二卷，第四二九頁，d欄。

西文版的柏拉圖著作標準頁在頁邊標注。考慮到中文的閱讀習慣和排版的方便，本書的標準頁改爲在文間標注。比如，|17|指的是標準頁十七，a欄；後隨的|b|爲該頁b欄，其餘類同。

二〇一八年十月，我來到中山大學哲學系（珠海）擔任講座教授，繼續教書和從事我酷愛的希臘哲學研究。今年初，我相當意外地接到五南圖書出版股份有限公司主編來函，邀我編譯這本《蘇格拉底對話集》。經過幾個月的努力，這本《蘇格拉底對話集》擺在了讀者面前。敬請讀者在發現本書錯誤的時候發表批評意見，並與編譯者取得聯繫，以便編譯者在有機會再版時予以修正。

感謝五南圖書出版公司出版學術著作的巨大熱情！感謝廣大讀者對本書的關注與關心！

王曉朝

二〇一九年六月一日

於中山大學珠海校區榕園

目錄

申辯篇

提要

本文的希臘文標題是「蘇格拉底的申辯」（Απολογία Σωκράτης），亦有其他中譯者譯爲「申辯」，本對話集將中文標題定爲「申辯篇」。西元一世紀，亞歷山大里亞的塞拉緒羅在編定柏拉圖作品篇目時，將本文排在第一組四聯劇的第二篇，稱本文的性質是倫理的。❶本文屬於柏拉圖的早期對話，亦即「蘇格拉底對話」。

蘇格拉底在西方文化傳統中具有耶穌般的聖人地位，蘇格拉底受審是西方歷史上的所謂「千古奇冤」。西元前三九九年，時年七十的蘇格拉底被人指控，出庭受審，面對由五百位雅典公民組成的審判團爲自己辯護。蘇格拉底受審時當衆發表了眞切動人、富有哲理的演說。但本文不是蘇格拉底受審時的現場紀錄，而是柏拉圖的事後追憶或再創作。本文的具體發表時間不詳，大約於蘇格拉底實際受審和被處死以後的若干年內公諸於世。寫作本文時，柏拉圖依據自己對蘇格拉底的了解，嚴厲反駁蘇格拉底所受到的指控，栩栩如生地刻畫了蘇格拉底的爲人。儘管無法最終確定這篇辯護詞與蘇格拉底的眞實講話有多麼接近，但可以肯定的是，它與蘇格拉底實際言辭的基本精神是一致的。

本文的思想貫穿一條生與死的主線。在審判團面前，蘇格拉底自豪地宣布，他的生活是

❶ 參閱第歐根尼·拉爾修：《名哲言行錄》3:58。

哲學的生活，是一種值得過的生活。但與此同時，他又驕傲地選擇了本來不一定要選擇的死刑。哲學使他的一生沒有白過，哲學使他在面對政治的時候必須選擇死亡，而死亡也使蘇格拉底最終得以證明他的神聖使命。蘇格拉底的生死問題在後來的柏拉圖對話中轉化爲哲學與政治能否和平相處的問題，成爲柏拉圖自己的哲學思想的起點。

蘇格拉底是柏拉圖的老師，對柏拉圖產生過重大影響。「蘇格拉底之死」使柏拉圖的整個人生在青年時代發生重要轉折。本文與《克里托篇》、《斐多篇》在內容上構成了一組對話，因爲它們都與「蘇格拉底之死」有關。本文提供了蘇格拉底的思想方法、生活方式、宗教信仰等方面的細節，爲我們了解蘇格拉底的思想提供了重要線索。閱讀柏拉圖著作可以從本文開始。

本文可以分爲以下四個部分：

第一部分，開場白（17a-19a）　面對指控，蘇格拉底開始爲自己辯護。在審判結果不明的時候，蘇格拉底清楚地知道自己的對手們修辭能力強大，所以他根本不相信自己能夠說服審判團，讓他們判自己無罪，因爲他們只是雅典人，不配被稱作正義的法官。蘇格拉底在開場白中討論了「眞理與修辭」（17a-18a）。蘇格拉底本人精通論辯術，但他在法庭上關心的不是能否取勝，而是能否表達眞理。他深知堅持眞理必然傷人，要麼講假話而生，要麼講眞話而死。作爲法庭上的演講者，其美德是講眞話。所以，要過值得過的生活，必須保持講眞話的美德。蘇格拉底在開場白中向人們訴說了案情的眞相（18a-19a）。他告訴雅典人，對他的控告不是一朝一夕，而是歷史悠久，幾十年以前就開始了。這些控告在雅典人心中形成了根深蒂固的偏見。蘇格拉底知道雅典人對他擁有審判生死的權力，但這並不意味著他們的審判是眞的。

第二部分，主要的辯護（19a-35d） 蘇格拉底首先針對第一撥控告者進行辯護（19a-24b），美勒托、阿尼圖斯、呂孔是控告者的主要代表。蘇格拉底受到的主要指控是「毒害青年，不信城邦崇敬的神，而相信其他新的精靈。」（24b）爲了解釋對他的誣衊從何而來，蘇格拉底向雅典人講述了他的哲學生活的根據和他的哲學使命對政治的意義，指出自己的知識與智者的知識不同，自己的知識是「無知之知」（20c-23c）。蘇格拉底敘述了他對德爾斐神諭的理解和求證，指出神諭不是在談論具體的知識，而是在強調人的固有侷限，以及如何在這種侷限下尋求智慧。蘇格拉底指出哲學與政治之間的矛盾是不可化解的。聽了蘇格拉底的辯護之後，全場譁然。

然後，蘇格拉底針對第二撥控告者進行辯護（24b-28a），美勒托是第二批控告者的代表。蘇格拉底駁斥了「不虔敬」和「腐蝕青年」這兩項罪名，爲哲學辯護，從哲學角度理解如何對待青年和對待神明。在駁斥中，蘇格拉底討論了他一直關心的兩個重要問題：教育與宗教。二者都以某種方式與哲學發生關係。哲學的目的是尋求美好的生活，教育的目的是把青年變得更好，二者的根本目的是一致的。教育只有兩種可能，要麼透過肯定，即教給人們各式各樣的知識；要麼透過否定，即消除各種僞知識。蘇格拉底的教育以否定的方式，告訴人們各式各樣的知識爲什麼不好。理解了什麼是不好的人，雖然並不知道什麼是眞正的好，但比不理解的時候要好些。蘇格拉底問美勒托自己是否用不虔敬敗壞了青年，由此過渡到宗教問題的討論（26b）。宗教往往透過關於神的知識來完成政治作用。蘇格拉底並不否認諸神的存在，也不否認城邦的宗教儀式，但是他把對美好生活的哲學追求與對諸神的崇拜結合在一起。美勒托等人之所以控告蘇格拉底不敬神，不是因爲蘇格拉底威脅了雅典的政治生活，而是因爲他威脅到了他們的政治名望和尊嚴。

接下去，蘇格拉底詳細列舉了他要爲哲學而死的理由（28a-35d）。蘇格拉底首先引用《伊利亞特》中的阿喀琉斯的復仇故事，點出哲學生活與英雄之死，給自己披上英雄色彩（28a-29b）。他所深愛的母親雅典城邦警告他，如果他繼續從事哲學，等待他的將是死亡。而蘇格拉底簡述自己在三次戰役中的勇敢表現，表示自己面臨苟活與戰死的選擇會勇敢地衝上去。雅典人向蘇格拉底提出停止愛智就能活命，而蘇格拉底告訴他們，他只要活著就不能停止愛智，因爲愛智已經成了他的生活方式，這是神賦予他的使命。在雅典人的叫喊聲中，蘇格拉底以「虻子」自譬，他並沒有教給雅典人什麼知識，卻不斷地把雅典這頭昏昏欲睡的駿馬喚醒，使其保持昂揚的鬥志（30e-31a）。蘇格拉底表示自己是關心同胞的，但他不參與雅典政治，這樣做是有理由的（31c-34b）。他從理論上證明，他無法爲那些年輕人做的壞事負責。他還透過在場的許多弟子和他們的父兄表明，沒有人認爲與蘇格拉底交往是不好的。他之所以不從事公共事務而從事教育，爲的是避免政治制度的不義。接下去，蘇格拉底進入結論部分（34b-35e）。面對掌握他的生死命運的法官，蘇格拉底表示任何時候都要堅持眞理。他反客爲主，教訓那些將要判他死刑的法官。然後他又和雅典人展開新一輪對話，表示自己之所以不乞求人們的寬恕，並不是因爲自己沒有妻子兒女幫他求情，而是因爲這種做法有損愛智者的尊嚴。蘇格拉底這種居高臨下的教訓，使本來對他友好的人也感到生氣。在這個別的被告千方百計想要博得法官同情的地方，蘇格拉底使自己陷入了絕路。

第三部分，簡短陳辭（35e-38b）　蘇格拉底的自我辯護結束以後，審判團投票判蘇格拉底有罪。蘇格拉底作簡短陳辭。面對雅典人的判決，蘇格拉底無所畏懼。在量刑的時候，蘇格拉底堅持自己的品性，要給自己尋找一個恰當的歸宿。他對自己的一生進行了認眞的總結。他說自己沒有放棄別人關心的事務，他走進雅典人當中，勸他們關心最重要的事情。他回顧自己的哲學活動，說自己沒有不虔敬，沒有敗壞青年。所以城邦不應當給他判刑，而應當給他巨大的獎賞，應在市政廳設宴款待他。蘇格拉底的這個提議實質上把懲罰轉換成榮耀，當然不可能被接受。然後蘇格拉底又按照法律程序，討論另外一些可能被接受的提議：死刑、監禁、巨額罰款、流放。蘇格拉底表示願意接受一個明那的罰款，隨後又在他的支持者的幫助下，提出罰款三十明那。在談論這些可能的懲罰時，蘇格拉底堅持了哲學的榮耀。

第四部分，最終陳辭（38c-42a）　審判團再次投票，多數人同意判處蘇格拉底死刑。蘇格拉底作最後陳辭。他保持著鎭定，替雅典人惋惜，因爲他們不久之後就會背上殺死蘇格拉底的罪名，而這是不必要的，因爲他們完全可以耐心等待這個老人壽終正寢。蘇格拉底利用最終陳辭的機會，首先對審判團進行教育，他的兩段告白，一段談論他的哲學使命的延續，一段對美好生活進行構想。然後，蘇格拉底對審判團作了告別，把自己的孩子託付給他們，要他們像自己一樣考察、激勵、斥責他的兒子。最後，蘇格拉底說出了他那句千古

傳誦的名言：「是我該走的時候了，我去死，你們去活。無人知道誰的命更好，只有神知道。」（42a）

正文

一、開場白（17a-19a）❷

1. 真理與修辭，17a-18a

|17|雅典人❸，我不知道我的原告對你們有什麼影響；而對我來說，我幾乎不知道自己是誰，他們的講話太有說服力了。不過，他們說的話幾乎沒有一丁點兒是眞的。在他們的衆多謊言中有一點特別令我感到驚訝，就是你們一定要小心提防，別讓像我這樣能幹的演說家把你們給騙了。|b|當我表明自己根本不是一名能幹的演說家時，他們講這種馬上就會遭到事實駁斥的話並不感到羞恥，而我感到他們才是最厚顏無恥的，除非他們把講眞話的人稱作能幹的演說家。如果他們是這種意思，那麼我同意我是一名演說家，但不是他們講的這一種，因爲如我所說，他們說的話實際上沒有一句是眞的。|c|從我這裡，你們聽到的將全部是眞話，宙斯❹在上，雅典人，儘管我不會像他們那樣斟酌詞句和精心表達，而是直截了

❷ 文中分節係編譯者參考其他研究文獻劃分原文並添加標題，非原文所有。

❸ 雅典人（ἄνδρες Ἀθηναῖοι），蘇格拉底對審判團的稱呼，原義爲「雅典的男子」。

❹ 宙斯（Διός），希臘主神。

當、脫口而出，因爲我相信我說的話是公正的，但我不想讓你們中的任何人另作他想。我這把年紀的人像名年輕人似的在你們面前信口雌黃是不得體的。

雅典人，有件事我的確需要求你們：如果你們聽到我在申辯中用了我習慣於在集市上、錢莊櫃檯邊，或其他地方使用的相同的話，你們許多人在這些地方聽過我說話，不要感到驚訝，也不要喧嘩。〔d〕現在的情況是這樣的：這是我在七十歲的時候第一次出現在法庭上，所以我對在這個地方該講什麼話完全陌生。〔18〕就好比我眞的是一名外邦人，如果我以我自幼習得的方言和方式講話，你們當然得原諒我，所以我現在的請求並不過分，請別在意我的講話方式，無論是好是壞，而要集中精力聽我說得是否公正，因爲審判官❺的德性❻與公正相連，而演講者的德性就在於說眞話。

2. 案情的眞相（18a-19a）

雅典人，我首先要爲自己辯護，駁斥早先那些虛假的控詞，對付最先的那批原告，然後再來對付後來的控詞和後來的原告。〔b〕有許多人向你們控告我已經好多年了，但他們的控

---

❺ 審判官（δικαστής）。

❻ 德性（ἀρετή），亦常譯爲「善」、「善德」，與「惡」、「惡德」相對時譯爲「美德」。這個詞的基本意思是「功能」、「效用」、「價值」、「長處」、「卓越」、「優點」，用於倫理則爲「善」、「德」、「品德」、「善德」。

詞沒有一句是眞的。我害怕這些人勝過害怕阿尼圖斯和他的朋友，儘管阿尼圖斯等人也很難對付。然而，前面這批人更難對付，雅典人；你們中許多人自幼就受他們的影響，他們虛假地指控我，讓你們相信，說有個人名叫蘇格拉底，是個有智慧的人，他上知天文，下知地理，鑽研天上地下的一切事物，還能使較弱的論證變得較強。〔c〕雅典人，這些散布謠言的人是我最危險的原告，因爲聽到謠言的人會相信研究這些事情的人甚至會不信神❽。況且，這批原告人數衆多，指控我已有多年；還有，這批原告是在你們最容易相信他們的年紀對你們說的，你們中有些人聽到這些謠言時還是兒童或少年，所以這場官司他們贏定了，因爲根本無人替我辯護。

最荒唐的是我連他們是誰也不知道，說不出他們的名字，〔d〕只知道其中有一位是喜劇作家。❾這些人邪惡地用謊言來說服你們，在說服別人的時候也說服他們自己，所有這些人都是極難對付的；我不可能把他們中的某一個帶到法庭上來當面對質，或是駁斥他；我在爲自己辯護時好像在作拳擊練習，提出質疑而無人應答。我要你們明白，我的原告有兩撥：一

❼ 阿尼圖斯（Ἄνυτος）是一位修辭學家，指控蘇格拉底的三名原告之一。

❽ 神（Θεός），亦譯神靈、神祇。

❾ 指下面提到名字的阿里斯托芬（Ἀριστοφάνης），他的喜劇《雲》（第二二五行以下）出現蘇格拉底這個人物，該劇首次上演於西元前四二三年。

撥是最近對我提出指控的人，[e]另一撥是我剛才提到的從前的原告。我想你們是知道的，我應該首先針對後者爲自己辯護，因爲你們最先聽到他們的指控，聽的比前者多得多。

那麼好吧，雅典人！[19]我必須嘗試在我可以說話的短暫時間裡，根除在你們心中縈繞多年的謠言。我希望能有更好的對你我雙方都有益的方式，也希望我的辯護獲得成功，但我知道這很難，我完全明白這有多難。即便如此，讓我開始吧，就當它是神的意願，我必須服從法律來爲自己辯護。

二、主要的辯護（19a-35d）

1. 哲學生活的根據：針對第一撥控告者的辯護（19a-24b）

A 智者之知（19a-20c）

讓我們從頭開始。[b]美勒托⑩在寫這份訴狀時相信⑪的那些謠言來源於從前對我的指控，這些指控是什麼？他們在造謠時說了些什麼？我必須把他們當作我現在的原告，宣讀一

---

⑩ 美勒托（Μέλητος），指控蘇格拉底的三名原告之一，參閱《歐緒弗洛篇》（2b），那裡提到美勒托是個沒有名氣的雅典公民，當時還很年輕。下文（23e）說美勒托代表詩人，因此他的父親可能是詩人。

⑪ 相信（πιστεύων）。

下他們的訴狀。他們的訴狀大體上是這樣的：蘇格拉底行不義之事⓬，他整天忙忙碌碌，考察天上地下的事情；他使較弱的論證變得較強，還把這些教給別人。[c]你們自己在阿里斯托芬的喜劇中已經看到，那裡就有一個蘇格拉底走著臺步，自稱在騰雲駕霧，口中胡言亂語，說些我一無所知的事情。如果有人精通這樣的知識，那麼我這樣說並不表示輕視這些知識，免得美勒托對我提出更多的指控，但是，雅典人，我跟這些事情無關，在這一點上，我要請你們中的大多數人爲我作證。我想你們中的很多人聽過我談話，[d]如果有人聽我討論過這樣的問題，無論長短，都可以站出來揭發我。由此你們會明白，有關我的其他流言均屬同類。

這些流言沒有一樣是眞的。如果你們聽到有人說我招生收費，那麼也同樣不是眞的。[e]不過，我想如果有人能像林地尼的高爾吉亞⓭、開奧斯的普羅狄科⓮、埃利斯的希庇亞⓯一樣去教化民眾，那倒是件好事。他們個個都能去任何城邦，勸說那裡的青年離開自己的同胞公民去依附他們，[20]這些年輕人與自己城邦的公民交往無需付任何費用，而向他們求學

⓬ 行不義之事（ἀδικέω），希臘訴狀中的常規用詞，犯法，犯罪。

⓭ 高爾吉亞（Γοργίας ὁ Λεοντῖνος），約西元前四八五—三八〇年，著名智者。

⓮ 普羅狄科（Πρόδικος ὁ Κεῖος），約西元前五世紀後半葉，著名智者。

⓯ 希庇亞（Ἱππίας ὁ Ἠλεῖος），約西元前五世紀末，重要智者。

不僅要交學費，而且還要感恩不盡。我確實還聽說有一位來自帕羅斯⑯的智者正在我們這裡訪問，因爲我碰到過一個人，他在智者身上花的錢超過其他所有人的總和，這個人就是希波尼庫之子卡里亞。卡里亞有兩個兒子，我對他說：「卡里亞，你瞧，如果你的兩個兒子是馬駒或牛犢，|b|我們不難找到一位馴畜人，僱他來完善牠們的德性⑰，這位馴畜人不外乎是一位馬夫或農夫。但由於他們是人，你打算請誰來管教他們？誰是完善和改良他們的德性的專家？我想你有兒子，所以一定考慮過這個問題。有這樣的人，還是沒有？」他說：「當然有。」我說：「他是誰？從哪裡來？他要收多少錢？」他說：「蘇格拉底，他是帕羅斯來的厄文努斯⑱，收費五個明那⑲。」|c|我想厄文努斯要是眞懂行，收費又如此合理，那麼他眞是個幸福的人。如果我有這種知識，那我一定會爲此感到自豪並自鳴得意，但是，雅典

---

⑯ 帕羅斯（Πάρος），海島名。

⑰ 德性（ἀρετή），事物各自的特性，亦即「天性」。

⑱ 厄文努斯（Εὔηνος），詩人，在柏拉圖《斐多篇》（60d9）、《斐德羅篇》（267a3）中出現。

⑲ 明那（μνᾶ）是希臘硬幣的名稱，亦譯米那。古希臘的貨幣單位主要有：塔倫特（τάλαντον）、明那、德拉克瑪（δραχμή）、奧波爾（ὀβολός）、查庫斯（χαλκός）。這些貨幣單位同時又是重量單位。古希臘貨幣是銀本位制的。按阿提卡幣制，一德拉克瑪約爲四・三一克，所以一德拉克瑪的貨幣就相當於四・三一克白銀。一百德拉克瑪合一明那（四百三十一克），六十明那合一塔倫特（二五・八公斤），一德拉克瑪合六奧波爾（約爲〇・七一八克），一奧波爾合八查庫斯（約爲〇・〇九克）。查庫斯幣值很小，是銅幣。

人，我沒有這種知識。

B 無知之知（20c-23b）

也許你們有人會打斷我，插話說「蘇格拉底，你的麻煩[20]是從哪裡來的？這些流言從何而起？你要是不做這些出格的事，這些有關你的流言和說法決不會產生，除非你的行爲與大多數人不同。|d|把實情告訴我們吧，省得我們武斷。」任何人這樣說似乎都是對的，我會向你們解釋我蒙受這種名聲和誣陷的原因。所以，注意聽。你們中有些人也許會以爲我在開玩笑，但我保證我所說的一切都是眞的。使我擁有這種名聲的原因無非就是某種智慧。哪一種智慧？也許是人的智慧。|e|我也許眞的擁有這種智慧，而我提到的這些人擁有的智慧可能不止是人的智慧；否則我就無法解釋了，因爲我確實沒有這種智慧，無論誰說我有這種智慧都是在撒謊，是對我的惡意誹謗。不要喧嘩，雅典人，哪怕你們認爲我在口出狂言，因爲我要講的這些話[21]不是我發明的，我會把這個值得信賴的來源告訴你們。我要懇請德爾斐[22]

---

[20] 麻煩（πρᾶγμα），意爲事情、事務、麻煩、職業等，此處作麻煩解。

[21] 話（λόγος）。

[22] 德爾斐（Δελφοί）是希臘宗教聖地，建有著名的阿波羅神廟。德爾斐小鎮位於帕那索斯山腳下的福切斯的一個區域，該區域名爲庇索，庇索亦爲德爾斐的古名。

的神㉓爲我作證，看我的智慧是否眞是智慧，是什麼樣的智慧。21 你們認識凱勒豐㉔。他自幼便是我的同伴，也是你們大多數人的同伴，在最近的這次逃亡㉕中和你們一起出逃，又一起回來。你們肯定知道他是什麼樣的人，做起事來有多麼莽撞。他有一次去德爾斐求神諭，如我所說，雅典人，請你們不要喧嘩，他竟然提了這個問題，是否有人比我更智慧，庇提亞的女祭司㉖拿起籤來說，沒有人更智慧。凱勒豐已經死了，但他的兄弟會向你們證明此事。

b 考慮到這一點，我把這件事告訴你們乃是因爲我想向你們揭示這種誹謗的起源。聽到女祭司的這個回答我就尋思：「神說這話是什麼意思？祂爲什麼要打啞謎呢？我非常明白自己根本沒有什麼智慧；祂說我是最有智慧的，這樣說是什麼意思呢？神一定不會撒謊，否則便與其本性不合。」困惑了很長時間，我最後勉強決定用這樣的方法去試探一下神的意思；c 我去探訪一位智慧聲望很高的人，以爲在那裡就能證明那個說法是錯的，我可以

㉓ 指阿波羅（Απολλον），希臘太陽神和智慧之神。

㉔ 凱勒豐（Χαιρεφῶν），雅典民主派人士。

㉕ 伯羅奔尼撒戰爭以後，斯巴達人爲戰敗的雅典建立寡頭制，「三十僭主」掌握統治權，很多民主派逃離雅典。這裡提到的逃亡發生在西元前四〇四年，這些人過了八個月以後返回雅典。當時蘇格拉底留在雅典，沒有出逃。

㉖ 德爾斐古稱庇索（Πυθώ），在德爾斐的阿波羅神廟中發神諭的女祭司被稱作庇提亞的（Πυθία）女祭司。

回應那個神諭說「這裡就有一個人比我更有智慧，而你卻說我最智慧。」於是，我對這個人進行了試探，我不需要披露他的名字，但可以說他是我們的一位政治家，我的印象是這樣的：許多人，尤其是他自己，覺得他很有智慧，但實際上沒有智慧。於是，我試著告訴他，[d]他只是以爲自己有智慧，但並非眞的有智慧。結果他就開始討厭我，在場的許多人也對我不滿。所以，我離開了，我在尋思：「我比這個人更有智慧，因爲我倆其實都不懂什麼是美㉗，什麼是善㉘，但他在自己不懂的時候認爲自己懂，而我在自己不懂的時候認爲自己不懂；所以在這一點上我比他有智慧，我不認爲自己懂那些不懂的事情。」後來我又去探訪另外一個人，他在智慧方面的名氣更大，[e]事情看來是一樣的，結果我把這個人和其他許多人都給得罪了。

從那以後，我一個又一個地去探訪。我明白自己被人怨恨，也感到傷心和害怕，但我尋思這個神諭是最重要的，所以我必須去找所有那些擁有知識名望的人查考這個神諭的意義。[22]雅典人，神犬㉙在上，我必須對你們說眞話。我經歷的事情是這樣的：在我事奉神

㉗ 美（καλόν）。

㉘ 善（ἀγαθόν）。

㉙ 此處原文爲「狗」（κύνα），指埃及神犬。希臘人發誓時的一種說法。

的查考中，我發現那些聲名顯赫的人幾乎都有不足，而那些被認爲低劣的人倒比較明智㉚。我必須把我的奔波告訴你們，我幹這樣的苦活是爲了證明那個神諭無法駁倒。在這些政治家之後，我去探訪詩人，包括悲劇詩人、酒神讚歌詩人，[b]等等，想在這些人中間看到我比他們無知。我拿起他們精心創作的詩歌，問他們這些詩是什麼意思，爲的是能同時向他們學到一些東西。雅典人，我實在羞於開口把事實眞相告訴你們，但我必須說出來。幾乎所有在場者都能比這些作者更好地解釋這些詩歌。[c]我馬上就明白了，詩人不是靠知識創作他們的詩歌，而是憑某種天生的才能或靈感㉛，就好像預言家和先知也能說許多美妙的話語，但卻不懂他們說的話是什麼意思。詩人在我看來有同樣的體驗。我同時看到，由於他們能寫詩，於是就認爲自己在其他方面也很有智慧，而實際上他們沒有智慧。所以我又退卻了，就像我對政治家的考察一樣，我想我比他們要強一些。

[d]最後我去找手藝人，因爲我清楚地知道自己實際上什麼都不懂，也相信我會發現他們對許多美好的事物擁有知識。在這一點上我沒有搞錯，他們懂的事情我不懂，就此而言他們比我更智慧。但是，雅典人，這些能工巧匠似乎也有和詩人一樣的錯誤：他們中的每一

㉚ 明智（φρονίμως）。

㉛ 靈感（ἐνθουσιάζοντες），原意爲「有神靈附體」。

人，由於在自己所從事的行當裡取得成功，就以爲自己在別的最大的事情㉜上也很有智慧，[e]這一錯誤遮蔽了他們擁有的智慧，於是我就代那神諭問自己，我是願意像我原來那樣，既沒有他們的智慧也沒有他們的無知，還是像他們這樣兼有二者。我對自己那個神諭作了回答，我應當是原來的我，這樣對我最好。

雅典人，這些考察帶來的後果是，我遭到很多人的忌恨，[23]這種忌恨很難對付，成了我的沉重負擔；許多誹謗來自這些人，我擁有智慧的名聲也來自他們，因爲我對他們進行考察時，在場的人會以爲我證明了與我談話的人沒有智慧，所以我有智慧。雅典人，最爲可能的是，只有神才是智慧的，祂的諭言的意思是，人的智慧很少價值或沒有價值，[b]當祂說到蘇格拉底這個人的時候，只是在以我的名字爲例，就好像說「凡人啊，蘇格拉底這個人在你們中間是最有智慧的，他知道他的智慧毫無價值。」時至今日，我仍然遵循神的旨意，到處探訪我認爲有智慧的人，無論是本地公民還是外邦人。要是我認爲他沒有智慧，我就代神告訴他，你沒有智慧。做這些事使我根本無暇參與公共事務，也確實沒空照管自己的私事，由於侍奉神，我一貧如洗。

C **誣衊的形成**（23b-24b）

[c]還有，年輕人自發地跟隨我，他們有很多空閒時間，家裡又很富裕，喜歡聽人受

㉜ 最大的事情（τα μέγιστα），指治理國家或關心公民美德這樣的大事。

到盤問；他們自己也經常模仿我，去盤問別人。我想，他們看到許多人自以爲擁有一些知識，而實際上所知甚少或一無所知。結果就是那些受到盤問的人生氣了，[d]但不是對他們自己生氣，而是衝著我。他們說：「蘇格拉底這個人是個傳播瘟疫的傢伙，把年輕人都帶壞了。」如果有人問，蘇格拉底做了什麼、教了什麼，把年輕人帶壞了，他們就啞口無言，因爲他們不知道，但是，爲了顯得他們知道，於是就隨口說些現成的、對所有熱愛知識的人㉝都可提出的指責，說什麼「天上地下的事」、「不信神」、「使較弱的論證變得較強」；我肯定他們不想說眞話，我已經證明他們聲稱自己擁有知識，而實際上一無所知。我認爲這些人是熱愛名聲的人㉞，[e]他們野心勃勃、人數衆多、異口同聲，令人信服地談論我；他們對我的誹謗長期以來已經充塞了你們的耳朵。他們中的美勒托攻擊我，還有阿尼圖斯和呂孔㉟，美勒托代表詩人，阿尼圖斯代表手藝人和政治家，呂孔代表演說家，爲之鳴冤叫屈，[24]所以我一開始就說，如果我能在如此短暫的時間內消除你們頭腦中根深蒂固的錯誤印象，那簡直是個奇蹟。雅典人，這就是事情的眞相。我沒有任何隱瞞或歪曲。我相當明白我的這種行爲招來忌恨，但這正好證明我說的是眞話，[b]我之所以受到誹謗，根源就在於

㉝ 熱愛知識的人（φιλοσοφούντων）。

㉞ 熱愛名聲的人（φιλότιμοι）。

㉟ 呂孔（Λύκων）是一位演說家，指控蘇格拉底的三名原告之一。

此。無論你們現在還是今後要了解這件事，能發現的就是這些了。

2. 在哲學與政治之間：針對第二撥控告者的辯護（24b-28a）

A 訴狀（24b-d）

針對我早先那批控告者，我的申辯已經夠了。下面我要針對這位自稱的大好人、熱愛城邦的人[36]美勒托和後一批控告者爲自己辯護。由於這些控告者是另一批，讓我們和剛才一樣先來看他們宣誓後的訴狀。它大體上是這樣的：蘇格拉底有罪，他毒害青年，不信城邦相信的神，|c|而信新的精靈[37]的事情。這就是他們的指控。讓我們逐一考察。

他說我因毒害青年而犯法[38]。雅典人，我要說美勒托犯規，因爲他用輕率的態度對待一樁嚴肅的事情，用一些瑣屑的理由把大家召來法庭，還對他從來不感興趣的事擺出一副關切焦慮的模樣，我會證明事情就是這樣的。|d|美勒托，過來說話。你認爲教年輕人學好是頭等重要的大事嗎？

---

[36] 熱愛城邦的人（φιλόπολις）。

[37] 精靈（δαίμων），亦譯爲「靈異」或「靈機」。在希臘人的觀念中，精靈的地位比神低，比凡人高，精靈能長壽，但並非不死。

[38] 犯法（ἀδικεῖν），這個詞也有「犯規」的意思。

「當然。」[39]

B 敗壞青年（24d-26a）

那麼好，來吧，告訴這些先生誰讓年輕人學好。你說你發現有個人在毒害青年，也就是我，所以把我弄到這裡來，向這些人控告我。來吧，請你大聲說說，讓年輕人學好的是誰。你瞧，美勒托，你沉默了，不知道說什麼好了。你這樣不顯得丟臉嗎，這豈不足以證明我說的話，你對這類事根本不關心嗎？|e|告訴我，我的大好人，誰在改善我們的年輕人？

「法律[40]。」

這不是我要問的，我要問的是誰有法律知識來做這件事？

「這些審判官，蘇格拉底。」

你什麼意思，美勒托？他們有能力教育青年，使他們學好嗎？

「當然。」

他們全體，還是有些人能，有些人不能？

「他們全體。」

|25|好極了，赫拉[41]在上！你提到有那麼多人在讓青年學好。這些聽衆怎麼樣？他們在

---

[39] 引號中是美勒托的回答，下同。

[40] 法律（νόμος），該詞亦有習俗、規矩等意。

[41] 赫拉（Ἥραν），女神，宙斯之妻，掌管婚姻和生育。

教青年學好還是學壞？

「他們也在教青年學好。」

議員[42]們呢，他們怎麼樣？

「議員，他們也一樣。」

那麼，美勒托，公民大會[43]怎麼樣？公民大會的成員在毒害青年，還是在教他們學好？

「他們教青年學好。」

如此說來，似乎所有雅典人都在使青年成爲好人，只有我除外，只有我在毒害他們。你是這個意思嗎？

「我確實就是這個意思。」

[b]你對我的譴責，讓我倒了大霉。告訴我，你認爲這種情況也會在馬身上發生嗎？所有人都在改良馬，但只有一個人在毒害牠們？或者說情況正好相反，有一個人能夠改良

---

[42] 議員（βουλευταί），指「五百人會議」的成員。西元前五〇九年，克利斯提尼改組梭倫所創設的「四百人長老會議」爲「五百人會議」，使之成爲比較平民化的機構。克利斯尼提按照人們所居住的地域，把整個阿提卡劃分爲一百個自治的「區」（δῆμος，德莫），每十個區組成一個新的以地域爲基礎的「鄉族」（φυλή）。雅典共有十個鄉族，每一鄉族各選派五十名代表參加「五百人會議」，任期一年，且無論何人，一生只能任兩次議員。

[43] 公民大會（ἐκκλησία），克利斯提尼改革後，公民大會是雅典城邦最高權利機構，由全體男性成年公民參加。

馬，或者很少人，亦即馴馬師，能夠改良馬，而大多數人，如果他們有馬或用馬，是在毒害牠們，不是嗎？美勒托，無論是馬還是別的動物，不都是這種情況嗎？無論你和阿尼圖斯是否承認，情況就是這樣。如果只有一個人在毒害我們的青年，而其他人都在教他們學好，那這些青年眞是幸運極了。

[c]美勒托，你已經充分表明，你從來沒有關心過我們的青年；你清楚地表明了你的無動於衷：你對拿來提起訴訟的這件事從未深思熟慮。

宙斯在上，美勒托，也請你告訴我們，一個人是和善良的公民住在一起好，還是與邪惡的傢伙住在一起好？我的好朋友44，說吧，這個問題並不難。惡人總是傷害身邊的人，好人則對他們有益，是這樣嗎？

「當然是這樣。」

[d]寧願受到身邊人的傷害，不願從他那裡得到好處，會有這樣的人嗎？回答我，大善人，法律命令你回答。有人寧可受傷害嗎？

「當然沒有。」

好吧，你在這裡控告我，說我毒害青年，讓他們變壞，我這樣做是有意的還是無意的？

「有意的。」

---

44 我的好朋友（τᾶν），稱呼用語，只在阿提卡方言中使用。

下面你該怎麼說，美勒托？你這般年紀的人要比我這般年紀的人聰明，所以你知道惡人總是在傷害最接近他們的鄰人，[e]好人總是在對他們行善，而我愚昧無知，竟然不明白這一點，也就是說，我要是傷害一個與我接近的人，就得冒著被他傷害的危險，所以我犯下如此大罪是有意的，如你所說，是嗎？我不信，美勒托，[26]我也不認爲還有別的人會信。要麼我沒有毒害青年，要麼我毒害了青年，但卻是無意的，而你在這兩種情況下都在撒謊。如果我無意中傷害了他們，法律不會要你把無意中犯下過失的人弄到這裡來，而會讓人私下裡訓誡我；顯然，我要是學好了，就會停止我無意中所做的事。而你過去故意回避我，不肯開導我，現在卻把我弄到這裡來，這個地方是那些需要接受懲罰的人要來的，而不是那些需要開導的人要來的。

C 不敬之罪（26b-28a）

[b]因此，雅典人，我說得已經很清楚了：美勒托從來沒有關心過這些事。但無論如何，美勒托，請告訴我們，我如何毒害青年；根據你的訴狀，你說我教他們不要相信城邦相信的神，而要相信其他新的精靈，是這樣嗎？我是這樣教他們、毒害他們的嗎？

「這正是我的意思。」

[c]美勒托，我們正在談論的神在上，請你把話說清楚，向我和這些人說清楚；我無法確定你的意思，你是說我教別人神是存在的，因此我本人信神，還是說我是個完全不信神的無神論者，並且不認爲自己因此而有罪，因爲我信的神不是城邦相信的神，而是其他神，這就是你對我的指控，因爲它們是另外一些神。或者說，你的意思是我根本不信神，而且教唆

別人也不信神。

「我就是這個意思，你完全不信神。」

—d—奇怪的美勒托。你爲什麼要這樣說呢？我不也像其他人一樣，相信太陽和月亮是神嗎？

「不，宙斯在上，各位審判官，他不信神，因爲他說太陽是石頭，月亮是泥土。」

親愛的美勒托，你沒想到你正在控告阿那克薩戈拉㊺吧？你如此藐視在場的人，以爲他們無知，連克拉佐門尼的阿那克薩戈拉的書中充斥著這樣的說法都不知道，還有，去書店花一個德拉克瑪㊻就能買到這些書，—e—如果我假裝說這些看法是我自己的，那麼向我學習的年輕人豈不是要嘲笑蘇格拉底，尤其是這些說法，如此荒謬？宙斯在上，美勒托，這就是你對我的看法，我不相信有神嗎？

「這就是我說的，你根本不信神。」

你的話沒人信，美勒托，甚至，我認爲，連你自己都不信。雅典人，這個人在我看來極爲自負和放肆。—27—似乎就是出於這種自負、暴虐和年輕氣盛，他才告我的狀。他像是造了

㊺ 阿那克薩戈拉（Αναξαγόρας），古希臘早期自然哲學家（約西元前五〇〇—四二八年），出生於克拉佐門尼（Κλαζομενές），西元前四八〇年赴雅典。

㊻ 希臘貨幣名，約合銀四·三一克。

一個謎語，用來試探我：「智慧的蘇格拉底能知道我在開玩笑、我的話是自相矛盾的，或者我能騙過他和其他人嗎？」我認爲，他給我安的罪名確實自相矛盾，他如同在說「蘇格拉底由於不信神而犯了罪，但他信神」，這當然是玩笑的一部分。

[b]雅典人，跟我一起來，看他爲什麼會顯得自相矛盾，而你，美勒托，務必回答我們。而你們，請記住我一開始就提出的要求，如果我按習慣的方式講話，請你們不要喧嘩。

美勒托，相信人的活動而不相信人，世上有這樣的人嗎？讓他回答問題，別一次又一次地喧嘩。不相信馬而相信馬夫的活動，世上有這樣的人嗎？或者說，相信吹笛子的活動而不相信笛手，有這樣的人嗎？不，我的大好人，[c]沒有這樣的人。如果你不想回答，我來替你和這些雅典人說。但是下一個問題你必須回答。會有人相信精靈的活動而不相信精靈嗎？

「沒有。」

謝謝你的回答，儘管是在這些人的逼迫下吞吞吐吐說出來的。你說我相信精靈並傳授有關精靈的事，無論新老，按你的說法，我相信精靈的事情，這是你在訴狀中說的。但若我相信有關精靈的事情，那麼我必定相信精靈。難道不是這樣嗎？是這樣的。既然你不回答，我認爲你已經同意了。[d]我們不是相信，精靈要麼是神，要麼是神的子女嗎？對還是不對？

「當然對。」

那麼，倘若如你所說，我相信精靈，而精靈又是某種神，這就是我剛才說的你在說謎語和開玩笑，你起先說我不信神，然後又說我信神，因爲我信精靈。另外，如果精靈是神的子

女，是神與女仙㊼所生，或神與某些人說的其他什麼凡人所生，那麼什麼人會認爲，有神的子女，卻沒有神？|e|這太荒唐了，就好比說相信有馬和驢生的孩子，即騾子，而不相信有馬和驢。美勒托，你用這條罪狀控告我，要麼是爲了用這個考我們，要麼是因爲不知道我有什麼眞的罪行可以拿來告我。哪怕人們智力低下，你也沒有辦法讓人們相信，一個人相信精靈的事情，相信神的事情，|28|卻不相信精靈、神、英雄。

3. 為哲學而死的理由（28a-35d）

A 蘇格拉底與阿喀琉斯（28a-29b）

雅典人，我認爲，對美勒托的控告，我不需要作冗長的辯解來證明自己無罪，我說的這些話已經夠了。而我前面所說有許多人忌恨我，你們要明白這是眞的。這是我被控有罪的原因，如果我被定罪，那麼起作用的既不是美勒托，也不是阿尼圖斯，而是謊言和衆人的忌恨。|b|我認爲，謊言和忌恨已經毀掉了許多好人，而這種事還會繼續。你們不必擔心，這種事不會到我爲止。

也許有人會說：「蘇格拉底，忙於做這種瑣事，給自己招來殺身之禍，你不感到丟臉㊽

㊼ 女仙（νύμφη），亦譯爲「寧芙」。

㊽ 丟臉（αἰσχύνη），有羞愧、可恥之意。希臘人主張行事節制、力求中庸，而蘇格拉底對各行各業的人進行查訪，沒能做到這一點，因而是丟臉的。

嗎？」然而我會義正辭嚴地回答說：「你這個人[49]，如果你認爲凡有點自尊的人要在掂量了生與死之後才決定做某事是否值得，那麼你說錯了；他在採取任何行動時只考慮他的行爲是否正義，—c—他做的事像是好人做的還是壞人做的。」依你的看法，死在特洛伊[50]的半神[51]是微不足道的，尤其是忒提斯之子[52]，他不願受辱，因此輕視生命。當他渴望殺死赫克托耳[53]時，他的女神母親對他說了一番話，我想這番話是這樣的：「孩兒啊，如果你要爲你的同伴帕特洛克羅[54]復仇，殺死赫克托耳，你的死期也便來臨，因爲赫克托耳一死，馬上就輪到你。」[55]聽了這番話，他蔑視死亡和危險，—d—更加擔心自己會卑鄙地活著而不能爲他的朋友復仇。他說：「如果不能向那個惡棍討還血債，那就讓我立即去死，勝過徒然坐在船舶

---

[49] 人（ἄνθρωπε），單數，此處作稱呼有強烈蔑視的含義。

[50] 特洛伊（Τροία），位於小亞細亞，鄰近黑海。約西元前一二四〇—一二三〇年，邁錫尼王阿伽門農率阿該亞聯軍遠征特洛伊，詩人荷馬的《伊利亞特》取材於此。

[51] 半神（ἡμίθεος），指英雄，參閱荷馬《伊利亞特》12:23，赫西奧德：《工作與時日》一五九。

[52] 指阿喀琉斯（Ἀχιλλεύς），相傳爲阿耳戈英雄珀琉斯和海洋女神忒提斯所生，在特洛伊戰爭中是阿該亞聯軍一方的大英雄。

[53] 赫克托耳（Ἕκτωρ），特洛伊王國戰將，曾殺死阿喀琉斯的朋友帕特洛克羅，後來被阿喀琉斯所殺。

[54] 帕特洛克羅（Πατρόκλος），阿該亞聯軍戰將，在特洛伊城下被赫克托耳所殺。

[55] 參閱荷馬：《伊利亞特》18:95-96。

前讓人嘲笑，成爲大地的負擔。」[56]你們認爲他有想過死亡和危險嗎？

雅典人，這就是事情的眞相[57]：某人一旦採取了他的立場，並相信這種立場是最好的，或者是他的指揮官把他安排在那裡，我想他就必須留在那裡，面對危險，不會去考慮死亡或其他事情，更不要說有其他顧慮了。—e—雅典人，如果我不能一如既往地這樣做，那麼倒是令人震驚的，在波提狄亞、安菲波利斯，以及代立昂[58]，我曾經像其他人一樣，按照你們選出的將軍的命令，冒著生命危險堅守崗位；後來，當神指派我過一種熱愛智慧[59]的生活，這是我認爲和相信的，考察我自己和其他人，—29—而我卻由於怕死或其他原因脫離崗位。那我眞是做了一件可怕的事，我應當被公正地召到這裡來受審，因爲我不信神、不服從神諭、怕死、不智慧而自以爲智慧。雅典人，怕死只是不智慧而以爲自己智慧、不知道而自以爲知道的另一種形式。沒人知道，死也許是人的福中最大的，—b—但是人們都害怕，就好像他們知道死是最大的惡。以爲自己知道那些不知道的事情，這種無知肯定是最應受到懲罰的。雅典人，這就是我和世上其他人不同的地方，如果我說自己在某個方面比某人更有智

---

56 參閱荷馬：《伊利亞特》18:98以下。
57 眞相（ἀλήθεια），眞理。
58 波提狄亞（Ποτειδαία）、安菲波利斯（Ἀμφιπόλις）、代立昂（Δελίον），均爲地名。
59 愛智（φιλοσοφοῦντα）。

慧，也是因爲這一點，由於我不可能恰當地知道哈得斯[60]那裡的事情，所以我就認爲自己不知道。但我確實知道，做壞事和忤逆尊者，無論這尊者是神還是人，是邪惡的、可恥的。與這些我知道是壞的壞事相比，我從不害怕或回避我不知道說不定是好的好事。

B 蘇格拉底的哲學使命（29b-31c）

〔c〕即使你們現在判我無罪，不相信阿尼圖斯——他對你們說了，要麼一開始就不該把我弄到這個法庭上來，我現在既然已經上了法庭，你們就必須將我處死，因爲要是判我無罪，你們的兒子會去實踐蘇格拉底的教導，澈底墮落——如果你們對我說：「蘇格拉底，我們現在不相信阿尼圖斯，我們判你無罪，但有一個條件，你不能再花時間進行這種考察，〔d〕不能再愛智，要是被我們知道你仍舊在這樣做，那麼你必死無疑」，要是你們在這些條件下判我無罪，我會這樣回答：「雅典人，我向你們致敬，我愛你們，但我寧可服從神而不服從你們，只要我還有一口氣，還能做事，我就決不會停止愛智，我要用用習慣的方式激勵你們，向我遇到的每一個人說：尊敬的先生，你是雅典人，是這個以智慧和力量著稱的最偉大的城邦的人；〔e〕如果你只渴望盡力獲取金錢、名聲和榮譽，而不追求智慧和眞理，不關心如何讓靈魂[61]變成最好的，你難道不感到羞恥嗎？如果你們中有人駁斥我的說法，說自己

---

[60] 哈得斯（Ἅιδος），冥神，掌管冥府地獄，詞義爲「看不見」。

[61] 靈魂（ψῦχή），亦譯靈、魂，原意爲「氣息」。

關心這些事，那麼我不會讓他馬上走，我自己也不走，我會詢問他、考察他、羞辱他——如果我發現他沒有德性，反而說自己有——責備他|30|把價值最大的事情當作最不要緊的事情，把瑣碎的小事當作大事。對我遇到的每個人我都會這樣做，無論是青年還是老人，是外邦人還是本地人，我尤其要爲你們這樣做，因爲你們是離我最近的同胞。你們一定要明白。這是神命令我這樣做的，我相信在這城裡沒有比我對神的侍奉更大的善行。因爲我忙忙碌碌，所做的事情無非就是勸導你們，無論老少，最應關注的不是你們的身體[62]或財富，|b|而是你們靈魂的最佳狀態；好比我對你們說：「財富之所以好是因爲德性，德性使財富以及其他所有對人有益的東西成爲好的，無論個人的還是集體的。」

那麼，我若說這樣的話毒害青年，這個建議必定是有害的，但若有人說我提供的建議不是這樣的，那麼他在胡說八道。就此，雅典人，我會對你們說：「無論你們是否相信阿尼圖斯，|c|無論你們是否判我無罪，都要明白這是我的既定行爲，哪怕要我死許多回。」請安靜，雅典人，記住我的請求，聽我講話，不要打斷我，我相信聽我講話對你們有好處。我還要告訴你們其他事情，你們聽了以後也許會狂呼亂叫。你們一定不要這樣做。你們一定要明白，如果你們殺了這種人，我就是我說的這種人，那麼你們對我的傷害不如對你們自己的傷害。|d|美勒托也好，阿尼圖斯也罷，都無法以任何方式傷害我；他不能傷害我，因爲我不

[62] 身體（σῶμα），亦譯肉體，肉身。

相信壞人傷害好人是合法的；他無疑想要殺了我，放逐我，或者剝奪我的公民權，他或其他人認爲這是對我的巨大傷害，但我不會這樣認爲。我想，他現在正在做的事會給他自己帶來更大的傷害，因爲他試圖不公正地處死一個人。確實，雅典人，我現在遠非像常人所想像的那樣在爲自己辯護，而是在爲你們辯護，|e|免得你們給我定罪而誤用神賜給你們的禮物；如果你們殺了我，再找一個像我這樣的人是不容易的。神把我指派給這座城邦——儘管這話聽起來有點可笑，但我還是要說——這座城邦就像一匹高貴的駿馬，因身形巨大而行動遲緩，需要一隻牛虻來刺激它。我相信，神把我安放在這座城裡，就是爲了讓我起這樣的作用。我一刻不停地去激勵你們中的每個人，|31|整天指責和勸導你們，無論在哪裡，只要我發現自己在你們中間。

雅典人，要在你們中間找到另一個這樣的人是不容易的，如果你們相信我，那就赦免我。你們也很容易被我激怒，就好像昏睡中的人被驚醒，恨不得一巴掌把我打倒；如果相信阿尼圖斯的話，你們也會輕易地殺了我，然後你們可以在你們的餘生繼續昏睡，除非神眷顧你們，另外指派一個人到你們中間來。我就是神饋贈給這個城邦的禮物，|b|你們可以透過下列事實明白這一點：我多年來放棄自己的全部私事，簡直不像是凡人的所作所爲，我總是關心和接近你們，像父親或長兄那樣敦促你們關注德性。如果我從中謀利，對我提供的建議收費，那還有些道理，但是現在你們親眼看到，儘管控告我的人厚顏無恥地說我犯有各種罪行，|c|但有一件事他們不敢提出來，就是說我勒索或收取報酬，因爲他們不能提供證人。而我卻可以提供證據說明我說的是眞話，這就是我的貧窮。

C 哲學作爲政治（31c-34b）

我這樣做似乎有些奇怪，私下裡給人提建議，到處奔走，但卻不肯冒險去公民大會，在那裡給城邦提建議。其中的原因，你們已經在許多地方聽我說過，|d|有神[63]或精靈發出聲音[64]，美勒托在他的訴狀中嘲笑過這一點。這種事從我小時候就開始了，每當這種聲音出現的時候，它總是阻止我本來要做的事情，卻從來不鼓勵我去做什麼。它反對我參與公共事務，我認爲反對得漂亮。雅典人，你們肯定知道，如果我很久以前就參與政事，那麼我早就死了，對你們和對我自己都沒有什麼好處。|e|別因爲我說了眞話就發火；凡是坦誠地反對你們，或反對其他人，想要阻止城邦發生不正義、不合法的事情的人，都不可能保全性命。|32|眞正爲正義而戰的人若想活命，哪怕多活很短的時間，必須過一種私人的生活，而不是去參政。

我將爲此提供重大證據，它不是言辭，而是你們看重的行動。請聽我以往的經歷，你們即可知道，我不會因爲怕死而向違背正義者屈服，哪怕不屈服就會馬上死。我要告訴你們的事情很普通，在法庭上常能聽見，但它們是眞的。|b|雅典人，除了擔任議員我在城邦裡

---

[63] 神（θεῖον）。

[64] 聲音（φωνή），這裡的聲音是精靈發出的。

沒有擔任過其他公職，那時候輪到我們安提奧啓鄉族⑮當主席，你們想要審理「十將軍」⑯的案子，因爲他們在海戰結束後未能運回陣亡將士的遺體。這樣做是非法的，你們後來也承認。當時的主席中只有我一人反對你們做違法的事，投了反對票。那些演說家打算彈劾我，逮捕我，你們也在鼓噪，慫恿他們這樣做，——但我認爲自己應當冒險站在法律和正義的一邊，而不應當由於害怕被監禁或處死，支持你們進行一場不公正的審判。

這件事發生的時候，城邦還是民主制。等到成了寡頭制，「三十僭主」⑰召我和其他四

---

⑮ 西元前五〇九年，雅典政治家克利斯提尼進行政治體制改革。按居住區域，整個阿提卡劃分爲一百個區（δῆμος），「德莫」，每十個區組成一個鄉族（φυλή）。每一鄉族各派五十名代表組成「五百人議會」，任期一年。「五百人議會」，是比較平民化的機構，其職責是爲公民大會準備提案，並執行公民大會的決議，亦負責重大案件的審理。安提奧啓（Ἀντιοχίς）鄉族是阿提卡十個鄉族之一。

⑯ 克利斯提尼改革以後，雅典的軍事組織實行十將軍制：每年由十個鄉族各選一名將軍，組成「十將軍委員會」，負責該年的軍事指揮事宜。十將軍中有一人爲首席將軍。西元前四〇六年，雅典海軍在愛琴海西部萊斯堡島南面戰勝斯巴達人。退兵時因海上風暴驟起，雅典海軍未能收回陣亡將士的遺體，統兵的十位將軍因此受到控告。原告提議不必個別審理，要求統一由民眾投票表決，意欲置他們於死地。這種做法不符合雅典的法律，但輪値主席團中只有蘇格拉底一人反對。

⑰ 伯羅奔尼撒戰爭後，斯巴達取勝，在雅典扶植成立寡頭制政府，西元前四〇四年，雅典成立由三十僭主掌權的政府，但僅掌權八個月。三十僭主起初只處死一些人們不喜歡的政客，後來誅殺民主制的支持者、富有的

人去圓廳[68]，命令我們去薩拉米[69]把勒翁[70]抓來處死。d 他們對許多人發出過類似的命令，想讓盡可能多的人承擔罪責。這時我再次用行動，而不是用言辭，表明我寧願死，如果你們不感到我這樣說太粗魯的話，也不願做這種不公正、不虔敬的事。政府的力量雖然強大，但不能強迫我去作惡。離開圓廳以後，其他四人徑直去了薩拉米抓勒翁，而我回家了。e 要是這個政府沒有馬上倒臺，我可能已經爲這件事被處死了。關於這件事，有許多人可以向你們作證。

如果我參與公共事務，像一個好人必須做的那樣行事，維護公道，並把這一點看得無比重要，那麼你們認爲我這些年還能活命嗎？差得很遠，雅典人，33 其他任何人都做不到。我這一生，無論是履行公務，還是處理私事，都是始終如一的。我從來不向任何行不義的人妥協，無論是那些被某些人惡意地稱爲我的學生的人，還是其他人。我從來不是任何人的老師。如果有人願意來聽我談話，做我關心的那些事，無論年輕人還是老人，我也決不吝惜把機會給任何人，但我不會收了錢就談話，b 不收錢就不談。我準備回答所有人的提問，無

公民和外邦人。蘇格拉底不是民主派，在三十僭主統治時期沒有離開雅典。

[68] 圓廳（Θόλος），一所圓形建築，在雅典「五百人議會」議事廳旁。

[69] 薩拉米（Σαλαμίνιος）。

[70] 勒翁（Λέον）。

論貧富，只要他們願意回答我的問題，聽我談論。因此我不能對這些人變好了或是沒變好負責，要我對此負責是不公平的，因爲我從來沒有許諾要教他們什麼，也沒有教給他們什麼。如果有人說他曾向我學習，或者從我這裡私下裡聽到某些其他人沒聽說過的事情，你們完全可以斷定他說的不是眞話。

[c]那麼，爲什麼有人樂意花費大量時間與我爲伴呢？雅典人，原因你們已經聽到了，我已經把事情眞相全部告訴你們了。他們樂意聽我盤問那些自以爲有智慧而實際上沒有智慧的人。做這種事並非不愉快。這樣做，我說過，是神指派我做的，透過神諭和托夢，還有神命令人去做事時的其他各種顯現方式。雅典人，這是眞的，很容易識別。

[d]如果我毒害一些青年，並且過去就在毒害他們，那麼他們中的某些人現在年紀已經大了，要是他們發現我在他們年輕時給他們提的建議不好，那麼他們現在會站出來指責我，爲自己報仇。要是他們自己不願意，他們的親戚，父親、兄弟或其他遠親會記得這些事，如果他們的家庭被我傷害，他們都會走上來報復我。[e]我看到許多人就在這裡，第一位克里托，他跟我同齡，住在同一個區，是這位克里托布盧的父親；其次是斯費圖的呂珊尼亞斯，他是埃斯基涅的父親；還有凱菲索的安提豐，他是厄庇革涅的父親；還有一些人在這裡，他們的兄弟以這種方式消磨時間；尼科司特拉圖，塞奧佐提德之子，他是塞奧多圖的兄弟，不過塞奧多圖已經死了，所以尼科司特拉圖不能影響他的兄弟；[34]帕拉留斯在這裡，他是德謨多庫之子，塞亞革斯的兄弟；這裡還有阿狄曼圖，他是阿里斯通之子，他的兄弟柏

拉圖就在那邊；還有埃安托多魯，他的兄弟阿波羅多洛就在這邊。[71]

我還能說出許多人的名字來，美勒托肯定應當用他們中的某些人爲他自己的講話作證人。如果他忘了，那麼讓他現在就這樣做；如果他有什麼要說，我願意把時間讓給他。雅典人，你們看，情況正好相反。這些人全都準備幫助我這個毒害人的人，|b|幫助我這個傷害了他們的親戚的人，如美勒托和阿尼圖斯所說。被毒害了的人也許還有理由要來幫助我，那些沒有被毒害的人，他們年紀較大的親戚，沒有理由要來幫我，除非有一個公正而又恰當的理由，這就是他們知道美勒托在撒謊，而我說的是眞話。

D 愛智者的榮耀（34b-35d）

各位，這些話，也許還有其他一些相同的話，|c|就是我在爲自己申辯時必須說的話了。你們中也許有人想起自己以往受審時所作的申辯會生我的氣，儘管案子[72]不如我的重，但他在受審時痛哭流涕，苦苦哀求，把他們的孩子以及其他親戚朋友也帶到法庭上來，以博

---

[71] 蘇格拉底這段話提到了許多在場的鄉鄰、朋友和學生的名字：克里托（Κρίτων）、克里托布盧（Κριτοβούλος）、斯費圖（Σφήττιος）的呂珊尼亞斯（Λυσανίας）、埃斯基涅（Αἰσχίνης）、凱菲索（Κηφισιεύς）的安提豐（Ἀντιφων）、厄庇革涅（Ἐπιγένης）、尼科司特拉圖（Νικόστρατος）、帕拉留斯（Πάραλιυς）、阿狄曼圖（Ἀδείμαντος）、柏拉圖（Πλάτων）、埃安托多魯（Αἰαντόδωρος）、阿波羅多洛（Ἀπολλόδωρος）。

[72] 案子（ἀγῶνα），官司。

取最大程度的同情，但這些事我是不會做的，寧願冒好像是最大的危險。|d|這樣想的人也許會對我更加固執，並為此生氣，投我的反對票來發洩怒火。你們中如果有這樣的人，我假定沒有，但若有的話，我想這樣回答就很好：我的大善人，我也有家庭，用荷馬的話來說就是，我不是「出生於岩石或古老的橡樹」，[73]我的父母也是人，所以我也有家庭，有兒子，雅典人，有三個呢，一個已經接近成年，有兩個還是小孩。但我不需要帶他們中的哪個上來求你們投票放了我。我為什麼不做這種事？|e|雅典人，不是我剛愎自用，也不是我輕視你們。我面對死亡是否勇敢與此無關，事關我的名譽，事關你們的名譽，事關整個城邦的名譽，以我這樣的年紀和聲望，做這種事不可能是對的。我的名望，無論眞假，人們一般認為蘇格拉底在某些方面優於大多數人。|35|如果你們中有人在智慧、勇敢，或其他德性方面被認為是卓越的，但卻有這樣的舉止，那眞是一種恥辱。然而，我經常看到有人做這種事，在受審的時候，儘管還算個人物，但卻表現得極差，以為死是一件可怕的事情，好像你們要是不處死他們，他們就能不朽[74]。|b|我認為這些人給城邦帶來了恥辱，所以陌生人看了免不了會想，這些擁有高貴品德、被選舉擔任公職、接受其他榮耀的人，其實和女人沒什麼不同。雅典人，如果你們還有一點榮譽感，都不該這樣做；如果我們這樣做了，你們也一定不

[73] 荷馬：《奧德賽》19:163。

[74] 不朽（ἀθανασία），不死。

該允許。你們要明確，誰要是把這種可憐的表演帶上法庭、使城邦成爲笑柄，你們更應當投他的反對票，而不是給那緘口沉默的人投反對票。

〔c〕雅典人，除了聲望問題，我認爲向審判官求情是不對的，靠乞求逃脫也不應該，正確的做法是開導和說服他們。占據審判席的人[75]不是爲了施捨公正，而是要裁判公正，審判官立下誓言，不是要按照自己的喜好施捨，而是要依據法律審判。所以我們一定不能讓你們背棄誓言，你們也不應該習慣於背棄誓言。否則，我們雙方的行爲都是對法律的不敬。

〔d〕雅典人，你們別指望我以這樣的方式對待你們，我認爲這樣做既不光彩，又不正當，亦不虔敬，尤其是，宙斯在上，美勒托就在這裡告我不虔敬；很清楚，如果我用哀求來對你們莊嚴的誓言施暴，以此來說服你們，那麼我就是在教你們神是不存在[76]的，而我的申辯也就成了控告自己不信神。但這絕非事實，雅典人，因爲我篤信神，我的原告沒有哪個能比得上我。我請你們和神[77]，用對我和對你們最好的方式，審判我。[78]

---

[75] 占據審判席的人（οἱ καθήμενοι），即審判官。

[76] 存在（εἶναι），亦譯爲是、有、在。

[77] 這裡的神是單數，具體所指不明。

[78] 蘇格拉底的初次發言到此結束，審判團投票表決，判蘇格拉底有罪，美勒托提議處死蘇格拉底。

三、簡短陳辭：懲罰與榮耀（35e-38b）

[e]雅典人，你們判我有罪，我有其他很多理由不生你們的氣，[36]我對這個結果並不感到意外。令我十分驚訝的倒是雙方的投票，我沒想到票數會如此接近，而不是差距很大。現在看來，如果再有三十票投向另一方，我就會被宣布無罪開釋了。[79][b]我認爲，我本人已經把美勒托的控告清除了，不僅如此，大家都很清楚，如果阿尼圖斯和呂孔沒有與美勒托聯手前來控告我，那麼美勒托就得爲他沒有得到五分之一的贊成票而繳一千德拉克瑪的罰款了。

他[80]提議[81]要處死我。就這樣吧！雅典人，我應當向你們提出什麼不同的建議來替代[82]

---

[79] 依雅典法律規定，審判第一輪由全體審判官投票表決，按多數票決定被告是否有罪。原告一方如得票不足全票的五分之一，即爲誣告，應繳罰款一千德拉克瑪。無史料明確記載審判蘇格拉底一案的審判團有多少人。第歐根尼·拉爾修在《名哲言行錄》中說，蘇格拉底「以二百八十一票被判有罪，比那些同意判他無罪的票要多。」（2.41）依此計算，蘇格拉底一案第一輪投票有二百八十一票贊成，二百二十票反對，原告三人，共得二百八十一贊成票，若三人平均，少於全票的五分之一。

[80] 指美勒托。

[81] 提議（τιμάω），原義是「評判」或「榮耀」，引申爲法律用語，指「量刑」。

[82] 蘇格拉底的案子沒有固定的處罰，法律規定原告和被告各提一種處罰方式，審判團在這兩種方式中選擇一

呢？顯然應當是按照品行[83]我應得的，那它是什麼呢？按照我的品行我要遭受或付出什麼呢？我有意不去過普通人的平靜生活，放棄大多數人的追求：財富、家產、將軍的高位、演說家、其他職位，或者參加城裡的朋黨和幫派，不是嗎？—c—我認爲自己過於忠厚，參與這些事情難免送命。所以，我沒有去那裡做這些事，如果去了，對你們和對我自己都沒有什麼好處，而是與你們個別私下相處，做有最大好處的事情；我試圖逐個勸說你們，在關心你自己之前不要關心你的身外之物，要盡可能地善良與明智，不要在關心城邦自身之前關心城邦擁有的東西，—d—對其他事物也要按同樣的方式來關心。我既然是這樣的一個人，那麼按我的品行，我該得到什麼樣的對待呢？應當是好的！雅典人，如果眞的要按我的品行來提出我應得的，而且是我該得的那種好事，那麼對我這樣一個需要閒暇來勸勉你們的貧窮的恩人[84]，應當得到什麼樣的好處呢？雅典人，給我這種人最恰當的對待，就是在市政廳[85]裡用膳，比你們中在奧林匹亞賽會上的勝利者更適合得到這樣的待遇，無論是賽馬還是賽車。—e—奧林匹亞賽會的勝利者好像在爲你們造福，而我就是在爲你們造福；他不需要這種供

種，但不能提出第三種處罰。

[83] 品行（ἄξιος）。

[84] 恩人（εὐεργέτης）。

[85] 雅典市政廳（πρυτανεῖον），在這裡舉行公宴，招待有功將領或奧林匹亞賽會勝利者。

養，而我需要。所以，按照公正的原則，依據我的品行，我的提議是：37在市政廳用膳。

當我這樣說的時候，你們可能會認爲我很傲慢，就像我在談論乞憐和妥協時一樣，但是雅典人，不是這麼回事；眞實情況倒應當是這樣的，我確信自己從來沒有對誰行不義，至少不曾故意行不義，但我無法讓你們確信這一點，因爲我們在一起交談時間太短。b如果我們有一條法律，像其他地方[86]一樣，規定判死刑的大案的審理時間不是一天而是幾天，你們就會被說服了，而現在要在這麼短的時間裡，從這麼大的誣告中解脫出來是不容易的。我確信，我沒有對會何人行不義，我也不會對自己行不義，不會說自己該得惡報，給自己提出這樣一種懲罰方式。我怕什麼？怕遭受美勒托提議的這種處罰嗎？我說了，我不知道這對我是好事還是壞事。難道我不這樣，而要從我明知道是壞的事情中另找一種來處罰我嗎？c難道要監禁？我爲什麼要被監禁，總是[87]受制於當政者，給「十一人」[88]當奴隸呢？罰款，在付清前先要監禁嗎？這對我來說是一回事，因爲我沒錢交罰金。放逐，行嗎？你們也許會接受這個提議。

雅典人，我要何等貪生怕死，才會如此不合理，乃至於看不出你們這些我的同胞公民無法忍受我的行爲和言論，d覺得我的言行難以承受，惹人忌恨，想要設法除掉它；那麼，

---

[86] 斯巴達的法律就是這樣規定的。

[87] 總是（ἀεί），一直，永遠。

[88] 「十一人」（ἕνδεκα），負責監獄管理和執行刑罰的典獄官，由抽籤選定。

其他人就比較容易忍受這些事情嗎？雅典人，不可能。我這樣的年紀遭到放逐，被趕出城邦，一個接一個，這可眞是一種美妙的生活，因爲我非常明白，無論我去了哪裡，都會像這裡一樣有青年來聽我談話。[e]如果我把他們趕走，那麼他們會讓他們的兄長來把我趕走；如果我不把他們趕走，那麼他們的父親和其他親戚會爲了這些青年來趕我走。

也許有人會說：蘇格拉底，如果你離開我們，你不就可以安安靜靜地過你的日子，不用再談話了嗎？在這一點上要使你們中的某些人信服是最難的。[38]如果我說要我保持沉默是不可能的，因爲這樣做有違神的旨意，那麼你們不會相信我，會以爲我在譏諷[89]你們。如果我又說，天天談論德性，談論其他你們聽我說過的事——聽我對自己和其他人的考察，我要說，未經考察的生活不值得過，而這對人而言正是最大的善——你們更加不會相信我。[b]如我所說，事情就是這樣，雅典人，但不容易讓你們信服。同時，我也不習慣認爲自己這樣的品行該受懲罰。如果我有錢，我會提議一筆我付得起的罰金，因爲那樣不會給我帶來什麼傷害，可是我沒有錢，除非你們願意把罰金定在我能付得起的範圍內，也許我能付一明那銀子[90]。這就是我的提議。

---

[89] 譏諷（εἰρωνευομένῳ）。

[90] 西元前五世紀末，一名雇工一天的標準工錢爲一德拉克瑪，一明那合一百德拉克瑪，所以是相當大的一筆錢。第歐根尼·拉爾修在《名哲言行錄》中則說，「他提議支付二十五德拉克瑪。」（2.41）

雅典人，柏拉圖在這裡，還有克里托、克里托布盧、阿波羅多洛，他們要我提議罰款三十明那，他們作擔保。那麼好吧，我就提這些了，他們有足夠的能力為這筆罰款擔保。[91]

四、最終陳辭：臨別告白（38c-42a）

[c]雅典人，要不了多久，那些反對城邦的人就會認為你們有罪，因為你們殺了有智慧的蘇格拉底，那些想責怪你們的人也會這麼看，他們會說我是有智慧的，哪怕我沒有智慧，只要你們再等一段時間，這件事就會發生。瞧我這把年紀，活得很長，現在接近死亡了。我說這些話並非針對你們全體，[d]而是針對投票判處我死刑的人，對這些人我要說：雅典人，你們也許認為我很難用語言來說服你們，贏得這場官司，就好像為了獲釋我應當什麼都說，什麼都做。遠非如此。我很難贏得這場官司，其原因不是缺乏言辭，而是缺乏厚顏無恥和懦弱，不肯對你們說那些你們喜歡聽的話。我不會痛哭流涕，搖尾乞憐，[e]不做也不說那些不合自己品行的話，而你們習慣從其他人那裡聽到這種話。我不認為面臨危險就可以做任何卑賤的事，我對我的申辯方式並不後悔。我寧可做了這樣的申辯以後去死，也不願

[91] 審判團再次投票，判處蘇格拉底死刑，蘇格拉底作最後陳述。第歐根尼·拉爾修在《名哲言行錄》中說，「後來，通過了對他的死刑判決，還新增了八十張票。」（2.42）

活著再去做其他申辯。—39—因爲，無論在審案中，還是在戰鬥中，我和其他人都不應該想方設法逃避死亡。打仗的時候，人常常可以放下武器，跪地求饒，乞求敵人的憐憫，面對各種危險，避免死亡的辦法多得是，只要你敢說敢做。—b—但是，雅典人，逃離死亡並不難，難的是逃離邪惡，因爲邪惡比死亡跑得更快。我現在年紀又大，跑得又慢，已經快要被那個跑得較慢的死亡追上了，而那些控告我的人儘管身手敏捷，卻也已經被那個跑得較快的邪惡[92]追上了。現在我要離開你們了，接受你們判我的死刑；他們卻要接受眞理所判的有罪和不公正。所以，讓我遵守我受到的判決，他們遵守他們受到的判決。事情也許就應該是這樣的，我認爲他們也應該得到他們應得的。

—c—現在我願對那些判我死刑的人說些預言，因爲我現在正處於人最容易說預言的時候，也就是臨死前。我要說，殺我的人，宙斯在上，我一死，你們的報應很快就會降臨，比你們給我的死刑要殘酷得多。你們現在這樣做了，以爲自己的生活無需接受考察，而如我所說，結果完全相反。將來考察你們的人會有很多，我一直在阻攔他們，—d—而你們看不到。他們會更加嚴厲，因爲他們比你們年輕，會令你們更加惱火。如果你們相信殺人就能阻止有人指責你們活得不對頭，那麼這個念頭不對。想要逃避這種考察，既無可能又不光彩，最好、最方便的辦法不是堵住別人的嘴，而是自己盡力成爲最好的人。這就是我臨行前留給你

[92] 邪惡（κακίας）。

們這些投票判我有罪的人的預言。

—e—趁官員們還在忙碌，而我還沒有去我的受死之地，我很高興對你們這些投票判我無罪的人談談這樣一件事。所以，各位，跟我一起再待一會兒。只要還可以，我們可以聊聊天。—40—我想把你們當朋友，跟你們說說剛才所發生的這件事對我意味著什麼。各位審判官，我這樣稱呼[93]你們才對，我碰到的這件事非常奇妙。從前，那個與我相伴的精靈的聲音總會不斷地出來反對我，如果我要做什麼錯事，無論事情多麼微小，它都會加以阻止；而現在，你們看，我碰上了這件人們都認爲是最兇險的事，然而，—b—無論是我今晨離家，還是我來到法庭，或者是在我發言的時候，這個神的信號都沒有阻攔我。在其他場合，這種阻攔經常出現在我說話的時候，但這一次它對我說的每句話，對我做的每件事，都沒有進行阻攔。對此我是怎麼想的，原因何在？我會告訴你們的。我以爲我碰上的這件事是一種福氣，而我們中那些認爲死亡是一種惡的人肯定錯了。—c—對此我有令人信服的證據，因爲我要做的事情如果不對，那麼我熟悉的信號不會不阻攔我。

讓我們來想像一下，這爲什麼很有希望[94]成爲一件好事。因爲死亡無非就是兩種情況之一：它要麼是一種湮滅，死者毫無知覺；要麼如人所說，它是一種眞正的轉變和遷徙，是

---

[93] 蘇格拉底在前面都稱審判團爲「雅典人」，面對投票判自己無罪的審判官，他改了稱呼。

[94] 希望（ἐλπίς）。

靈魂從一處移居到另一處。—d—如果人死以後毫無知覺，就像進入無夢的長眠，那麼死亡眞是一種奇妙的境界。我想，要是某人把他睡得十分香甜、連夢都不做一個的夜晚挑出來，拿來與他今生已經度過的其他夜晚和白天相比，那麼就能看到，有多少個白天和黑夜能比這個夜晚更好，更舒服，且不說普通人，哪怕是偉大的國王[95]，也會發現能夠香甜熟睡的夜晚與其他日夜相比屈指可數。—e—如果死亡就是這個樣子，那麼我要說這眞是一件好事，因爲到那個時候，永恆好像也並不比一個夜晚更長。另外，如果死亡就是從這裡轉移到那裡，而且人們所說的事情是眞的，即所有死人都在那裡，—41—各位審判官，還有什麼比這更好？如果能夠抵達冥府，逃避那些在這裡稱自己爲審判官的人，就會在那裡見到眞正的審判官，彌諾斯、拉達曼堤斯、埃阿科斯[96]，還能見到特里普托勒摩斯[97]以及其他所有半神，他們由於生前正直而死後成爲神，這樣的旅行會是淒慘的嗎？還有，要是能與奧菲斯、穆賽烏斯、赫西奧德、荷馬[98]相伴，你們中誰不願付出高額代價？如果這是眞的，那麼我情願死很多次。

---

[95] 偉大的國王（τὸν μέγαν βασιλέα）。

[96] 希臘神話傳說中的冥府判官有三位：即彌諾斯（Μίνως）、拉達曼堤斯（Ῥαδάμανθυς）、埃阿科斯（Αἰακος）。

[97] 特里普托勒摩斯（Τριπτόλεμος），生前是人，死後成爲神。

[98] 希臘詩人：奧菲斯（Ὀρφεύς）、穆賽烏斯（Μουσαῖος）、赫西奧德（Ἡσίοδος）、荷馬（Ὅμηρος）。前兩人爲神話傳說中的人物。

[b]若能在那裡見到帕拉墨得斯[99]和忒拉蒙之子埃阿斯[100]，以及其他因不公正審判而死的古人，拿我的遭遇與他們相比，那麼這樣的生活對我來說太美妙了。我認爲，這沒有什麼不快樂。最重要的是，我會在那裡考察和檢驗人，就像我在這裡做的一樣，看他們當中誰有智慧，誰自以爲有智慧。

審判團的先生們，[c]如果有機會考察那個統帥大軍征討特洛伊的首領[101]，或者有機會向奧德修斯[102]、薛西弗斯[103]，以及其他無數的男男女女提問，人還有什麼代價會不願付出呢？與他們談話，與他們爲伴，考察他們，是一種極大的幸福。他們在任何情況下都不會因爲談話而把一個人處死。如果我們聽到的這些事情屬實，那麼他們在那裡比我們在這裡更幸福，因爲他們的餘生是不死的。

審判團的先生們，你們也必須抱著良好的希望看待死亡，[d]請你們記在心裡，好人生

---

[99] 帕拉墨得斯（Παλαμήδης），參加特洛伊戰爭，被指控通敵，被阿該亞人用石頭砸死。

[100] 忒拉蒙（Τελαμῶνος）之子埃阿斯（Αἴας），特洛伊戰爭中的阿該亞聯軍勇將，參閱《奧德賽》11:541。

[101] 指阿該亞聯軍統帥阿伽門農。

[102] 奧德修斯（Ὀδυσσεύς），阿該亞聯軍將領，爲人狡詐，荷馬史詩《奧德賽》的主角。

[103] 薛西弗斯（Σίσυφος），科林斯國王，暴君，死後被罰在地獄裡推巨石上山，快到頂時巨石滾下，重新再推，循環不止。

前死後都不能受到傷害，衆神[104]不會對他的事情無動於衷。我現在碰到的這件事不是偶然的，而是清楚地顯示給我的，死亡和從雜事中擺脫，這樣對我更好。這就是神的徵兆在此過程中沒有前來阻攔我的原因。因此，我肯定不怨恨那些投票判我死刑的人和控告我的人。當然了，他們不是因爲想到了這些事情才投我的反對和控告我的，—e—他們是要傷害我，因此他們應受譴責。但我對他們有個請求。各位，我的兒子長大以後，如果你們認爲他們關心金錢或其他東西勝過關心德性，如果他們自以爲是而實際上什麼也不是，那麼請你們用我對付你們的辦法報復我的兒子，像我使你們傷心一樣使他們傷心。請你們責備他們，就像我責備你們，因爲他們不關心正確的事情，—42—在他們實際上一文不值的時候自認爲了不起。如果你們這樣做了，那麼我算是得到了你們的公平對待，我的兒子也一樣。

是我該走的時候了，我去死，你們去活。無人知道誰的命更好，只有神知道。

[104] 衆神（θεόι），亦譯諸神。

克里托篇

提要

克里托是本文談話人。他的名字成爲本文標題，符合柏拉圖對話命名的通例。西元一世紀的塞拉緒羅在編定柏拉圖作品篇目時，將本文編爲第一組四部劇的第三篇，稱本文的性質是倫理的，本文的主題是論義務。❶

對話地點是關押蘇格拉底的囚室。從蘇格拉底受審到執行死刑有一個月的間隙。雅典城邦一年一度派遣船隻前往宗教聖地德洛斯朝覲。按照慣例，這條神聖的大船返回雅典之前不能處死任何犯人。蘇格拉底受審之時，城邦派往聖地朝覲的大船已經出發。由於某種原因，這次朝覲花的時間較長。蘇格拉底的朋友們利用這段時間制定計劃，想要營救蘇格拉底出獄，讓他離開雅典。

本文可以分爲三個部分：

第一部分（43a-44b），開場　克里托於某日傍晚得知了那條朝覲的大船就要到達雅典的消息。他賄賂獄卒，於次日凌晨前去探監。兩人的談話就此展開。蘇格拉底儘管大禍臨頭，卻仍舊能夠熟睡。他鎮定自若、泰然處之，克里托對此非常欽佩。蘇格拉底說，像我這把年紀的人還要抱怨我必死的事實，那就太不像話了。

❶ 參閱第歐根尼·拉爾修：《名哲言行錄》3:58。

第二部分（44b-46a），克里托的勸告　克里托把營救計劃告訴蘇格拉底，勸他逃走。克里托自己有足夠的錢可以用來解救蘇格拉底，其他許多朋友也樂意奉獻，有些外邦朋友可以幫助蘇格拉底在外邦過上幸福生活。克里托陳述了許多理由，勸蘇格拉底聽從他們的安排。他說，如果蘇格拉底不逃走，多數公眾會說朋友們不義，不肯出資援助。他請蘇格拉底不必顧慮給朋友們添麻煩，這些朋友有錢，許多地方都歡迎蘇格拉底去。他說蘇格拉底要是不逃走，正好中了敵人要毀滅他的奸計，而且會留下遺孤無人撫養。如果蘇格拉底不逃走，朋友們就扮演了怯懦者的角色。克里托竭力勸告蘇格拉底在這最後關頭明智立斷。

第三部分（46b-54e），蘇格拉底的答覆　面對克里托的勸告，蘇格拉底拒絕逃跑。蘇格拉底聲稱他從不放棄原則，總是根據理智決定是否接受朋友的建議。他認爲在生活中判斷正義和非正義、光榮和恥辱、善與惡，也應當聽從有專門知識的人的意見，而不必根據多數公衆的意見行事。對人來說，最重要的不是活著，而是要活得好，要光榮和正義地活著。

蘇格拉底問：用以惡報惡的方式來保護自己是否正當？雅典法庭對他的判決肯定不公，但違反法律逃跑就正確嗎？如果個人可以置法律於不顧，那會給國家造成什麼樣的傷害？蘇格拉底認爲，雅典法庭判他死刑是錯誤的，但審判本身是合法的，是法庭按照法律程序進行的。因此，服從合法的判決是公民的責任。公民只要受到審判，就要服從判決，哪怕法庭的判決是錯誤的。如果公民個人可以漠視法庭的判決，那麼所有法律和秩序都會蕩然無存。

蘇格拉底試圖證明：法律就是普遍正義，是指導城邦政治生活的最高原則。公民在任何情況下都必須服從國家的法律，除非他改變對法律的看法；公民受到錯誤的審判，冤枉他的不是法律，而是濫用法律的人；如果受冤枉的公民越獄逃跑，那麼他的行爲是對法律本身的挑戰，其結果將會使整個社會制度歸於無效。

本文表明蘇格拉底對於雅典城邦滿懷深情。他對當時雅典民主政制的某些方面雖有不滿和批評，但對民主制的法治原則仍舊予以肯定並竭力維護。他沒有把自己被判死刑歸咎於民主制度及其法律，而是認爲這是某些當權者的錯誤。但是，他把「正義即守法」作爲普遍原則來接受，並加以宣揚，反映出他思想的因循守舊的一面。

正文

談話人：蘇格拉底、克里托❷

一、開場（43a-44b）

蘇　〔43〕為什麼來這麼早，克里托？時候已經不早了？

克　還很早。

蘇　有多早？

克　就快要天亮了。

蘇　眞奇怪，獄卒還能聽你的。

克　他現在對我相當友好，蘇格拉底。我常來，還塞了一些東西給他。

蘇　你剛到，還是來了有一會兒了？

克　有一會兒了。

蘇　〔b〕那你為什麼不叫醒我，而是安靜地坐在這裡？

---

❷ 克里托（Κρίτων），蘇格拉底的老朋友，與蘇格拉底年紀相仿。

克　我不敢，蘇格拉底，宙斯在上，我只希望自己不會失眠和感到沮喪。看你睡得那麼香，我眞感到驚訝。我故意不叫醒你，好讓你儘量過得舒服一些。我以前經常認爲你的生活方式是幸福的，現在你雖然大禍臨頭，卻仍舊能夠鎮定自若、泰然處之。

蘇　克里托，像我這把年紀的人還要抱怨我必死的事實，那就太不像話了。

克　[c]其他與你年紀相仿的人也會陷入噩運，但年紀大並不能阻止他們抱怨命運。

蘇　是這樣的。但你爲什麼來這麼早呢？

克　我帶來一個壞消息，蘇格拉底，對你來說你顯然不會認爲這個消息是壞的，但對我和對你的所有朋友來說，這個消息是個壞消息，我們很難承受，尤其是我。

蘇　[d]什麼消息？莫不是那條從德洛斯❸回來的船已經到了，我必須去死了嗎？

克　船還沒到，但是根據那些從索尼昂❹下船的人帶來的消息，我相信它今天就會到了。所以，船顯然今天會到，你的生命明天必定終結。

蘇　我願如此，這是最好的結果。如果衆神希望如此，那就讓它這樣吧。不過，我認爲那條船今天到不了。

---

❸ 德洛斯（Δήλος），小島名，希臘神話中說它原是漂浮的，直到宙斯將它錨定。這裡是阿波羅的出生地，也是後來所謂「德洛斯同盟」的大本營。德洛斯原譯「提洛」。

❹ 索尼昂（Σουνίου），阿提卡南端的一個著名海角。

克　〔44〕爲什麼你會這樣想？

蘇　我會跟你解釋。那條船到後的第二天我必須死。

克　管事的人是這麼說的。

蘇　所以我認爲船今天到不了，明天才會到。我剛才做的夢可以爲證。看來你剛才不叫醒我是對的。

克　你做的什麼夢？

蘇　我夢見一位白衣麗人向我走來。〔b〕她叫我的名字，說「蘇格拉底，第三天你會抵達土地肥沃的弗提亞」。❺

克　一個怪夢，蘇格拉底。

蘇　在我看來，克里托，它的意思很清楚。

二、克里托的勸告（44b-46a）

克　似乎太清楚了，我親愛的蘇格拉底，現在還是聽我的，救救你自己吧。你要是死了，對我來說就不僅是一場災難。我不僅失去一位無法替代的朋友，〔c〕而且有許多與你我

---

❺ 荷馬：《伊利亞特》9:363。弗提亞（Φθία）是帖撒利的一個區，阿喀琉斯的家鄉。

不太熟的人會以爲是我讓你去死的，因爲本來花點錢我就可以救你出獄，但我卻沒能這樣做。重錢財而輕朋友，沒有比這更加可恥的惡名了，大多數人不會相信，儘管我們全力敦促你離開此地，是你自己拒絕了。

蘇　我善良的克里托，我們爲什麼要顧忌多數人的想法呢？應當得到更多關注的是那些最懂道理的人，他們會相信事實眞相。

克　[d] 可是，你瞧，蘇格拉底，衆人的意見也不得不顧。你當前的處境足以表明衆人帶來的傷害不會小，如果在他們中間把名聲搞壞了，衆人也會作大惡。

蘇　但願他們既能作大惡，又能行大善，那就好了，只是現在他們兩樣都不能。他們既不能使人聰明，也不能使人愚蠢；他們的行爲完全是任意的。

克　[e] 也許吧。但是請你告訴我，蘇格拉底，你是否擔心，要是你逃離此地，我和你的其他朋友會碰上麻煩，有人會告發我們幫你逃跑，就好像我們把你偷走似的，因此我們的財產會被沒收，或者要付巨額罰金，[45] 還會受到其他懲罰？如果你有這樣的顧慮，那麼請打消這些念頭。我們冒險救你是正當的，如果必要，我們可以冒更大的危險。接受我的建議吧，別再固執了。

蘇　我記得這些事，克里托，我也記得其他許多事情。

克　別再擔心了。爲了把你從這裡弄出去，那些人索要的錢不算多。還有，你難道不知道那些告密者很容易收買，要搞定他們花不了多少錢？[b] 我的錢隨時可用，我想，足夠了。如果你擔心我，因此不願意花我的錢，那麼還有一些外邦人在這裡提供幫助。他們中有一位底比斯人西米亞斯❻，專門爲此而來，帶了足夠的錢。克貝❼也這樣，還有其他許多人。所以，如我所說，別爲了這種顧慮而對要不要救你自己感到猶豫不決，也別顧忌你在法庭上說過的話，[c]說你不知道離開雅典以後該如何自處，因爲在你去的許多地方，你都會受到歡迎。如果你想去帖撒利❽，我有朋友在那裡，他們會款待你、保護你，在帖撒利沒人會傷害你。

另外，蘇格拉底，我認爲你的做法是不公正的，在能夠得救的時候放棄自己的生命，像你的敵人一樣加快你的命運進程，如他們所願加速毀掉你自己。[d]更有甚者，我認爲你辜負了你的兒子，在能夠撫養和教育他們的時候，你卻要離開和拋棄他們。這樣做，表明你不關心他們的命運。他們將來的命運可能就是孤兒的命運。要麼不要孩子，要麼就與他們在一起，精心撫養和教育他們。在我看來你似乎選擇了一條最輕鬆的道路，而我認爲你應當像一名善良、勇敢的人那樣去選擇，尤其是一個自稱要終身關注德性的人。

❻ 西米亞斯（Σιμμίας），畢達哥拉斯學派哲學家，底比斯（Θῆβαι）人。荷馬史詩中提到有好幾座城市的名字叫底比斯，最著名的有波埃提亞的底比斯、特洛亞的底比斯、埃及的底比斯。

❼ 克貝（Κέβης），畢泰戈拉學派哲學家。

❽ 帖撒利（Θεσσαλία），希臘半島北部的一個地區。

[e]我感到羞恥，既為你，也為我們這些朋友，省得你碰上的所有事情都被人歸因於我們一方的膽怯；你上法庭去接受審判，這樣做其實沒有必要，而現在這個荒唐的結果會被人認為，由於我們一方膽小怕事，事情失控了，[46]在我們有可能救你、也能夠救你的時候，我們沒能救你，或者說你沒能救你自己，哪怕說我們還有一丁點兒用處。想一想吧，蘇格拉底，這樣做不僅是邪惡，而且是羞恥，既對你，也對我們。你仔細想一想吧，或者說，考慮的時間已經過了，現在到了該下決心的時候了，以後不會再有機會了，整件事今晚必須完成。如果我們再拖延，那就不可能了，就太遲了。讓我用各種理由來說服你，蘇格拉底，聽我的話，不要再固執了。

三、蘇格拉底的答覆（46b-54e）

1. 活著不重要，善良地活著最重要（46b-48b）

蘇　[b]親愛的克里托，你的熱情若有正確的目的，必定有很高的價值；但若沒有，你的熱情越高，我就越難對付。因此，我們必須考察是否要按這種方式行事，不僅現在，而且一直以來，我不是那種隨便接受建議的人，除非經過思考證明它是最好的。現在我碰上這種命運，但我不能放棄慣常使用的論證，[c]它們在我看來依然如故。我像從前一樣高度評價和敬重這些原則，如果現在我們提不出更好的論證，那麼我肯定不會同意你的看法；哪怕民衆用監禁、處死、沒收財產來恐嚇我們，就好像我們是小孩子，我也不會同意。我們該如何最合理地考慮這個問題呢？[d]是否應當先來看你關於民衆意見的論證，看一個人是否應當在各種場合都要注意某些意見，而不必理會其他意見呢？或者說，在我被判死刑之前談這個問題也許是適宜的，而現在談這個問題，顯然就成了空洞的論證，實際上是一種遊戲和胡說？我渴望與你一道進行考察，克里托，讓我們來看這個論證在我當下處境中會以各種方式向我呈現出不同的意義，還是會保持原樣，我們應當拋棄它還是相信它。[e]那些思想嚴謹的人在各種場合說過，就像我剛才說的那樣，民衆的某些意見應當高度尊重，而其他意見則不必理會。神靈在上，克里托，你認爲這是一個完善的說法嗎？你作爲一個凡人，不像明天就要死去，[47]所以眼前呈現的這種不幸不會使你喪失理智。所以請你考慮，一個人一定不能聽從民衆的所有意見，而只能尊重民衆的某些意見，不尊重民衆的其他意見，一個人也不必聽從所有人的意見，有些人的意見要聽，有些人的意見不必聽，這個說法不是很合理嗎？你有什麼要說的？這個說法不對嗎？

克 說得很對。

蘇 一個人要尊重好意見，而不要尊重壞意見，對嗎？

克 對。

蘇 好意見就是聰明人的意見，壞意見就是愚蠢者的意見，對嗎？

克 當然對。

蘇　好吧。有這樣一個說法：〔b〕一個專門從事身體鍛煉的人應當重視所有人的讚美和責備，還是應當聽從一個人的意見，即醫生或教練的意見？

克　只聽一個人的意見。

蘇　因此，他應當畏懼一個人的責備、歡迎一個人的讚美，而不理會其他許多人的意見，是嗎？

克　顯然如此。

蘇　所以他必須按照那個人，那個教練或其他內行。認爲正確的意見來行動和鍛煉，來吃飯與喝水，而不用理會其他人的想法，對嗎？

克　就是這樣。

蘇　〔c〕很好。如果他違背那個人，不聽他的意見或讚美，而是計較衆多沒有知識的人的意見，他會不受傷害嗎？

克　當然會。

蘇　這種傷害是什麼、它朝向何處、它會影響人的哪個部分？

克　顯然要傷害他的身體，這是它想要摧毀的。

蘇　說得好。涉及其他事情，我們不必盡數列舉，而關於行動當然有正義和不義、可恥與光榮、〔d〕善良與邪惡之分，這是我們現在正在談論的主題，我們應當順從和恐懼衆人的意見，還是應當接受一個人的意見，假定這個人對這些事情擁有知識，在他面前我們應當感到恐懼和羞恥，超過面對其他所有人。如果我們不遵守他的指點，我們就會傷害和弄壞我們自己的某個部分，正義的行動會改善它，不義的行動會摧毀它。或者說，這些話沒啥道理？

克　我認爲確實如此，蘇格拉底。

蘇　現在來看，如果我們由於不順從那些內行的人的意見而毀掉了可被健康所改善、可被疾病所摧毀的部分，這個部分被摧毀了，|e|那麼這樣的生活還值得過嗎？我說的這個部分是身體，對不對？

克　對。

蘇　身體被摧毀了、朝著壞的方向發展，這樣的生活還值得過嗎？

克　不值得。

蘇　不義的行動傷害我們的某個部分、正義的行動使我們的某個部分受益，我們的這個部分要是毀壞了，這樣的生活還值得過嗎？或者說，我們認爲我們的這個部分，|48|無論它是什麼，與正義和不義相關，比身體還要低劣嗎？

克　絕對不會。

蘇　這個部分更加珍貴？

克　珍貴得多。

蘇　所以我們不應當過多地考慮大多數人會怎麼說我們，而應當考慮那個懂得正義和不義的人會說些什麼，這個人就是眞理本身。所以，首先，你錯誤地相信我們應當注意眾人對什麼是正義、美、善，及其對立面的意見。但有人會說，「眾人能夠處死我們。」

克 [b]這太明顯了，蘇格拉底，有人肯定會這麼說。

蘇 但是，我可敬的朋友，我們剛才通過的論證，我想，依然有效。我們來考察一番，看下面的陳述是否依然成立：最重要的事情不是活著，而是善良地活。

克 這個陳述依然成立。

蘇 善良的生活、美好的生活、正義的生活是一回事，這個陳述依然成立嗎？

克 依然成立。

2. 不能以惡報惡（48b-51c）

蘇 到現在爲止我們的看法一致，下面我們必須考察[c]在雅典人沒有赦免我的時候逃離此處，這樣的行爲對我來說是正當的嗎？如果這樣做是正當的，那麼我們要嘗試一番；如果這樣做是不正當的，那麼我們要拋棄這種念頭。至於你提出的錢財、名聲、孩子的撫養等問題，克里托，這些想法實際上屬於民眾，他們輕率地把人判處死刑，也隨意免去人的死罪，只要辦得到他們就幹，並不深入思考，這是大多數人的想法。然而，對我們來說，由於我們的論證已經引導我們進到這一步，如我們剛才所說，唯一有效的思考是，[d]向那些願意把我帶出此地的人付錢，向他們表示感謝，我們自己也爲逃跑提供幫助，這樣的行爲正當嗎，或者說我們做這些事情全都錯了。如果看到我們的行動是不正當的，那就根本不需要考慮如果留在這裡、靜坐不動，是否必死、是否必定受其他罪的問題。

克　我認爲你說得很好，蘇格拉底，但我們還是要考慮一下該做些什麼。

蘇　—e—讓我們一起來考察這個問題，我親愛的朋友，如果你在我說話的時候能夠提出反對意見，那就請你隨時提出，我會注意聽的，但若你沒有反對意見，我親愛的克里托，那就請你停止，不要再重複說我必須違反雅典人的意願離開這裡。我認爲，在我行動之前說服你是重要的，—49—而不是違反你的願望去行動。現在來看，我們考察的起點是否得到了恰當的說明，請用你認爲最好的方式嘗試回答我的問題。

克　我試試看吧。

蘇　我們不是說過，人一定不會以任何方式自願作惡，或者說人作惡必定會以一種方式、而不以另一種方式？作惡絕不可能是善良的或可敬的，—b—這是我們過去一致的看法，或者說在過去的幾天裡，我們所有這些一致的看法都已蕩然無存？我們這把年紀的人竟然沒能注意到，在多年嚴肅的討論中，我們其實與兒童無異？尤其是，事實眞相就是我們曾經說過的那樣，而無論大衆是否同意，我們是否還要繼續承受比現在還要糟糕的事情？或者換一種比較溫和的說法，對作惡者來說，作惡或行不義在任何情況下都是有害的和可恥的？我們是不是這樣說的？

克　是的。

蘇　所以，人一定不能作惡。

克　當然不能。

蘇　由於人一定不能作惡，所以在受到虐待時，人一定不能像大多數人所相信的那樣，以惡報惡。

克　c 好像是這樣的。

蘇　現在請你告訴我，克里托，人應不應當虐待他人？

克　一定不能。

蘇　那麼好，如果一個人受到虐待，那麼他像大多數人所說的那樣以惡報惡，這樣做對嗎？

克　這樣做絕不可能是對的。

蘇　虐待他人與作惡沒有什麼區別。

克　你說得對。

蘇　無論受到什麼樣的虐待，d 人絕對不可以惡報惡，不可虐待任何人。克里托，我知道你不會同意這一點，它與你的信念是對立的。我知道，只有很少人是這樣想的，或者堅持這種看法，堅持這種看法的人與反對這種看法的人缺乏共同基礎，他們不可避免地會藐視對方的觀點。所以，請你仔細考慮，你我對這種觀點的態度是否相同，你是否同意讓這種觀點——作惡和以惡報惡是不對的，以虐待對虐待也是不對的——成爲我們交談的基礎。或者說，你不同意這種觀點，e 不願以這種觀點作爲我們討論的基礎？我長期堅持這種觀點，現在仍然這樣看，你若有別樣想法，現在就告訴我。當然了，你要是認同我們前面的意見，那就請聽下一個要點。

克　我認同前面的意見，贊同你的看法。請你說下去。

蘇 那我就來說下一個要點，或者倒不如讓我來問你：一個人與他人達成了公正的協定，他應當履行還是違反？

克 應當履行。

蘇 我們來看從中可以推出什麼結論：如果我們離開這裡而無城邦的允許，50 我們是否虐待了我們最不應當虐待的人？我們是否應當履行一項公正的協議？

克 我不能回答你的問題，蘇格拉底。我不知道。

蘇 請你這樣想。假定我們正計劃逃離此地，或者不管人們怎麼叫它，法律和國家會前來向我們提問：「告訴我，蘇格拉底，你打算做什麼？你打算用這樣的行動來摧毀我們嗎 b ——法律、整個城邦、與你有關的一切？如果法庭的宣判沒有效力，是廢紙一張，可以被個人所廢除，這樣的城邦能不毀滅嗎？」對這個問題和其他相同的論證，我們該如何回答？還有許多話可說，尤其是代表正在被我們摧毀的法律的演說家會說，法庭的宣判應當堅決執行。c 而我們回答說：「城邦虐待我，它的決定不對。」我們應當這樣說，還是該另外說些什麼？

克 是的，宙斯在上，蘇格拉底，這是我們的回答。

蘇 如果法律說，「這不正是我們之間的協議嗎，蘇格拉底，或者說，你要遵守城邦的判決」，那我們該怎麼說？如果我們對這樣的用語表示驚訝，它們也許會說，「蘇格拉底，別在意我們說了些什麼，你只需要回答我們的問題，d 因爲你習慣於透過問與答來進行討論。來吧，你現在對我們和這個城邦提出了什麼指控，想以此來摧毀我們？

我們難道沒有首先賦予你生命，因爲正是透過我們，你的父母才結了婚，生下了你？你說話，你對我們這些涉及婚姻的法律有什麼要批評的嗎？」我會說，我沒什麼要批評的。「你對涉及兒童撫養和你也接受過的教育的法律有什麼要批評的嗎？—e—與此相關的那些法律沒能正確指導你的父親對你進行藝術和身體方面的教育嗎？」我會說，這些法律是正確的。「很好，」它們會繼續說，「在你出生、長大成人、接受教育以後，你能否認，你和你的前輩首先都是我們的產物和僕人嗎？如果是這樣的話，你認爲我們之間權力平等嗎，無論我們對你怎麼做，你也可以正當地對我們怎麼做？—51—你並不擁有與你父親同樣的權力，你也不擁有與你的主人同樣的權力，假定你有主人，所以無論他們對你做了什麼，你都不能進行報復，他們責備你，你不能回嘴，他們鞭打你，你不能還手，其他許多事情也一樣。你認爲自己有權報復你的國家和法律嗎？如果我們想要毀掉你，並且認爲這樣做是對的，你就可以反過來盡力毀掉我們，藉此進行報復嗎？如此在意德性的你，會聲稱自己有權這樣做嗎？你的智慧竟然不明白，你的國家比你的母親、父親、所有前輩更加值得榮耀、—b—更加可敬、更加神聖，它在衆神和聰明人中間擁有更大的榮耀，所以你必須崇拜它、順從它、在它憤怒時安撫它，甚於對你憤怒時的父親？你必須說服它，或者服從它的命令，安靜地忍受它要你忍受的事情，無論是鞭打還是囚禁，如果它讓你去參戰，你會受傷或戰死，但你必須服從。這樣做是正確的，人一定不能放棄、後撤、逃離崗位，無論是戰場還是法庭，或者是在任何地方，—c—人必須服從他的城邦和國家的命令，或者按照正義的本性去說服它們。對你的父母施暴是不虔敬的；對你的國家施暴就更是極端地不虔敬了。」對此我們該如何回答，克里托，法律說的是不是眞話？

克 我認爲它們說的是眞話。

3. 法律的教導（51c-54e）

蘇 「現在請你想一想，蘇格拉底，」法律可能會說，「如果我們說得對，那麼你現在打算要做的事情沒有公正地對待我們。我們給了你出生，撫養你長大，教育你；[d]我們給了你和其他所有同胞公民一份我們能夠辦到的好處。即便如此，任何一位雅典人，只要到了投票的年紀，已經觀察了城邦的事務和我們這些法律，我們仍舊公開宣布會給他們這樣的機會，如果他對我們不滿，我們允許他帶著他的財產去他喜歡去的地方。我們這些法律都不會加以阻攔，如果他對我們或對城邦不滿，[e]如果你們中的某一位想去殖民城邦生活，或者想去其他任何地方，他都可以保留他的財產。然而，我們說了，你們這些留下來的人，不管是誰，當他看到我們如何進行審判、如何以其他方式管理城邦的時候，實際上也就與我們達成了一項協定，要服從我們的指導。我們說，這個不服從的人犯了三重罪過：首先，我們是他的父母，他不服從我們就是不服從父母；其次，我們把他撫養成人，而他不服從我們；再次，[52]儘管有協議，但他既沒有服從我們，又沒有在我們犯了錯的時候盡力說服我們，讓我們做得比較好。然而，我們只是提建議，不會下達野蠻的命令；我們提供兩種選擇，要麼說服我們，要麼按我們說的去做。但他實際上兩樣都沒做。我們要說的是，蘇格拉底，你也一樣，如果你做了你們心裡想做的事，那麼這些指控就是針對你的；你不再是最不應該受懲罰的雅典人，而是罪行最嚴重的雅典人。」如果我說，「爲什麼會這樣？」那麼它們無疑有充分的理由責罵我，說我就是那些與它們最明確地訂有協議的雅典人。〔b〕它們會這樣說：「蘇格拉底，我們有重要的證據表明你對我們和這個國家是友善的。如果這個城邦沒有讓你格外地喜悅，你就不會一直在這裡居住，在所有雅典人中，你在這方面是最突出的。你從來沒有離開過這個城邦，哪怕是去參加節慶，或是爲了其他什麼理由，只有執行軍務除外；你從來沒有像其他人那樣去其他城邦居住；〔c〕你沒有了解其他城邦或其他法律的願望；我們和我們的城邦讓你感到滿意。所以，你確鑿無疑地選擇了我們，同意做一名在我們治下的公民。還有，你在這個城邦生兒育女，這就表明你對這個城邦是友善的。在你受審的時候，如果你願意，你可以提議判你流放，而你現在打算做的事情違背了城邦的願望，因爲你當時就可以在城邦同意的情況下做到你現在想做的事。你當時非常自豪，對判你死刑一點兒也不生氣，而且說過寧可死也不願被放逐。然而，這些話並沒有讓你感到羞恥，〔d〕你不尊重我們法律，你打算摧毀我們，你的行爲就像最下賤的想要逃跑的奴才，你違反了你先前的承諾和與我們達成的協議，在我們治下做一位公民。現在請你先回答我們這個問題，當我們說你同意要按照法律來生活，不僅在言語上，而且在行動中與我們保持一致的時候，我們說的是眞話嗎？」對此我們該怎麼說，克里托？我們必須否認嗎？

克　我們必須同意，蘇格拉底。

蘇　「確實，」它們會說，「你正在違反承諾，[e]破壞你當初在沒有壓力和欺騙的情況下與我們簽訂的協定，你和我們簽訂協定時有足夠的時間思考。如果你不喜歡我們，[53]如果你感到我們之間的協議不公平，那麼你已經有七十年的時間可以離開。你沒有選擇去拉棲代蒙❾或克里特❿，你總是說那裡治理得很好，也沒有選擇去其他城邦，希臘人的或外國人的。你比瘸子、瞎子或其他殘疾人更少離開雅典。很清楚，這座城邦對你格外友善，超過對其他雅典人，我們法律也一樣，若是沒有法律，哪個城邦會喜悅？而現在，你不想遵守我們之間的協議了嗎？你不想遵守了，蘇格拉底，如果我們能說服你，你可別因爲離開這個城邦而讓你自己成爲笑柄。請你想一想，違反我們之間的協議，犯下這種過錯，對你或你的朋友有什麼好處。很明顯，[b]你的朋友們會面臨流放、剝奪公民權、沒收財產的危險。至於你本人，如果你去了鄰近的城邦——治理良好的底比斯⓫或麥加拉⓬——你會成爲它們的政府的敵人；所有那些關心他們城

---

❾ 拉棲代蒙（Λακεδαίμων），斯巴達的別名。

❿ 克里特（Κρήτη），島名。

⓫ 底比斯（Θῆβαι），城邦名，常譯爲「迪拜」。

⓬ 麥加拉（Μέγαρα），城邦名。

邦的人都會用懷疑的眼光看你，把你當作法律的摧毀者。|c|你也會增強審判官們的信心，堅信他們給你判刑是正確的，因爲任何摧毀法律的人很容易被認爲是在毒害年輕人和無知者。或者說，你會避開那些治理良好的城邦、舉止文明的人士？如果你這樣做了，那麼你的生活還值得過嗎？你還會與他們交往和談話而不以爲恥嗎？你有什麼要對他們說的？像你在這裡說的一樣，對他們說德性和正義是人最寶貴的財富、|d|行動要合法、要遵守法律嗎？你們認爲蘇格拉底這樣做體面嗎？有人肯定會認爲不體面。或者說，你會離開那些地方，去帖撒利投靠克里托的朋友？你在那裡會發現極大的自由和混亂無序，那裡的人無疑會樂意聽你講自己如何荒唐地化裝逃跑，如何披上羊皮襖，或者穿上其他逃跑者常用的行頭，以此改變形象。那裡難道不會有人說，你這個人，活不了多久了，|e|竟會如此貪生怕死，乃至於違反最重要的法律？也許沒人會這樣說，蘇格拉底，如果你不得罪人；如果你得罪人了，許多難聽話就夠你受的。你會活著，做所有人的奴僕，聽從他們的召喚。你在帖撒利能做的事情不就是混飯吃嗎，就好像你去帖撒利是爲了赴宴？至於你那些關於正義|54|以及其他德性的談話，它們在哪裡？你說你想活下去是爲了兒子，你想把他們撫養成人，教育他們。怎麼會呢？你想把他們帶去帖撒利，在那裡把他們帶大，教育他們，使他們成爲外邦人，讓他們也能過上幸福生活，是嗎？如果你不想帶他們去，那麼他們最好還是在這裡長大成人，受教育，而你雖然還活著，但不在這裡，是嗎？是的，你的朋友會照顧他們。你去了帖撒利生活，他們會照顧你的兒子，如果你去了冥府，他們就不照顧你的兒子

嗎？只要那些自稱是你的朋友的人名副其實，b 必須假定他們會照料你的兒子。聽我們的勸吧，蘇格拉底，是我們把你撫養大的。不要把你的子女、你的生命或其他東西的價值視爲高於善的價值，爲的是，當你抵達冥府時，你可以面對那裡的統治者說出這些話來爲自己辯白。如果你做了這件事，你在這裡不會覺得事情變好了、比較公正了、比較有價值了，你的任何一位朋友也不會這麼看，而當你抵達彼岸的時候，事情對你來說也不會變得較好。沒錯，你就要離開此地了，如果你走了，那麼在此之前虐待你的不是我們法律，而是人；c 如果你可恥地以惡報惡、以虐待對虐待，違反我們之間訂立的協議，不履行自己的承諾，那麼在你虐待了你最不應該虐待的人以後——你自己、你的朋友、你的國家，還有我們——我們會在你還活著的時候對你表示憤怒，我們的兄弟、冥府裡的法律也不會熱情歡迎你，因爲它們知道你試圖盡力摧毀我們。別讓克里托把你說服了，d 去做他說的那件事，你還是聽我們的吧。」

克里托，親愛的朋友，我向你保證，我彷彿眞的聽到了這些話，就好像科里班忒們⓭聽到了神笛的聲音，這些話的回音在我心中縈繞，使我不可能聽到其他任何聲音。我的信念至此都已經說了，如果你要反對我的這些信念，那麼你是徒勞的。然而，如果你

⓭ 科里班忒（Κορύβαντες），眾神之母庫柏勒的祭司，有多位，施行祕儀時狂歌亂舞，並用長矛相互碰撞，在瘋狂中自傷。

認爲自己還能說些有用的事情，那麼請講。

克 我無話可說，蘇格拉底。

蘇 那就這樣吧，克里托，讓我們按照這種方式行事，e因爲這是神爲我們指引的道路。

卡爾米德篇

提要

本文是柏拉圖的早期作品，以談話人之一卡爾米德的名字命名。學者們一般認爲本文的寫作時間早於《高爾吉亞篇》和《普羅泰戈拉篇》，約與《拉凱斯篇》和《呂西斯篇》同時。這三篇對話的內容和形式都很相似，可以說是姊妹篇。西元一世紀的塞拉緒羅在編定柏拉圖作品篇目時，將本文列爲第五組四部劇的第二篇，稱其性質是「探詢性的」，稱其主題是「論節制」。❶

整篇對話由蘇格拉底講述。開場白交待了談話的背景和年代。這場談話發生在波提狄亞戰役剛結束的時候（西元前四三二年）。這場戰役是整個伯羅奔尼撒戰爭的起點。蘇格拉底從波提狄亞軍營返回雅典，一抵達就直奔他慣常去的運動場，與人交談。與蘇格拉底交談的有克里底亞和卡爾米德。他們都是柏拉圖的親戚。對話中的蘇格拉底約四十歲，而卡爾米德還很年輕。蘇格拉底以年輕人的良師益友的姿態主導了這場談話。

本文的主題是論節制。節制的希臘文是「σῶφρον」，這個希臘詞主要有三種含義：(1)理智健全、通情達理、頭腦清晰，明智，與褊狹、愚妄、傲慢、錯亂意思相反；(2)謙卑、穩重、博愛、仁慈，尤其指年少者對年長者、位卑者對位尊者的謙恭；(3)對各種欲望的自我約

❶ 參閱第歐根尼．拉爾修：《名哲言行錄》3:59。

束和控制。這個詞一般英譯爲「temperance」，而「σώφρον」的派生詞「σωφροσύνη」一般英譯爲self-control。掌握該詞的三種含義對於理解本文有特殊的意義。節制是隱藏在「認識你自己」、「萬勿過度」這兩句德爾斐箴言背後的精神，它要人們接受美德爲人性所設的界限，約束欲望的衝動，服從和諧與適度的內在法則。蘇格拉底在討論節制這種美德的時候試圖建立一種「認識你自己」的人學。

本文可以分爲三個部分：

第一部分（153a-158c），治療靈魂　蘇格拉底見到卡爾米德，驚訝地表示看到他已經成長爲俊美的青年。克里底亞稱讚卡爾米德不僅有健美的身體，而且有高貴的靈魂，既是哲學家又是詩人。卡爾米德說自己正在患頭痛病，蘇格拉底聲稱自己能用咒語治療靈魂，因爲他從一位色雷斯醫生那裡學到了咒語。他主張整體治療，不能治眼不治頭，治身體不治靈魂。如果頭和身體都好，那就從治療靈魂開始，靈魂是首要的、本質性的東西。接著，蘇格拉底盤問卡爾米德有沒有節制這種美德，問什麼是節制。對話轉爲討論節制的定義。

第二部分（158c-174d），節制的定義　卡爾米德爲節制下了三個定義，遭到蘇格拉底的的批駁。這三個定義是：⑴節制就是有序而又平靜地做事，節制就是沉著；⑵節制使人感到羞恥，使人謙虛，節制就是謙虛；⑶節制就是做自己的事情。蘇格拉底指出，奔跑和學習都需要節制，但均以快捷爲好，平緩爲壞，所以節制不是沉著。蘇格拉底指出荷馬史詩中講到謙虛對窮人來說不是好事，因此節制不是謙虛。蘇格拉底指出一個人做事不能不涉及他人，城邦如果規定每個人只做自己的事情，就不會有良好的秩序。（158c-162b）

蘇格拉底的批評使卡爾米德陷入困窘，克里底亞接著上場與蘇格拉底展開討論。克里底亞把做自己的事情區分爲兩種情況：履行自己的義務和生產自己的產品。蘇格拉底指出節制必定是從事善的行爲。節制者若不知道自己的工作是好的和有益的，那就是對節制的無知。克里底亞撤回自己的定義，提出節制就是自我認識。（162c-165b）

接著，討論進入建立一門關於人的學問。蘇格拉底提出兩個問題：這門學問的對象是什麼；自我認識是否可能。蘇格拉底引出了一個知識論的定義：節制既是一種關於其他知識的知識，又是一種「關於節制本身的知識」（166c），「當一個人擁有知道他自己的知識，他就會認識他自己」（169e）。然而，在蘇格拉底的進一步詰難下，這一定義也遭到失敗，「我們已經承認爲一切事物中最優秀的事物最後竟會變成毫無用處的東西。」（165b-174d）

第三部分（174d-176d） 分辨善與惡的知識。蘇格拉底向克里底亞提問：究竟什麼知識能夠給人最大的幸福？克里底亞回答說，分別善和惡的知識。蘇格拉底指出，節制只是關於知識與無知的學問，而要給我們帶來好處的只能是別的知識，只有醫學能給我們帶來健康。克里底亞認爲節制控制善，蘇格拉底認爲善控制節制，善是最高的美德。克里底亞承認，節制不能給我們帶來好處。蘇格拉底總結說，我們想要討論節制是什麼，但我們現在澈底失敗了。整篇對話到此結束，沒有得出結論。

本文是我們研究蘇格拉底哲學思想的重要材料，反映了蘇格拉底經歷的哲學轉變，從研究自然轉爲研究人。他嘗試提出一種融貫認識論和倫理學的人學。在文中，蘇格拉底提到了一般知識與具體知識的關係問題，但他在一般與個別的關係問題上糾纏不清，顯露出後來柏拉圖型相實在論的雛形。

正文

談話人：蘇格拉底

一、治療靈魂（153a-158c）

153 我們昨天黃昏時分從位於波提狄亞❷的營地返回雅典，由於在外甚久，我就去了以往常去之處，舊地重遊一番，心裡感到特別高興。特別是，我徑直去了陶瑞亞斯❸體育場，就在女王❹神廟對面，在那裡我見到很多人，大多數是熟人，b 有些我不認識。他們見我突然出現，遠遠地從各處迎上前來，和我打招呼，那個野人似的凱勒豐❺站起身來，率先來到我面前，抓住我的手說：「蘇格拉底，你是怎樣從戰鬥中脫險的？」在我們離開波提狄亞之前，那裡發生了激戰，但是在雅典的人剛得到消息。

---

❷ 波提狄亞（Ποτειδαία），城邦名，雅典鄰邦，西元前四三二年背棄雅典，西元前四二九年被雅典圍困攻陷。

❸ 陶瑞亞斯（Ταυρέας），地名，詞義爲「公牛」。

❹ 女王（Βασίληα），指冥府女王，其神廟位於雅典衛城南面。

❺ 凱勒豐（Χαιρεφῶν），雅典民主派人士，蘇格拉底的朋友，性格暴烈，做事莽撞，曾就德爾斐神諭向蘇格拉底提問，參閱《申辯篇》21a。

我答道：「就像你剛才看到我的這樣。」

c 他說：「我們在這裡聽說這一仗打得很厲害，許多朋友都犧牲了。」

我說：「這個消息相當準確。」

他說：「你當時在場嗎？」

「是的，我在那裡。」

「那就請你坐下來，給我們詳細講講，到現在爲止，我們還不知道什麼細節。」說著話，他領我來到卡萊克魯斯之子克里底亞❻身邊，讓我在那裡坐下。

d 坐下的時候，我跟克里底亞和其他人打招呼，把軍營裡的事情講給他們聽，回答他們的提問，他們的問題很多，各不相同。

這些事說得差不多以後，我回過頭來問他們家裡發生的事，涉及哲學和年輕人的現狀，有沒有哪位青年變得智慧或美貌出眾，或者兩方面都很突出。此時，克里底亞朝著大門口看了一眼，154 有幾位青年正向這裡走來，他們大聲爭論著，後面還跟著一大群人。他說：「蘇格拉底，美貌出眾的青年，我想你馬上就能做決定，因爲剛才進來的這些人都是那個被認爲是當今最美貌的年輕人的開道者和情人，我想他本人不會離得太遠，就要露面了。」

「他是誰，」我說，「誰是他的父親？」

---

❻ 卡萊克魯斯（Καλλαίσχρος），柏拉圖外祖父的兄弟；克里底亞（Κριτίας），柏拉圖的舅父。

[b]「你可能認識他，」他說，「只是你離開此地時他還沒有長大。他是卡爾米德❼，我舅舅格老孔❽的兒子，我的表弟。」

「蒼天在上，我當然認識他，」我說，「他還是個孩子的時候就很值得注意。現在我想他必定已經長成個大小夥子了。」

「你馬上就能看到他現在長成什麼樣，有多大變化了。」就在他說話的時候，卡爾米德走進了體育場。

你一定不可相信我的判斷，我的朋友。只要涉及相貌俊美的人，我就是一把破尺子，因爲每個這種年紀的人在我眼裡都是美的。[c]即便如此，就在卡爾米德進來的那一刻，我還是對他的相貌和形體感到震驚，在那裡的每個人在我看來都愛他，他一進來就把他們搞得神魂顛倒，還有跟在他後面的許多愛慕者。我這種年紀的人受到影響可能不足爲奇，但我注意到，哪怕是那些孩子也沒有一個在左盼右顧，而是盯著卡爾米德看，就好像他是一尊雕像。凱勒豐喊我說：「[d]蘇格拉底，你認爲這位青年怎麼樣？他的臉蛋漂亮嗎？」

「漂亮極了。」我說。

「如果他願意脫衣服，」他說，「你就不會注意他的臉蛋了，他的身體非常完美。」

---

❼ 卡爾米德（Χαρμίδης），克里底亞的表弟。

❽ 格老孔（Γλαύκων），克里底亞的舅舅，卡爾米德之父。

此時其他人也像凱勒豐一樣議論著相同的事情，我說：「赫拉克勒斯❾在上，你們對一個人的描繪不平衡，如果他正好還有另外一樣小東西。」

—e—「那是什麼？」克里底亞說。

「如果他正好有完美的靈魂，」我說「那是很恰當的，因爲他出自你的家族。」

「他在這個方面也很優秀，」他說。

「那麼，在看他的身體之前，我們爲什麼不讓他袒露這個部分呢？他肯定已經到了願意討論事情的年紀。」

「確實如此，」克里底亞說，「因爲他不僅是一名哲學家，—155—而且還是一名詩人，他自己這麼認爲，其他人也這麼認爲。」

「這是上蒼的恩賜，我親愛的克里底亞，」我說，「在你的家族可以追溯到梭倫。但是，你爲什麼不喊他過來考考他呢？儘管他還很年輕，當著你的面讓他和我們談話也沒什麼不妥，因爲你是他的監護人和表兄。」

—b—「你說得對，」他說，「那我就喊他過來。」他馬上對他的僕人說，「喂，去喊卡爾米德來見一位醫生，他昨天對我說身體不舒服。」然後，克里底亞對我說：「你瞧，他最近抱怨說早晨起來頭疼。幹嘛不對他說你知道治頭疼的偏方呢？」

❾ 赫拉克勒斯（Ἡρακλῆς），希臘神話中的大英雄。

「沒理由不這樣做，」我說，「只要他願意過來。」

「噢，他會來的，」他說。

〔c〕他說得沒錯，卡爾米德果然過來了。他的到來引起一陣歡笑，已經圍成圈坐下的人推旁邊的人給他讓個位置，好讓他坐下。結果就是，原來坐在這一頭的那個人被擠得站起身來，而坐在另一頭的那個人被人壓在身下，只好挪到外邊去。最後，卡爾米德走了過來，在克里底亞和我之間坐下。這時候，我的朋友，我卻感到有點膽怯了，儘管我原來以爲跟他談話輕而易舉，但我先前盲目的自信在這一刻消失了。〔d〕克里底亞說我就是那個知道偏方的人，而他以一種無法言喻的方式盯著我看，好像要向我提問，就在體育場裡的人全都圍了過來的時候，我高貴的朋友，我看見他外衣下俊美的身子，頓時點燃我的慾火，無法遏制自己。我突然想起，昔狄亞斯❿眞是最聰明的愛情詩人，他在與某人談到美男子時提建議說，「看這頭雄獅，對牠奉承討好是最糟糕的，只會成爲牠的晚餐」，因爲我感到自己好像已經被這樣一頭野獸吞食了。不過，當他問我是否知道治療頭疼的偏方時，我還是盡力回答。

「怎麼治法？」他說。

〔e〕我說，有一種樹葉吃了可以治頭疼，不過在使用時需要念咒語。如果在使用樹葉時不停地念咒語，頭疼就能痊癒，如果不念，那麼樹葉就失效了。

---

❿ 昔狄亞斯（Κυδίας），一位晦澀的抒情詩人。

156 他說：「請你口述，我把它寫下來。」

「要我允許，」我說，「還是不要我允許。」

「當然要。」他笑著說。

「很好，」我說，「你確實知道我的名字嗎？」

「要是不知道，那我太丟臉了，」他說，「我的同伴聊天時經常說起你，我還記得，當我還是個孩子的時候，就在這裡見過你和克里底亞。」

b 「太好了，」我說，「那麼我可以更加自由地說一說這個咒語的本性了。剛才我有點犯難，不知該用什麼方法來向你證明它的效力。它的本性，卡爾米德，不只是能夠治頭疼。你可能聽好醫生說過這種事，如果你眼睛痛去看醫生，他們會說不能光治眼睛，c 還要同時治療頭部。他們還會說，如果只治頭部而不治整個身體，那是非常愚蠢的。按照這一原則，他們對整個身體進行治療，對整個身體和部分一起治療。你聽他們說過這樣的話，注意過這種情況嗎？」

「是的，我注意過。」他說。

「那麼我說的好像是對的，你接受這一原則？」

「絕對接受，」他說

d 聽他表示贊同，我比較安心了，先前的自信又一點點地恢復，我回過神來了。所以我說：「好，卡爾米德，這個原則和咒語是一樣的。我在軍中服役時向札耳謨克西[11]的一位色雷斯醫生學會了這種咒語，據說這位醫生能使人不朽。這位色雷斯人說，我剛才告訴你的這些希臘醫生說的話是對的。『但是，我們的國王札耳謨克西，』e 他說，『是一位神，國王說過，你們不應當不治我的頭而治我的眼睛，或者不治我的身體而只治我的頭，所以你們不應當不治靈魂而只治身體。就是由於這個緣故，許多疾病希臘的醫生治不了，因爲他們無視整體，而實際上，整體如果不處於良好狀態，部分是不可能好的。』他說，『對整個人來說，靈魂既是身體健康的源泉，又是身體疾病的來源，它們從靈魂中流出，157 其方式就如眼睛受頭部的影響。因此要想頭的組成部分和身體的其他部分健康，治療靈魂是必須的，首要的。』他說，『我親愛的朋友，治療靈魂需要用到某些咒語，這些咒語由美妙的話語組成。在靈魂中產生節制，是這樣的話語作用的結果，一旦靈魂獲取和擁有了節制，要爲頭部和身體的其他部分提供健康就容易了。』b 他在教我治療方法和咒語時還說：『別聽任何人的勸，讓你用偏方治療他的頭，除非他先把靈魂交付給你，讓你用咒語治療。因爲這是現在某些醫生會對病人犯下的錯。他們試圖脫離靈魂的健康來產生身體的健康。』他嚴厲地告誡我，c 對財富、地位、美貌的乞求要置若罔聞。所以，我已經向他承諾並信守這一諾言，如果你願意，那麼按照這位陌生人的指示，我首先要把色雷斯人的咒語用於你的靈

[11] 札耳謨克西（Ζαλμόξιδος），波斯國王。

魂，然後我才會用偏方治療你的頭。如果你不願意，那麼我們什麼都不能爲你做了，我親愛的卡爾米德。」

聽我說了這些話，克里底亞說：「頭疼對這位年輕人來說會轉變成一種幸運，蘇格拉底，|d|由於他的頭，他不得不改善他的才智。不過，讓我來告訴你，蘇格拉底，卡爾米德不僅在同齡人中間相貌出衆，而且在你說的有咒語的這種東西上也超越同齡人，這種東西就是節制，不是嗎？」

「是的，確實是，」我說。

「那麼你必須知道，他不僅擁有當今時代最有節制的青年的名聲，而且在與他年紀相應的其他任何事情上絕不亞於別人。」

|e|「相當正確，卡爾米德，我認爲你一定會在所有這樣的事情上勝過其他人，」我說，「因爲我認爲，在這裡無人能夠輕易指出哪兩個雅典家族的聯姻能產生比你的家族更加優秀和高貴的後裔。你父親的家族，亦即德洛庇達之子克里底亞[12]的家族，|158|受到阿那克瑞翁[13]、梭倫[14]和其他許多詩人的頌揚，稱頌這個家族擁有傑出的美貌、美德，以及其他一

---

[12] 德洛庇達（Δρωπίδης）是克里底亞之父，但這位克里底亞是對話中的克里底亞的祖父，參閱《蒂邁歐篇》20e。

[13] 阿那克瑞翁（Ἀνακρέον），希臘抒情詩人，約西元前五七〇年。

[14] 梭倫（Σόλωνος），雅典政治家，立法家，約生於西元前六三九年。

切被稱作幸福的東西。你母親的家族也同樣。你的母舅皮里蘭佩⓯聲名遠揚，是這個國家最優秀，最有影響的人，因爲他多次擔任使者去見波斯大王和其他人，所以這個家族的各個方面絲毫也不遜色於其他家族。作爲這樣的祖先的後代，你像是擁有驕傲的資本。—b—在可見的美貌方面，格老孔的乖兒子，在我看來你的外貌絕對不會辱沒他們。但若在美貌之外你還擁有節制，以及你在這裡的朋友提到的其他品性，那麼你母親眞的養了一個幸福的兒子，我親愛的卡爾米德。現在的情況是這樣的：如果節制已經在你身上呈現，你已經足夠節制，那麼你不需要咒語了，無論是札耳謨克西的咒語還是希珀波瑞人阿巴里斯⓰的咒語，—c—你馬上就可以得到治頭疼的偏方。但若你顯得仍然缺乏這些東西，那麼在我給你偏方之前，我必須使用咒語。所以你來告訴我：你同意你朋友的看法，斷定自己已經擁有足夠的節制，還是會說你仍然缺乏節制？」

⓯ 皮里蘭佩（Πυριλαμπους），卡爾米德的舅舅。

⓰ 希珀波瑞人（Ὑπερβορέου），希臘傳說來自希臘北方的一個民族，詞意爲「和北風一起來的人」。阿巴里斯（Ἄβαρις）爲該族著名的巫師。

二、節制的定義（158c-174d）

1. 蘇格拉底駁斥卡爾米德的三個定義（158c-162b）

卡爾米德臉紅了，顯得更加楚楚動人，這個年紀的人容易害羞。然後他以一種相當尊嚴的方式作了回答，說在當前情況下不容易說同意還是不同意。[d]他說：「這是因爲，一方面，如果我否認我是節制的，那麼這樣說自己不僅顯得很奇怪，而且同時也使這裡的克里底亞成了撒謊者，其他許多人也一樣，因爲按他的說法，我好像是節制的。另一方面，如果我應當表示同意並讚揚我自己，這樣做也許會顯得令人討厭。所以，我不知道該如何回答。」

我說：「你說得相當合理，卡爾米德。[e]我想，我們應當在一起考察這個問題，你是否擁有我正在探求的這種東西，這樣你就不會被迫說你不想說的話了，而我也不必以一種不負責的方式看病了。如果你願意，我想和你一起考察這個問題；如果你不願意，我們可以放棄。」

「哎喲，我非常願意這樣做，」他說道，「所以，繼續吧，以你認爲最好的方式考察這件事。」

「那麼好，」我說，「在這些情況下，我認爲下述方法是最好的。[159]現在很清楚，如果節制在你身上呈現，你會有某種關於節制的看法。我假定，如果節制眞的存在於你身上，它會提供一種它存在的感覺，藉此你會形成一種看法，不僅知道你擁有節制，而且知道它是哪一種事物。或者你不這麼想？」

「是的，」他說，「我是這麼想的。」

「好吧，由於你知道怎麼講希臘語，」我說，「我假定你能表達這個印象，就以它衝擊你的方式？」

「也許吧。」他說。

「好，爲了幫助我們決定節制是否存在於你身上，請說出你的看法，什麼是節制。」我說。

[b]一開始他猶豫不決，不太願意回答這個問題。然而，最後他說在他看來，節制就是有序而又平靜地做一切事情，比如在街上行走、談話，以這樣的方式做其他事情。「所以我認爲，」他說，「總的說來，你問的這樣東西是某種平靜。」

「你也許是對的，」我說，「卡爾米德，至少有些人會說平靜是節制。[c]但是讓我們來看裡面是否還有什麼東西。告訴我，節制是一種值得敬佩的東西，不是嗎？」

「是的。」

「你在抄寫老師布置的作業時，快捷地抄寫字母比較好，還是平靜地[17]抄寫比較好？」

「快捷地。」

---

[17] 平靜地（ἡσυχῇ），這個希臘詞也含有緩慢的意思。

「閱讀的時候，快捷好還是緩慢好？」

「快捷好。」

「彈豎琴或摔跤的時候，敏捷和銳利不是遠遠勝過平靜和遲緩嗎？」

「是的。」

「拳擊和角力不也一樣嗎？」

「確實如此。」

—d—「在跑、跳，以及身體的所有運動中，行動敏捷和靈活者是值得敬佩的，而那些行動困難和遲緩者是醜陋的，不是嗎？」

「好像是這麼回事。」

「那麼，」我說，「在身體這件事情上，不是比較平靜的運動，而是最迅速、最有活力的運動才是最好的。不是嗎？」

「確實如此。」

「但是，節制是一種值得敬佩的東西嗎？」

「是的。」

「那麼就身體而言，不是平靜，而是敏捷才是更加有節制的，因爲節制是一種值得敬佩的東西。」

「這樣說似乎是合理的。」他說。

—e—「那麼好吧，」我說，「學習中的靈敏不是比學習中的困難要好嗎？」

「學習中的靈敏好。」

「但是，」我說，「學習中的靈敏就是學得快，學習中的困難就是學得慢嗎？」

「是的。」

「迅速地教另外一個人，不是比平靜遲緩地教他要好得多嗎？」

「是的。」

「那麼，平靜而遲緩地回想或回憶，這樣做比較好，還是迅猛快捷地這樣做比較好？」

「迅猛，」他說，「和快捷。」

160 「明智不是靈魂的某種活力嗎，而非某種平靜？」

「對。」

「還有，這樣說也對，理解所說的話，書寫老師布置的作業，聆聽琴師的教導，以及在其他許多場合，不是平靜地理解，而是盡可能敏捷地理解是最好的。」

「是的。」

「還有，在思想的動作和制定計劃時，b 我想，不是最平靜地思考的人和感到難以思考和發現的人值得讚揚，而是那些能夠輕省快捷地這樣做的人值得讚揚。」

「一點兒沒錯。」他說。

「因此，卡爾米德，」我說，「在所有這些情況下，涉及靈魂和身體，我們認爲快捷和迅速比緩慢和平靜要好嗎？」

「好像是的。」他說。

「那麼我們得出結論，節制並非一種平靜，有節制的生活也不是平靜的，就此論證涉及的範圍而言，因爲有節制的生活必然是一種值得敬佩的東西。c我們有兩種可能性：要麼生活中的平靜的行爲顯得比快捷強健的行爲更好，要麼很少生活中的平靜的行爲顯得比快捷強健的行爲更好。如果是這樣的知，我的朋友，即使有少量平靜的行爲比迅猛快捷的行爲更好，即使按照這種假設，節制是由緩慢地做事情構成的，而不是由迅猛快捷地做事情構成的，在行走、言語和其他事情上都是這樣；d平靜的生活也不會比它的對立面更節制，因爲在論證過程中，我們把節制列爲值得敬佩的事物，快捷的事物已經變得不比平靜的事物差了。」

「我認爲你說得很對，蘇格拉底。」他說。

「那麼再來一遍，卡爾米德，」我說，「精力要更加集中地看看你自己，確定節制的呈現對你產生什麼影響，什麼樣的事情會有這種影響，然後把這些事情都歸攏在一起，清楚而勇敢地告訴我，e節制在你看來是個什麼東西？」

他停頓了一會兒，努力思索了一番，然後說：「嗯，在我看來，節制使人感到恥辱和害羞，所以我認爲，眞正的節制必定是謙虛。」

「但是，」我說，「我們剛才不是同意節制是一種值得敬佩的東西嗎？」

「是的，我們同意。」他說。

「由此可見，有節制的人是好人嗎？」

「是。」

「不能使人變好的東西會是好的嗎？」

「當然不是。」

「那麼，節制不僅是一樣值得敬佩的事物，而且也是好的事物。」

161「我同意。」

「那麼好，」我說，「荷馬說『對於乞討人來說，羞怯不是好品格。』⑱你不同意他的說法嗎？」

「噢，」他說，「我同意。」

「所以看起來，謙虛既是好的，又是不好的。」

「是這樣的。」

「但是，節制必定是一樣好東西，它呈現在誰那裡，就使誰變好，它不呈現在誰那裡，就使誰變壞。」

「噢，是的，在我看來，確實像你說的這樣。」

b「那麼節制不會是謙虛，如果節制真的是一樣好東西，而謙虛不比壞更好。」

「你所說的令我相當信服，蘇格拉底。」他說：「但是，把你對節制的後續定義的看法告訴我。我剛想起，有人說節制就是管好自己的事。告訴我，如果你認爲這個人說得

⑱ 荷馬：《奧德賽》17:347。

對。」

—c—我說：「你眞不幸，這個定義是你從克里底亞那裡撿來的，或者是從其他某個聰明人那裡撿來的。」

「我猜來自其他人，」克里底亞說，「因爲肯定不是我講的。」

「這又有什麼區別，」卡爾米德說，「從誰那裡聽來？」

「一點兒區別都沒有，」我答道，「因爲問題的關鍵不是誰說的，而是他說的對不對。」

「我喜歡你現在這個說法。」他說。

「這對你有用，」我說，「如果我們能夠成功地發現它的意思，那我會感到十分驚訝，因爲這句話就像一個謎語。」

「怎麼會呢？」他說。

—d—「我的意思是，」我說，「當他說出這些詞的時候，我不認爲他的眞實含義是管好你自己的事。或者說，你認爲教寫字的老師在讀和寫的時候什麼也沒做嗎？」

「正好相反，我認爲他在做事。」

「你認爲教寫字的老師只教你讀和寫自己的名字，還是也教其他的孩子？你寫你的敵人的名字也和寫你自己的名字和你朋友的名字一樣多嗎？」

「一樣多。」他說。

—e—「你在做這件事的時候是忙忙碌碌的，不節制的嗎？」

「完全不是。」

「但是，如果讀和寫是做事，那麼你在做的豈不是別人的事嗎？」

「我假定我在做其他人的事。」

「那麼，我的朋友，醫療是做事，所以建築、紡織，以及從事某種技藝，都是做事？」

「確實如此。」

「那麼好，」我說，「你認爲在一個秩序良好的城邦裡，法律會強迫每個人織自己的布，洗自己的衣服，162 做自己的鞋子、油瓶、刮身板以及其他東西，每個人都按照同樣的原則，不去管別人的事，只做自己的事嗎？」

「不，我認爲不會是這種情況。」他說。

「但是，」我說，「如果一個城邦得到有節制的管理，它必定治理得很好。」

「當然。」他說。

「那麼，如果節制就是『管好你自己的事』，它就不會以這種方式管這種事。」

「顯然不是。」

「那麼，說節制就是『管好你自己的事』的人顯然是在說謎語，如我剛才所說，b 因爲我不認爲他的頭腦會那麼簡單。或者說，你聽某個傻子說了這樣的話嗎，卡爾米德？」

「遠非如此，」他說，「他似乎非常聰明。」

「那麼我認爲，他肯定在說謎語，因爲要想弄懂『管好你自己的事』是什麼意思是非常困難的。」

「也許是很難。」他說。

「那麼『管好你自己的事』到底是什麼意思？你能說嗎？」

「我完全不知所措，」他說。「也許說這句話的人自己也不知道是什麼意思。」這樣說的時候，他笑了，看著克里底亞。

2. 節制就是自我認識（162c-165b）

c 很清楚，克里底亞焦躁不安有一會兒了，他也很想對卡爾米德和在場的其他人表達自己的意見。在此之前，他盡力抑制自己，但現在再也無法克制了。在我看來，我先前的懷疑肯定是對的，卡爾米德有關節制的說法就是從克里底亞那裡撿來的。而卡爾米德想要這個定義的作者本身來接管論證，而不想由自己來進行，d 於是就說自己已經被駁倒，慫恿克里底亞來繼續論證。克里底亞不願這樣做，在我看來，他生氣了，生卡爾米德的氣，就像一名詩人對糟蹋他的詩句的演員生氣。所以他瞪了卡爾米德一眼，說：「卡爾米德，就因為你不懂這個人說節制就是『管好你自己的事』到底是什麼意思，所以你認為這個人自己也不知道了嗎？」

e「別這樣，親愛的克里底亞，」我說，「像他這樣年紀的人不懂這些事情一點兒也不奇怪，而你，由於你的年紀和經驗，很像是懂的。所以，你若是同意節制就是那個人所說的意思，並且願意接管論證，那麼我很高興與你一道考察這個問題，看所說的是對還是錯。」

「我差不多已經準備好了，我同意，」克里底亞說，「接管這個論證。」

「我敬佩你的作爲，」我說。「現在告訴我：你也同意我剛才說的，所有手藝人都在製造某些東西嗎？」

「是的，我同意。」

163 「在你看來，他們只造他們自己的東西，還是也造其他人的東西？」

「也造其他人的。」

「不是只造他們自己的東西，他們還是有節制的嗎？」

「這有什麼可反對的？」他說。

「我沒有什麼反對意見，」我說，「但我們來看把節制定義爲『管好你自己的事』的人有沒有反對意見，如果管別人的事也是有節制的，那麼眞可以說沒有反對意見了。」

「但是，」他說，「我承認的是那些『造』別人的東西的人是有節制的，我同意那些『做』別人的事情的人是有節制的嗎？」

b 「告訴我，」我說，「你把造和做當作一回事嗎？」

「一點兒也不，」他說，「我也不把工作和製造當作一回事。這是我向赫西奧德❶⁹學來的，他說『工作並不可恥』。如果他所說的工作就是你剛才用造和做這兩個術語提到的這一

⓳ 赫西奧德（Ἡσίοδος），希臘早期詩人，約西元前八世紀。引文見赫西奧德：《工作與時日》三一一。

類事情，你以爲赫西奧德還會說造鞋、賣鹹魚、做娼妓並不可恥嗎？你不應該這樣想，蘇格拉底，你最好像我一樣，[c]寧可相信他所說的工作是和做與造不同的一些事情，在某些情況下，造或製造某些東西若是沒有高尚相伴隨，就會變成可恥，但是工作決不會是任何一種可恥。由於他把『工作』這個名稱給了那些高尚而又有用的造，那麼只有這樣的造才是『工作』和『行動』。我們表達他的思想，一定要說他認爲只有這些事情才是『某人自己的』，而一切有害的事物都是其他人的。結果就是，我們必須假定，赫西奧德以及其他聰明人把那些管好自己事情的人稱作有節制的。」

[d]「克里底亞，」我說，「我理解你的講話開頭非常好，你說你把那些『某人自己的』和『自己的』東西稱作好的，把做好事稱作『行動』，因爲我曾不下百遍地聽普羅狄科⑳區分詞義。好吧，我允許你給每個語詞下定義，以你喜歡的方式，只要你能弄清你使用的任何語詞的含義。[e]現在從頭開始，更加清楚地下定義：做好事，或者製造好東西，或者無論你想怎麼叫它，就是你所謂的節制嗎？」

「是的。」他說。

「那麼，實施邪惡行動的人是不節制的，實施良好行動的人是有節制的嗎？」

「你難道不這麼看，我的朋友？」

---

⑳ 普羅狄科（Πρόδικος），西元前五世紀著名智者。

「別在意我怎麼看，」我說，「我們現在不是在考察我怎麼想，而是在考察你怎麼說。」

「那麼好吧，」他說，「我否定做壞事不做好事的人是有節制的，我肯定做好事不做壞事的人是有節制的。所以我給你一個清晰的定義，節制就是做好事。」

|164|「我沒有理由認爲你說的不是眞話。但我確實感到驚訝，」我說，「如果你相信有節制的人對他們的節制一無所知。」

「我根本沒有這樣想過。」他說。

「但你剛才不是說，」我說「沒有任何事情可以阻擋手藝人是有節制的，哪怕他們在做其他人的事？」

「是的，我是這樣說過，」他答道，「但那又怎麼樣？」

「不怎麼樣，但是告訴我你是否認爲，醫生在爲人提供健康時做了一些事，|b|這些事既對他自己有用，又對他治療的人有用。」

「是的，我同意。」

「做這些事情的人做的是他應當做的事嗎？」

「是的。」

「做了應當做的事情的人是有節制的，不是嗎？」

「他當然是有節制的。」

「醫生必須知道什麼時候他的治療是有用的，什麼時候是無用的嗎？每個手藝人也一樣，他必須知道什麼時候他做的工作會使他受益，什麼時候不會嗎？」

「不一定。」

|c|「那麼有的時候，」我說，「醫生不知道自己採取的行動是有益的還是有害的。如果他有益地採取行動，那麼按照你的論證，他的行動是有節制的。或者說，這並不是你說的意思？」

「是我的意思。」

「那麼看起來，在某些場合他有益地行動，在這樣做的時候，他有節制地行動，但他對自己的節制一無所知嗎？」

「但是，」他說，「蘇格拉底，這種情況決不會發生。|d|如果你認爲從我前面承認的事情必定得出這個結論，那麼我會撤回我的某些陳述，並且不怕丟臉地承認我犯了錯誤，而不願承認一個對自己一無所知的人會是有節制的。事實上，認識你自己，這正是我想說的什麼是節制，我完全同意刻在德爾斐神廟裡的這句銘文。在我看來，這句銘文刻在那裡有特別的目的，儘管它是神對那些進到這裡來的人打招呼的話，就好像人們平常說的『萬福』，|e|儘管在這裡說『萬福』不是一個正確的說法，但我們確實應當相互敦促『要有節制』。所以，按照這種方式神對那些進入祂的廟宇的人打招呼，而不是按照人的方式，或者說，我假定獻上這句銘文的人是這麼想的。他對進來的人要說的話無非就是「要有節制」，這就是他要說的。|165|不過他在說的時候非常晦澀，像預言家那樣。『認識你自己』和『要有節制』是一回事，如銘文所示，而我本人也這麼看，有人也許會表示懷疑，我想後來獻上

『不要過分』、『立誓必會破滅』這些銘文的人就是這種情況。因爲這些人想，『認識你自己』是一項建議，而不是神對進入神廟者打招呼的話，所以，想到獻上一些並非無用的告誡語，他們就寫了這些東西，刻在神廟裡。我爲什麼要說這些話，原因在此，b蘇格拉底，我承認前面所說的一切——關於這個主題，有些事情也許你說得更加正確，也許我說得更加正確，但我們所說的都不清楚——而關於這個定義，我現在希望給你一個新的解釋，除非你當然已經同意，節制就是認識你自己。」

3. 討論與自我認識相關的問題（165b-174d）

「但是，克里底亞，」我說，「你跟我說話，就好像我承認對我自己的問題知道答案，就好像只要我眞的願意，就會同意你的意見。情況不是這樣的，倒不如說，由於我自己的無知，c我在你的陪伴下不斷地考察提出來的任何問題。不過，如果我認爲自己想通了，我願意說出我同意還是不同意。只是在我思考的時候你要等待。」

「好吧，你好好地想。」他說。

「對，我在想，」我說。「嗯，如果所謂節制就是知道，那麼節制顯然就是某種知識，是關於某事物的知識，不是這樣嗎？」

「是的，是關於某事物自身的知識，」他說。

「那麼醫學也一樣，」我說，「是一種知識，是關於健康的知識嗎？」

「當然。」

「現在，」我說，「如果你問我，『如果醫學是一種關於健康的知識，d 它會給我們帶來什麼利益，它會產生什麼？』我會回答它提供的利益不是微小的。因爲健康是我們的一種良好的結果，如果你同意這就是它產生的東西。」

「我同意。」

「如果你問我造房子的事，這是一種建造房屋的知識，問我它產生什麼，我會說它產生房屋，其他技藝也一樣。所以你應當代表節制來提供一個回答，因爲你說它是一種關於自我的知識，e 因此應當問你，『克里底亞，由於節制是一種關於自我的知識，它能產生什麼配得上這個名稱的良好結果？』來吧，請你告訴我。」

「蘇格拉底，」他說，「你沒有正確地引導我們的考察。其他知識相互之間都有相同的性質，而這種知識卻不像其他知識那樣具有相同的性質。但你在進行考察的時候把它們全都當作一樣的了。」「比如，」他說，「算術和幾何的技藝有什麼產物，能與建築時產生的房屋、紡織時產生的衣服相對應，166 從衆多的技藝中可以提供許多例子。在這些情況下，你應當向我指出同樣的產物，但你卻不能做到。」

我說：「你說得對。但是我能在各種情況下向你指出，一種知識是關於什麼的知識，它與知識本身是有區別的。比如，算術的技藝當然就是關於奇數和偶數的知識——它們本身有多少，與其他數有什麼關係——不是嗎？」

「確實如此，」他說。

「奇數和偶數與算術本身不是有區別嗎？」

「當然。」

[b]「還有，稱重是一門關於重與輕的技藝；重與輕與稱重的技藝有區別。你同意嗎？」

「是的，我同意。」

「那麼，由於節制也是一種關於某事物的知識，請你說一下，這個與節制本身有區別的事物是什麼。」

「這正是我的意思，蘇格拉底，」他說。「你在對節制的考察中指出節制與其他知識不同的地方，[c]然後你開始尋找某種方式能夠發現它與其他各種知識相似的地方。但事情不是這樣的，倒不如說其他技藝都是關於其他事物的知識，而不是關於事物本身的知識，而唯有節制是一種既是其他知識的知識，又是關於節制本身的知識。我認爲你非常自覺地在做你前不久否認的事情——你試圖駁斥我，無視眞正的問題所在。」

「噢，天哪，」我說，「你怎麼會這樣想，哪怕我要駁斥你所說的一切，我會由於其他任何原因這樣做，[d]而不會由於我要對我自己的陳述進行澈底的考察——我害怕的是，我不自覺地認爲我懂某些事情，而實際上我不懂。這就是我聲稱現在要做的事，主要是爲了我自己而考察這些論證，但也許也爲了我的朋友。你不是相信，爲了共同的善，或者爲了大多數人的善，對每一現存事物的陳述都應當變得清楚嗎？」

「確實如此，蘇格拉底，」他說。

「那麼，鼓足勇氣，我的朋友，回答在你看來最好的問題，[e]而不要在意是克里底亞還是蘇格拉底被駁倒了。你要在意的是論證本身，看對它的駁斥會帶來什麼後果。」

「行，我會按你說的去做，因爲在我看來你的談話是有意義的。」

「那麼，請你提醒我一下，」我問道，「關於節制，你說了些什麼。」

「我說，」他答道，「唯有節制既是一種關於它本身的知識，又是一種其他知識的知識。」

「那麼，」我說，「它也會是一種無知識的知識嗎，如果它是一種知識的知識？」

「當然，」他說。

167「那麼只有節制的人會認識他自己，能考察他知道或不知道的事情，還能以同樣的方式考察其他人，看一個人什麼時候眞的知道他知道的事情和認爲他知道的事情，什麼時候不知道他認爲他知道的事情，而其他人都不能這樣做。是節制的、節制、認識你自己，其意義全在於此，知道自己知道什麼和不知道什麼。這不就是你的意思嗎？」

「是的，」他說。

b「那麼，讓我們乾了這第三杯酒，幸運之酒[21]，讓我們重新開始，考察兩點：第一，一個人知道和不知道他知道和不知道的事情，這樣的情況是可能的還是不知道是否可能；第二，如果這種情況是完全可能的，那麼那些知道這一點的人有什麼益處。」

---

[21] 此處原義爲「第三杯酒，爲了救世主宙斯」。在啓程前飲酒時連乾三杯，第三杯酒被認爲是幸運之酒。

「是的，我們應當考察這兩個要點，」他說。

「那麼，來吧，克里底亞，」我說，「看你在這些事情上是否能比我強一些。因爲我感到有困難。要我把我的難處告訴你嗎？」

「是的，請你告訴我。」

「好的，」我說，「整件事情不是與這一點相關嗎，如果你剛才說的是眞的，—c—你說有一種知識不是任何事物的知識，而只是它本身和其他知識的知識，而這同一種知識也是無知識的知識？」

「是的，確實如此。」

「那麼，你來看，我們試圖想說的這件事情有多麼奇怪，我的朋友，因爲，如果你在其他事例中尋找相同的東西，你會發現，我認爲，這是不可能的。」

「怎麼會呢，你指的是什麼事例？」

「好比說這樣一些事例，比如，請你考慮，如果你認爲可以有這樣一種視覺，它不像其他視覺那樣，是事物的視覺，而是視覺本身和其他視覺的視覺，也是無視覺的視覺，—d—儘管它是視覺的一種類型，但它看不見顏色，只能看見視覺本身和其他視覺。你認爲有這樣一種東西嗎？」

「蒼天在上，沒有，我不這麼認爲。」

「有一種聽覺，聽不見聲音，但能聽見聽覺本身和其他聽覺，還能聽見無聽覺的聽覺嗎？」

「也沒有這種東西。」

「再以所有感覺爲例，看是否會有這樣一種感覺，它是衆感覺的感覺，是感覺本身的感覺，但它感覺不到其他感覺能感覺到的感覺。」

「我不認爲有這樣的東西。」

—e—「你認爲有這樣一種欲望，它不是爲了快樂，而是爲了它本身和其他欲望嗎？」

「肯定沒有。」

「也不會有任何一種希望，我認爲，不是爲了任何善，而只是爲了希望本身和其他希望。」

「沒有，以下類推，也沒有。」

「你會說有一種這樣的愛，不是任何好事物的愛，而是它自身的愛和其他愛的愛嗎？」

「不，」他說，「我不會。」

—168—「你是否曾經觀察到有一種恐懼，恐懼它本身和其他恐懼，但它是可怕的事物的恐懼，不怕任何事物？」

「我從未觀察到這樣的東西，」他說。

「或者說有一種意見是關於它自身和其他意見的，但卻不像其他意見那樣對任何事物發表意見？」

「從來沒有。」

「但是我們剛才好像說過，有一種這樣的知識，它不是任何一個知識部門的知識，而是知識本身和其他知識的知識。」

「是的，我們說過。」

「如果眞的有這樣一種東西，那不是很奇怪嗎？然而，我們還不應當只說沒有這種東西，而是要繼續考察，看是否有這種東西。」

b「你說得對。」

「那麼來吧，這種知識是某事物的知識嗎，它有『是某物的』知識的某種能力嗎？你怎麼說？」

「是的，它有這種能力。」

「我們說，與其他事物相比，較大者有一種是較大的能力嗎？」

「是的，它有。」

「假定與某個較小的事物相比，較大者會變得較大。」

「必然如此。」

「那麼，如果我們想要發現某個較大的事物比較大的事物和較大本身還要大，但它又不能比其他較大的事物更大，c那麼肯定會發生這種情況，如果它眞的比它自身還要大，它也會比它自身還要小，不是嗎？」

「那肯定會是這種情況，蘇格拉底，」他說。

「由此也可推論，我假定，如果有一種兩倍的事物是它自身或其他兩倍的事物的兩倍，那麼它也會是它自身或其他兩倍的事物的一半，因爲我不會假定有任何兩倍的事物，除非它也是一半。」

「沒錯。」

「還有，比它自身大的事物也可以比它自身小，比它自身重的事物也可以比它自身輕，[d]比它自身年老的事物也可以比它自身年輕，其他相同的事例還很多——具有某種能力的事物將其能力用於它自身，必定也會使這種能力指向的事物具有這種性質，不是嗎？我的意思是這樣的，以聽爲例，我們不是說，聽無非就是關於聲音的嗎？」

「是的。」

「如果聽眞的聽到它本身，那麼它會聽到擁有聲音的它本身嗎？因爲，否則的話，它不會有任何聽了。」

「必然如此。」

「視覺我想也一樣，我的大好人，如果視覺眞的看到它本身，它一定會有某些顏色嗎？[e]因爲視覺肯定不能看無顏色的東西。」

「不能，肯定是這樣的。」

「那麼你注意到，克里底亞，在我們舉的幾個事例中，有些是絕對不可能的，而有些是非常可疑的，如果它們曾經把它們自己的能力用於它們本身，是嗎？體積、數量，等等，屬於絕對不可能的這一組，不是這樣嗎？」

「肯定是這樣的。」

「還有，聽或看，或者實際上，任何一種運動都會推動它自身，或者熱會加熱它本身——所有這些情況也會使有些人不信，[169]儘管有些人也許是相信的。我們需要的，我的朋友，是某個大人物來詳細解釋這一點，是否沒有任何事物能夠天然地將其自己的能力用於它自身，而只能用於其他事物，或者說，有些事物能這樣做，有些事物不能。我們也需要他來確定，是否有事物能將能力用於它們自身，我們稱作節制的知識就在它們中間。我不把自己當作有能力處理這些事務的人，[b]由於這個原因，我既不能合理地陳述是否可能有一種知識的知識，如果肯定有這樣一種知識的話，我也不能接受節制作爲這樣一種知識，直到我考察清楚這樣一種東西對我們是否有益。現在我預測節制是一種有益的、好的東西。那麼你，卡萊克魯斯之子，由於把節制定義爲知識的知識屬於你，更由於無知識也屬於你，所以請你先澄清這一點，我剛才提到的這種知識是可能的，[c]然後在顯示了它的可能性以後，繼續顯示它是有用的。這樣的話，也許，你對什麼是節制的正確看法也會使我滿意。」

聽了這些話，克里底亞明白了我的難處，就好比一個人打呵欠傳染給其他人，他似乎也受我的影響而感到困難了。但由於他在堅持己見方面是出了名的，不願當著同伴的面承認無法回答我的問題，[d]於是就支支吾吾地掩飾他的困惑。所以，爲了能使我們的爭論繼續下去，我說：「好吧，克里底亞，現在讓我們假定這一點，有一種知識的知識，它的存在是可能的——它是否眞的存在我們可以在其他場合考察。來吧，如果它是完全可能的，那麼知道某人知道什麼和不知道什麼豈不是更爲可能？我想，我們確實說過，這就是認識你自己和有節制的基礎，是嗎？」

[e]「是的，確實如此，」他說，「我似乎能跟得上你的結論了，蘇格拉底，因爲，如

果一個人能擁有知道它自己的知識，那麼這個人也會成爲像他擁有的這種知識這樣的人。例如，擁有敏捷的人是敏捷的，擁有美的人是美的，擁有知識的人是知道的。所以，當一個人擁有知道它自己的知識，我想他會是一個認識他自己的人。」

「令我困惑的不是這一點，」我說，「當一個人擁有知道他自己的知識，他就會認識他自己，而是擁有這種知識的這個人爲什麼必然知道他知道什麼和他不知道什麼。」

170「但是這兩樣事情是一回事，蘇格拉底。」

「也許吧，」我說，「但我還是擔心像過去一樣困惑，因爲我仍舊不明白，知道一個人知道什麼和不知道什麼怎麼會和它本身的知識是一回事。」

「你這話是什麼意思？」

「我的意思是這樣的，」我說，「假定有一種知識的知識，它除了是一種劃分事物的能力，說一個是知識，另一個不是知識，它還能是什麼嗎？」

「不能了，它只能是這種能力。」

b「還有，它和擁有或缺乏有關健康的知識、擁有或缺乏有關正義的知識是一回事嗎？」

「完全不是一回事。」

「我想，一種知識是醫學，另一種知識是政治，而我們涉及的是純粹、簡單的知識。」

「那又怎樣？」

「因此，當一個人缺乏這種關於健康和正義的附加的知識，而只知道知識，這是他擁有的唯一的知識，那麼他很像是知道他知道某些事情，擁有某種知識，以此人爲例也好，以其他人爲例也罷，不是嗎？」

「是。」

—c—「那麼，他是如何憑著這種知識知道他自己知道什麼呢？因爲他會憑著醫學知道健康，但不是憑著節制，他會憑著音樂知道和諧，但不是憑著節制，他會憑著技藝知道造房子，但不是憑著節制，等等，不是這樣嗎？」

「好像是這樣的。」

「但是憑著節制，如果它只是一種知識的知識，一個人如何知道他知道健康，或者他知道造房子呢？」

「他完全不能知道。」

「那麼對這一點都不知道的人不會知道他知道什麼，而只知道他知道。」

「很像是這樣。」

—d—「那麼，這不會是有節制的或節制：知道一個人知道什麼和不知道什麼，而只有知道這一點的人和知道自己不知道的人才是有節制的，或者說事情好像是這樣的。」

「有可能是這樣。」

「當另外一個人聲稱知道某事物，我們的朋友也不能發現他是否知道他說他知道或不知道的東西。但是，他好像只知道這麼多，那個人有某種知識，但它是關於什麼的知識，節制不會告訴他。」

「顯然如此。」

〔e〕「所以，他既不能區別假裝是醫生的人和眞正的醫生，也不能在其他專家中作這種區別。讓我們來看後面的推論：如果有節制的人或其他任何人要區分眞醫生和假醫生，他該怎麼辨呢？我假定，他不會去討論醫學問題，因爲我們說過，醫生知道的無非就是健康和疾病，不是這樣嗎？」

「是的，是這樣的。」

「但是對於知識，醫生一無所知，因爲我們已經把這種功能完全歸於節制了。」

「是的。」

〔171〕「醫生也不知道任何關於醫學的事情，因爲醫學是一種知識。」

「對。」

「然而，有節制的人會知道醫生擁有某種知識，但是爲了試圖掌握它是何種知識，他不會考察它是關於什麼的知識嗎？因爲要給每一種知識下定義，不僅要說它是知識，而且還要說它是關於什麼的知識，是嗎？」

「是的，當然要說它是關於什麼的知識。」

「醫學可以定義爲一種關於健康和疾病的知識，由此可以把醫學與其他知識區別開來。」

「對。」

〔b〕「由此可以推論，相要考察醫學的人會在能找到醫學的地方發現它，因爲我不會假定他會在不能找到醫學的地方發現它，你的看法呢？」

「肯定不能。」

「那麼想要正確進行這種考察的人會查考醫生做的事情，因爲他在這些事情上是醫學人，這些事情就是健康與疾病。」

「好像是這樣的。」

「他會觀察醫生的言行，看醫生說得是否正確，做得是否正確嗎？」

「必然如此。」

「但是，不懂醫學技藝的人能聽得懂這些事情嗎？」

「肯定不能。」

—c—「事實上，除了醫生，似乎無人能夠做到這一點，甚至有節制的人自己也做不到。如果他能做到，那麼他不僅是有節制的人，還會是一名醫生。」

「是這麼回事。」

「那麼，事情的結果是，如果節制只是一種關於知識和無知識的知識，它就不能區分懂得這種特殊技藝的人和不知道這些技藝但假裝或假設自己懂的人，它也不能認識其他任何眞正技藝的實踐者的方式，除非這個人是在他自己的領域中。」

「好像是這樣的，」他說。

—d—「那麼，克里底亞，」我答道，「我們從節制中會得到什麼益處，如果它具有這種

性質？因爲，如果像我們一開始假定的那樣，㉒有節制的人知道他知道什麼和不知道什麼（他知道前者但不知道後者），能夠考察處在相同情景中的其他人，那麼這就是我們做個有節制的人的最大的好處。因爲這樣一來，我們這些擁有節制的人就會過一種擺脫謬誤的生活，|e|那些處於我們管轄之下的人也能過這樣一種生活。我們自己既不會去嘗試做那些我們不懂的事情——倒不如說我們會尋找那些懂這些事情的人，把事情託付給他們做——也不相信那些受我們管轄的人能做任何事情，除非他們能正確地做，也就是做他們擁有知識的事情。就這樣，憑著節制，每個家庭都能很好地生活，每個城邦都能很好地治理，凡有節制統治之處，事情都能良好地運作。|172|隨著謬誤被根除，正確在進行控制，處於這種境況下的人必定會言行高尚，令人敬佩，而行事良好，成功發展，他們就會幸福。這不就是我們所說的節制嗎，克里底亞，」我說，「當我們說，知道一個人知道什麼和不知道什麼是一件好事的時候？」

「這確實是我們的意思，」他說。

「但是現在你明白，」我說，「這種知識沒有顯示出來。」

「我明白了，」他說。

|b|「那麼好，」我說，「這就是這種有關知識和無知的知識的益處嗎，我們現在發現

㉒ 參閱本篇167a。

它就是節制——有這種知識的人學習任何東西會更容易，在他所學的東西之外，一切事物都會更加清楚地向他顯示，他會接受這種知識？他也能以他本人知道的一種更爲有效的方式來考察其他人，而那些不擁有這種知識的人會以一種較爲軟弱的、不太有成果的方式來進行考察。[c]我的朋友，這些不都是我們應當從節制中獲得的益處嗎？或者說，我們把它當作某種更加偉大的事物，要求它比實際情況更加偉大？」

「也許是這樣的，」他說。

「也許，」我說，「也許我們正在索求某種無用的東西。我這樣說是因爲某種有關節制的怪事變得清楚了，如果它具有這種性質。如果你願意，讓我們考察這件事情，既承認知道一樣知識是可能的，[d]又承認我們一開始假定的節制就是知道一個人知道什麼和不知道什麼，讓我們承認這一點而不要否認它。承認所有這些事情，讓我們來更加徹底地考察，如果它是這個樣子的，它是否會以任何方式有益於我們。因爲我們剛才說的，有關節制我們把它當作對於家庭和城邦的治理具有很大益處的東西（如果它是這樣的話），但是，克里底亞，這樣說在我看來不是很好。」

「什麼地方說得不好？」他問。

「因爲，」我說，「我們過於輕率地同意，如果我們中的每個人都會做他知道的事情，而會把他不知道的事情交給其他知道的人去做，那麼它就是一件有很大益處的東西。」

[e]「我們同意這一點有什麼不對嗎？」他說。

「我認爲不對，」我答道。

「那就太奇怪了，蘇格拉底，」他說。

「神犬在上，」我說，「在我看來也很奇怪，由於這個原因，當我剛才意識到這一點的時候，我說某件奇怪的事情出現了，我擔心我們並沒有正確地進行考察。因爲，哪怕節制就是這個樣子的無可懷疑，|173|它還是沒有清楚地向我顯示它給我們帶來什麼好處。」

「怎麼會這樣呢？」他說。「告訴我，這樣我們倆都能明白你說的意思。」

「我想我正在使自己變成一個傻瓜，」我與，「但不管怎麼說，如果我們對自己有那麼一點兒關心，考察對我們呈現的事情是必要的，不能隨意開始。」

「你說得對，」他說。

「那麼，」我說，「請聽我做的一個夢，看它是從羊角門穿過還是從象牙門穿過。㉓如果節制眞的統治我們，|b|是我們所定義的那樣，那麼一切事情都會按照知識去做：既不會有人說他是一名舵手（但他實際上不是）來欺騙我們，也不會有醫生、將軍或其他職業的人假裝知道他並不知道的事情來逃避我們的注意。情況就是這樣，我們不能獲得比我們現在更大的身體健康，在海上或在戰鬥中遇險時我們不能獲得平安，我們不能得到製造精良的衣服、|c|鞋子以及其他用品嗎，因爲我們會僱用眞正的匠人？還有，如果你願意，我們甚至可以同意預言的技藝是一種關於是什麼的知識，節制會指導它把騙子找出來，讓眞正的

㉓ 參閱荷馬：《奧德賽》19:564-567，眞的夢、會應驗的夢穿越羊角門，假的夢、騙人的夢穿越象牙門。

預言家成爲啓示未來的先知。d 我承認，整個人類，如果這樣說是恰當的，會以一種有知識的方式行事和生活——因爲節制會監視它，不會允許無知識潛入我們中間，成爲我們的同伴。但是，按照知識行事是否就能使我們行事良好和幸福，這是我們還要了解的，我親愛的克里底亞。」

「但另一方面，」他說，「如果你消除了按照知識行事，你就不能穩獲幸福的獎賞。」

「請你再指導我一個小要點，」我說，「你說某事物是按照知識完成的，e 你指的是製鞋的知識嗎？」

「天哪，絕對不是！」

「是製造銅器的知識嗎？」

「肯定不是。」

「那麼是使用羊毛、木頭或其他相似的東西的知識嗎？」

「當然不是。」

「那麼，」我說，「我們不再與按照知識進行生活的人是幸福的這個說法相一致了。因爲這些人按照我們提到的方式生活，而你卻不承認他們是幸福的，不過我想你的意思是把幸福的人限定爲那些在某些具體事情上按照知識生活的人。也許你指的是我剛才提到的那個人，174 那個知道一切未來之事的人，亦即預言家。你指的是預言家還是別的什麼人？」

「我既指這個人，」他說，「又指另一個人。」

「哪一個？」我說。「能知道過去、現在和未來的這種人會有不知道的事情嗎？讓我們假定有這樣的人存在。我想，對這個人你會說沒有人比他更能按照知識生活了。」

「肯定沒有。」

「還有一件事是我想要知道的：哪一樣知識使他幸福？所有知識都同等地起這種作用嗎？」

「不，它們起的作用很不一樣。」他說。

—b—「好吧，那麼哪一種知識特別使他幸福？是憑著它可以知道有關過去、現在和未來的事情的知識嗎？是憑著它可以懂得下跳棋的知識嗎？」

「噢，怎麼會呢。」他說。

「是憑著它可以懂得計算的知識嗎？」

「當然不是。」

「是憑著它可以懂得健康的知識嗎？」

「這樣說要好一些。」他說。

「但是最爲可能的情況是，」我說，「憑著這種知識他能懂得什麼？」

「憑著這種知識他能懂得善與惡。」他說。

「你眞可悲，」我說，「你領著我兜了一大圈，—c—一直把眞相隱藏起來，按照知識生活並不能使我們成功和幸福，哪怕我們擁有所有知識，但是我們不得不擁有這種有關善惡的知識。因爲，克里底亞，如果你同意從其他知識中把這種知識拿走，那麼醫學就不能夠照樣給予健康，製鞋就不能照樣生產鞋子，織布的技藝就不能照樣織布，領航的技藝就不能照樣保證我們在海上平安，將軍的技藝就不能照樣保證我們在戰爭中安全，是嗎？」

「我想仍舊會是老樣子。」

—d—「然而，我親愛的克里底亞，如果缺乏這種知識，我們做好這些事情、從中獲益的機會就會消失。」

「你說得對。」

「那麼，這種知識無論如何不像是節制，而是一種其功能對我們有益的知識。因爲它不是關於知識的知識，或者是知識的缺乏，而是關於善惡的知識。所以，如果後者是有益的，那麼節制對我們來說就是別的什麼東西。」

三、節制是分辨善與惡的知識（174d-176d）

「但是，節制爲什麼就不是有益的知識呢？」他說，—e—「如果節制是一種知識的知識，支配著其他知識，那麼我假定它也會支配有關善惡的知識，並且對我們有益。」

「這種知識能使我們健康嗎？」我說，「能使我們健康的不是醫療的技藝嗎？它要執行其他技藝要完成的任務，而不是讓各門技藝完成它們自己的任務嗎？我們剛才不是莊嚴地宣稱節制是關於知識的知識，或者是知識的缺乏，而不是其他什麼東西嗎？我們說沒說過？」

「好像是這樣的，說過。」

「所以節制不是生產健康的匠人的知識，是嗎？」

「肯定不是。」

175 「因爲健康屬於另外一種技藝，不是嗎？」

「對，健康屬於另外一種技藝。」

「那麼，節制是一種沒有益處的知識，我親愛的朋友。因爲我們剛才已經把這種益處獎賞給了另外一種技藝，不是嗎？」

「確實如此。」

「如果節制不產生有益的東西，它怎麼能是有益的呢？」

「它顯然沒有任何益處，蘇格拉底。」

「那麼你瞧，克里底亞，我早先的擔心是有理由的，我剛才正確地指責自己在節制中沒有發現任何有用的東西，不是嗎？b 因爲，如果說我在考察中起過作用，那麼我沒有假設我們已經承認爲一切事物中最優秀的事物最後竟會變成毫無用處的東西。而現在，我們陷入了最糟糕的境地，無法找到這個被立法家賜名爲節制的存在的事物。再說，我們還對從我們的論證中推導出來的許多事情表示贊同。比如，我們承認有一種知識的知識，而我們的論證並不允許我們做出這樣的陳述。還有，我們承認這種知識知道其他知識的任務，而我們的論證㉔也不允許我們這樣說，因爲這樣一來的話，我們的有節制的人就會變成知道的人，c

㉔ 指蘇格拉底在 169d 和 173a-d 作的假設。

既知道他知道的事情，又不知道他不知道的事情。我們以最爲慷慨的方式做出這一讓步，相當忽視一個人有可能以某種方式知道他完全不知道的事情——因爲我們的贊同就相當於說他知道他不知道的事情。然而，我想，沒有比這更不合理的事了。|d|儘管這一考察對我們顯得相當圓滿和容易，但它一點兒也不能幫助我們發現眞理。實際上，它在一定程度上嘲弄了眞理，極爲侮慢地把我們早先一致贊同和發明的節制的定義暴露爲無用的。對此，我自己並不感到有太多的煩惱，但我爲你感到煩惱，卡爾米德。」我說，「我確實感到煩惱，|e|有這樣的身體，此外還有一顆最節制的靈魂，但你從節制中卻得不到任何好處，節制對你當前的生活也沒有任何用處。如果節制眞是無用的，那麼我代表那個花了大力氣從色雷斯人那裡學來的咒語更加感到煩惱。我確實不相信會是這種情況，而寧可認爲我是一名無用的探索者。|176|因爲我認爲節制是一種偉大的善，如果你眞的擁有它，你就幸福了。所以，看看你是否擁有這種節制，是否不再需要咒語——因爲，如果你擁有節制，我給你的建議都可以當作碎嘴子的嘮叨，無論用什麼論證，也不能發現任何東西，而你自己只要是有節制的，就會幸福。」

卡爾米德說：「蒼天在上，蘇格拉底，我不知道自己是否擁有節制——因爲，|b|我怎能知道連你和克里底亞都不能發現的這種東西的性質，如你所說？不過，我並非眞的相信你的話，蘇格拉底，我想我非常需要咒語，對我來說，我願意聽你每天念咒語，直到你說我已經聽夠了爲止。」

「很好，卡爾米德，」克里底亞說，「如果你這樣做了，那麼你的節制令我信服，也就是說，如果你允許蘇格拉底對你念咒語，無論事情大小都決不背棄他。」

—c—「這是我今後要做的事情，」他說，「我決不會放棄。如果我不服從我的監護人，不執行你的命令，那麼我的行爲就非常糟糕了。」

「那麼好，」克里底亞說，「這些就是我的指示。」

「我將執行你的指示，」他說，「從今天開始。」

「看著我，」我說，「你們倆在密謀什麼？」

「沒有什麼，」卡爾米德說，「我們已經商量完了。」

「你們要強制執行，」我問，「甚至不給我事先聽一下的機會嗎？」

「我們必須強制執行，」卡爾米德說，「因爲在這裡的這個人給我下了命令，所以你最好想想自己該怎麼辦吧。」

—d—「想有什麼用，」我說。「當你決定要用暴力解決問題時，沒有一個活人能夠抵抗。」

「那麼好，」他說，「你就別抗拒了。」

「很好，我不會的。」我說。

拉凱斯篇

提要

本文是柏拉圖的早期作品，以談話人之一拉凱斯的名字命名。參與談話的人較多，均爲希臘歷史上的眞實人物。拉凱斯是一位傑出的雅典將軍，參加過伯羅奔尼撒戰爭。尼昔亞斯也是優秀的雅典將軍，參加過多次戰爭，西元前四一三年被俘和被處死。歷史學家修昔底德的《伯羅奔尼撒戰爭史》記載了他的事蹟。談話人呂西瑪庫的父親是雅典政治家阿里斯底德，談話人美勒西亞的父親是雅典政治家修昔底德。與他們的父親相比，這兩位談話人沒有什麼重要的業績和崇高的名聲，但是他們關心兒子的教育和成長。文中說他們的兒子也在場聆聽了整個談話。蘇格拉底主導了這場談話。文中導言部分告訴我們，這場談話時間約爲西元前四二四年以後。

西元一世紀的塞拉緒羅在編定柏拉圖作品篇目時，將本文列爲第五組四聯劇的第三篇，稱其性質是「探詢性的」，稱其主題是「論勇敢」。❶「勇敢」的希臘文是「ἀνδρεία」，拉丁文一般譯爲「virtue」、「fortitudo」，英文一般譯爲「courage」、「manliness」、「manly spirit」，意思是男子氣，雄偉，堅定，剛毅，鎮定，大膽，尤指軍事上的勇敢。談話人對勇敢作了較爲詳盡的探討，試圖界定這個概念。

❶ 參閱第歐根尼．拉爾修：《名哲言行錄》3:59。

本文可以分爲三個部分：

第一部分（178a-181d），導言 呂西瑪庫和美勒西亞邀請兩名老將軍一同觀看武士斯特西勞的武裝格鬥表演，然後聚在一起交談。呂西瑪庫和美勒西亞希望自己的兒子能學習這門技藝，以便日後創造祖先一般的輝煌業績，而拉凱斯建議呂西瑪庫向在場的蘇格拉底請教如何訓導和教育年輕人。

第二部分（181e-189d），討論學習武裝格鬥 尼昔亞斯認爲，學習這種技藝對年輕人的各個方面都有益，應當接受這種訓導。首先，可以使年輕人把閒暇時間用於學習知識；其次，參加這種訓練能夠增進身體健康；再次，可以提高作戰技能，用於實戰；再次，可以激發年輕人參加其他科目訓練的願望和當將軍的雄心；再次，掌握這種知識可以使人變得勇敢和大膽；最後，武裝格鬥使敵人心驚膽戰（181e-182d）。拉凱斯指出，那些傳授武裝格鬥技藝的武士在戰場上並沒有突出的表現，膽小鬼學了這門技藝會變得魯莽，勇敢者學了這門技藝會招來別人的妒忌和批評（182d-184c）。他們尋求蘇格拉底的幫助。蘇格拉底指出，首先應當考察這門技藝是什麼？然後再去尋找這門技藝的行家，向他們請教。學習武裝格鬥是形式，其目的是照看年輕人的靈魂。若要擔當年輕人的老師，老師自己的靈魂必須是善的。呂西亞斯提議由蘇格拉底主持談話，考察相關問題（184c-189d）。

第三部分（189d-201c），討論什麼是勇敢 蘇格拉底在談話中指出，與武裝格鬥的技藝相關的美德就是勇敢，所以首先要定義什麼是勇敢，然後再來討論年輕人如何透過學習和訓練變得勇敢（189d-190d）。蘇格拉底清楚地告訴人們，無人能給勇敢下定義，因爲他們並不擁有關於勇敢的知識。只有勇敢的行爲而不知道什麼是勇敢，只能算作無知（190d-200a）。

最後，蘇格拉底建議他的夥伴重新學習，接受教育，並說他本人也要這樣做（200a-201c）。

正文

談話人：呂西瑪庫、美勒西亞、尼昔亞斯、拉凱斯、蘇格拉底、阿里斯底德（呂西瑪庫之子）、修昔底德（美勒西亞之子）

一、導言（178a-181d）

呂 178 你們已經觀看了那名男子漢的武裝格鬥❷，尼昔亞斯❸和拉凱斯❹。美勒西亞❺和我邀請你們一同觀看，當時我們沒有告訴你們爲什麼要去看他表演，而現在我們要做些解釋，因爲我們認爲應當坦誠待人，尤其是對你們。現在有些人，b 當別人向他們尋求建議時，他們會嗤笑請教者的坦誠，而在回答問題時隱匿自己的想法，一味迎合別人，說些與他們自己的想法不同而別人喜歡聽的事情。但是，我們認爲你們不僅能夠形成判斷，而且在形成判斷後能如實說出你們的想法，正是由於這個緣故，179 我

---

❷ 武裝格鬥（μαχόμενον ἐν ὅπλοις），其原義爲「穿上盔甲戰鬥」，希臘重裝步兵的全副裝備。

❸ 尼昔亞斯（Νικίας），雅典將軍。

❹ 拉凱斯（Λάχης），雅典將軍。

❺ 美勒西亞（Μελησίας），雅典政治家修昔底德之子。

們對你們充滿信心，想要和你們進行交流。我說了這麼長的開場白，緣由是這樣的：我們的兩個兒子在這裡，這是我朋友美勒西亞的兒子，他叫修昔底德❻，取了他祖父的名字；這是我的兒子，也取了他祖父的名字，我們叫他阿里斯底德❼，這是我父親的名字。我們決心盡力照看好這些青年，別像大多數父母一樣，孩子成年的時候放任不管，讓他們隨心所欲，做自己喜歡做的事。不，我們認爲現在應該有一個眞正的開端了，b 在我們力所能及的範圍內。由於我們知道你們倆也有兒子，所以我們認爲你們，或你們當中有人，會關心使他們成爲優秀者的訓練這樣一類事情。如果你們對此類事情沒有經常關注，那就讓我們來提醒你們，你們一定不能忽視這件事，所以請你們和我們一道商議如何關心你們的兒子。尼昔亞斯和拉凱斯，儘管我講話顯得有些囉嗦，但你們必須聆聽。c 你們現在要知道，我們是帶著午餐來的，孩子和我們一起吃。我們要對你們坦誠，完全如我一開始所說的那樣：我們各自都會把自己的父親的大量優秀事蹟講給年輕人聽，講他們在戰爭年代與和平時期如何處理盟邦和這個城邦的事務。但是，我們倆都不會談到自己的業績。d 這是我們在他們面前感到羞愧的地方，我們責備我們的父親在我們成長時任憑我們過一種放縱的生活，而他們當時忙於

❻ 修昔底德（Θουκυδίδης），美勒西亞之子。

❼ 阿里斯底德（Ἀριστείδης），呂西瑪庫之子。

其他人的事務。我們也向在這裡的年輕人指出這一點，並告誡他們，如果放縱自己、不聽管教，他們就會變得一文不値，但若努力了，他們也許能夠變得配得上他們承襲的名字。❽現在孩子們答應聽話了，所以我們正在考慮的問題是用什麼樣的訓導或實踐能使他們變成最優秀的人。|e|有人向我們推薦了這種訓導方式，說年輕人學習武裝格鬥是一件好事。他讚揚了你們剛才看過他表演的那位武士，還鼓勵我們去見他。所以我們認爲應當去見他，應當帶你們一起去，不僅同場觀看表演，也參與我們對孩子的教育，|180|如果你們願意的話，向他們提出建議。這就是我們想要和你們分享的事情。所以，現在該你們向我們提建議了，不僅要談這種訓導形式——無論你們認爲是否應當學——而且要談你們推崇的、適合年輕人學習和掌握的其他種類的訓導形式。你們還要告訴我們，在我們的共同事業中你們想扮演什麼角色。

尼 我本人爲你們的計劃鼓掌，呂西瑪庫❾和美勒西亞，我已做好準備，打算參與。我想，拉凱斯也已經準備好了。

拉 |b|你說得很對，尼昔亞斯。不過呂西瑪庫剛才所說的關於他父親和美勒西亞父親的

---

❽ 給家中長子取祖父的名字是希臘人的風俗。關於兩位年輕人的未來，參閱《泰阿泰德篇》150e，那裡提到阿里斯底德成爲蘇格拉底的同伴，但後來很快就離開了。《塞亞革斯篇》130a 以下提到阿里斯底德和修昔底德。

❾ 呂西瑪庫（Λυσίμαχος），雅典政治家阿里斯底德之子。

話，我認爲，不僅對他們適用，而且對我們、對每個忙於公務的人都適用，因爲這種情況很普遍——他們忽略了他們的私人事務、子女和其他事情，對孩子疏於管教。[c]所以在這一點上你是正確的，呂西瑪庫。但令我驚訝的是，你請我們在年輕人的教育方面與你們一道出謀劃策，卻不邀請在這裡的蘇格拉底！首先，他來自你所在的那個區；其次，他總是花費時間在那些年輕人從事學習或你們尋找的這種高尚事業的地方逗留。

呂　你什麼意思，拉凱斯？我們的朋友蘇格拉底關心過這種事情嗎？

拉　當然，呂西瑪庫。

尼　關於這一點我的確信不比拉凱斯少，因爲就在最近，[d]他給我的兒子介紹過一位音樂老師。這個人的名字是達蒙❿，是阿伽索克萊⓫的學生，在各方面都很有造詣，不僅精通音樂，而且精通你們認爲這個年紀的孩子值得花費時間的其他所有技藝。

呂　蘇格拉底、尼昔亞斯、拉凱斯，像我這把年紀的人不再熟悉年輕人了，因爲年邁而大部分時間待在家裡。[e]但是你，索佛隆尼司庫⓬之子，如果有好建議給你的同鄉，你

---

❿ 達蒙（Δάμων），人名。

⓫ 阿伽索克萊（Ἀγαθοκλῆς），人名。

⓬ 索佛隆尼司庫（Σωφρονίσκος），蘇格拉底之父。

應當提供。你有義務這樣做，因爲透過你的父親，你是我的朋友。他和我一直交情不薄，亦無什麼爭執，直到他去世。當前的談話提醒了我，孩子們在家閒談時經常蘇格拉底長、蘇格拉底短，讚不絕口，|181|但我從未想到要問，你們講的蘇格拉底是否就是索佛隆尼司庫之子。告訴我，孩子們，你們經常談起的蘇格拉底就是這位蘇格拉底嗎？

孩子們 沒錯，父親，就是他。

呂 我高興極了，赫拉在上，蘇格拉底，你保持了令尊的美名，他是個大好人，我更加高興的是我們兩家的親密關係又可以更新了。

拉 無論如何都別讓這個人走，|b|呂西瑪庫，因爲我看到他不僅保持著他父親的名聲，而且維護了他祖國的名聲。從代立昂⑬撤退時，他和我一起行軍，我可以告訴你，如果其他人都像他一樣，我們的城邦就安全了，就不會遭受這樣的災難了。

呂 蘇格拉底，你正在接受的讚揚肯定是崇高的，既因爲它出自可信之人，又因爲他們讚揚你的這些品質。你要相信，聽到你有如此高的聲望，我心中眞有說不盡的快樂，請你把我當作對你心存善意之人。|c|你本人早就應該光臨寒舍，把我們當作你的朋友，這樣做肯定是對的。好吧，由於我們已經相互認識了，從今往後，你要和我們多來

---

⑬ 代立昂（Δελίον），地名，西元前四二四年雅典軍隊在此被波提狄亞人打敗，這一年是伯羅奔尼撒戰爭的第八個年頭。《會飮篇》220e 處談話人阿爾基比亞德談到蘇格拉底在這次戰鬥中的言行。

往，和我們熟悉起來，和這些年輕人熟悉起來，保持我們家族間的友誼。所以，答應我們這樣做吧，我們也會提醒你恪守自己的承諾。現在，你對我們最初那個問題有什麼要說的嗎？你的意見是什麼？武裝格鬥對年輕人來說是不是有用的學習科目？

蘇 |d|好的，我會盡力而爲，就這些事情給你們提建議，呂西瑪庫，也會就你要我關注的其他事情說一些看法。但是我比其他一些人年輕，經驗也不如他們豐富，所以更爲恰當的是讓我先聽其他人談話，便於我向他們學習。如果在他們的講話之外我有什麼要添加的，到那時我再對你們說，教導和說服你和其他人。來吧，尼昔亞斯，你們倆中的哪一位爲什麼不開始呢？

二、討論學習武裝格鬥（181e-189d）

1. 學習武裝格鬥的好處（181e-182d）

尼 |e|噢，沒理由爲什麼不開始，蘇格拉底。我認爲，學習這個部門的知識對年輕人的各個方面都是有益的。首先，使年輕人不把閒暇時間花在他們通常喜歡做的事情上，而用於學習這種知識，這是一個好主意，|182|參加這種訓練能夠增進身體健康，它不會比體育訓練差，也不會比體育訓練舒服，同時，這種武裝格鬥和騎術尤其適合自由的公民參加訓練。因爲在我們身爲競爭者的格鬥中，在依靠我們的戰鬥來解決的事務中，

只有那些受過訓練的人知道如何使用戰爭的武器和裝備。還有，哪怕在實戰中，當你必須與其他一些人列陣作戰時，這種形式的訓導也有某些好處。但是，它的最大好處在於，陣形一旦崩潰，個人就必須單打獨鬥，b要麼是追擊，攻擊某個在保護自己的人，要麼是撤退，保護你自己，避免受到任何追擊者的攻擊。掌握這門技藝的人，無論是一對一，還是一對多，都能很好地保護自己，而不會受到傷害，在各種情形下都有許多有利的地方。還有，這種學習會激發我們參與其他優秀訓導科目的願望，因爲每個學了武裝格鬥的人都想要學習下一個科目，那就是有關戰術的學問；c一旦掌握了這門學問，有了自尊，他就會去學習做一名將軍的完整技藝。所以事情已經很清楚，所有值得男子漢去學習和訓練的學問和事業都與這後一種技藝相連，都以武裝格鬥爲起點。我們還要添加一個好處，這樣說並不意味著這個好處最小，這種知識會使每個人在戰場上比以往更大膽，更勇敢。讓我們不要忽略這一點，儘管有些人會認爲這不值一提，d這種技藝會在需要時使男子漢看上去威風凜凜，讓敵人看了心驚膽戰。所以，呂西瑪庫，我的看法就是年輕人應當接受這些教育，這樣考慮的理由我都已經說過了。如果拉凱斯有什麼要說，那麼我很樂意聽。

拉

2. 學習武裝格鬥的壞處（182d-184c）

事實上，尼昔亞斯，很難堅持說某種學習一定不需要，因爲學習任何事情似乎都是好主意。e就武裝格鬥而言，如果它眞的是一門知識，如那些教它的人所宣稱的那樣，亦如尼昔亞斯所說，那麼這種知識一定要學；但若它並非一個眞正的學習科目，那些聲稱要教這種知識的人是在欺騙我們，或者說它是一個學習的科目，但並非很重要，那麼學習它有什麼必要呢？之所以這樣說，那是因爲我在想，如果武裝格鬥眞的有什麼名堂，它不可能逃避拉棲代蒙人的關注，183 他們一生都在尋求和從事可以增強他們在戰爭中的優越性的那些知識和事業。即使拉棲代蒙人忽略這種技藝，這種技藝的教師也肯定不會忽略這一事實，拉棲代蒙人在整個希臘人中間最關心這種事，有人參加武裝格鬥在他們那裡獲得榮耀，就能掙大錢，這種情況就像在我們這裡榮耀悲劇詩人。b 這樣一來，若有人設想自己是一名優秀的悲劇作家，他不會到雅典周邊的其他城邦去巡迴演出，而是直奔這裡，把他的作品演給我們的人民看，這種事情其實很自然。我觀察到，這些武師把拉棲代蒙視爲禁地，不敢涉足那裡。他們到處奔走，願意給任何人表演，就是不願給斯巴達人表演——他們實際上精心挑選觀衆，也就是說承認有許多人的戰鬥技能超過他們。c 還有，呂西瑪庫，我在戰場上和這樣的人打過交道，知道他們有多少本事。因此，我們有可能對這種事做出一手的判斷。小心謹愼地說，這種武裝格鬥技藝的練習者沒有一個在戰鬥中有傑出的表現。然而在其他各種技藝中，出名的人總是能實踐這些技藝的人。而實踐武裝格鬥這種技藝的人似乎運氣最差。例如，d 斯特西勞[14]這個人，你們和我剛剛看過他的表演，可以做見證，當著

[14] 斯特西勞（Στησίλαος），人名。

那麼多觀衆的面，他在那裡大吹大擂自己的神勇，而我曾經見過他在戰場上的眞實表現，可以更好地證明情況並非如此。當時他在一艘戰船上當水兵，向一條運輸船發起攻擊，他使用的武器是鉤鐮槍，是長槍和鐮刀的結合，像它的主人一樣在軍中獨一無二。他的其他獨特的地方不値一提，|e|讓我來告訴你們他發明的這把鉤鐮槍的遭遇。戰鬥中，他的鉤鐮槍被那條運輸船的索具給纏住了。所以斯特西勞使勁拉，想把它解脫出來，但他做不到，兩條船擦肩而過。他緊緊抓住長槍在甲板上奔跑。等到運輸船交錯而過，把他向前拉的時候，他仍舊緊握長槍，|184|長槍在他手中滑動，直到最後只剩槍柄在他手裡。看到他的笨拙舉動，運輸船上的人鼓掌大笑，有人向甲板上扔石頭，砸在他的腳下，他才扔掉槍柄，看見那桿奇特的槍掛在運輸船上晃動，就連最沉悶的人也忍不住大笑。這些事情也許有一些價値，如尼昔亞斯所認爲的那樣，|b|但我自己的體驗我已經說過了。所以，如我開始所說，它要麼是一種技藝，但用處很少，它要麼不是一種技藝，但有人說它是或者想把它說成是一種技藝，無論情況如何，這種技藝都不値得學習。在我看來，如果膽小鬼想像自己掌握了這種技藝，他會由於變得魯莽而更加清楚地表明他是什麼樣的人，而在勇敢者的情況下，|c|每個人都會看著他，如果他有絲毫閃失，就會引來大量的批評。其原因在於，聲稱擁有這種知識的人是妒忌的對象，除非他的本事遠遠超過其他人，否則在他宣布自己擁有這種知識的時候，不可避免地要成爲嘲笑的對象。所以，學習這種技藝在我看來就是這種情況，呂西瑪庫。但是，如我前面說過，我們一定不能讓在這裡的蘇格拉底走掉，而應當向他

請教，讓他告訴我們他對這件事的看法。

3. 學習武裝格鬥的本質（184c-189d）

呂 好的，我確實想詢問你的意見，蘇格拉底，因爲在我看來，d可以稱得上我們的顧問的人需要在關鍵時刻投上決定性的一票。如果這兩人意見一致，那麼沒必要進入這樣的程序，而現在的情況是，你看到拉凱斯已經對尼昔亞斯投了反對票。所以我們確實需要聽聽你的意見，看你打算把贊成票投給誰。

蘇 你在說什麼，呂西瑪庫？你打算把你的贊成票投給我們多數人贊同的意見嗎？

呂 噢，是的，除此之外還能怎麼辦，蘇格拉底？

蘇 e你，美勒西亞，也想這樣做嗎？假定應當有一位顧問來決定你的兒子必須參加某項體育訓練，你會接受多數人的意見，還是接受在好教練的指導下接受這種教育和訓練的人的意見？

美 可能是後者，蘇格拉底。

蘇 你會被他說服，而不被我們四個人說服嗎？

美 可能。

蘇 所以，我認爲做一個好決定要依據知識，而不是依據多數原則？

美 當然。

蘇 所以，在當前這個事例中，也必須首先考察一下，185在我們正在爭論的這件事情上，我們中間是否有專家。如果我們中間有人是專家，那麼我們應當聽他的，哪怕他只是一個人，也不要去管其他人的意見。如果我們中間沒有專家，那麼我們必須到其他人中間去尋找專家。或者說，你和呂西瑪庫認爲我們正在討論的事情微不足道，不是我們的頭等大事？我假定，眞正的問題在於，你們的兒子是否要轉變爲有價值的人，管理父親全部財產的方式與兒子轉變的方式是一致的。

美　你說得對。

蘇　所以我們在這些事情上必須練習未雨綢繆。

美　對，我們應當這樣做。

蘇　[b]那麼，爲了與我剛才所說的相一致，如果我們想要發現我們中間誰對體育最在行，我們應當如何進行考察？不就是尋找學習和練習過這種技藝的人和在這個特殊科目中有好老師的人嗎？

美　我想是這樣的。

蘇　甚至在那之前，我們難道不應當考察我們正在尋找其老師的這門技藝是什麼嗎？

美　你什麼意思？

蘇　我要是這樣說，也許會清楚一些：當我們問我們中間誰是這門技藝的專家，誰不是這門技藝的專家，並出於這個目的想要尋找這門技藝的老師的時候，[c]我並不認爲我們已經就我們要諮詢和考察什麼初步達成了一致的意見。

尼　但是，蘇格拉底，我們不是在考察武裝格鬥的技藝，討論年輕人是否必須學習這門技藝嗎？

蘇　是這樣的，尼昔亞斯。但是，當某人考慮是否應當用眼藥的時候，你認爲此刻他要接受的意見是關於眼藥的還是關於眼睛的？

尼　關於眼睛的。

蘇　—d—同理，當某人考慮要不要給一匹馬上鞍子，我假定他此刻要接受的意見是關於馬的，而不是關於馬鞍的，對嗎？

尼　對。

蘇　總之，當某人由於某樣事物的緣故而考慮另一樣事物的時候，他要接受的意見是關於這樣事物的，而不是有關由於這樣事物的緣故而考慮的其他事物。

尼　必定如此。

蘇　所以，涉及給我們提建議的人，我們應當問的是，他是否我們所關心的那個事物的專家，正是爲了這個事物的緣故，我們在考慮。

尼　當然。

蘇　—e—所以，我們現在要宣布，爲了年輕人的靈魂的緣故，我們正在考慮學習的形式，是嗎？

尼　是的。

蘇　那麼問題就是，我們中間是否有人是關心靈魂的專家，能夠很好地關心靈魂，如果有這方面的好老師，我們必須去探訪。

拉　這算什麼，蘇格拉底？難道你從來沒有注意到，在某些事情上有人無師自通，比和老師待在一起的人做得更好？

蘇 是的，我見過這種人，拉凱斯，但若這種人聲稱是某種技藝的大師，你不會非常情願地相信他們，186 除非他們拿出一些他們這種技藝的精良產品給你看，不能只拿一樣，而要拿出多樣。

拉 你說得對。

蘇 那麼，拉凱斯和尼昔亞斯，由於呂西瑪庫和美勒西亞出於使這些年輕人的靈魂盡可能變好的願望，要我們就他們的兩個兒子向他們提建議，如果我們說我們有這方面的老師，我們必須做的事情是把這些老師告訴他們，首先這些老師自己的靈魂是善的，也能照看許多年輕人的靈魂，b 其次他們也顯然教導過我們。或者，如果我們中有人說他沒有老師，但透過自己的努力成績斐然，那麼他必須說明有哪些人在他的影響下變好了，無論這些人是雅典人還是異邦人，是奴隸還是自由民。如果這不是我們中的任何人的情況，我們應當去尋找其他老師，而不能冒險糟蹋我們的朋友的孩子，招來他們親戚的極大指責。現在，呂西瑪庫和美勒西亞，c 我要第一次說到我自己，我在這個方面沒有老師。不過，我從年輕的時候就希望有老師可以跟隨。但我沒有錢拿去給智者，只有他們聲稱能夠使我成爲有教養的人，而另一方面我本人直到現在也沒能發現這種技藝。如果尼昔亞斯或拉凱斯發現或者學到了這種技藝，我不會感到奇怪，因爲他們比我富裕，可以向其他人學習這種技藝，他們也比我年長，所以他們可能已經發現了這種技藝。d 所以在我看來，他們能夠教育人，因爲如果不對自己擁有的

知識充滿自信，他們就決不會這樣毫不猶豫地指出年輕人追求的東西是有益的還是有害的。在其他事情上我對他們充滿信心，但他們對這件事情的看法不一樣使我感到奇怪。所以，我向你提出一個反建議，呂西瑪庫，正如拉凱斯催促你把我留住，不讓我走，向我提問，我現在要求你別讓拉凱斯走，或者別讓尼昔亞斯走，|e|而要向他們提問，說蘇格拉底否認對這些事情擁有知識，沒有能力確定你們中間哪一個說得對，因爲他否認在這方面有什麼發現，也不是任何人的學生。所以，拉凱斯和尼昔亞斯，你們可以分別告訴我們，誰在你們所說的教育青年這件事情上最能幹，你們是否向其他人學到了這種技藝的知識，或者說你們自己發明了這種技藝；如果你們向某人學到了這種技藝，|187|他是你們尊敬的老師，那麼是否還有其他人與他們共用同樣的技藝。我說這些話的原因是，如果你們公務過於繁忙，我們可以去見這些人，給他們送些禮，或者懇求他們幫忙，說服他們來管教我們和你們的孩子，這樣他們就不會變得一文不值，辱沒先輩了。但若你們自己是這門技藝的發現者，請向我們舉例說明，哪些人通過你們的關心，已經使他們從原來一文不值轉變爲優秀的人。|b|如果你們現在是第一次想要開始教育人，你們必須注意有可能產生的危險，因爲你們的試驗品的不是卡里亞人⑮，而是你們自己的兒子和你們朋友的孩子，你們一定不要去做那句諺語說不要做

---

⑮ 希臘有句諺語叫「拿一名卡里亞人來冒險」（ἐν τῷ Καρὶ κινδυνεύειν）。卡里亞位於小亞細亞，雅典人瞧不起那裡的人，認爲他們卑賤。

的事情——「從製作酒罈開始學習陶藝」。⑯現在請告訴我們，從這些選項中你們會做何種選擇，哪些對你們是恰當的、合適的，哪些是你們要排除的。呂西瑪庫，從他們那裡發現這些事情，別讓他們跑了。

呂　|c|我喜歡蘇格拉底說的話，先生們。但是你們是否願意就這些事情提問，對它們做出解釋，必須要由你們自己來決定，尼昔亞斯和拉凱斯。至於在這裡的美勒西亞和我，如果願意對蘇格拉底的全部問題給出完整的回答，我們肯定很樂意。因爲，如我一開始就說的那樣，我們邀請你們就這些事情給我們提建議的原因是，你們思考這些事情很自然——尤其是你們的孩子也像我們的孩子一樣，|d|都到了受教育的年齡。所以，如果你們不反對，你們可以講話，與蘇格拉底一道探討這個主題，相互交換論證。因爲他正確地說了，我們諮詢的事情是我們各項事務中最重要的。所以，如果你們認爲這是必須做的事，下定決心吧。

尼　我很清楚，呂西瑪庫，你對蘇格拉底的了解是有限的，你熟悉他的父親，|e|但和這個人沒有什麼接觸，除了他還是個孩子的時候——我假定他當時混在你們中間，和你們同區的人在一起，追隨他的父親去神廟，或者參加其他公共集會。但他成年以後，你顯然仍舊不熟悉這個人。

---

⑯ 酒罈是最大的陶器，學習陶藝應當從較小的陶器開始。同一諺語也出現在《高爾吉亞篇》514e。

呂　你這樣說到底是什麼意思，尼昔亞斯？

尼　在我看來你好像不曉得，凡是與蘇格拉底有親密接觸、與他交談的人，必定會被他的論證牽著鼻子走，哪怕他談論的事情與一開始很不相同，直到談話人回答了有關自己的所有問題，188說出自己現在的生活方式和以往的生活方式。在談話人順服這種盤問之前，你明白蘇格拉底不會放你走，直到他對每一個細節都進行澈底的考察。我個人已經熟悉了他的路數，知道必須接受他的這種處理，還有，我完全明白必須順服。我喜歡與這個人為伴，呂西瑪庫，你千萬別把它當作一件壞事，b因為它會引以我們的關注，關心我們做過的事情或做錯了的事情。倒不如說，我認為不逃避這種處理、而是自願按照梭倫的說法⓱終生學習的人，不會認為年紀大了自然會帶來智慧，必定會更加關注他的餘生。我接受蘇格拉底的盤問，既非不尋常，又非不愉快，c但我很早就明白，只要蘇格拉底在這裡，討論的主題很快就會轉為關於我們自己的，而不是關於我們孩子的。如我所說，我本人不在乎以任何蘇格拉底喜歡的方式與他談話，但是我要詢問在這裡的拉凱斯對這些事情有什麼感受。

⓱ 柏拉圖在此處及稍後提及梭倫（Σόλων）的名言：「我到了老年仍舊學了許多東西。」（《殘篇》一八）亦見《國家篇》536d。梭倫是雅典政治家和立法家（約西元前六四〇—五五八年），西元前五九四年任雅典執政官，實行改革。

拉　關於討論我只有一種感受，尼昔亞斯，或者如果你喜歡，我得說我的感受不是一種而是兩種，因爲對有些人來說，我顯得像是一個熱衷討論的人，而在另一些人眼中，我像是一個痛恨討論的人。當我聽到有人談論美德或某種智慧的時候，[d]如果他眞的是一個人，配得上他說出來的話，那麼我會非常樂意看到說話人和他的言辭之間有恰當與和諧。這樣的人在我看來是眞正懂音樂的，不是依靠豎琴[18]或其他某些令人愉悅的樂器，而是依靠言行一致，在他自己的生活中產生一種美妙的諧音，這種諧音是多利亞式的[19]，而不是伊奧尼亞式的[20]，我想，它甚至也不是弗里基亞式的[21]或呂底亞式的[22]，而是僅有的眞正希臘式的諧音。[e]這樣的人說話令我心喜悅，由於我對他說的話表現出熱情，使大家認爲我是一個熱衷討論的人；但是那些以相反方式行事的人說話令我感到厭惡，他說得越好，我感覺越糟，所以他的談話使我顯得像是一個痛恨討論的人。我現在確實不熟悉蘇格拉底的言辭，但我相信，我以前就知道他的行爲，在他身上我看到了言談公正和各種坦誠。[189]所以，如果他擁有這種能力，那麼我對他表示贊

---

[18] 古希臘的豎琴（λύρα），有七根弦。

[19] 多利亞式的（δωριστί），在古希臘各地區音樂中，多利亞的音樂雄偉壯麗，被視爲希臘音樂的代表。

[20] 伊奧尼亞式的（ἰαστί）。

[21] 弗里基亞式的（φρυγιστί）。

[22] 呂底亞式的（λυδιστί）。

同，並且願意順服他，十分愉快地接受他的考察，我也不會感到學習是一種負擔，因為我贊同梭倫的話——我希望到老仍舊能夠學習許多東西——但有一點小小的保留，我只向好人學習。讓梭倫為我擔保，只要老師自己是個好人，我一定不會表明自己是個愚蠢的懶學生。〔b〕至於我的老師是否比我年輕，是否不夠出名，諸如此類的事情我一點兒都不在乎。因此，蘇格拉底，我向你奉獻自己，請你開導我，按你過去喜歡的方式駁斥我，另外，歡迎你向我了解我知道的任何事情。自從那次我們在戰場上共赴危難，我對你的品性就有了這樣的看法，你的勇敢為我豎立了榜樣，想要有個好名聲，必須提供這樣的證明。所以，你想怎麼說就怎麼說，完全不要顧忌我們之間的年齡差異。

蘇　〔c〕我們確實挑不出你有什麼毛病，因為你還沒有做好既提出建議，又參加探討的準備。

呂　這個任務顯然是我們大家的，蘇格拉底，因為我把你算作我們當中的一員，所以請你接替我的位置，代表這些年輕人，把需要向他們學習的人找出來，然後，透過和孩子們交談，與我們一道向他們提建議。因為我年紀大了，經常忘記我要問的問題，也記不住回答。〔d〕談話中若開始新的論證，我的記性也不那麼好。所以，請你來主持，考察我們提出的這些主題。我願意在一邊聽，我在聽你談話時，願意做你們認為最好的事情，在這裡的美勒西亞也願意。

三、什麼是勇敢（189d-201c）

1. 勇敢是與作戰有關的美德（189d-190d）

蘇　讓我們按照呂西瑪庫和美勒西亞的建議去做，尼昔亞斯和拉凱斯。問一下我們自己剛才提出來考察的問題是什麼，也許不是個壞主意：[e]在這一類訓導中，我們有老師嗎？我們能使其他什麼人變得較好？然而，我想還有另外一種考察方式會使我們面臨同樣境地，這種方式說不定更加接近起點。無論什麼事物，假定我們知道添加其他事物於該事物之上能使其變好，還有，假定我們能夠進行這種添加，那麼我們顯然知道對該事物應當查考些什麼，乃至於知道怎樣才能最容易、最好地獲得該事物。[190]你們也許聽不懂我的意思，換個說法會容易些：假定我們知道視力，在添加給眼睛的時候，會使眼睛的視力變好，還有，我們能夠把視力添加給眼睛，那麼我們顯然知道視力這種東西是什麼，對視力我們應當查考些什麼，乃至於知道怎樣才能最容易、最好地獲得視力。但若我們既不知道視力本身是什麼，也不知道聽力是什麼，我們就很難成爲眼睛或耳朵的顧問或醫生，[b]乃至於知道獲得視力或聽力的最佳方式。

拉　你說得對，蘇格拉底。

蘇　好吧，拉凱斯，這兩個人現在不正在尋求我們的建議，以什麼方式才能把美德添加到他們兒子的靈魂中去，使其變好嗎？

拉　是的，確實如此。

蘇　那麼我們從知道什麼是美德開始是不必要的嗎？［c］如果我們不能非常確定地知道該事物是什麼，又怎能就如何獲得該事物的最佳方式向其他人提建議呢？

拉　我不認為有其他方法可以做到這一點，蘇格拉底。

蘇　那麼我們說，拉凱斯，我們知道它是什麼。

拉　是的，我們要這樣說。

蘇　我假定，我們知道的事物，我們一定能夠說出來，是嗎？

拉　當然。

蘇　啊，我的大好人！讓我們不要直接從考察整個美德開始——這樣的話任務過於繁重——［d］讓我們首先來看我們對它的某個部分是否擁有充分的知識。這樣的話，我們的考察可能會容易些。

拉　是的，讓我們照你想要的方式去做吧，蘇格拉底。

蘇　好，我們應當選擇美德的哪一個部分呢？我們應當挑選的顯然不就是與武裝格鬥技藝相連的那個部分嗎？我假定，人人都會認為這種技藝導向勇敢，不是嗎？

拉　我認為他們肯定這樣想。

2. 勇敢是一種知識（190d-200a）

蘇　那麼，拉凱斯，就讓我們首先來說一下什麼是勇敢。［e］然後，我們再考察用什麼方式

拉　把勇敢添加給年輕人，一直說到透過職業和學習來進行這種添加。不過，現在還是先試著說一下我的問題，也就是什麼是勇敢。

拉　宙斯在上，蘇格拉底，這個問題不難：如果一個人堅守陣地，保護自己，打擊敵人，不逃跑，那麼你可以肯定他是一個勇敢的人。

蘇　說得好，拉凱斯。不過我恐怕沒有把話說清楚，你沒有回答我想要問的問題，而是另外一個問題。

拉　你這是什麼意思，蘇格拉底？

蘇　|191|我會告訴你的，要是我能做到的話。我假定，你提到的那個人是勇敢的，也就是打擊敵人，堅守陣地的人？

拉　是的，這是我的看法。

蘇　我同意。但是對另一個人你怎麼看，他與敵人作戰，但不是堅守陣地，而是撤退？

拉　你什麼意思，撤退？

蘇　嗯，我指的是西徐亞人[23]的那種戰法，有進有退；|b|我想荷馬讚揚埃涅阿斯[24]的馬，說它們知道「如何熟練地追擊或是逃跑，在平原上跑向東跑向西」[25]，他還稱讚埃涅阿

---

[23] 西徐亞（Σκυθία），歐洲東南部的古代王國，希羅多德記載了該國的情況。

[24] 埃涅阿斯（Αἰνείας），荷馬史詩中的人物。

[25] 荷馬：《伊利亞特》5:223。

斯本人具有害怕和逃跑的知識，稱他爲「恐懼和潰退的製造者」。[26]

拉　荷馬說得對，蘇格拉底，他講的是車戰，而你講的是西徐亞人的騎兵。騎兵以這種方式作戰，而重裝步兵以我說的這種方式作戰。

蘇　[c]斯巴達的重裝步兵也許是一個例外，拉凱斯。因爲他們說，在普拉蒂亞[27]戰役中，斯巴達人在對抗手執輕盾的敵軍士兵時，不是堅守陣地，而是撤退了。等到波斯人[28]的陣勢散去，他們又像騎兵一樣進行回擊，最後打贏了這場戰鬥。

拉　你說得對。

蘇　所以，如我剛才所說，該受責備的是我的問題提得很糟糕，[d]使你回答得很糟糕，因爲我想要向你了解的不僅是重裝步兵的勇敢，還有騎兵的勇敢，還有各種士兵的勇敢。我想要包括在內的不僅是戰爭中的人的勇敢，還有在海上冒險的人的勇敢，還有在處於疾病、貧窮中的人的勇敢，還有在國家事務中的人的勇敢；還有，我想要包括在內的不僅是抗拒痛苦或恐懼的人的勇敢，[e]還有抗拒欲望和快樂的人的勇敢，無論是堅守陣地，還是撤退——因爲有些人在這些事務中是勇敢的，不是嗎，拉凱斯？

---

[26] 荷馬：《伊利亞特》8:108。

[27] 普拉蒂亞（Πλαταιαί），城邦名，位於波埃提亞。

[28] 波斯（Περσία），古代西亞大帝國。

拉　確實如此，蘇格拉底。

蘇　所以，所有這些人都是勇敢的，但有些人在抗拒快樂中表現出勇敢，有些人在忍受痛苦中表現出勇敢，有些人在克制欲望中表現出勇敢，有些人在克服恐懼中表現出勇敢。而其他人，我想，在同樣情況下表現出膽怯。

拉　是的，他們表現出膽怯。

蘇　那麼什麼是勇敢和膽怯？這是我想要發現的。所以請再次試著首先說出什麼是勇敢，這種勇敢在所有事例中都是相同的。或者說，你還沒有清楚地理解我的意思？

拉　不是很清楚。

蘇　—192—好吧，我的意思是這樣的：假定我問什麼是快捷，我們可以在跑步、彈琴、講話、學習以及其他各種行爲中找到快捷——我們實際上可以說，就其值得一提的範圍內，我們只要動動胳膊，動動腿，動動舌頭，出出聲，或者想一想，都能表現出這種性質，是嗎？或者說，這仍舊不是你想要表達這種性質的方式？

拉　是的，確實如此。

蘇　那麼，如果有人問我，「蘇格拉底，對處於所有這些事例中的被你稱作快捷的這種性質，你會怎麼說？」—b—我會回答他，我所謂的快捷就是在短時間裡做完許多事情的力量，無論是講話，還是跑步，還是其他各種事情。

拉　你說得很對。

蘇　那麼你自己來努力一下，拉凱斯，以同樣的方式說一說勇敢。它是一種什麼樣的力量，由於它在快樂或者痛苦，以及我們剛才所說的其他所有事例中都會出現，因此被稱作勇敢？

拉　［c］好吧，如果一定要說它在各種事例中的性質是什麼，那麼我認為它是一種靈魂的堅持。

蘇　如果要回答我們的問題，這樣做是必須的。在我看來，現在的情況是這樣的：我認為你沒有把所有堅持都當作勇敢。我這樣想的原因是，拉凱斯，我相當確定你把勇敢當作一樣非常好的東西了。

拉　最好的東西之一，你可以確定。

蘇　那麼你會說與智慧相伴的堅持是一樣好的、高尚的東西嗎？

拉　確實如此。

蘇　［d］假定它與愚蠢相伴會怎麼樣？結果不是正好相反，它會變成壞的、有害的東西嗎？

拉　是的。

蘇　你會把一樣壞的、有害的東西稱作好東西嗎？

拉　不，這樣說不對，蘇格拉底。

蘇　那麼你不允許說這種堅持是勇敢，因為它不是好的，而勇敢是好的。

拉　你說得對。

蘇　那麼，按照你的看法，只有聰明的堅持才是勇敢。

拉　好像是這麼回事。

蘇　［e］那麼讓我們來看它在什麼方面是聰明的，在大事情和小事情上都聰明嗎？比如，某個人聰明地花他自己的錢，表現出堅持，知道他現在花一些錢，以後會得到更多的錢，你會說這個人是勇敢的嗎？

拉　宙斯在上，我不會這麼說。

蘇　好吧，假定某人是醫生，他的兒子或其他病人患了肺炎，向他要些吃的和喝的，193 而這個人堅持不給，一直加以拒絕？

拉　不，這也肯定不是勇敢，完全不是。

蘇　好吧，假定一個人堅持戰鬥，他的戰鬥意願基於聰明的算計，因爲他知道其他人不久就會來支援他，到那時敵人就會比他這一方少，戰鬥力也會比他這一方弱，還有，他的陣地也比較堅固；你會說，擁有這種智慧和準備，表現得比較堅持的人是勇敢的，還是說對方營中那些堅守陣地的人是勇敢的？

拉　b 我會說對方營中的人，蘇格拉底。

蘇　但是這個人的堅持顯然比前者的堅持要愚蠢。

拉　你說得對。

蘇　你會說，在遭遇騎兵攻擊時表現出堅持、懂得騎術的人，與缺少這種知識的人相比，不那麼勇敢。

拉　是的，我會這樣說。

蘇　那麼，表現出堅持的人，雖然有著投石、射箭或其他技藝的知識，但不那麼勇敢。

拉　c 是的，確實如此。

蘇　潛水下井，或者在其他類似的情況下，有許多人願意堅持，但沒有這方面的技能，你會說他們比那些有這方面技能的人勇敢。

拉　為什麼不能這樣說，除此之外，還能怎麼說，蘇格拉底？

蘇　沒有了，如果這就是這個人的想法。

拉　不管怎麼說，這就是我的想法。

蘇　然而，拉凱斯，這種冒險和堅持的人肯定比那些有技能做事的人愚蠢。

拉　他們顯然如此。

蘇　〔d〕我們現在發現，愚蠢的大膽和堅持，不僅是可恥的，而且是有害的，如我們前面所說。

拉　確實如此。

蘇　但是我們已經贊同勇敢是一件高尚的事情。

拉　是的，它是高尚的。

蘇　但是現在，正好相反，我們說一件可恥的事情，愚蠢的堅持，是勇敢。

拉　對，我們好像是這樣的。

蘇　你認為我們這樣說有意義嗎？

拉　宙斯在上，沒有意義，蘇格拉底，我肯定不這樣說。

蘇　〔e〕那麼，按照你的說法，拉凱斯，我設定你我並沒有把自己調成多利亞式的音調，因為我們的行為和言辭不和諧。在行為方面，我想任何人都會說我們分有勇敢這種品質，而在言辭上，我不認爲他會這樣說，如果他聽了我們當前的討論。

拉　你說得絕對正確。

蘇　那麼好，處於這種狀況對我們有什麼好處嗎？

拉　肯定沒有，但是我們沒辦法。

蘇　你願意把我們說的話限定在某個範圍內嗎？

拉　限定在什麼範圍，哪句話？

蘇　194 就是命令我們堅持這句話。如果你願意，讓我們在探索中堅守陣地，讓我們堅持，這樣一來勇敢本身就不會拿我們開玩笑了，說我們不能勇敢地探索勇敢——如果堅持畢竟也有可能是勇敢。

拉　我不打算放棄，蘇格拉底，儘管我不太熟悉這種論證。但是，想到我們的談話，一種絕對的取勝的願望占據了我，b 我確實對自己不能按照這種方式表達自己的想法感到悲哀。我仍舊認爲自己知道什麼是勇敢，但我不明白它剛才是怎麼逃走的，所以我不能用言辭把它釘住，說出什麼是勇敢。

蘇　好，我的朋友，一名好獵手應當跟蹤追跡，決不放棄。

拉　完全正確。

蘇　那麼，如果你同意，讓我們召喚在這裡的尼昔亞斯也來打獵——他可能更加擅長。

拉　c 我願意——爲什麼不？

蘇　那麼好，來吧，尼昔亞斯，如果你能做到，救救你的朋友們，他們在論證的波濤前隨波逐流，發現自己困難重重。你瞧，當然了，我們的探索走上了絕路，所以說說你對勇敢的看法，把我們從困境中解救出來，用言辭把你的意思說出來，以此堅定你自己的看法。

尼 我已經想了有一會兒了，你們沒有按正確的方式給勇敢下定義，蘇格拉底。你沒有使用你說過的一條重要意見，我以前聽說過。

蘇 哪一條意見，尼昔亞斯？

尼 〔d〕我經常聽你說，我們中間有人是好的，因爲他是聰明的，我們中間有人是壞的，因爲他是無知的。

蘇 宙斯在上，你說得對，尼昔亞斯。

尼 因此，如果一個人眞是勇敢的，他顯然是聰明的。

蘇 你聽到他說什麼了嗎，拉凱斯？

拉 聽到了，但我不太明白他的意思。

蘇 噢，我明白，他好像說勇敢是某種智慧。

拉 嗯，他說的是一種什麼樣的智慧，蘇格拉底？

蘇 〔e〕你爲什麼不問他呢？

拉 好吧。

蘇 來吧，尼昔亞斯，告訴他，按照你的看法，勇敢是哪一種智慧。我不會認爲它就是吹笛子的技藝。

尼　當然不是。

蘇　也不是彈豎琴的技藝。

尼　遠遠不是。

蘇　那麼這是一種什麼知識，是關於什麼的？

拉　你正在以正確的方式向他提問。

蘇　讓他說，它是一種什麼樣的知識。

尼　195 我要說的是，拉凱斯，勇敢是一種在戰爭和其他情況下有關害怕或希望的知識。

拉　他說的話眞是稀奇古怪，蘇格拉底。

蘇　你說這話的時候心裡怎麼想的，拉凱斯？

拉　我心裡怎麼想？嗯，我認爲智慧與勇敢是很不相同的東西。

蘇　噢，尼昔亞斯，無論如何，就說智慧與勇敢不同吧。

拉　他肯定會說相同——這正是他胡說八道的地方。

蘇　好，讓我們開導他，但不要開他的玩笑。

尼　很好，但我發現，蘇格拉底，b 拉凱斯想要證明我胡說八道，只是因爲他剛才表明他自己是這種人。

拉　確實如此，尼昔亞斯，我將試著證明這件事，因爲你正在胡說八道。馬上舉一個例子：在生病這個事例中，醫生不是知道要害怕什麼的人嗎？或者說你認爲勇敢的人就是那些知道的人？你會把醫生叫做勇敢者嗎？

尼　不，當然不會。

拉　我不去想像，你會認爲農夫也是這種情況，儘管我設想他們是知道耕種土地的時候要害怕什麼的人。其他各種工匠也知道在他們的具體行當中要害怕什麼，期盼什麼。—c—但是我們無論如何都無法把這些人說成是勇敢的。

蘇　你認爲拉凱斯是什麼意思，尼昔亞斯？因爲他好像說出了某些事情。

尼　對，他是說了一些事情，但他說得不正確。

蘇　爲什麼？

尼　他認爲醫生有關疾病的知識可以超越描述健康和疾病，而我認爲他們的知識僅限於此。拉凱斯，你設想一個人害怕痊癒超過害怕生病嗎？或者說，你不認爲有許多不願從疾病中康復的事例嗎？—d—告訴我，你堅持認爲在所有事例中，活著更可取嗎？在許多事例中，不是生不如死嗎？

拉　好，至少在這一點上我同意你的看法。

尼　你認爲，那些死了更好的人和那些活著更好的人會害怕同樣的事情嗎？

拉　不，我不這樣認爲。

尼　但你認爲這種知識屬於醫生或其他匠人，而那些知道害怕和不怕什麼的人反而沒有知識，他們就是我稱作勇敢的人，是嗎？

蘇　你明白他的意思嗎，拉凱斯？

拉　—e—是的，我明白——他把預言家稱作勇敢者。因爲除了預言家，還有誰能知道活著好還是死了好？你自己怎麼樣，尼昔亞斯，你承認自己是預言家嗎，或者說，你不是預言家，所以你不是勇敢的？

尼　噢，你在說什麼？你不是認爲，可以恰當地說預言家知道害怕什麼和希望什麼嗎？

拉　是的，我是這個意思，如果預言家不知道，還有誰能知道？

尼　對我正在談論的這個人我有更多的話要說，我的朋友，因爲預言家知道的只是將要發生的事情的徵兆，[196]而人會經歷死亡、疾病、破產，會經歷勝利和失敗，在戰鬥中或在其他各類競賽中。但是，人是否應該承受這些事情，爲什麼更適宜由預言家來判斷，而不是由其他人來判斷呢？

拉　蘇格拉底，我不清楚尼昔亞斯到底想要說什麼。因爲他沒有選擇預言家、醫生或其他人作爲他所謂的勇敢的人，除非他認爲某位神才是他所指的。[b]在我看來，尼昔亞斯不願意坦率地承認他所說的話都是沒有意義的，爲了掩飾他的難處，他就東拉西扯。不過，哪怕是你我，如果想要避免自相矛盾，也會這樣東拉西扯。如果我們正在法庭上講話，這樣做也許情有可原，但在我們這樣的聚會中，有什麼必要說這麼一大堆廢話呢？

蘇　[c]我看不出他這樣做有什麼理由，拉凱斯。不過，我們要看到尼昔亞斯說出了一些道理，而不是爲說話而說話。讓我們從他那裡把他的意思弄得比較清楚，如果他說得有理，我們就贊成，如果他說得無理，我們再來開導他。

拉　你來向他提問，蘇格拉底，如果你想發現他說的道理。我想我已經問夠了。

蘇　我不反對這樣做，因爲這場考察將是我們倆的合作。

拉　很好。

蘇　—d—那麼告訴我，尼昔亞斯，或者說，告訴我們，因爲拉凱斯和我共用這個論證：你說勇敢就是有關希望和害怕的理由的知識嗎？

尼　是的。

蘇　確實很少有人擁有這種知識，如你所說，醫生和預言家都沒有這種知識，他們沒有獲得這種具體的知識，因此不是勇敢的。這不就是你說的意思嗎？

尼　就是。

蘇　那麼，如諺語所說，這種事情確實不是「每頭母豬都知道的」，所以母豬不會是勇敢的嗎？

尼　我不這樣想。

蘇　—e—那麼很清楚，尼昔亞斯，你不會把克羅密昂的母豬㉙當作勇敢的。我這樣說不是在開玩笑，而是因爲我在想，凡是持有這種立場的人必定否認任何野獸是勇敢的，或者承認某些野獸，獅子、豹子或某種野豬，足夠聰明，乃至於知道如此困難、很少有人

㉙ 希臘神話中的猛獸，在科林斯境內的一個村莊克羅密昂（Κρομμυῶν），被英雄忒修斯（Θησεύς）殺死。參閱普羅塔克：《忒修斯傳》九。

能夠明白的事情。像你一樣定義勇敢的人不得不肯定，獅子和雄鹿、公牛和猴子，依其本性同樣都是勇敢的。

拉　197 諸神在上，你說得好極了，蘇格拉底！坦率地回答我們，尼昔亞斯，你是否眞的認爲那些我們全都承認是勇敢的野獸在這些方面比我們人還要聰明，或者說，你是否有膽量反對這個總的觀點，說牠們不是勇敢的。

尼　絕非如此，拉凱斯，我確實把野獸或其他這類東西稱作勇敢的，它們缺乏理智，不害怕應當害怕的事情。不過，我倒不如稱它們爲魯莽的和瘋狂的。或者說，b 你眞的認爲我會把所有兒童稱作勇敢的嗎，他們什麼都不怕，因爲他們沒有理智？正好相反，我認爲魯莽和勇敢不是一回事。我的觀點是，很少有人擁有勇敢和預見，而大量的人，男人、女人、兒童、野獸，擁有大膽、無畏、魯莽，缺乏預見。這些事例，你和市井之輩都稱之爲勇敢的，c 而我說的勇敢者是有智慧的人。

拉　你瞧，蘇格拉底，這個人用話語把自己打扮得多麼漂亮，盡說他自己的觀點。而對那些人人贊同是勇敢者的人，他卻試圖剝奪他們的榮譽。

尼　我不想剝奪你的榮譽，拉凱斯，所以你不必驚慌失措。我宣布，你是聰明的，拉瑪庫斯[30]也是聰明的，你們同時又是勇敢的，我要說，還有其他許多雅典人也是這樣。

㉚ 拉瑪庫斯（Λάμαχος），雅典將軍，西元前四一五年與尼昔亞斯、阿爾基比亞德統兵遠征西西里，戰死於敘拉古。

拉　這一點我不說了，儘管我可以說下去，免得落下口實，讓你把我叫做典型的埃克松尼人㉛。

蘇　—d—別在意他，拉凱斯，我不認爲你知道他從我們的朋友達蒙那裡獲得了這種智慧，達蒙花了大量時間與普羅狄科㉜待在一起，在所有智者中，普羅狄科擁有最爲擅長區分這類語詞含義的名聲。

拉　噢，蘇格拉底，能幹地做出這種區分，肯定更適合一名智者，而不適合城邦認爲可以當她的領導人的人。

蘇　—e—好，我假定它是合適的，我的好朋友，因爲做大事的人要有大智慧。但是，我認爲應該問一下尼昔亞斯，當他以這種方式定義勇敢的時候，他是怎麼想的。

拉　好吧，你來問他，蘇格拉底。

蘇　這正是我打算做的事，我的好朋友。不過，別以爲我已經把你從這個論證中解脫了。注意聽，和我一道考察我們在說的事情。

拉　很好，如果有必要這樣做。

蘇　—198—是的，確有必要。而你，尼昔亞斯，請你從頭開始再次告訴我——你知道，我們在

㉛ 埃克松尼（Αἰξωνή）是雅典的一個區，該區人以說大話出名。

㉜ 普羅狄科（Πρόδικος），西元前五世紀著名智者。

這個論證開頭的地方考察勇敢，這個時候我們把它作爲美德的一個部分來考察，是嗎？

尼　是的，是這樣的。

蘇　你不是自己做出回答，認定它是一個部分，是其他許多部分之一，這些部分都放在一起被稱作美德，是嗎？

尼　是的，爲什麼不是？

蘇　你也像我一樣談論這些部分嗎？除了勇敢，我把節制、正義，以及其他諸如此類的東西稱作美德的部分。你不這麼做嗎？

尼　一b一確實如此。

蘇　停一下。在這些要點上我們意見一致，但是讓我們來考察害怕和相信的理由，以便確定你對待它們的方式和我們不一樣。我們會告訴你我們是怎麼想的，如果你不同意，請你來開導我們。我們把那些產生恐懼的東西當作可怕的，而把那些不產生恐懼的東西當作可以期待的；恐懼不僅由已經發生了的惡來產生，而且也由可以預見的惡來產生。由於害怕是對未來的惡的期待——或者說，這不就是你的觀點嗎，拉凱斯？

拉　一c一我完全同意，蘇格拉底。

蘇　你聽到了我們不得不說的話，尼昔亞斯：可怕的事情是未來的惡，能激發希望的東西要麼是未來的非惡，要麼是未來的善。你同意這一點嗎，或者說關於這個主題你有別的看法？

尼　我同意這一點。

蘇　你宣布勇敢就是關於這些事情的知識嗎？

尼　正是。

蘇　讓我們來看，在第三點上我們是否全都意見一致。

尼　你所謂的第三點是什麼？

蘇　[d]我會解釋。在我和在場的朋友來看，就關於各種事物的知識而言，似乎不是有一種知識我們可以靠它來知道過去的事情怎樣發生，也不是有另一種知識我們可以靠它來知道現在的事情怎樣發生，更沒有一種知識我們可以靠它來知道這些現在還沒有發生的事情將來會如何以最佳方式發生，而是在各種情況下，這些知識就是一種知識。以健康爲例，除了醫療這門技藝，不會有其他技藝分別與過去、現在、未來的健康相關聯，這門技藝儘管是一門技藝，但它要考察現在怎麼樣、過去怎麼樣，將來會怎麼樣。[e]還有，以大地的產物爲例，農耕的技藝與之情況相同。還有，我認定你們倆都可以作見證，以戰爭爲例，統兵的技藝就是最能預見未來和其他時間的技藝——這門技藝也不認爲必須由巫師的技藝來統領，而要掌握戰爭的技藝，[199]就要能夠更好地熟悉當前的戰爭事務和未來的戰爭事務。事實上，按照法律，不是巫師給將軍下命令，而是將軍給巫師下命令。這不就是我們要說的話嗎，拉凱斯？

拉　是的，是這樣的。

蘇　那麼好，你同意我們的意見嗎，尼昔亞斯，同一種知識是對同一種事物的理解，無論將來、現在，或者過去？

尼　對，在我看來好像是這樣的，蘇格拉底。

蘇　[b]好吧，我的好朋友，你說勇敢是關於可怕的事物和可望的事物的知識，不是嗎？

尼　是的。

蘇　我們已經同意可怕的事物和可望的事物是未來的善和未來的惡。

尼　是的。

蘇　而同一種知識是關於相同事物的——未來的也好，其他種類的也罷。

尼　對，是這樣的。

蘇　那麼，勇敢不僅是關於可怕的和可望的事物的知識，[c]因為它理解的不僅是將來的善與惡，而且理解現在、過去和一切時間的善與惡，恰如其他各種知識。

尼　好像是這樣的，無論怎麼說。

蘇　那麼你已經告訴我們的勇敢相當於第三個部分，尼昔亞斯，而我們問你的是全部勇敢是什麼。現在，按照你的看法，勇敢不僅是有關可怕的事物和可望的事物的知識，[d]而且你自己認為它實際上是關於所有善惡加在一起的知識。你同意這種新的改變嗎，尼昔亞斯，或者，你有什麼要說？

尼　這樣說好像是對的，蘇格拉底。

蘇　那麼，一個有這種知識的人似乎在各方面都遠離美德了，在所有的善的事例中，他真的知道它們現在是什麼，將來是什麼，曾經是什麼嗎，在惡的事例中他也同樣知道嗎？你認為這個缺乏節制、正義、虔敬的人自身，[e]就有能力分別處理神事和人事，知道什麼是可怕的和什麼是可望的，能透過他的關於如何與他們正確聯繫的知識爲他自己提供善物嗎？

尼 我想你抓住了要點，蘇格拉底。

蘇 那麼，你現在正在談論的東西，尼昔亞斯，就不是一部分美德，而是全部美德。

尼 似乎如此。

蘇 我們肯定已經說過，勇敢是美德各部分之一。

尼 是的，我們說過。

蘇 那麼我們現在說的觀點似乎站不住腳了。

尼 顯然不能。

蘇 那麼，尼昔亞斯，我們還沒有發現什麼是勇敢。

尼 好像沒有。

3. 要重新學習（200a-201c）

拉 200 噢，我親愛的尼昔亞斯，你在我剛才回答蘇格拉底的問題時譏笑我，我還以爲你肯定能夠做出這個發現。事實上，我抱著很大的希望，在達蒙的智慧的幫助下，你能處理整個問題。

尼 這就是你的良好態度，拉凱斯，在你剛才表明自己對勇敢一無所知以後，就認爲這個問題不再重要了。而我會否變成和你一樣的人，卻使你感興趣。b 顯然，只要你把我算作像你一樣無知，那麼自稱必須知道這些事情和對這些事情一無所知對你來說沒有什麼區別。好吧，在我看來，你似乎在按常人的方式行事，緊盯其他人而不盯自己。關於當前這個話題，我已經說夠了，如果還有什麼要點沒有充分涉及，那麼我想我們可以在達蒙和其他人的幫助下晚些時候再來糾正——你認爲可以譏笑達蒙，但你從來沒有見過他。[c]等我在這些要點上感到保險了，我也會開導你，不會妒忌你的努力——因爲在我看來，你似乎非常可悲地需要學習。

拉 你很能幹，尼昔亞斯，我知道。但不管怎樣，我要建議在這裡的呂西瑪庫和美勒西亞對你我說再見，不要把你我當作年輕人的老師，而要請這位蘇格拉底來爲孩子們服務，如我開始所說。如果我的兒子也是這般年紀，我也要這樣做。

尼 我同意，如果蘇格拉底眞的願意教導這些孩子，[d]那就別去尋找其他老師了。事實上，我很樂意把尼刻拉圖㉝交給他，如果他願意。但是，每當我以某種方式提起這件事，他總是向我推薦其他人，而不願自己來接受這項工作。不過，讓我們來看蘇格拉底是否比較願意聽你的話，呂西瑪庫。

呂 嗯，他會的，尼昔亞斯，因爲我本人願意爲他做許多事情，而這些事情我實際上不願意替別人做。你在說什麼，蘇格拉底？你願意回應我們的請求，和我們一道積極地幫助年輕人盡可能變好嗎？

㉝ 尼刻拉圖（Νικήρατος），尼昔亞斯之子。

蘇 一e一噢，如果我拒絕幫助任何人盡可能學好，呂西瑪庫，那眞是一件可怕的事情。如果在我們剛才的談話中，我顯得像是有知識的，而其他兩人顯得像是沒有知識，那麼應當向我發出專門的邀請，由我來承擔這項任務；但是現在事情是這樣的，我們全都陷入困境。一201一既然如此，爲什麼還要在我們中間找一個人來承擔這項任務，而不偏向其他人呢？我的想法是，他不應當挑選我們中的任何人。但是，事已至此，看看我下面要提出的忠告是否恰當，當然，僅限於我們中間：有關我們的當務之急，朋友們，我要說的是，聯合起來盡可能尋找老師，首先是爲我們自己，我們確實需要一位老師，然後是爲年輕人，這種尋找不需要花錢，也不需要用其他東西。我不想建議說，我們自己就安於現狀吧。一b一如果有人笑話我們這把年紀還要去上學，那麼我想用荷馬的話來回答他，「對於乞討人來說，羞怯不是好品格。」❸所以，不要去管別人怎麼說，讓我們聯合起來，尋求我們自己的興趣愛好和孩子們的興趣愛好。

呂 我喜歡你說的話，蘇格拉底，實際上，我年紀最大，也最願意與孩子們一起去上學。一c一請你爲我做件小事，明天早晨到我家來，別拒絕，這樣我們就可以好好地就這些事情制定計劃了，現在，讓我們結束談話吧。

蘇 遵命，呂西瑪庫，我明天來找你，願神許可。

---

❸ 荷馬：《奧德賽》17:347。

呂西斯篇

提要

本文是一篇敘述性戲劇作品，以談話人之一呂西斯的名字命名。蘇格拉底以第一人稱講述整個故事。西元一世紀的塞拉緒羅在編定柏拉圖作品篇目時，將本文列爲第五組四聯劇的第四篇，稱其性質是「探詢性的」，稱其主題是「論友誼」。❶

「友誼」（φιλία）這個詞也有愛慕、慾愛、愛情、友愛的意思。本文討論的愛包括情愛、慾愛和友愛。父母、子女、親屬之間的愛屬於情愛，古希臘男同性戀者之間的愛屬於慾愛，朋友之間的愛屬於友愛。慾愛和情愛在本文中多有涉及，但不是本文的主題。本文的主題是友愛（友誼）的定義。

蘇格拉底主導整個談話。談話從討論希臘男性青年的交友和情愛入手，兼及父母對子女的愛護和教育，由此進入友誼的一般性質的討論。他並非眞的想要得到青年人對這個問題的看法，而只是在引導他們思考一系列哲學問題：什麼是朋友？朋友是愛者還是被愛者？只愛別人而不被別人愛的人算是朋友嗎？好人是其他好人的朋友嗎？友愛的基礎是什麼？論證中提出的每一個論斷都不能令人滿意，乃至於到了最後，蘇格拉底說自己雖然和年輕人是朋友，但卻不知道什麼是朋友。他與青年談話的目的是激發他們思考，使之轉向自己的內心世

❶ 參閱第歐根尼·拉爾修：《名哲言行錄》3:59。

界，考察自己的生活，學會認識自己。

《呂西斯篇》是理解蘇格拉底哲學思想特徵的一篇關鍵性的對話。在自然哲學層面，本文向我們表明，友愛問題不能與自然哲學或宇宙論問題等同。從自然哲學層面無法獲得關於友愛問題的合理解釋。無論是相似者爲友還是相反者爲友，都缺乏對友愛問題的動力因解釋。

在人際關係層面，本文向我們表明，愛慾是友愛的淵源。沒有對某物的愛慾，物我就無法分辨出來，而從愛慾中產生出對他者的認識，乃是友愛誕生的前提。必須有愛慾在先，通過愛慾接觸到非我的他者，然後認識到他者與我是同樣在進行愛慾行爲的主體，這才是友愛關係產生的先行條件。兩個沒有愛慾行爲的主體之間無法產生聯繫，單純以愛慾行爲來接觸客體也無法產生友愛關係，因爲這就變成了主體對客體的強迫和占有，逼迫客體對主體的承認。只有在擁有愛慾行爲，同時能夠克制自身的愛慾行爲，使這種愛慾行爲朝向更高價值目標的兩個主體之間才能產生友愛關係。

在倫理學層面，友愛問題涉及親人、兄弟、親族等一系列關係。從愛慾造就的家庭出發，進而到親族，然後是城邦，這便是友愛關係涉及的倫理共同體。《呂西斯篇》向我們表明，這個友愛的倫理共同體乃是對人最初的一種保護。如呂西斯的父母、兄弟、監護人對他的保護。另一方面，這個倫理共同體對個人的保護，基於這個共同體將個人看作是自身的所有物的前提之上。如呂西斯的父母對呂西斯的愛，乃是因爲呂西斯是他們的所有物，是他們愛慾的產品。

透過倫理共同體，友愛可以進一步上升到政治共同體。《呂西斯篇》向我們表明，友愛的各種形態都存在於政治共同體中。政治共同體將其中的一切都當作共同體的財富來看待，類似於對自己財富的愛慾與保存的觀念，政治共同體致力於保護年輕人不受腐蝕，因爲年輕人乃是共同體的共同財富，是城邦得以繼承的關鍵，是政治共同體的實質生命之所在。

本文還提出自我保存是城邦所追求的基礎價值：對於個人而言，最大的威脅就是橫死；對於城邦而言，最大的威脅就是滅亡；對於人類社會而言，最根本的威脅就是毀滅。因此，自我保存是城邦政治的最大價值。在這一基礎價值之上，城邦還可以追求更高的價值。

本文可分爲以下三個部分：

第一部分（203a-211d），談論慾愛和情愛　蘇格拉底與諸位青少年相遇（203a-204a）。蘇格拉底熱衷於尋找出身高貴、聰明英俊、有教養的雅典青年談話。他在赫耳墨斯節的最後一天的某個時段，行走在雅典城牆外緊靠城牆的一條路上。他在路上偶遇希波泰勒等青年，受邀進到一所摔跤學校裡與人談話。參與談話的人有希波泰勒、克特西普、呂西斯、美涅克塞努。在文中，蘇格拉底已是老人，希波泰勒與克特西普是青年，呂西斯與美涅克塞努是少年。古希臘時期，青年與少年的分界大約在十四—十六歲之間，即青春期前後。爲了防止那些已經有了性意識，並有同性戀傾向的青年人對少年進行性騷擾，這所摔跤學校平時禁止青年人進入。但在赫耳墨斯節慶期間例外，青年人和少年人可以混雜相處。呂西斯受到青年希波泰勒的愛慕和追捧。希波泰勒邀請蘇格拉底與他們一起進入摔跤學校。蘇格拉底與希波泰勒談話，討論獵愛的技藝（204b-206d）。透過談話，蘇格拉底輕而易舉地識別出與希波泰勒的眞實目的是想透過與蘇格拉底的談話去接近呂西斯。蘇格拉底問他如何追求呂西斯。在克特西普的嘲笑中，蘇格拉底了解到希波泰勒的追求方式十分拙劣，於是向他宣稱自己擁有高明的獵愛的技藝。但這種技藝只能展示，不能傳授，於是希波泰勒同意蘇格拉底對呂西斯使用這種技藝，他自己則透過現場觀摩來學習。蘇格拉底與呂西斯談話，談到呂西斯的父母對子女的愛和教育。蘇格拉底跟隨衆人進入摔跤學校，見到呂西斯和美涅克塞努。蘇格拉底與他們進行了簡短的交談，後來美涅克塞努被叫走去參加別的活動，只剩下呂西斯單獨面對蘇格拉底。蘇格拉底從呂西斯所感受到的家庭的幸福感入手與呂西斯進行交談。蘇格拉底引入知識才能帶來自由與幸福的觀念，打破呂西斯原有的幸福幻覺，同時又透過這一觀念給呂西斯注入「擁有知識即可統治世界」的新幻覺。透過這一破一立，蘇格拉底打破呂西斯的心理防線，俘獲了呂西斯（206e-211d）。

第二部分（211e-218c），討論什麼是友誼，什麼人可以做朋友　蘇格拉底與美涅克塞努談話，涉及愛慾和朋友的關係（211d-213d）。美涅克塞努重新出現，蘇格拉底與他討論「什麼是朋友」。蘇格拉底問他，一個人愛著另一個人，他們中的某一個人或兩個人是否就能稱作朋友。討論的結果是，單向度的愛（情愛、友愛）並不能保證其中的任何一個人是對方的朋友。甚至還會陷入一種悖論，即某些人會成爲他們敵人的朋友，而某些人會成爲他們朋友的敵人。蘇格拉底與呂西斯談話，討論相似者爲友的觀點（213d-216a）。呂西斯插話，蘇格拉底轉而與他談話，從愛的情感舉止轉向愛的原因：相似者（同類與同類）之間是否能成爲朋友。他們提到詩人和自然哲學家的觀點，但又對這些觀點進行批駁。他們的結論是：同類之間是相似的，他們相互之間沒有需要，因而無法成爲朋友。蘇格拉底與美涅克塞努談話，討論相反者為友的觀點（216a-b），在引用了古人的看法之後，他們還是得出否定性的結果：相反者由於相互傷害而無法成為朋友。討論陷入僵局以後，蘇格拉底拋出自己關於友愛的第一個定義（216c-218c）。他設定有某種既不好也不壞的事物，這種事物在遇到壞的事物時變壞，但沒有完全變壞，在這種情況下，轉而與某些幫助它恢復的事物成為朋友。以身體為例，既不好也不壞的身體遇到壞的疾病，為了追求好的健康而成為疾病治療者醫生的朋友，醫生成為這個患了疾病的身體的朋友。呂西斯和美涅克塞努都贊同這個定義。

第三部分（218c-223b），推翻已有結論，進一步考察友誼的本質 蘇格拉底與美涅克塞努談話，提出「最先的朋友」（218c-219d）。儘管對什麼是友愛這個問題有了答案，但蘇格拉底對這個定義不滿。他指出自己將身體設為處於既不好也不壞的狀態，又將身體遭遇疾病後追求恢復的狀態設定為好的（健康的）狀態，從而陷入自相矛盾。蘇格拉底追問，產生友愛（朋友）的目的究竟是什麼，決定友愛關係的終極價值是什麼？「最先的朋友」位於友愛關係的頂端，是決定所有友愛關係的終極目的與價值。接著，蘇格拉底與呂西斯、美涅克塞努一起談話，提出欲望與欲求的對象相互屬於的觀點（219d-222d）。蘇格拉底打破了基於「最先的朋友」建立起來的友愛價值體系，把友愛問題引入對哲學自身性質的探尋之中。蘇格拉底提問，當所有的壞都消失以後，是否存在一種既不好也不壞的欲望，而這種欲望追求的對象應當是友愛。兩位少年跟不上蘇格拉底的思路，只能表示同意。蘇格拉底隨後指出，這種欲望所欲求的對象是本來屬於其自身的固有之物。因此欲望與欲求的對象具有某種相屬的性質。最後，蘇格拉底問這種相屬的性質與他們在前面推翻的相似者是否相同。兩位少年無法看出其中的差別。蘇格拉底總結說：相屬的性質已經證明相似者不可能爲友。至此，什麼是友愛的追問最終失敗。蘇格拉底的講述進入結語（223a-b）。少年的監護者出現，帶少年人回家。蘇格拉底發現監護者們都喝醉了酒，不可理喻。蘇格拉底發出感慨：雖然在別人看來，他與少年人成爲了朋友，但其實他們對於什麼是朋友都不知道。全文最後指出，爲了避免人類普遍進入喝醉酒的奴隸的狀態，必須認眞研究哲學。關於友愛問題的探討不僅與哲學本身自知無知的特性密切相關，也是一個人自我認識的過程。關於友愛問題的思考邀請所有人加入其中，雖然它不能保證每個人都能從中獲得完整的答案。

正文

一、討論慾愛和情愛（203a-211d）

1. 蘇格拉底路遇青年（203a-204a）

203 當時我從阿卡德謨❷徑直去呂克昂❸，走的是城牆外下面的那條小路；經過帕諾普❹泉的入口時，我碰到希洛尼謨之子希波泰勒❺和培阿尼亞人克特西普❻，還有其他一些年輕人和他們站在一起。見我走過來，希波泰勒說：「嗨，蘇格拉底，你打哪兒來，要去哪裡？」

「我從阿卡德謨來，」我說，「要去呂克昂。」

---

❷ 阿卡德謨（Ἀκαδημία），地名，位於雅典城外西北郊，建有紀念希臘英雄阿卡德謨的一所花園和運動場。柏拉圖後來在此創辦學校，他的學派被稱作學園派。

❸ 呂克昂（Λύκειον），地名，亞里斯多德後來在此建立學校，稱呂克昂學園。

❹ 帕諾普（Πάνοπος），地名。

❺ 希波泰勒（Ἱπποθάλης），希洛尼謨（Ἱερωνύμος）之子。

❻ 克特西普（Κτησίππος），培阿尼亞人（Παιανίας）。

「噢，幹嘛不到我們這兒來呢？你不來？我向你保證，你的時間不會白費。」

「你說的是哪裡？你們又有哪些人？」

「就在這裡，」他說，把一扇敞開的門和一片面對城牆的空地指給我看。他說：「我們很多人都在這裡消磨時光。除了我們，還有其他一些人在這裡—— 204 他們長得都挺漂亮。」

「這是什麼地方，你們在這兒幹嘛？」

「這是一所新的摔跤學校，」他說，「最近才建起來。但我們花很多時間在這裡討論事情，要是有你參加，我們會很高興。」

「你們眞是太好了，」我說，「在這裡誰是老師？」

「你的老朋友和崇拜者彌庫斯❼。」

「噢，宙斯在上，他是個認眞的人，能幹的訓導者。」

「那麼好，進來吧，看看有誰在這裡？」

2. 獵愛的技藝（204b-206d）

b 「首先我想聽聽要我進來幹什麼——那個最漂亮的人的名字。」

「誰最漂亮，我們各有不同的看法，蘇格拉底。」

---

❼ 彌庫斯（Μίκκος），人名。

「所以告訴我，希波泰勒，你認爲誰最漂亮？」

他羞紅了臉，說不出話來，所以我說：「啊！你不必回答這個問題，希波泰勒，還是告訴我你是否在和這些青年中的某一位談戀愛——我能看出你不僅在戀愛，而且已經陷得很深了。〔c〕我也許在其他事情上不那麼能幹，但我有一種神賜的本事，一眼就能看出誰在戀愛，他愛的是誰。」

聽了此話他的臉更紅了，使得克特西普說，「太妙了，希波泰勒，臉紅成這樣，不肯把情人的名字告訴蘇格拉底。假如他跟你多待一會兒，不停地聽到這個名字，非感到厭煩不可。〔d〕他已經快把我們給吵聾了，蘇格拉底，不停地在我們耳邊講呂西斯。他就好像喝醉了酒，而我們在半夜裡被他吵醒，聽到的都是呂西斯。糟糕的是，他在平常談話中也不停地講呂西斯，更爲不堪的是他想用他的情詩和文章把我們淹死。最糟糕的是，他用他那自命不凡的聲音對著他的情人唱歌，而我們還得耐心聽。而現在，你問他名字的時候他倒臉紅了。」

〔e〕「呂西斯一定很年輕，」我說，「我這樣說是因爲我想不起他是誰來了。」

「那是因爲大家並不經常叫他自己的名字，而是說他是某某人的兒子，但他的父親是個名人。我敢肯定，你知道這孩子長什麼樣，他的相貌足以告訴你他是誰了。」

「告訴我他是誰的兒子，」我說。

「他是埃克松尼❽的德謨克拉底❾的長子。」

「噢，恭喜你，希波泰勒，找了一位精神飽滿、高貴的愛人！205 來吧，表演給我看，像你當著你這些朋友的面那樣，這樣我就能知道你是否懂得一位情人當著他的男朋友的面應當說些什麼，或者當著其他人的面應當說些什麼。」

「你把他說的話當眞嗎，蘇格拉底？」

「你否認你在和他提到的這個人戀愛嗎？」

「不，但我完全否認我給他寫過情詩。」

「這個人有病，他在胡說，」克特西普喊道。

b「好吧，希波泰勒，」我說，「我不需要聽什麼詩歌或頌詞，你爲你的情人寫也好，沒有爲他寫也罷。你只要告訴我一個大概的意思，我就能知道你會如何對待他。」

「噢，你爲什麼不問克特西普呢？他一定能全部回想起來，因爲他說我不停地在他耳邊說這些事，把他的耳朵都要吵聾了。」

「我確實記得很清楚，」克特西普說，「說起來眞是太可笑了，蘇格拉底。我的意思是，就是他，全神貫注地盯著他的情人，完全不能正常地說話，c 連一個孩子都不如。你

---

❽ 埃克松尼（Αἰξωνή），雅典的一個區。

❾ 德謨克拉底（Δημοκράτης），人名。

能想像這有多麼荒唐嗎？他能想到要說的或要寫的，盡是那些滿城皆知的事情——有關德謨克拉底、這孩子的祖父、他的所有祖先的詩歌，他們的財富和駿馬，他們在庇提亞⑩賽會、伊斯彌亞⑪賽會、奈梅亞⑫賽會上取得的勝利，參加賽車比賽和騎馬比賽。⑬然後他還眞的寫了古代的事情。就在前天，他給我們朗誦了一首短詩，|d|講的是赫拉克勒斯的功績，說他們的一位祖先如何在家中款待這位英雄，因爲他和這位英雄有親戚關係——說赫拉克勒斯⑭是宙斯和他們部落創建者的女兒生的——眞的，盡是些鄉間老婦紡紗時說的陳詞濫調。這就是他朗誦和歌唱的，蘇格拉底，還要強迫我們聽。」

聽了這番話，我說，「希波泰勒，你應當受到嘲笑。你眞的還沒有獲勝，就已經在創作和歌唱你的勝利頌歌了嗎？」

「我沒有爲自己創作和歌唱勝利頌歌。」

「你只是自己認爲沒有。」

---

⑩ 庇提亞（Πυθώ），地名。

⑪ 伊斯彌亞（Ισθμια），地名。

⑫ 奈梅亞（Νεμέα），地名。

⑬ 古代希臘有四個希臘全民族的賽會（運動會）：奧林匹亞賽會、庇提亞賽會、伊斯彌亞賽會、奈梅亞賽會，賽會期間不僅有體育比賽，而且還有各種文藝活動。

⑭ 赫拉克勒斯（Ἡρακλῆς），希臘神話英雄，有許多偉大業績。

「怎麼會呢？」他說。

—e—「這些頌歌確實都與你有關，」我說。「如果你征服了這樣一位青年，那麼你所說的和你所唱的一切都會轉變爲歌頌你自己，你是勝利者，贏得了這樣一位男朋友。但若他跑了，那麼你對他的美與善的讚揚越是熱烈，你就顯得越是有了巨大的損失，—206—也就更應當受到嘲笑。這就是情場老手在沒有獲得情人之前不會讚美情人的原因，他擔心將來事情會有變化。此外，那些漂亮男孩被人讚美，會頭腦膨脹，以爲自己眞是個人物了。你不認爲事情就是這樣的嗎？」

「確實如此，」他說。

「他們越是頭腦膨脹，也就越難上手。」

「好像是這樣的。」

「好吧，如果一名獵人驚嚇獵物，使其變得更難捕捉，你會怎麼想？」

「他眞夠笨的。」

—b—「用語言和音樂去驅趕野獸，而不是引誘它，哄騙它，豈不是一種巨大的誤用？」

「嗯，是的。」

「那麼，小心點兒，希波泰勒，別用你的詩歌辱沒自己。我不認爲你會說一個用詩歌傷害自己的人仍舊是好詩人——畢竟，他傷害了自己。」

—c—「不，當然不會，」他說。「這樣說沒有任何意義。但這也正是我把這些事情告訴你的原因，蘇格拉底。那麼，一個人應該對他預期的男朋友說些什麼和做些什麼，才能使男朋友喜歡他，你能向我提出什麼不同的建議嗎？」

「這可不容易說。但若你願意帶我去和他交談，我也許能給你做個示範，如何與他談話，而不是用你這裡的朋友說你使用的那種方式對他說話和唱歌。」

「這不難，」他說。「只要你願意和克特西普一起去，|d|坐下來開始談話，我想他一定會過來的。他眞的很喜歡聽人談話，蘇格拉底。此外，他們正在慶祝赫耳墨斯⓯的節日，那些青少年都聚集在一起。不管怎麼說，他可能會來的，萬一他不來，他和克特西普相互認識，因爲克特西普的堂兄是美涅克塞努⓰，美涅克塞努是呂西斯最親密的夥伴。所以，如果他自己不來，就讓克特西普去喊他。」

3. 父母對子女的愛和教育（206e-211d）

|e|「就這麼辦吧，」我說。帶著克特西普，我走進摔跤學校，其他人跟著我們。進到裡面以後，我們發現獻祭和崇拜典禮已經結束，但青少年們仍舊穿著節日盛裝，聚在一起，玩羊趾骨遊戲。他們大部分人在庭院裡玩耍，也有些人聚在更衣室的角落裡，從小籃子裡摸出許多趾骨來。|207|還有一些人站著圍觀，看著他們玩，其中就有呂西斯。他站在青少年中間，頭上戴著花冠，不僅稱得上是一名漂亮的男孩，而且是一名有教養的年輕紳士。我

⓯ 赫耳墨斯（Ἑρμῆς），希臘神靈，爲眾神傳信並接引亡靈入冥府。

⓰ 美涅克塞努（Μενέξεινος），人名。

們走到更衣室的另一端，那裡比較安靜，坐下來開始聊天。呂西斯不停地轉過頭來朝我們這邊看，顯然有些想過來的意思，但又怕難爲情，不敢獨自走過來。過了一會兒，[b]美涅克塞努走了進來，他在庭院裡的遊戲結束了，看到克特西普和我，他過來找了個位子坐下。看到他來了，呂西斯也走了過來，坐在美涅克塞努旁邊，然後，其他人也都圍了上來。當希波泰勒（讓我們別忘了他）看到人們都圍坐在一起的時候，他找了一個後面的位子——以爲待在這裡呂西斯就看不見他了，生怕自己會冒犯呂西斯——就在那裡聽我們談話。

然後，我看著美涅克塞努，問他：「德謨封⑰之子，你們倆哪個歲數大？」

「對此我們有爭議，」他說。

[c]「那麼，你們倆哪個家族更高貴可能也有爭議，」我說。

「是這樣的，」他說。

「你們倆哪個更漂亮也是這樣的。」他們倆都笑了。

「當然了，我不會問你們倆誰更富裕。因爲你們是朋友，不是嗎？」

「當然是！」

「俗話說，朋友共有一切；所以在這個方面，你們不會有什麼分歧，如果你們倆眞的是朋友。」

---

⑰ 德謨封（Δημοφῶν），美涅克塞努之父。

他們都表示同意。

d 然後我就問他們誰比較正義，誰比較聰明，直到有人進來找美涅克塞努，說教練喊他。似乎他在祭儀中還有事要做，所以他走了。於是，我接著問呂西斯，「我可以假定，呂西斯，你的父母非常愛你，對嗎？」

「噢，是的，」他說。

「所以他們希望你越快樂越好，對嗎？」

「當然了。」

e 「好吧，假定一個人是奴隸，不能做他喜歡做的事，你認爲他會快樂嗎？」

「不會，宙斯在上，我不這樣認爲。」

「那麼好，如果你的父母愛你，想要你快樂，那麼他們肯定會想方設法確保你是快樂的。」

「當然是這樣，」他說。

「所以他們允許你做你喜歡做的事，從來不責備你或者阻止你去做你想做的事。」

「不對，蘇格拉底，有很多事情他們不讓我做。」

208 「你這樣說什麼意思？」我說。「他們想要你快樂，卻又阻止你做你想做的事。還是這樣說吧。假定你想坐你父親的馬車，自己握著轡繩趕車。你的意思是，他們不會讓你這樣做？」

「對，」他說。「他們不會讓我這樣做。」

「好吧，他們會讓誰來趕車？」

b「家裡有車夫，他從我父親那裡掙工錢。」

「什麼？他們相信僱來的車夫而不相信你，對那些馬他可以做他喜歡做的事，爲此還要付工錢給他？」

「嗯，是的。」

「我假定他們會讓你去趕騾車，如果你想拿起鞭子抽打騾子，他們也會允許的，是嗎？」

「他們爲什麼會允許？」他說。

「有誰得到允許抽打它們嗎？」

「當然，」他說，「趕騾車的人。」

「他是奴隸還是自由人？」

「奴隸。」

「如此看來，你的父母相信奴隸勝過相信自己的兒子，把他們的財產託付給他而不是託付給你，讓他做他想做的事，c但是阻止你。不過，告訴我另一件事情。他們允許你管自己的生活，還是說他們連這也不允許？」

「你在開玩笑吧？」

「那麼誰在管你？」

「管我的書童⓲就在這裡。」

「他不是個奴隸嗎？」

「那又如何？他是我們家的，不管怎麼說。」

「太奇怪了，一個自由人要受奴隸的管束。這個管你的人如何管你；我的意思是，他做些什麼？」

「他主要送我去上學。」

「你們學校裡的老師，他們也要管你，是嗎？」

「確實如此。」

［d］「看來你父親已經決定給你加派一些主人和暴君。不過，等你回家去你母親那兒，她會讓你做你喜歡做的事，能使你快樂的事，比如她在織布時會讓你擺弄羊毛和織機，是嗎？她不會阻止你碰那些梳子、梭子和其他織布工具，是嗎？」

［e］「阻止我？」他笑了。「如果我碰那些東西，她會打我。」

「太可憐了！」我說，「你一定犯了大錯，冒犯了你的父母。」

「沒有，我發誓！」

「那麼，他們爲什麼要用如此奇怪的方式阻礙你快樂，不讓你做你喜歡做的事？爲什

⓲ 書童（παιδαγωγός），侍候主人及其子弟讀書並做雜事的未成年的僕人。

麼他們要讓你整天處於他人管束之下？—209—爲什麼你幾乎不能做任何你想做的事情？結果就是，看起來，你的衆多家產對你沒有任何好處。除了你，其他人在支配它們，再說到你這個人，儘管出身良好，卻要由別人來照看，而你，呂西斯，什麼也管不了，你想做的事情一樣也做不成。」

「噢，蘇格拉底，這是因爲我還沒有完全成年。」

「不是這樣的，德謨克拉底之子，因爲還是有些事情，我想，你的父母會交給你做，而不需要等到你完全成年。—b—比如，當他們希望有人爲他們寫點什麼或者讀點什麼的時候，我敢打賭，在這個家的所有人中間，你是他們的首選。對嗎？」

「對。」

「沒有人會告訴你哪個字母先寫，哪個字母後寫，在讀的時候也一樣。當你拿起豎琴的時候，我確信你的父親或母親都不會阻止你調緊或者放鬆哪一根琴弦，你想怎麼做都可以，或者是用琴撥子彈琴還是只用手指頭彈琴。」

「不，他們不會。」

—c—「那麼，這是怎麼回事？他們在這些事情上會讓你自行其事，但並非在我們已經談過的所有事情上都會這樣做？」

「我想，這是因爲我對這些事情是懂行的，但對其他事情不懂。」

「啊！」我說。「所以你父親並不是在等你成年，然後把一切都交給你，而是只要他認爲你比他還要懂得多了，他就會把他自己，以及屬於他的一切，都交給你。」

「我猜想是這樣的，」他說。

「那麼好吧，」我說，「你的鄰居怎麼樣？—d—他會像你父親一樣對你進行管束嗎？當他知道你在管理家產方面比他懂得還要多，他會把財產託付給你嗎，或者他寧可自己來管理？」

「我想他會把家產交給我來管。」

「雅典人會怎麼樣？你認爲，當他們察覺到你懂得夠多了，就會把他們的事務交給你去管嗎？」

「我肯定他們會的。」

「好，宙斯在上，讓我們不要止步於此，」我說。「那位偉大的國王怎麼樣？—e—他會讓他的長子，亞細亞王位的繼承人，來給他的燉湯裡添加任何調料嗎，或者他會託付我們，假定我們來到這位國王面前，並且令人信服地證明我們的烹調技術極爲高超？」

「噢，當然是讓我們來做。」

「他不會讓他的兒子往湯罐裡放一丁點兒東西，而我們可以往裡面放任何東西，哪怕我們想往裡面撒一把鹽。」

「對。」

—210—「再比如他的兒子害了眼疾，而他知道他的兒子不懂醫術，那麼他會允許他的兒子自己去觸摸眼睛，還是會去阻止他？」

「阻止他。」

「但若他知道我們是醫生，他會阻止我們給他的兒子治病嗎，哪怕我們要撐開他兒子的眼皮，敷上藥粉，因爲他會認爲我們知道我們在幹什麼。」

「對。」

「所以，他會把事情託付給我們做，而不是交給他自己或他的兒子，無論什麼事，只要我們對他顯得比他自己或他的兒子更有技術。」

「他一定會這樣做，蘇格拉底，」他說。

「所以，整件事情是這樣的，我親愛的呂西斯：凡在我們內行的領域中，—b—人人都會相信我們，無論是希臘人還是野蠻人，是男人還是女人，在此範圍內，我們可以按我們的意願行事，不會有人阻攔我們。在這些事情上我們自己是自由的，還能控制其他人。這些事情屬於我們，因爲我們從中可以得到某些好處。而在那些我們並不懂行的領域中，沒有人會允許我們按自己的意願行事，也不會有人把這些事託付給我們做，—c—而是每個人都會盡力阻止我們，不僅陌生人會阻攔，甚至連我們的父親、母親、親戚、朋友都會阻攔。在這些事情上，我們自己要服從其他人的命令；這些東西實際上不是我們的，因爲我們從中得不到任何好處。你同意是這麼回事嗎？」

「我同意。」

「那麼好吧，在那些我們一無是處的領域中，我們會成爲某人的朋友嗎，或者有人會愛我們，和我們交朋友嗎？」

「根本不會。」

「如此說來，如果你是無用的，那麼你父親不愛你，如果某個人是無用的，那麼其他人也不會愛他，是嗎？」

「不愛。」

d 「但若你變聰明了，我的孩子，那麼人人都會成爲你的朋友，人人都會與你親近，因爲你是有用的和好的。如果你沒有變聰明，沒有人會成爲你的朋友，哪怕你的父母和親戚。現在，告訴我，呂西斯，在一個人的心靈還沒有接受過訓練的領域中，他有可能成爲行家嗎？」

「這怎麼可能呢？」他說。

「如果你需要老師，那麼你的心靈還沒有受過訓練。」

「對。」

「那麼你不是一位行家，因爲你還沒有讓你自己的心靈受過訓練。」

「你迫使我走到這一步，蘇格拉底！」

e 聽了呂西斯最後的回答，我看了希波泰勒一眼，差點犯下大錯，因爲這時候我心裡想說的是：「你對你的男朋友說話就應當這樣說，希波泰勒，挫敗他們，把他們打回原形，而不是像你這樣吹捧、奉承他們。」然而，看到希波泰勒聽了我們的談話以後表現出來的焦急和生氣的樣子，我頓時想起他爲什麼要站得那麼遠，以避免被呂西斯看見，所以我勒住了自己的舌頭，沒有對希波泰勒說這些話。211 就在這個時候，美涅克塞努回來了，坐在呂西斯旁邊，就是他原來坐的地方。呂西斯轉過身來，天眞幼稚地在我耳邊輕聲私語，不想讓美涅克塞努聽見。「蘇格拉底，把你剛才對我說的話告訴美涅克塞努。」

我對他說：「爲什麼你自己不告訴他，呂西斯？你剛才聽得很仔細。」

「我是聽得很仔細，」他說。

—b—「那就試試看，盡可能把剛才的話全都記起來，這樣你就能清楚地告訴他了。要是你忘了什麼，你可以在下次碰到我的時候再問我。」

「我會的，蘇格拉底，你可以放心。但是現在你跟他談些別的事情吧，這樣我在回家之前也可以聽到。」

「行，我想我必須這樣做，因爲這是你的要求。但若美涅克塞努想要駁斥我，你得出手救我。你難道不知道他是一個什麼樣的爭論者嗎？」

「我當然知道——他爭論起來眞是不顧一切。這就是我爲什麼想要你跟他討論的原因。」

—c—「這樣我就能使自己成爲一個傻瓜嗎？」

「不，這樣你就能給他一個教訓！」

「你在說什麼？他非常能幹，又是克特西普這方面的學生。你瞧，克特西普本人就在這裡！」

「別在意任何人，蘇格拉底。開始討論吧，向他提問。」

我們倆的竊竊私語被克特西普打斷了，他問：「這是你們兩人的私下談話嗎，我們可以分享嗎？」

[d]「你們當然可以分享！」我說。「呂西斯對我剛才說的有些事情不太懂，不過他說他認爲美涅克塞努懂，要我去問他。」

「那麼你爲什麼還不問呢？」

二、什麼是友誼？什麼人可以做朋友？（211d-218c）

1. 愛慾和朋友的關係（211d-213d）

「我正想這麼做，」我說。「美涅克塞努，請你告訴我一些事。我從小就想要擁有一些東西。你知道是怎麼回事，每個人都不一樣，[e]有人想要馬，有人想要狗，有人想要錢，有人想要名聲。嗯，我對這些東西不那麼熱衷，但卻有著火一樣的熱情想要有朋友，我以在上的宙斯的名義起誓，我寧要一位好朋友，不要世上最漂亮的鵪鶉或最出色的鬥雞，更不要世上最名貴的馬或狗。我以神犬的名義起誓，我心中確信，我寧可要一位朋友，而不要大流士[19]國王的全部黃金，[212]甚至不要當大流士。這就是我對朋友和同伴的高度評價。這就是爲什麼，當我看到你和呂西斯在一起的時候，我心中眞感到茫然；我在想，你們倆還如此年輕，就已經快速輕易地得到了我說的這種東西，眞是太神奇了。因爲你們事實上相互擁

⑲ 大流士（Δαρεῖος），波斯國王，西元前五二一年繼位，死於西元前四八六年。

有，把對方當作眞正的朋友，還那麼快。而我就不一樣了，就獲得這種東西來說，我甚至連一個人怎樣成爲另一個人的朋友都不知道，這就是我想要向你提出的問題，因爲你已有這方面的經驗。|b|所以，告訴我，當某人愛另外一個人的時候，他們倆中間的哪一個成爲另一個人的朋友，是那位愛者，還是被愛者？或者說，這兩種說法沒有區別？」

「我看不出有什麼區別，」他說。

「你的意思是，」我說，「他們倆都成了對方的朋友，而他們倆只有一個在愛對方？」

「在我看來好像是這樣的，」他說。

「嗯，再來看這一點：如果某人愛某人，但被愛者不一定回過來愛那位愛者，有這種可能嗎？」

「對，有可能。」

「他甚至有可能被恨嗎？|c|這不就是年輕人常有的對待愛他們的人的方式嗎？他們深深地愛著對方，但是感到自己沒有得到愛的回報，甚至被恨。你不認爲這是眞事嗎？」

「是眞事，」他說。

「在這樣的事例中，一個人是愛者，另一個被愛。對嗎？」

「對。」

「那麼誰是誰的朋友呢？愛者是被愛者的朋友，無論他是否得到被愛者的回愛，或者哪怕是被恨？或者說被愛者是愛者的朋友？或者情況是這樣的，兩個人都沒有愛對方，也都不是對方的朋友？」

[d]「好像是這樣的，」他說。

「所以我們的看法與先前不同了。起先我們認爲，如果某人愛另一個人，他們就都是朋友。但是現在，除非他們都愛對方，否則他們就不是朋友。」

「也許是這樣的。」

「由此可見，愛者若不能得到回愛，就不能成爲被愛者的朋友。」

「好像不能。」

「所以，沒有什麼愛馬者，除非馬也愛他們，也沒有什麼愛鵪鶉者、愛狗者、愛酒者、愛鍛煉者。[e]更沒有什麼愛智者，除非智慧也愛他們。儘管這些東西不是人的朋友，但確實有人愛它們，這就使說了下面這些話的詩人成了撒謊者，『有朋友，有子女，有驍勇的戰馬和獵犬，這樣的人幸福嗎？』」⑳

「我不這麼看，」他說。

「那麼你認爲他說得對？」

「是的。」

「那麼，被愛者是愛它的人的朋友，或者說，美涅克塞努，被愛者好像是愛它的人的朋友，[213]無論被愛者愛他還是恨他。舉例來說，那些幼兒，因爲太幼小還不能表現他們的

⑳ 梭倫：《殘篇》二三。

愛，但卻不會因爲太幼小而不能表達他們的恨，當人們受到母親或父親的責罰時，這種時候就會表現出他們的恨來，恨他們的父母，恨他們最親密的朋友。。」

「好像是這樣的。」

「所以按照這一推論，愛者不是朋友，而被愛者是朋友。」

「是這樣的。」

「所以，被恨者是敵人，恨者不是敵人。」

「顯然如此。」

「如果是被愛的對象，而非愛者，是朋友，那麼許多人被他們的敵人所愛，被他們的朋友所恨，〔b〕這些人對他們的敵人來說是朋友，對他們的朋友來說是敵人。但是，我親愛的朋友，這樣說沒有任何意義，我實際上認爲，成爲一個人的朋友的敵人和成爲一個人的敵人的朋友是完全不可能的。」

「對，蘇格拉底，我認爲你說得對。」

「那麼，如果這是不可能的，會使愛者成爲被愛者的朋友。」

「顯然如此。」

「也使恨者成爲被恨者的敵人。」

「必然如此。」

〔c〕「那麼我們要被迫同意我們前面的說法，某人經常是某個非朋友的朋友，甚至是某個敵人的朋友。你愛某人而他不愛你，甚至恨你，就是這種情況。某人經常是某個非敵人的敵人，甚至是某個朋友的敵人，當你恨某人而他不恨你，甚至愛你，這種情況就發生了。」

「也許，」他說。

「那麼我們該怎麼辦呢，」我說，「如果既不是那些愛者，又不是那些被愛者，也不是那些既愛又被愛的人？除了這些人以外，是否還有其他人我們可以說能夠相互成爲朋友呢？」

「宙斯在上，」他說，「我肯定想不出還有什麼人能相互成爲朋友。」

d 「美涅克塞努，」我說，你認爲我們的整個探討也許走了一條錯誤的道路嗎？」

「我認爲肯定是這樣的，蘇格拉底，」呂西斯說。說這話的時候，他的臉又紅了。我得到非常深刻的印象，他的這句話是無意識地脫口而出，因爲他在全神貫注地傾聽我們的談話，非常清楚我們說了些什麼。

2. 相似者為友（213d-216a）

這時候，我想讓美涅克塞努鬆口氣，e 也爲另一位[21]喜愛哲學而感到高興，於是我就轉向呂西斯，與他直接交談起來。我說：「你說得對，呂西斯，如果我們的探討沿著正確的道路前進，就不會像現在這樣迷失方向了。讓我們不要再朝這個方向前進了。這條探索道

㉑ 指呂西斯（Λύσις）。

路在我看來太艱難了。我想我們最好還是返回我們剛才迷失方向的地方，214 尋求詩人的指點，聆聽前輩發出的人類智慧之聲。誰是朋友，有關這個論題他們說過的話決不是微不足道的：神本身使人們成爲朋友，把他們聚在一起。我記得他們是這樣說的，『神總是使同類相聚』㉒，b 使他們相互認識。或者說，你沒聽說過這些話嗎？」

他說他聽說過。

「一幫博學的賢人也說了同樣的意思，同類的東西必定永遠是朋友，你沒有讀過他們的書嗎？你知道，這些人談論和撰寫有關自然和宇宙的事情。」

「是的，我讀過，」他說。

「那麼你認爲他們說得對嗎？」我問道。

「也許是對的，」他說。

「我說，也許只對一半，」我說，「也許全對，但我們讀不懂。c 按照我們的思路，某個惡人與另一個惡人越接近，聯繫越多，他就越會變成另一個惡人的敵人。因爲他會對其行不義之事。那些行不義的人和那些承受不義的人不可能成爲朋友。不是這樣嗎？」

「是這樣的，」他說。

「那麼，這就使得這個說法有一半不對了，如果我們假定惡人相互喜愛。」

㉒ 荷馬：《奧德賽》17:218。

「你說得對，」他說。

「但是我想，他們的說法的意思是好人相互喜愛，是好朋友，—d—而惡人——如另一種說法所說的那樣——決不會相互喜愛，甚至不會喜愛他們自己。他們變化多端，極不穩定。如果某個事物與它自己都不是同類，與它自身都不一致，而是變化莫測，那麼它很難喜愛其他事物，成爲其他事物的朋友。你不同意嗎？」

「噢，我同意，」他說。

「好，我的朋友，在我看來，那些說『同類是朋友』的人的隱藏的意思是，只有善者是朋友，而惡者決不會與善者或惡者成爲眞正的朋友。你同意嗎？」

他點頭表示同意。

—e—「所以，我們現在知道了。我們知道什麼是朋友了。我們的討論告訴我們，只有好人才能成爲朋友。」

「在我看來，這一點好像完全正確。」

「我也是，」我說。「不過，對此我仍有一些不安。宙斯在上，讓我們來看我爲什麼仍舊有點懷疑。喜愛朋友就是喜愛與其相同的人，就像他對他的同類是有用的那樣，是嗎？我可以用更好的方式來表達我的意思：當某個事物，無論它是什麼，喜愛別的事物時，它怎麼能夠以它不能有益或傷害它自身的方式有益或傷害它的同類呢？—215—或者說，不能以對它自己做某事的方式對其同類做些什麼嗎？不能互相幫助的事物能互相珍視嗎？此外，還有什麼辦法嗎？」

「不，沒有了。」

「如果不被珍視，有任何事物能成爲朋友嗎？」

「不能。」

「那麼好吧，同類不是朋友。但是，善者仍舊是善者的朋友，就其是善的而言，而同類不能是朋友，就其是相同的而言，不是這樣嗎？」

「也許是。」

「那麼，這個看法怎麼樣？一個善人，就其是善的而言，不是自足的嗎？」

「是自足的。」

—b—「自足的人之所以不需要任何東西，不就是因爲他的這種自足性嗎？」

「他怎麼能這樣呢？」

「不需要任何東西的人也不會珍視任何東西。」

「不，他不會。」

「不珍視的東西，他不會愛。」

「肯定不會。」

「凡是不愛的人不是朋友。」

「顯然不是。」

「那麼這世上的善人怎麼能夠成爲善人的朋友呢？他們分開的時候不會相互思念，因爲哪怕在這種時候他們也是自足的，而他們在一起的時候，又不會相互需要。像這樣的人還有可能以任何方式相互珍惜嗎？」

「沒有。」

「但是，不相互珍惜對方的人不能成爲朋友。」

「對。」

[c]「現在，呂西斯，考慮一下我們是怎樣偏離正道的。在這個地方，我們好像整個兒搞錯了，是嗎？」

「怎麼會呢？」他問道。

「我曾經聽某人說——我剛剛才想起——同類相敵，好人敵視好人。他引用赫西奧德的話爲證，「陶工對陶工生氣，詩人對詩人生氣，乞丐對乞丐生氣。」㉓[d]他還說這對其他任何事物都是一樣的，事物越是相同，就越會充滿妒忌和爭鬥，就越會相互仇恨，而事物差別越大，就越會結成友誼。窮人要和富人交朋友，弱者要和強者交朋友——爲了幫助的緣故——病人要和醫生交朋友，總之，無知的人必須珍視有知識並愛他的人。[e]然後他繼續提出一個給人深刻印象的觀點，說相同者完全不是相同者的朋友，實際情況正好相反，事物的對立程度越高，相互之間就越是友好，因爲每個事物都想要它的對立面，而不想要和它相同的東西。乾要溼，冷要熱，苦要甜，利要鈍，虛要盈，盈要虛，其他一切事物莫不如

㉓ 赫西奧德：《工作與時日》二五—二六。

此。他說，相異者是其對立面的食糧，相同者不喜歡與其相同者。好吧，我的朋友，216 我認爲他非常能幹，把這些事情說得很清楚。不過，你們倆認爲他說得怎麼樣？」

3. 相反者為友（216a-b）

「聽起來好像不錯，」美涅克塞努說，「至少你聽了他的話以後把它說成這樣。」

「那麼我們應當說對立者是其對立者的最佳朋友嗎？」

「絕對要這樣說。」

「但是，美涅克塞努，」我說，「這是錯的。所有那些愛挑事的好辯之士馬上就會跳出來指責我們，b 問我們敵意是不是與友誼最爲對立的東西。我們該如何回答他們呢？我們不是必須承認他們說得對嗎？」

「是的，我們要承認。」

「那麼，他們會繼續問，是某個朋友對這個朋友有敵意，還是這個朋友對某個朋友有敵意？」

「都不是，」他答道。

「所以正義者是非正義者的朋友，節制者是非節制者的朋友，善者是惡者的朋友，是嗎？」

「我不這樣認爲。」

「但若，」我說，「某事物是某事物的朋友，因爲它們是對立的，那麼這些事物必定是朋友。」

「你說得對，它們必定是朋友。」

「所以，相同者不是相同者的朋友，對立者也不是對立者的朋友。」

「顯然不是。」

4. 友愛的第一個定義（216c-218c）

〔c〕「但是還有一個要點我們必須加以考慮。我們可能忽視了其他某些事情，這些事物可能都不是朋友，而是某個既非惡又非善的事物會變成善者的朋友，正是由於這個原因。」

「你這話是什麼意思？」他問道。

「宙斯在上，」我說，「我自己也不知道。我有點頭暈，因爲我們的論證太複雜了。也許那句古老的諺語說得對，美者是朋友。無論如何，美的東西與那些柔軟平滑的東西有相似之處，〔d〕也許正是由於這個原因，我們觸摸起來就感到很光滑，因爲它就是這樣的東西。我現在堅持這種看法，好的就是美的。你認爲怎樣？」

「我同意。」

「好吧，現在我要像預言家那樣封蠟[24]了，我要說，既非善又非惡的事物是美者和善者

---

[24] 預言家或巫師寫下預言，用蠟封裝起來。

的朋友。請注意，看我說預言的動機是什麼。在我看來，事物似乎有三種：好的、壞的、不好不壞的。你怎麼看？」

「在我看來也是這樣，」他說。

［e］「善者不是善者的朋友，惡者也不是惡者的朋友，善者也不是惡者的朋友。我們先前的論證不允許這些說法。只剩下一種可能性。如果某事物可以成爲任何事物的朋友，那麼善的事物或惡的事物都不可能成爲善者及惡者或與其自身相同者的朋友。因此，我不認爲任何事物能成爲惡者的朋友。」

「對。」

「但我們剛說過，相同者不是相同者的朋友。」

「對。」

「所以既非善又非惡的事物不會是某個與其相同的事物的朋友。」

「顯然不會。」

［217］「由此可見，只有既非善又非惡的事物是善者的朋友，僅對善者而言。」

「看來這是必然的。」

「那麼好，孩子們，我們當前的陳述在沿著正確的道路前進嗎？假定我們考慮一個健康的身體。它不需要醫生的說明。它處於良好狀態。所以，沒有一個身體健康的人是醫生的朋友，因爲他的健康狀態良好。對嗎？」

「對。」

「但是病人，我想，會由於他的疾病而是醫生的朋友。」

「當然了。」

「嗯，疾病是一種壞的事物，而醫藥是有益的和好的。」

「是。」

〔b〕「而身體，作爲身體，既不好又不壞。」

「對。」

「由於疾病，身體被迫歡迎和熱愛醫藥。」

「我也這樣認爲。」

「所以，既不好又不壞的事物變成好事物的朋友，因爲某些壞事物的呈現。」

「看起來是這樣的。」

「但是很清楚，這是在它與惡者接觸變成壞事物之前。因爲一旦變壞了，它就不再追求善者或者做善者的朋友。〔c〕記住，我們說過惡者不可能是善者的朋友。」

「這是不可能的。」

「現在請考慮我下面要說的話。我認爲有些事物本身就是它們呈現的那個樣子，有些事物則不是。例如，你用各種顏色的染料給某樣東西染色，顏色就會呈現在被染的那個東西上。」

「一點兒沒錯。」

「那麼，染過色以後的東西和用來染色的東西，也就是顏料，是同一類東西嗎？」

「我不懂你的意思，」他說。

—d—「你這樣看，」我說。「如果有人把你的金髮抹上白鉛，那麼你的頭髮是白色的，還是呈現白色？」

「呈現白色，」他說。

「然而，它確實呈現了白。」

「對。」

「但你的頭髮畢竟還不是白的。儘管呈現了白，你的頭髮不是白的，就好像說它不是黑的。」

「對。」

—e—「但是，我的朋友，當老年把這種顏色引入你的頭髮時，它就變得與它現在呈現的樣子相同，由於白的呈現而是白的了。」

「當然了。」

「那麼，這就是我要問的問題。如果某事物呈現出一樣事物，那麼該事物與它在其中呈現的那個事物是相同種類的嗎？或者說僅當那個事物以某種方式呈現的時候才是這樣？」

「僅當那個事物以某種方式呈現的時候才是這樣，」他說。

「那麼，不好不壞的事物由於壞事物的呈現，有的時候還沒有變壞，而有的時候變壞了。」

「當然。」

「那麼好吧，當它不是壞的，但壞已經呈現的時候，這種壞的呈現使它想要好的事物。218但是這種使它變壞的呈現又會剝奪它要變好的願望和對好事物的熱愛。因爲它已經不再是不好不壞的，而是壞的。而壞東西不能是好東西的朋友。」

「對，不能。」

「由此我們可以推論，那些已經聰明了的不再愛智慧㉕，無論他們是神還是人。而那些對他們自己是壞的一無所知的人也不會熱愛智慧，因爲壞人和愚蠢的人不愛智慧。還剩下的就是那些擁有無知這種壞東西的人，但還沒有被無知變得無知和愚蠢。他們還明白自己不懂那些不知道的事情。b這樣一來，結果就是那些既不好又不壞的人熱愛智慧，而所有那些壞人不熱愛智慧，那些好人也不熱愛智慧。因爲我們先前的討論已經弄清，對立者不是對立者的朋友，相同者也不是相同者的朋友。記得嗎？」

「當然記得，」他們倆都作了回答。

「所以，呂西斯和美涅克塞努，我們現在已經有了確定的發現，知道了什麼是朋友，對什麼可以是朋友。c因爲我們堅持說，無論是在靈魂中，還是在身體裡，還是在任何地方，那些本身既不好又不壞的事物，由於壞的呈現，而成爲好事物的朋友。」

㉕ 指不再從事哲學，不再哲學化。

三、推翻已有結論，進一步考察友誼的本質（218c-223b）

1. 最先的朋友（218c-219d）

他們倆心悅誠服，完全贊同這個結論，而我自己也非常高興。我有了一種成功獵人的滿足感，心裡很舒坦，但隨後我又不知不覺地有點懷疑起來，這種疑心是從哪裡來的，我不知道。也許，我們全都贊同的這個觀點根本不是眞的。這是多麼可怕的想法！「噢，不對！」我大叫起來。「呂西斯和美涅克塞努，我們發現的寶藏只是一場春夢。」

「爲什麼？」美涅克塞努說。

[d]「我擔心已經在論證友誼時栽了觔斗，我們的論證不比騙子的論證強。」

「怎麼會呢？」他問道。

「讓我們這樣看，」我說，「但凡是朋友的人，他是某人的朋友還是不是某人的朋友？」

「他必須是某人的朋友，」他說。

「他這樣做根本沒有原因和目的，還是有原因和目的？」

「有原因和目的。」

「某樣事物是某人交朋友的原因，它是他的朋友，還是既不是他的朋友又不是他的敵人？」

「我不太明白你的意思，」他說。

e「這很自然，」我說。「如果我們試著換個方式，你可能就明白了——我想，我自己也可以更好地明白自己說過的話。我們剛才說過，病人是醫生的朋友。對嗎？」

「對。」

「他成爲醫生的朋友的原因是疾病，而他的目的是爲了健康，對嗎？」

「對。」

「疾病是一樣壞事情嗎？」

「當然是。」

「那麼什麼是健康？」我問道。「健康是好事情，還是壞事情，還是不好不壞？」

「好事情，」他說。

219「我想我們也還說過，身體是一種不好不壞的事物，由於疾病，也就是說，由於一種壞事物，而成爲醫藥的朋友。醫藥是一種好事物，由於健康這種目的，醫藥得到了友誼。而健康是一種好事情。這些都對嗎？」

「對。」

「健康是朋友，還是不是朋友？」

「是朋友。」

「疾病是敵人嗎？」

「肯定是。」

—b—「所以，既不好又不壞的東西是好東西的朋友，由於某種壞東西和敵人的緣故，爲的是某種好東西和朋友。」

「似乎如此。」

「所以，朋友之所以是朋友，其目的是爲了朋友，其原因是他的敵人。」

「看起來是這樣的。」

「那麼好吧，」我說，「由於我們已經走了這麼遠，孩子們，我們一定要十分小心，免得上當受騙。事實上，朋友變成朋友的朋友，與此相似，相同者變成相同者的朋友，我們說這是不可能的——這個問題我就不談了。但是還有一個要點我們必須考察，—c—這樣我們才能如剛才所說，不上當受騙。我們說，醫藥由於健康的原因而成爲朋友。」

「對。」

「那麼，健康也是朋友？」

「當然是。」

「然而，如果健康是朋友，那是由於某事物的緣故。」

「對。」

「如果要和我們先前的論證，某事物是朋友，一致起來。」

「確實如此。」

「這樣一來，它豈不也是那個作爲原因的朋友的朋友了嗎？」

「對。」

「我們不是必須放棄這種方式的追問嗎？[d]我們必須抵達某個第一原則，它不會把我們再帶回另一個朋友，追溯到最先是朋友的某個事物，由於該事物的緣故，我們說其他一切事物也都是朋友，不是嗎？」

「我們必須這樣做。」

2. 相互屬於（219d-222d）

「這就是我下面要談的，由於該事物的緣故被我們稱作朋友的所有其他事物，就像該事物的諸多幻影，有可能欺騙我們，而該事物最先眞的是朋友。讓我們以這樣的方式來思考它。假定某人認定某事物具有很高的價值，好比一位父親把他的兒子看得高於他的其他全部所有物。這樣的人，[e]由於把兒子看得高於一切，也會高度評價其他事物嗎？舉例來說，如果他得知他的兒子喝了毒芹汁，而酒能解毒，救他兒子的命，那麼他也會看重酒嗎？」

「嗯，肯定會，」他說。

「也會看重盛酒的器皿嗎？」

「當然會。」

「在這種時候，他會對土製的酒杯、三大杯酒、他的兒子等量齊觀嗎？或者說事情是這樣的，花費所有的心思在這些事物上，不是由於其他事情的緣故才提供了這些事物，[220]而是由於其他某個事物的緣故，才提供了其他所有事物，是嗎？我不否認，我們經常說金銀具有很高的價值。但是，事情不是這樣的，這樣說不會使我們更加接近眞理，而是我們賦予另外某個事物以最高的價值，正是由於該事物的緣故，才提供了金子和其他一切輔助性的東西，無論它是什麼。我們可以這樣說嗎？」

「當然可以。」

「關於朋友我們不是也可以作同樣的解釋嗎？當我們說起所有是我們朋友的那些事物，—b—由於另一個朋友的緣故，它們是我們的朋友，很清楚，這種時候我們只是在使用『朋友』這個詞。眞正的朋友確實就是那個歸總一切所謂友誼的事物。」

「對，確實如此，」他說。

「那麼眞正的朋友不是爲了某個朋友的緣故才是朋友。」

「對。」

「由於某個朋友的緣故而是朋友，這個觀點就說到這裡。但是，好事物是朋友嗎？」

「在我看來好像是的。」

—c—「然而正是由於壞東西，好東西才得到喜愛。你們瞧，這句話如何站得住腳！我們剛才說過有三類事物：好的、壞的、不好不壞的。假定只剩下兩類事物，壞的已經消除，不會再影響身體、心靈或其他任何我們說它不好不壞的事物。好的事物對我們有用嗎，或者說它已經變得無用？—d—這是因爲，若沒有任何東西再來傷害我們，我們也就不需要任何說明。這樣一來，事情變得很清楚，正是由於有壞的事物，我們才高度評價好事物，喜愛好事物——就好像好事物是對抗壞事物的良藥，而壞事物是疾病，所以，沒有疾病就不需要良藥。好事物得到我們這些不好不壞的人的喜愛，其原因在於壞事物，而好事物本身，以及由於它自身的緣故，好事物沒有任何用處，不是嗎？」

「事情好像是這樣的，」他說。

［e］「那麼，我們的朋友，對於所有那些被我們稱作『由於另一個朋友的緣故而是朋友』的其他事物而言是終點的事物，與這些事物沒有相同之處。因爲它們被稱作朋友是由於另一個朋友的緣故，而眞正的朋友似乎必須具有與此完全相反的性質。事情很清楚，它是由於某個敵人的緣故而是朋友。敵人消除了，它似乎就不再是朋友了。」

「似乎不是，」他說，「至少按照我們現在說的不是。」

［221］「宙斯在上，」我說，「使我感到奇怪的是，如果壞東西被消除了，是否還可能有飢餓、口渴或同類的欲望。還是說，只要是人和其他動物，就會有飢餓，但這種飢餓不會造成傷害。還有口渴，以及其他所有欲望，但它們都不是壞的，因爲壞東西都已經滅絕了。或者說，以後會怎麼樣，以後不會怎麼樣，問這種問題是很可笑的？誰知道呢？但我們確實知道這一點：飢餓有可能給飢餓者帶來傷害，也可能給飢餓者帶來幫助。對嗎？」

「這是肯定的。」

［b］「那麼，口渴或其他諸如此類的欲望有時候能被感到有益，有時候能被感到有害，有時候既無益又無害，這不也是對的嗎？」

「絕對是對的。」

「如果壞事物被消除了，這跟不那麼壞的事物也一起被消除有什麼關係嗎？」

「沒有關係。」

「所以那些既不好又不壞的欲望將繼續存在，哪怕那些壞事物被消除了。」

「好像是這樣的。」

「有可能熱情地期待和熱愛某事物，但對它卻沒有友好的感覺嗎？」

「在我看來好像不可能。」

「所以仍舊會有某些友好的事物，哪怕壞事物被消除。」

「對。」

—c—「但這是不可能的，如果壞是某事物是朋友的原因，那麼隨著壞事物被消除，該事物還是另外某事物的朋友。原因被消除了，由此原因而產生的事物不再能夠存在。」

「這樣說是對的。」

「我們前面不是同意過，朋友熱愛某事物，他之所以熱愛某事物，乃是由於該事物的緣故嗎？所以我們不認爲正是由於壞的緣故，既不好又不壞的事物才熱愛好的事物嗎？」

「對。」

—d—「而現在看起來似乎出現了愛與被愛的其他原因。」

「好像是的。」

「那麼，如我們剛才所說，欲望眞能是友誼的原因嗎？所謂欲望就是對欲望的對象表示友好，凡有欲望時就會表示友好嗎？與此相比，我們先前有關什麼是朋友的談話全都是閒聊，就像一首冗長的詩歌嗎？」

「這是因爲我們有機會漫談，」他說。

e 「但是，還有一點，」我說，「事物希望獲得它缺乏的東西。對嗎？」

「對。」

「缺乏者是它所缺乏的東西的朋友。」

「我想是這樣的。」

「變得缺乏就是某些東西從它那裡被取走了。」

「爲什麼不能這樣呢？」

「那麼事情似乎是這樣的，熱愛、友誼、欲望所指向的事物屬於它本身，呂西斯和美涅克塞努。」

他們倆都表示同意。

「如果你們倆相互之間是朋友，那麼你們很自然地以某種方式屬於對方。」

「確實如此，」他們一起說道。

222 「如果一個人期望另一個人，我的孩子們，或者深情地愛他，那麼除非他在他的靈魂中，或者在某些性格、習慣中，或者在他的靈魂方面，屬於他愛的對象，否則他不會對他愛的人有所期望，或者深情地愛他。」

「當然啦，」美涅克塞努說，但是呂西斯沒說話。

「好吧，」我說，「生來屬於我們的東西已經把它自身向我們顯示，作爲我們必須熱愛的東西。」

「看來是這樣的，」他說。

b「那麼眞正的而非虛假的愛人必定會是他愛慕的對象的朋友。」

呂西斯和美涅克塞努只是點頭表示同意，而希波泰勒聽了很高興，臉色一陣紅，一陣白。

想要回顧一下這個論證，我說，「在我看來，呂西斯和美涅克塞努，如果屬於和相同有某些區別，那麼我們對什麼是朋友還有些話可說。如果屬於和相同變成一回事，那麼就不能輕易地消除我們前面的論證：相同者對相同者來說是無用的，因爲它們是相同的。c還有，承認無用者是朋友會帶來一定的打擊。所以，我說，如果你們感到沒問題，因爲我們有點兒陶醉於討論之中，那麼我們爲什麼不同意說屬於的事物和相同的事物有某些區別呢？」

「當然可以。」

「我們要假設，好的事物屬於每個人，而壞的事物是外在的嗎？或者假定壞的事物屬於壞的事物，好的事物屬於好的事物，不好不壞的事物屬於不好不壞的事物？」

他們倆說他們喜歡後一種關係。

d「噢，我們又轉回來了，孩子們，」我說。「我們陷入了與我們最先排除的那個有關友誼的論證相同的境地。因爲非正義者對非正義者還是朋友，惡者對惡者還是朋友，就像善者對善者是朋友一樣。」

「好像是這樣的，」他說。

「那麼該怎麼辦呢？如果我們說好東西和屬於我們的東西是相同的，還有其他別的說法能替換善者只對善者是朋友嗎？」

「沒有。」

「但是，我們在這個要點上已經駁斥過自己。或者說你們不記得了？」

「我們記得。」

[e]「所以我們對我們的論證還能做什麼？或者說事情已經很清楚，剩下來沒什麼要做了？我確實要像法庭上能幹的發言人那樣問你們，對已經說過的這些事情你們是否都考慮過了。如果既非被愛者又非愛者，既非相同者又非不同者，既非善者又非相屬的事物，亦非任何其他我們談過的事物——噢，我們談過的事情那麼多，我實在記不起來了，但若這些事物都不是朋友，那麼我確實沒什麼要說了。」

3. 結語（223a-b）

[223]說完這些話，我想到要跟一位年紀大些的人說些事情。正在此時，美涅克塞努和呂西斯的看護人鬼使神差般地出現了。他們帶著這兩位青年的兄弟，喊他們一道回家。確實，此時天色已晚。起初，我們這群人想把他們轟走，但他們根本不在意我們，只是一個勁地用他們的異邦口音喊孩子們回家。[b]我們想，他們可能在赫耳墨斯節上喝醉了酒，樣子很難纏，於是我們屈服了，四散而去。不過，就在他們要離去的時候，我說，「現在我們已經幹完了這件事，呂西斯和美涅克塞努，我，一個老頭，還有你們，使自己成了傻瓜。在場的這些人會到處去說，我們相互之間是朋友——我把自己算作你們的朋友——但是我們卻還未能發現什麼是朋友。」

歐緒弗洛篇

提要

本文屬於柏拉圖的早期對話，以談話人歐緒弗洛的名字命名。虛擬的對話時間是蘇格拉底受到指控之前，地點在雅典中心市場，法庭的入口處。西元一世紀的塞拉緒羅在編定柏拉圖作品篇目時，將本文列爲第一組四聯劇的第一篇，並稱其性質是「探詢性的」，稱其主題是「論虔敬」。❶

本文通篇圍繞虔敬這一主題展開。在希臘語中，虔敬（όσιος）這個詞通常指神分派給人的東西。它有兩層意思：第一，神要求人完成的事情，比如人與人之間的正確相處，人對神應有的態度；第二，神允許人做的事情，或者賜予人的東西。對人而言，前者側重被動意義，如果人沒有履行神的要求，就可能被認爲不虔敬。後者側重於主動意義，人可以做神允許的事情，但若沒有做這些事情，一般情況下也不會被認爲不虔敬。本文提出了三個定義，並對之進行探討，揭示出蘇格拉底宗教信仰的內在化傾向。

本文可以分爲以下四個部分：

第一部分，開場白（2a-3e） 從呂克昂前往王宮前庭，蘇格拉底和歐緒弗洛相遇。蘇格拉底說自己受到嚴重控告，將要上法庭受審。他的原告美勒托指控他犯了兩樁罪：第一，腐

❶ 參閱第歐根尼・拉爾修：《名哲言行錄》3:58。

蝕青年；第二，創造新神，不相信原有的神。歐緒弗洛把蘇格拉底引爲同道，說美勒托控告蘇格拉底是出於妒忌，把蘇格拉底當作一位在宗教事務上標新立異的人。

第二部分，歐緒弗洛控告自己的父親（3e-5d） 歐緒弗洛說自己打算告發自己的父親殺人。他家裡的一名雇工醉酒後殺死了他家裡的一名家奴；歐緒弗洛的父親把殺人者捆綁起來扔在溝渠裡，然後派人去雅典問祭師該如何處置殺人兇手，在派往雅典的人返回之前，殺人者凍餓而死。歐緒弗洛認爲自己的父親確實殺了人，打算以褻瀆的罪名告發父親。歐緒弗洛的其他親屬認爲他父親沒有殺人，只是沒有料想到殺人者會凍餓而死，更何況這個被扔在溝裡的人本身是個殺人犯，死不足惜。歐緒弗洛想要告發自己的父親是殺人犯，這樣的行爲才是褻瀆的。究竟應當「親親互隱」還是「親親互告」，人們的分歧反映了法律與人情的衝突。從法律角度看，正義的原則應當貫穿一切，無親等之差別，而從倫理角度看，親親互告顯然違反仁愛原則。二者之間的矛盾該如何化解呢？這就是所謂「歐緒弗洛難題」。學術界至今仍在探討這一難題。

第三部分，什麼是虔敬（5d-15c）？ 由於蘇格拉底已經受到不敬神的指控，而歐緒弗洛自詡爲敬神事務方面的專家，所以蘇格拉底裝成學生，向歐緒弗洛請教什麼是虔敬。

歐緒弗洛回答，他現在所做的事情（控告父親）就是虔敬。這是文中出現的第一個定義：做神要求做的事情。歐緒弗洛聲稱自己指控父親殺人只是在模仿宙斯。宙斯之父克洛諾斯曾吞噬五個兒子，而宙斯捆綁和閹割自己的父親。蘇格拉底抱怨歐緒弗洛只是給出了一兩件虔敬的事例，而他關心的是，所有虔敬之事之所以虔敬，它的型相（εἶδος）是什麼

（5d-6e）？

於是，歐緒弗洛給出虔敬的第二個定義：爲神所喜歡的事情就是虔敬，否則就是不虔敬。蘇格拉底指出，不爲神所喜不一定爲神所惡，而只有那些爲神所惡的事情才是不虔敬的。那些既不爲神所喜，又不爲神所惡的事情則無所謂虔敬與否。虔敬與不虔敬不是非此即彼的關係。歐緒弗洛提出，衆神會由於這類關乎正義與不正義、高貴與卑鄙、好與壞的事物而意見不合。不同的神對同一事物有不同的看法。爲了解決這個問題，蘇格拉底主動將第二個定義修正爲：所有神都厭惡的東西是不虔敬的，所有神都喜愛的東西是虔敬的。蘇格拉底追問：虔敬究竟是爲神所喜而虔敬，還是因爲虔敬而爲神所喜？蘇格拉底舉出許多例子，迫使歐緒弗洛承認：虔敬的東西之所以被喜愛是因爲它虔敬，但它並非因爲被喜愛而虔敬。蘇格拉底抱怨歐緒弗洛只給出虔敬的屬性，即爲神所喜，而沒有給出虔敬的本質（6e-11e）。

蘇格拉底引導歐緒弗洛接受虔敬是正義的一部分，在正義的基礎上探討虔敬，提出第三個定義，虔敬是實踐技藝。這部分談話進行了三個回合，即虔敬作爲三種技藝。第一種，虔敬作爲馴養的照料技藝，虔敬是人對神的照料。馴養的技藝給馴養的對象帶來好處，對衆神的照料能給衆神帶來什麼好處呢？歐緒弗洛意識到，將虔敬理解爲這種照料的技藝行不通。第二種，虔敬作爲主僕的照料技藝。蘇格拉底以將軍和農夫的技藝爲例，說明虔敬是人對神的照料。但他們發現，這一看法並無正當的根據。於是探討推進到第三個回合，提出第三種技藝，虔敬作爲交易的技藝。歐緒弗洛指出，如果一個人懂得祈禱和獻祭，說一些話，做一些事，取得神的歡心，這就是虔敬。這樣做可以保佑家庭和城邦。反之，如果不能取得神的歡心，就會顛倒一切，摧毀一切。蘇格拉底進一步把希臘的宗教崇拜活動解釋爲獻祭就是給神送禮，祈禱就是對神有所祈求。所以，虔敬就是人與神之間的一種交易（11e-15c）。

第四部分，結語（15c-16a）　蘇格拉底建議從頭開始考察什麼是虔敬。他懇求歐緒弗洛集中精力把這個眞理告訴他。在希臘神話中，普洛托斯是一位講眞話的老海神，但是變化多端。歐緒弗洛原先確實相信自己知道什麼是虔敬，但是他在明白了自己的眞實處境以後，只能溜之大吉。

本文是研究蘇格拉底宗教觀、虔敬觀的基本材料。美勒托指控蘇格拉底犯了不信神和不敬神的罪。文中的蘇格拉底與歐緒弗洛討論虔敬，展現了自身的敬神態度，並且揭示了傳統虔敬觀的內在矛盾，即視虔敬爲祈禱和獻祭。他提出要把虔敬與靈魂結合，從而開啓了希臘信仰的內在化轉向，使古希臘的信仰從外在儀式走向內在靈魂。

正文

談話人：歐緒弗洛、蘇格拉底

一、開場白：從呂克昂到王宮前庭（2a-3e）

歐　[2]蘇格拉底，是你呀！出了什麼新鮮事，讓你離開經常蹓躂的呂克昂❷，到這王宮前庭來消磨時間？你肯定不會像我一樣，要來見國王❸告發某人吧？

蘇　這種事，雅典人不叫告發，而叫控告❹，歐緒弗洛❺。

歐　[b]你在說什麼？一定有人控告你了，因爲你不像是要告訴我，你告發了別人。

蘇　確實沒有。

---

❷ 呂克昂（Λύκειον），位於雅典東門外，鄰近阿波羅神廟。亞里斯多德後來在此建立學園。

❸ 雅典在王政期間由國王統治，國王的住處是爲王宮。廢除國王以後，雅典由選舉產生的九名執政官（ἄρχων）統治，原王宮成爲執政官辦公之處。此處將首席執政官也稱爲「王」（βασιλεύς），但他實際上並非國王。英譯者將之譯爲「king-archon」。

❹ 告發（δίκη）是一般民事訴訟，控告（γραφή）是重大案件。

❺ 歐緒弗洛（Εὐθύφρων），本篇談話人。

歐　那麼是有人控告你了？

蘇　確實如此。

歐　他是誰？

蘇　我眞的不太了解他，歐緒弗洛。他顯然相當年輕，沒什麼名氣。我想他們叫他美勒托。他是皮索區的人，也許你認識這個區的名叫美勒托的人，長頭髮，鬍鬚不多，長著鷹鉤鼻。

歐　我不認識他，蘇格拉底。他控告你什麼？

蘇　[c]告我什麼？這件事並非微不足道，我想，像他這樣的年輕人對如此重要的問題懂得那麼多，實在是非同小可。他說，他知道我們的青年如何被腐蝕，知道誰在腐蝕青年。他很像是個聰明人，看到我由於無知而去腐蝕他的同齡人，[d]於是就向城邦起訴我，就像孩子向母親哭訴。在我看來，他是唯一以正當方式開始從政的人，因爲關心青年、盡可能使他們學好，確實就是政治家的要務，就像一位好農夫首先關心秧苗，然後關心其他莊稼。[3]所以，美勒托也是這樣做的，首先清除我們這些摧殘柔嫩秧苗的人，然後如他所說，他顯然就會關心那些比較成熟的莊稼，給城邦帶來巨大的福利，成爲城邦幸福的源泉，對這位已經在這條正道上出發的人，他獲得成功的可能性可以看好。

歐　但願如此，蘇格拉底，不過我擔心事情會適得其反。在我看來，他一旦開始傷害你，就是在損壞國家的命脈。告訴我，他說你腐蝕青年是怎麼說的？

蘇 ｜b｜聽他說起來眞是稀奇古怪，他說我是一位造神者，因爲我創造了新的神，而不相信原有的神，由於這個緣故他要控告我，這是他說的。

歐 我明白了，蘇格拉底。那是因爲你說有神靈不時地告誡你。❻所以，他寫狀紙控告你，因爲他把你當作一位在宗教事務上標新立異的人，他上法庭誣告你，因爲他知道這類事情很容易誤導大衆。｜c｜我的案子也一樣。我在公民大會❼上談論宗教事務，預言未來，他們就嘲笑我，說我瘋了，然而我的預言從來沒有落空。無論如何，他們妒忌所有像我們這樣做這種事的人。不必擔心他們，還是去見他們吧。

蘇 親愛的歐緒弗洛，如果只是受到嘲笑，那倒沒什麼關係，因爲雅典人並不在意他們認爲能幹的人，只要這個人不把他的智慧教給別人；但若他們認爲這個人使別人變得像他了，他們就會生氣，｜d｜無論是像你所說的出於妒忌，還是由於其他原因。

歐 這種事情，我肯定不想考察他們對我的感覺。

蘇 也許你給他們留下的印象是沒有什麼可利用的，不願教你自己的智慧；而我就不一樣了，我擔心他們會認爲我想把自己不得不說的事情告訴任何人，不僅不收費，而且樂意獎賞任何願意聽我講話的人。｜e｜如果他們想要嘲笑我，如你所說他們嘲笑你一樣，

---

❻ 參閱《申辯篇》31d。

❼ 公民大會（ἐκκλησία）。

那麼看到他們在法庭上耗費時間嘲笑人和開玩笑，我不會有什麼不高興的；但若他們變得嚴肅起來，那麼最後的結果無法預見，只有你這樣的預言家能夠知道。

歐 也許不會有什麼結果，蘇格拉底，你去盡力打好你的官司，我也會盡力打好我的官司。

二、歐緒弗洛控告自己的父親（3e-5d）

蘇 你打什麼官司，歐緒弗洛？你是被告，還是原告？

歐 原告。

蘇 你要告發誰？

歐 4 我要告❽的這個人會使別人以爲我瘋了。

蘇 你在追的這個人能輕易逃脫你的追蹤嗎？

歐 絕非如此，他已經老態龍鍾了。

蘇 他到底是誰？

歐 我的父親。

---

❽ 告（διώκω），這個希臘詞的法律含義是告發，起訴，它的另一個意思是「追趕」，所以下文蘇格拉底說「你在追」。

蘇 老兄！你要告你自己的父親？

歐 沒錯。

蘇 你告他什麼？他犯了什麼案？

歐 謀殺，蘇格拉底。

蘇 天哪！歐緒弗洛，大多數人肯定不知道是否能做這種事，也不知道這樣做是否正確。|b|能做這種事的極少，只有那些擁有極高智慧的人才能這樣做。

歐 對，我向宙斯起誓，蘇格拉底，是這樣的。

蘇 那麼你父親殺的那個人是你的親戚吧？否則很清楚，你不會為一個非親非故的人死了而去告發你的父親。

歐 眞可笑，蘇格拉底，因為你認為被害者是陌生人還是親戚會有區別。我們只需注意殺人者的行為是否正當；如果他的行為是正當的，那麼就放過他，|c|如果不正當，那麼就告發他，也就是說，無論殺人者與你是否共用一個爐臺或一張飯桌。如果知道這樣的人犯了謀殺罪而繼續與他為伴，不用把兇手送上法庭的方法來洗脫自己和洗滌他的罪過，那麼你們的罪過相同。這個案子中的死者是我家的一名雇工，我們在那克索斯❾

❾ 那克索斯（Νάξος）是愛琴海基克拉迪群島中的一個島嶼。雅典城邦地域狹小，不足以提供足夠的糧食。城邦定期組織海外殖民團體外出墾荒，或建立新城邦。新城邦建立後仍與母邦保持關係，其公民仍為雅典公民。

開墾時僱他在農場裡幹活。他醉酒發怒，殺了我們的一名家奴，所以我父親把他的手腳都捆綁起來，扔進溝渠，d 然後派人回這裡來，[10]問祭司該如何處置。那個時候我父親沒有多想，也沒太在意那個被捆綁起來的人，因爲他是個殺人兇手，哪怕死了也沒有什麼大不了的。飢寒交迫，手足被縛，使他在那派去問訊的人回來之前就一命嗚呼。我告發我父親殺人，但我父親和其他親屬對我懷恨在心，他們說我父親沒有殺那個人，被殺的那個人自己是個殺人犯，對這樣的人不需要多加考慮，因爲他是個殺人犯。e 他們說，兒子告發父親殺人是不孝[11]的。但是神對虔敬和不虔敬是什麼態度，他們的看法是錯的，蘇格拉底。

蘇　可是，宙斯在上，歐緒弗洛，你認爲自己有關神的知識如此精確，懂得什麼是虔敬，什麼是褻瀆，因此在你講的這種事情發生的時候，你並不害怕把你的父親送上法庭而背上不孝之名？

歐　蘇格拉底，如果我並不擁有這方面的精確知識，5 那我歐緒弗洛也就一無是處，與他人無異了。

---

[10] 回雅典。

[11] 希臘文 ὅσιος，在人際關係方面譯爲孝、孝順、孝敬，涉及人神關係，譯爲虔敬或虔誠。希臘文 ἀνόσιος 譯爲不孝或不虔敬，亦即褻瀆。

蘇　尊敬的歐緒弗洛，我應當現在就成爲你的學生，這件事至關重要，這樣的話，我在我的案子中就能挑戰美勒托，我可以對他說，我過去就認爲有關神的知識是最重要的，而他說我有罪，說我創造和發明新的神靈，—b—而現在我已經成了你的學生。我會對他說：「美勒托，如果你同意歐緒弗洛在這些事情上是聰明的，那麼請你考慮一下我，我也擁有正確的信仰，別把我送上法庭。如果你不這樣認爲，那麼請你控告我的老師，而不是控告我，他腐蝕老人，腐蝕我和他自己的父親，對我進行教導，對他的父親進行矯正和懲罰。」如果他不相信，不肯放棄對我的控告，也不將控告轉向你，那麼我在法庭上會重複同樣的挑戰。

歐　對，宙斯在上，蘇格拉底，如果他把我告上法庭，那麼我想我會很快找到他的弱點，—c—法庭上的談話很快就會集中在他身上，而不是在我身上。

蘇　我親愛的朋友，正因爲我知道會這樣，所以我渴望成爲你的學生。我知道其他人，以及這位美勒托，都好像忽視你了，而他把我看得一清二楚，乃至於要控告我褻瀆。所以，宙斯在上，把你剛才自認爲清楚明白的事情告訴我：—d—你說的虔敬和褻瀆是什麼，既和謀殺相關，又和其他事情相關？虔敬在各種行爲中都相同，而褻瀆總是一切虔敬的事物的對立面，褻瀆的事物就其是褻瀆的而言，總是以某種「型」[12]或形象呈現

[12] 型（ἰδέα），柏拉圖哲學的基本概念，參閱 Phd. 103e。

於我們嗎？

歐　確實如此，蘇格拉底。

三、什麼是虔敬？（5d-15c）

1. 定義一：做神所做（5d-6e）

蘇　那麼告訴我，你說什麼是虔敬，什麼是褻瀆？

歐　我說，所謂虔敬就是做我現在正在做的事，告發罪犯，無論是殺人、盜竊神廟，還是其他，|e|無論罪犯是你的父母，還是其他人，不告發他們就是褻瀆。蘇格拉底，請注意我能引用強大的證明，這就是法律。我已經對其他人說過，不能偏袒那些褻瀆的人，無論他是誰，這樣的行爲是正確的。這些人相信宙斯是諸神中最優秀、最公正的，|6|但也同意說宙斯捆綁他自己的父親⓭，因爲他父親不公正地吞食了他的其他兒子，而出於同樣的原因，他父親也曾閹割他自己的父親⓮。但是這些人現在卻對我發火，因爲我告發了我父親的罪惡。他們自相矛盾，對諸神是一種說法，對我又是另一

⓭ 宙斯的父親是天神克洛諾斯（Κρόνος），擔心子女推翻他的統治，吞食宙斯的兄長和姊妹。

⓮ 克洛諾斯的父親是天神烏拉諾斯（Οὐρανός），被克洛諾斯閹割。

種說法。

蘇　歐緒弗洛，這確實也就是我成爲被告的原因，因爲我發現很難接受人們對諸神的看法，這也很有可能是他們說我犯了錯的原因。b 不過，如果現在你對這些事情有充分的知識，也分享他們的意見，那麼我們似乎必須贊同他們的看法。因爲，除了承認我們自己沒有他們那樣的知識，我們還有什麼話可說？憑著友誼之神[15]起誓，請你告訴我，你確實相信這些事情是眞的嗎？

歐　是的，蘇格拉底，甚至還有更加令人驚訝的事情，大多數人對這些事情沒有知識。

蘇　你相信諸神之間確實有戰爭、c 仇殺、毆鬥，以及詩人講述的其他事情，或者相信優秀作家撰寫的其他神話故事，送往衛城供奉的女神長袍上就繡著這些事情，是嗎？歐緒弗洛，我們要說這些事情都是眞的嗎？

歐　不僅這些事情是眞的，蘇格拉底，而且我剛才說過，如果你想聽，我可以把我知道的許多與諸神有關的事情告訴你，你聽了以後肯定會驚歎不已。

蘇　我不會感到驚訝，等我們有空的時候，你可以把這些事情講給我聽。現在，你還是比較清楚地回答我剛才提出的問題，我的朋友，d 我的問題是什麼是虔敬，而你對我的開導不恰當，你告訴我你現在正在告發你的父親犯了殺人罪，你這樣做是虔敬的。

---

⑮ 友誼之神（Φιλίου），指雅典娜（Αθηνᾶ）。

歐　我說的是眞話，蘇格拉底。

蘇　也許。不過，你同意其他還有許多虔敬的行爲。

歐　有。

蘇　那麼，請記住，我沒有要求你從許多虔敬的行爲中舉出一樣或者兩樣來告訴我，而是要你告訴我，那個使一切虔敬的行爲成爲虔敬的「型」本身是什麼，因爲你同意一切褻瀆的行爲之所以是褻瀆的，|e|一切虔敬的行爲之所以是虔敬的，都是透過某個型，你不記得了嗎？

歐　我記得。

蘇　那麼告訴我，這個型本身是什麼，讓我能夠看見它，拿它來做榜樣，說你的或其他人的某個行爲是虔敬的，如果某個行爲不是虔敬的，我就說它是褻瀆的。

歐　如果這就是你想要的，蘇格拉底，那就讓我來告訴你。

蘇　這就是我想要的。

2. 定義二：為神所喜（6e-11e）

歐　|7|那麼好吧，凡是諸神喜愛的就是虔敬的，凡是諸神不喜愛的就是褻瀆的。

蘇　好極了，歐緒弗洛！你已經按我想要的方式作了回答。我不知道它是否正確，但你顯然將會證明你所說的是眞的。

歐　當然。

蘇　那麼來吧，讓我們考察一下我們這麼說的意思。諸神喜歡的行爲或人是虔敬的，諸神痛恨的行爲或人是褻瀆的。虔敬和褻瀆不是一回事，而是相當對立的。不是這樣嗎？

歐　確實是這樣。

蘇　這似乎是一個很好的說法。

歐　〔b〕是的，蘇格拉底。

蘇　我們還說過，諸神處於不和的狀態之中，相互爭鬥，歐緒弗洛，他們相互爲敵。我們也說過這樣的話嗎？

歐　說過。

蘇　什麼樣的分歧會引起仇恨與憤怒？讓我們按這樣一種方式來考慮。如果你我對兩個數字中哪一個較大有不同看法，這樣的分歧會使我們成爲仇敵，產生憤怒嗎？〔c〕難道我們不應該透過計算來迅速達成一致意見嗎？

歐　我們肯定應該這樣做。

蘇　還有，如果我們對長短問題有分歧，難道我們不會量一下，迅速地結束爭執嗎？

歐　我們會這樣做。

蘇　關於輕重問題的分歧，我們會透過稱一下重量來解決。

歐　當然。

蘇　那麼，如果我們不能達成一致，什麼樣的分歧使我們生氣和相互敵視？對這個問題你也許沒有現成的答案，〔d〕但我們可以考察一下，由我來告訴你這些事情是正確的還是錯誤的，是美的還是醜的，是好的還是壞的。當我們不能得出滿意的結論，使你我以及其他人產生分歧、莫衷一是、相互交惡的，不正是這些事情嗎？

歐　對，蘇格拉底，就是在這些事情上我們產生分歧。

蘇　那麼諸神的情況如何，歐緒弗洛？如果祂們確實有意見分歧，那麼也一定是在這些問題上，對嗎？

歐　必定如此。

蘇　—e—那麼按照你的論證，我親愛的歐緒弗洛，不同的神把不同的事物視爲正確的、美的、醜的、好的、壞的，除非祂們對這些事情的看法有分歧，否則就不會鬧彆扭，對嗎？

歐　你說得對。

蘇　祂們喜歡的是祂們各自認爲美的、好的、正確的事物，仇恨的是與這些事物對立的事物，對嗎？

歐　確實如此。

蘇　但你說過，同樣的事情，某些神認爲是正確的，某些神認爲是錯誤的，諸神因此發生爭執而不和，—8—相互之間發生戰爭。不是嗎？

歐　是的。

蘇　如此看來，同樣的事物既被神所喜愛，又被神所仇恨，既是神喜愛的，又是神仇恨的。

歐　似乎如此。

蘇　按照這種論證，同樣的事物可以既是虔敬的又是褻瀆的嗎？

歐　也許是吧。

蘇　所以，你沒有回答我的問題，你這個怪人。我的問題不是何種同樣的事物既被神所喜愛，又被神所仇恨，|b|既是神喜愛的，又是神仇恨的。所以，一點兒也不奇怪，如果你提出某個行爲，亦即懲罰你父親，可以討得宙斯的歡心，但會遭到克洛諾斯和烏拉諾斯的痛恨，可以討得赫淮斯托斯⑯的歡心，但會遭到赫拉⑰的厭惡，其他神靈若對這件事情有不同的看法，也會帶來這樣的結果。

歐　我認爲，蘇格拉底，無論誰不公正地殺了人就應當受到懲罰，在這一點上諸神的看法是一致的。

蘇　|c|好吧，歐緒弗洛，你聽說有誰認爲不公正地殺了人或做了其他事不應受到懲罰？

歐　他們從未停止爭論這件事情，在別的地方或在法庭上，因爲他們犯下許多過失，所以爲了逃避懲罰，任何事情他們都會做，任何話他們都會說。

蘇　他們同意說自己做錯事了嗎，歐緒弗洛，儘管同意，他們仍然說自己不應當受懲罰嗎？

歐　不，在這一點上他們不同意。

蘇　所以他們沒有公正地說話，沒有公正地做事。因爲他們不敢這麼說，或者不敢爭辯做

---

⑯ 赫淮斯托斯（Ἥφαιστος），希臘火神、鍛冶之神，宙斯與赫拉之子。

⑰ 赫拉（Ἥραν），女神，宙斯之妻。

了錯事也不必受到懲罰，—d—我認爲他們會否認做錯了。不是嗎？

歐　是的。

蘇　所以他們不爭論犯下過失的人必須受懲罰，但他們在誰犯下過失、他做了什麼、什麼時候做的這些事情上會有不同意見。

歐　你說得對。

蘇　諸神不也有相同的經歷，如果祂們確實在公正和不公正的問題上看法不一，如你的論證所認爲的那樣？有些人斷言祂們相互傷害，而有些人否定，—e—但是諸神或凡人中沒有一個敢說犯了過失不必受懲罰。

歐　是的，蘇格拉底，你說的要點是對的。

蘇　如果諸神確實也會有不同意見，那麼那些不同意的，無論是凡人還是諸神，會就每一行爲進行爭論。有的說這樣做是公正的，有的說這樣做是不公正的。難道不是這樣嗎？

歐　是的，確實如此。

蘇　—9—來吧，我親愛的歐緒弗洛，開導我，讓我也變得聰明些。你有何證據表明諸神全都認爲那個人被殺是不公正的，他在你家做工，殺了人，被主人捆綁起來，在捆他的那個人從祭司那裡知道該如何處置他之前，因被捆綁而死，做兒子的代表這樣一個人指責和告發他的父親。—b—來吧，請你試著清楚地告訴我，諸神必定全都認爲這種行爲是正確的。如果你能給我恰當的證明，我一定會對你的智慧讚不絕口。

歐　這個任務可不輕，蘇格拉底，儘管我能夠清楚地告訴你。

蘇 我知道你認爲我比法官蠢，因爲你顯然已經向他們證明這些行爲是不公正的，諸神全都痛恨這樣的行爲。

歐 只要他們願意聽我說，蘇格拉底，我會清楚地說給他們聽。

蘇 〔c〕如果他們認爲你說得好，他們當然願意聽。但你剛才在說話、而我在思考的時候，我突然冒出一個念頭，我對自己說：「假如歐緒弗洛決定性地向我證明，諸神全都認爲這樣的死亡是不公正的，那麼在什麼更大的範圍內，我向他學到了虔敬和褻瀆的性質？這一行爲似乎被諸神痛恨，但虔敬和褻瀆並沒有因此而被定義，因爲被諸神痛恨的事情也可以被諸神喜愛。」所以我不會堅持這一點，如果你願意，〔d〕讓我們假定，諸神全都會認爲這個行爲是不公正的，祂們全都痛恨這種行爲。然而，這不就是我們在討論中做出的糾正嗎，說諸神全都痛恨的就是褻瀆的，諸神全都喜愛的就是虔敬的，有些神喜愛有些神痛恨的既不是虔敬的又不是褻瀆的，或者既是虔敬的又是褻瀆的？這不就是你現在希望我們定義虔敬和褻瀆的方法嗎？

歐 有什麼能阻礙我們這樣做，蘇格拉底？

蘇 我這一方看來沒有，歐緒弗洛，但你這一方要看一下這個建議能否使你輕易地把你許諾過的事情教我。

歐 〔e〕我會非常肯定地說，虔敬就是諸神全都熱愛的，與此相反，諸神全都痛恨的就是褻瀆。

蘇 讓我們再考察一下這個陳述是否健全，或者說我們得放棄它，不能因爲只是我們中的某個人或其他人說了某件事情是這樣的，我們就接受說這件事情是這樣的？或者，我們應當考察一下說話人是什麼意思？

歐　我們必須考察，但我確實認爲這是一個很好的陳述。

蘇　─10─我們很快就會更好地知道這個陳述怎麼樣了。請考慮，虔敬的事物被諸神喜愛，因爲它是虔敬的，還是它是虔敬的，因爲它是諸神喜愛的事物？

歐　我不明白你的意思，蘇格拉底。

蘇　我試著說得更加清楚一些：我們說被攜帶的和正在攜帶的，被引導的和正在引導的、被看的和正在看的，你明白它們相互之間都有區別，區別在哪裡嗎？

歐　我認爲我是明白的。

蘇　同理，被愛的是某個事物，正在愛的是另一個不同的事物。

歐　當然。

蘇　─b─那麼告訴我，被攜帶的事物之所以是一個被攜帶的事物，乃是由於它被攜帶，還是有別的什麼原因？

歐　不，就是這個原因。

蘇　被引導的事物之所以如此，由於它被引導，被看見的事物之所以如此，由於它被看見，對嗎？

歐　確實如此。

蘇　被看見的不是因爲它是一個被看見的事物，而是正好相反，它是一個被看見的事物，由於它正在被看；被引導的也不是因爲它是一個被引導的事物，而是由於它正在被引導，所以它是一個被引導的事物；被攜帶的不是因爲它是一個被攜帶的事物，而是由於它正在被攜帶，－c－所以它是一個被攜帶的事物。我想說的是清楚的，是嗎，歐緒弗洛？我想說的是，如果有任何事物正在被改變，或以任何方式受影響，不是因爲它是一個正在被改變的事物而正在被改變，而是由於它正在被改變而是一個被改變的事物。或者說你不同意？

歐 我同意。

蘇 被愛的事物既是被改變的事物又是受某事物影響的事物嗎？

歐 確實如此。

蘇 那麼它和剛才提到的例子情況是一樣的；被愛的事物不是因爲它是一個被愛的事物而被愛，而是它是被愛的事物，由於它被其他事物所愛。

歐 必定如此。

蘇 －d－那麼關於虔敬我們該怎麼說，歐緒弗洛？按照你的說法，虔敬的事物當然受到所有神的喜愛，是嗎？

歐 是的。

蘇 虔敬的東西被喜愛，因爲它是虔敬的，還是由於別的什麼原因？

歐 沒有別的原因了。

蘇 如此說來，它被喜愛，由於它是虔敬的，而不是它是虔敬的，由於它被喜愛？

歐 顯然如此。

蘇　然而，它是被喜愛的和諸神所喜愛的，由於它被諸神所愛，是嗎？

歐　當然。

蘇　那麼，諸神喜愛的東西與虔敬的東西不是一回事，歐緒弗洛，虔敬的東西與諸神喜愛的東西也不一樣，而你說是一樣的，它們是兩種不同的事物。

歐　[e]怎麼會這樣呢，蘇格拉底？

蘇　因爲我們同意虔敬的事物被喜愛是由於這個原因，由於它是虔敬的，而不是由於它得到喜愛才是虔敬的。難道不是這樣嗎？

歐　是的。

蘇　另一方面，神喜愛的事物之所以如此乃是因爲它被諸神所喜愛，是由於它被愛這個事實，而非它被愛是由於它是神喜愛的。

歐　對。

蘇　但若被神喜愛的事物和虔敬的事物是一樣的，我親愛的歐緒弗洛，那麼虔敬的事物被喜愛是由於它是虔敬的，[11]神喜愛的事物被喜愛也是由於它是神喜愛的；但若神喜愛的事物是神喜愛的，由於它被諸神所喜愛，那麼虔敬的事物之所以是虔敬的也是由於諸神喜愛它。但你現在看到，它們在相反的情況下完全不同：一種情況是，被喜愛的事物之所以是被喜愛的事物，乃是由於它是被喜愛的；另一種情況是，被喜愛的事物之所以如此，乃是由於它正在被愛。我想，歐緒弗洛，當你問什麼是虔敬的時候，你似乎並不希望清楚地把它的本性告訴我，而是告訴我它的一種影響或屬性，[b]虔敬的事物具有被諸神全都喜愛的屬性，但你沒有告訴我什麼是虔敬。現在，要是你願意，別對我隱瞞了，從頭開始，告訴我什麼是虔敬，無論它是諸神喜愛的，還是有其他屬性——我們不必爲此爭吵——請你熱心地告訴我，什麼是虔敬，什麼是褻瀆。

歐 但是，蘇格拉底，我現在根本不知道如何把我的想法告訴你，我們提出來的任何命題都好像是在打轉，不肯固定下來。

蘇 你的陳述，歐緒弗洛，似乎屬於我的祖先代達羅斯⑱。[c]如果這些陳述是我說的，是我提出來的，你也許會開我的玩笑，說和我這個代達羅斯的後代在一起，討論中得出的結論也會逃跑，不肯待在安放它的地方。然而，由於這些論斷是你的，所以我們得笑話你，如你本人所說，它們不肯待在你安放它們的地方。

歐 我認爲這個玩笑適用於我們的討論，蘇格拉底，因爲使這些結論打轉、不肯待在同一個地方的不是我；[d]在我看來你就是代達羅斯，而由我提出來的論斷是確定不移的。

蘇 看起來我使用我的技藝比代達羅斯更在行，我的朋友，他只能把他本人的作品造成能移動的，而我不僅能使其他人移動，而且能使自己移動。我的技藝中最厲害的部分就是我是能幹的，但並不想成爲能幹的，因爲我寧可讓你的陳述在我這裡保持不動，[e]

---

⑱ 代達羅斯（Δαιδάλος），希臘傳說中的建築師和雕刻家，據說他雕刻的石像會走路，眼睛會動。蘇格拉底打趣稱自己是代達羅斯的後代，因爲蘇格拉底的父親是石匠和雕刻匠，蘇格拉底年輕時也當過雕刻匠。

勝過擁有坦塔羅斯⑲的財富以及代達羅斯的技藝。不過，這一點已經講夠了。因爲我認爲你在製造不必要的麻煩，我和你一樣，渴望找到一種可以教導我什麼是虔敬的方式，在你這樣做之前千萬別放棄。想想看，你是否認爲凡是虔敬的必然是公正的。

歐　我想是這樣的。

3. 定義三：作為實踐技藝的虔敬（11e-15c）

蘇　那麼，凡是公正的也一定是虔敬的嗎？或者說，凡是虔敬的都是公正的，[12]但是並非所有公正的都是虔敬的，而是有些是，有些不是？

歐　我跟不上你的話，蘇格拉底。

蘇　然而你比我年輕，就如你比我聰明。如我所說，你正在製造麻煩，由於你的智慧的財富。集中精力，老兄，我所說的不難把握。我所說的正好與詩人⑳所說的相反：「你不希望說出宙斯的名字，是他做的，[b]他使一切事物生長，凡有恐懼之處也有羞恥。」我不同意詩人的看法。要我告訴你爲什麼嗎？

歐　請說。

蘇　我不認爲「凡有恐懼之處也有羞恥」，因爲在我看來有許多人恐懼疾病、貧窮，等等

---

⑲ 坦塔羅斯（Ταντάλος），希臘傳說中的呂底亞國王，十分富有。

⑳ 指斯塔昔努（Στασίνος），希臘詩人，撰有長詩《賽普勒斯人》（Κύπρια），已佚失。

可怕的東西，但並不爲他們恐懼的東西羞恥。你不這樣認爲嗎？

歐　我確實這樣想。

蘇　然而，有羞恥之處也有恐懼。［c］有人對某樣事物感到羞恥和窘迫，不也會同時感到恐懼和害怕惡名嗎？

歐　他肯定會害怕。

蘇　所以說「凡有恐懼之處也有羞恥」是不對的，而是有羞恥之處也會有恐懼，因爲恐懼包括的範圍比羞恥廣。羞恥是恐懼的一部分，就像奇數是數的一部分，結果會是，有數的地方也會有奇數，這樣說是不對的，而應當說有奇數的地方也有數。你現在跟得上我了嗎？

歐　當然。

蘇　這就是我前面問的這種事情，［d］凡有虔敬之處也有公正，然而有公正之處並非總是有虔敬，因爲虔敬是公正的一部分。我們是否要這樣說，或者你有其他想法？

歐　沒有，我的想法與之相似，因爲你說的好像是對的。

蘇　現在來看下面的事情：如果虔敬是公正的一部分，那麼我們似乎必須找到它是公正的哪個部分。現在假定你問我們剛才提到的事情，比如數的哪個部分是偶數，偶數是什麼數，那麼我會說，偶數是能被二分成兩個相同部分的數，不是能被三分成兩個不同部分的數。或者，你不這麼認爲？

歐　我是這樣想的。

蘇　〔e〕以這種方式試著告訴我，虔敬是公正的什麼部分，這樣我們就能告訴美勒托，不要再傷害我們，不要控告我褻瀆，因爲我已經向你充分學習了什麼是信神的，什麼是虔敬，什麼不是信神的，什麼不是虔敬。

歐　我認爲，蘇格拉底，信神的和虔敬的是公正的一部分，與侍奉諸神有關，而與侍奉人有關的是公正的其他部分。

蘇　在我看來你說得很好，但我仍舊需要一點兒知識。〔13〕我不懂你說的侍奉是什麼意思，因爲你說的諸神的侍奉和其他事物的侍奉不是一個意思，比如，我們說，並非每個人都知道怎樣侍奉馬匹，知道怎樣侍奉馬匹的是養馬人。

歐　對，我是這麼看的。

蘇　所以養馬是馬的侍奉。

歐　是。

蘇　同理，並非每個人都知道怎樣侍奉獵犬，知道怎樣侍奉獵犬的是獵人。

歐　是這樣的。

蘇　〔b〕所以狩獵是獵犬的侍奉。

歐　是。

蘇　養牛是牛的侍奉。

歐　是這樣的。

蘇　而虔敬和信神是諸神的侍奉，歐緒弗洛。你是這個意思嗎？

歐 是的。

蘇 現在，侍奉在各種情況下都有相同的效果，其目的都是爲了侍奉的對象好處和福利，如你所看到的，馬在養馬人的侍奉下得到好處，變得更好。或者說，你不這樣認爲？

歐 我這樣認爲。

蘇 所以，養狗使狗得到好處，養牛使牛得到好處，—c—其他事物莫不如此。除非你認爲侍奉的目的在於傷害侍奉的對象，是嗎？

歐 宙斯在上，我絕對不這樣想。

蘇 侍奉的目的是爲了有益於侍奉的對象嗎？

歐 當然。

蘇 那麼，虔敬作爲對諸神的侍奉，其目的也是爲了使諸神得益，使祂們變好嗎？你同意，當你做一件虔敬的事情時，你使某位神變好，是嗎？

歐 宙斯在上，我不同意。

蘇 我也不認爲這是你的意思，遠非如此，—d—但這是我剛才問你諸神的侍奉是什麼意思的原因，因爲我不相信你指的是這種侍奉。

歐 相當正確，蘇格拉底。我指的不是這種侍奉。

蘇 很好，那麼虔敬是對諸神什麼樣的侍奉呢？

歐 這種侍奉，蘇格拉底，就像奴僕對他們的主人。

蘇 我明白了。它像是一種對諸神的服侍。

歐　正是這樣。

蘇　你能告訴我醫生進行服侍想要實現什麼目標嗎？你不認爲這個目標是獲得健康嗎？

歐　我是這樣想的。

蘇　|e|造船工的服侍怎麼樣？它想要實現什麼目標？

歐　這很清楚，蘇格拉底，造船。

蘇　建築師的服侍是造房子嗎？

歐　是的。

蘇　那麼告訴我，老兄，對諸神的服侍想要實現什麼目標？你顯然知道，因爲你說自己在所有人中擁有關於神的最好的知識。

歐　我說的是眞話，蘇格拉底。

蘇　那麼告訴我，宙斯在上，諸神使用我們，把我們當作祂們的奴僕，爲的是實現什麼卓越的目標？

歐　許多好東西，蘇格拉底。

蘇　|14|將軍們也一樣，我的朋友。不管怎麼說，你能輕易地告訴我他們主要的關心，這就是在戰爭中取勝，不是嗎？

歐　當然是。

蘇　我認爲，農夫也獲得許多好東西，但他們努力的要點是從土地中生產糧食。

歐　確實如此。

蘇 那麼好，你會如何總結諸神獲得的許多好東西呢？

歐 剛才我對你說過，蘇格拉底，要獲得關於這些事情的準確知識是一項繁重的任務，[b]但是簡要說來，就是在祈禱和獻祭中知道怎麼說和怎麼做能讓諸神喜歡，這些都是虔敬的行爲，可以保全私人的住宅和城邦的公共事務。與這些令諸神喜悅的行爲相反的行爲是褻瀆的，會顚覆和摧毀一切。

蘇 如果你願意，你能更加簡潔地回答我的問題，[c]歐緒弗洛，但你並不熱心開導我，這一點很清楚。你剛要說到節骨眼上，又偏離了正題。如果你提供了回答，那麼我現在就已經從你這裡獲得了有關虔敬本性的充足知識。沒辦法，愛好詢問的人必須跟隨他愛的東西，無論詢問會把他引向何處。再問你一次，什麼是虔誠，什麼是虔敬？它們是關於獻祭和祈禱的知識嗎？

歐 它們是。

蘇 獻祭就是給諸神送禮，祈禱就是向諸神乞討嗎？

歐 一點都不錯，蘇格拉底。

蘇 [d]從這個陳述可以推論，虔敬是一種如何給諸神送禮和向諸神乞討的知識。

歐 你很好地理解了我說的意思，蘇格拉底。

蘇 這是因爲我非常想要得到你的智慧，我用心聽講，不會錯過你講的每一個詞。但是告訴我，什麼是對諸神的服侍？你說就是向祂們乞討和給予祂們禮物嗎？

歐 我是這樣說的。

蘇　正確的乞討就是向祂們索取我們需要的東西嗎？

歐　還能是什麼？

蘇　—e—正確的給予就是祂們需要的東西由我們來給祂們，給有需要的人送禮談不上什麼技藝嫺熟。

歐　對，蘇格拉底。

蘇　那麼虔敬就是一種諸神與凡人之間交易的技藝，是嗎。

歐　交易，是的，如果你喜歡這樣叫它。

蘇　如果它不是這樣，我不會喜歡這樣叫它。但是告訴我，諸神從我們奉獻的禮物中能得到什麼好處？祂們給了我們什麼是所有人都清楚的。—15—我們的好東西沒有一樣不是從祂們那裡得來的，但是祂們從我們這裡得到的東西如何使祂們得到益處？或者，我們在這種交易中是否占了祂們的便宜，我們從祂們那裡得到了所有好東西，而祂們從我們這裡一無所獲？

歐　蘇格拉底，你假定諸神透過從我們這裡得到的東西來獲益嗎？

蘇　從我們這裡得到的禮物對諸神來說還能是什麼，歐緒弗洛？

歐　除了榮耀、敬仰，還有我剛才說的討好祂們，你認爲還能是什麼？

蘇　—b—那麼，歐緒弗洛，虔敬就是討好諸神，而不是對祂們有益或親近，是嗎？

歐　我認爲虔敬是一切事物中對祂們最親近的。

蘇　所以，虔敬再次成爲對諸神親近的東西。

歐　確實如此。

蘇　你說這話的時候感到驚訝了嗎，因爲你的論證似乎在移動，不能固定在你安放它們的地方？你還會指責我是能造出事物來移動的代達羅斯嗎，儘管你本人比代達羅斯更在行，造出事物來轉圓圈？[c]難道你不明白，我們的論證遊移不定，轉了一大圈又回到原來的地方？你肯定記得我們在前面發現虔敬和被神喜愛不是一回事，而是有差異。或者說，你不記得了？

歐　我記得。

蘇　那麼你沒有意識到你正在說對諸神親近的就是虔敬的，是嗎？對神親近與被神喜愛是相同的嗎？或者說是不同的？

歐　確實如此。

蘇　要麼我們在贊同前面的看法時錯了，要麼，如果我們前面是對的，那麼我們現在錯了。

歐　似乎如此。

四、結語：逃匿的普洛托斯（15c-16a）

蘇　所以我們必須再次重頭開始，考察什麼是虔敬。在我學會之前，我決不放棄。別認爲我一錢不值，[d]集中精力，把眞相告訴我。世上若有人知道這個眞相，那就是你，我

一定不能放你走，就像普洛托斯㉑，直到你說出來爲止。如果你對虔敬和褻瀆沒有眞知灼見，你就不會代表一名奴僕，冒險告發你的老父親殺人。你會感到恐懼，擔心自己要是不能公正地行事會引起諸神的憤怒，在凡人面前你也會感到羞恥，|e|但是現在我知道了，你相信自己擁有關於虔敬和褻瀆的清楚的知識。所以，告訴我，我的大好人歐緒弗洛，別再對我隱瞞你的想法。

歐　另外再找時間吧，蘇格拉底，我有急事，現在就得走。

蘇　這是在幹什麼，我的朋友？你扔下我不管，|16|讓我巨大的希望落空，我原來想要向你學習虔敬和褻瀆的本性，以逃脫美勒托的控告，我可以對他說，我已經從歐緒弗洛那裡獲得有關神聖事物的智慧，我的無知不會再使我輕率地、別出心裁地對待這些事情，這樣的話，我的餘生就會過得好些了。

㉑ 普洛托斯（Πρωτεύς），變幻無常的海神，參閱荷馬：《奧德賽》，IV. 382以下。

小希庇亞篇

提要

柏拉圖有兩篇對話，都叫「希庇亞」，較長的一篇稱作《大希庇亞篇》，較短的一篇稱作《小希庇亞篇》。有學者認爲《大希庇亞篇》寫作時間在前，故稱之爲《希庇亞前篇》，《小希庇亞篇》寫作時間在後，故稱之爲《希庇亞後篇》。亞里斯多德引述過《小希庇亞篇》，但沒有提及作者的名字。有些學者認爲《小希庇亞篇》是柏拉圖的眞作，而《大希庇亞篇》則是僞作。本文對話人有蘇格拉底、希庇亞和歐狄庫。歐狄庫名不見經傳。希庇亞則是西元前五世紀末負有盛名的一位智者。柏拉圖說他博聞強識，通曉多門技藝。他擅長天文、算術、幾何，會製作戒指、印章、刮刀，能創作敘事詩、悲劇、酒神祭，以及各種散文，就像智慧的化身。

西元一世紀的塞拉緒羅在編定柏拉圖作品篇目時，將本文列爲第五組四聯劇的第四篇，稱其性質是「駁斥性的」，稱其主題是「論虛假」。❶「虛假」一詞的希臘文是「ψευδής」。這個詞的釋義有「假」、「錯」、「撒謊」，等等。這個希臘詞的反義詞是「ἀληθής」（眞、對、眞實、誠實）。從內容看，本文集中討論荷馬史詩。

本文可以分爲三個部分：

❶ 參閱第歐根尼·拉爾修：《名哲言行錄》3:60。

第一部分（363a-369b），初步的爭論 希庇亞在賽會上作了演講展示以後，蘇格拉底沒有去和希庇亞爭論，而是向歐狄庫承認他對希庇亞的觀點有所不滿。歐狄庫詢問希庇亞是否願意回答蘇格拉底的問題。希庇亞自負地表示願意。在歐狄庫的鼓動下，蘇格拉底問希庇亞，荷馬筆下的哪一位英雄更好，是阿喀琉斯還是奧德修斯？蘇格拉底要求希庇亞進一步解釋他對荷馬史詩中的兩位英雄阿喀琉斯和奧德修斯的看法。希庇亞說，荷馬在史詩中認爲阿喀琉斯是攻打特洛伊的希臘英雄中「最優秀、最勇敢的」，是誠實的，而奧德修斯是「聰明的」，是撒謊者，不講眞話。希庇亞同意荷馬的看法，認爲誠實和說謊是對立的，同一個人不能既是誠實的，又是撒謊者。蘇格拉底對希庇亞的觀點提出質疑。蘇格拉底指出，撒謊者是有能力的人，沒有能力的人不能撒謊，撒謊者是有知識的人，他最能就事物說眞話，也最能就事物說假話；在任何學問和技藝中，同一個人可以既是誠實的，又是撒謊者，既說眞話，又說假話。在蘇格拉底的追問下，希庇亞承認自己沒有能力找到誠實與說謊對立的事例。希庇亞像大多數希臘人一樣，認爲在前往特洛伊的希臘英雄中間，阿喀琉斯顯然是最好的，而奧德修斯善於欺騙，詭計多端，這一品質使奧德修斯不可能成爲最好的人，連有美德的人也算不上。蘇格拉底誘使希庇亞和他一起探討，在對話第一部分得出結論：說眞話者和說謊話者其實是同一類人，希庇亞勉強同意蘇格拉底這一證明。

第二部分（369b-373c），論點重建，揭示有意和無意、自覺和不自覺的矛盾 希庇亞堅持認爲，阿喀琉斯是誠實的，他撒謊是無意的、不自覺的；而奧德修斯無論是在說眞話還是在撒謊，都是有意的、自覺的；無意撒謊者比有意撒謊者要好。蘇格拉底說自己一開始的想法與希庇亞完全相反，然後又認爲自己的想法過於輕率，需要進一步討論「自覺做壞事的人好，還是不自覺地做壞事的人好」（373c）。擔心自己的講話會使希庇亞不快，蘇格拉底轉向歐狄庫，指責他發起了整個討論，要他敦促希庇亞做出回答。歐狄庫反諷蘇格拉底，說根本沒有這種催促的必要，因爲希庇亞不會逃避任何人的問題。但爲了滿足聽衆的好奇，也爲了希庇亞的聲譽，他還是敦促希庇亞繼續回答問題。蘇格拉底證明，自覺行不義是好人和好靈魂的標誌，而不自覺地行不義是壞人和壞靈魂的標誌。這使希庇亞感到恐慌。而蘇格拉底也承認，這一結論也使他這樣的普通人焦慮不已，所以他才希望富有智慧的希庇亞對他伸出援手。

第三部分（373c-376c），論點的延伸　蘇格拉底從體育、醫術、技藝、科學等方面提問，犯錯誤是自覺的還是不自覺的。經過一番推論，蘇格拉底得出結論：「那些自覺地作惡的靈魂比那些不自覺地作惡的靈魂要好」。（375d）希庇亞迅速否定這一結論。蘇格拉底堅稱這一結論是唯一可能的推論，而希庇亞拒不接受。蘇格拉底認爲自己的觀點表達得太直接，希望可以消除希庇亞內心的思想危機。蘇格拉底說，正義不是某種能力就是某種知識，或者既是能力又是知識。希庇亞表示同意這兩種觀點。蘇格拉底指出，靈魂憑藉能力和技藝才有可能故意做得差。更有能力和更好的靈魂會有意行不義，而壞的靈魂無意行不義。希庇亞同意蘇格拉底的這些看法。蘇格拉底最後做出推導：故意犯錯、行可恥不義之舉的人，如果眞有這樣的人的話，他不是別人，只能是好人。希庇亞表示拒不接受這一結論。蘇格拉底說，普通人在這些事情上搖擺不定，不足爲奇，但像希庇亞這樣的聰明人也會這樣，那眞是太可怕了！他在絕望中哀歎，人類將永遠處於道德混亂之中，因爲即使在遇到你這樣的人以後，我們還是無法擺脫困惑。

正文

談話人：歐狄庫、蘇格拉底、希庇亞

一、最初的爭論（363a-369b）

1. 快速解決之道（363a-367d）

歐 363 你爲何不說話，蘇格拉底，在希庇亞❷作了一番展示之後？你爲什麼不和我們一道讚揚他所說的某些觀點和事情，或者對某些事情進考察，如果你感到有什麼事情他說得不好——尤其是，大多數聲稱要來分享哲學訓練的人已經離開，只剩下我們自己了？

蘇 確實如此，歐狄庫❸，b 希庇亞剛才談論荷馬時提到的有些事情我想再聽聽。因爲你父親阿培曼圖❹曾經說荷馬的《伊利亞特》比《奧德賽》要好，就好比阿喀琉斯❺比奧

---

❷ 希庇亞（Ἱππίας），智者，談話人。

❸ 歐狄庫（Εὔδικος），談話人，也出現在《大希庇亞篇》。

❹ 阿培曼圖（Ἀπημάντος），歐狄庫之父。

❺ 阿喀琉斯（Ἀχιλλεύς），荷馬史詩中的希臘聯軍大英雄。

德修斯❻要好；他說，這兩部詩歌一部是關於奧德修斯的，另一部是關於阿喀琉斯的。我想就此再提些問題，如果希庇亞願意。對這兩個人他是怎麼想的？[c] 他們中的哪一位他認爲更好？因爲在剛才的展示中他已經把所有事情都告訴我們了，有關其他詩人的事和有關荷馬的事。

歐 希庇亞顯然不會拒絕回答你向他提出的任何問題。對嗎，希庇亞？如果蘇格拉底問你一些事，你願意回答，還是不願意回答？

希 噢，如果我不願意，那就太奇怪了，歐狄庫。每逢希臘人在奧林匹亞❼舉行慶典，[d] 我都要從埃利斯❽的家中去那裡的神廟，應邀在那裡講話，談論任何我準備展示的主題，回答任何問題，只要有人想問。現在我幾乎不可能不回答蘇格拉底的問題。

蘇 [364] 你的心靈狀態確如天神一般，希庇亞，如果你每次去奧林匹亞神廟都對你的靈魂的智慧充滿自信！如果有體育運動員去那裡參加競賽，也能對他的身體無所擔憂，充滿自信，就像你所說的對你的理智一樣，那麼我會感到驚訝！

希 我處於這樣的心靈狀態是合理的，蘇格拉底。從我參加奧林匹亞競技會的比賽開始，

---

❻ 奧德修斯（Ὀδυσσεύς），荷馬史詩中的希臘聯軍英雄。
❼ 奧林匹亞（Ὀλυμπία），地名。
❽ 埃利斯（Ἦλις），地名。

我從未發現有任何人在任何事情上比我強。

蘇 |b|答得好，希庇亞。你的名望對埃利斯城邦和你的父母來說是一座智慧的豐碑。不過，關於阿喀琉斯你對我們是怎麼說的？你說他們哪一位比較好，在什麼方面？剛才你演講的時候有很多人在場，儘管我不明白你說的事情，但我對要不要向你提問猶豫不決。剛才人太多了，我不想由於提問而妨礙你的表演。而現在，只有我們幾個，歐狄庫又催著要我向你提問，|c|所以，你就說吧，清楚地對我們進行一番指導。關於這兩個人，你是怎麼說的？你如何區分他們？

希 好吧，我也很高興能比剛才更加清楚地向你解釋我對這些人和其他人的看法。我說荷馬把阿喀琉斯說成那些去特洛伊❾的人中間「最優秀和最勇敢」的人，把涅斯托耳❿說成最聰明的人，把奧德修斯說成最狡猾的人。

蘇 你在說什麼？希庇亞，如果我難以理解你的話，經常重複我的問題，|d|你能幫個忙，不笑話我嗎？請你試著溫和地、好脾氣地回答我。

希 蘇格拉底，我收費授徒，如果我本人不能仁慈地對待你的提問，溫和地加以回答，那是我的恥辱。

---

❾ 特洛伊（Τροία），地名。

❿ 涅斯托耳（Νέστωρ），荷馬史詩中的希臘聯軍英雄。

蘇 說得好。說實話，當你說這位詩人把阿喀琉斯說成「最優秀和最勇敢」的人，把涅斯托耳說成最聰明的人的時候，|e|我想我懂你的意思。但是當你說他把奧德修斯說成最狡猾的人的時候——嗯，說實話，我完全不明白你這樣說是什麼意思。不過，告訴我這一點吧，也許能使我理解得好些。荷馬沒把阿喀琉斯說成狡猾的嗎？

希 肯定沒有，蘇格拉底，而是說他最樸素、最誠實；因爲在那段所謂「祈禱詞」中，他讓他們交談，阿喀琉斯對奧德修斯說：|365|「拉埃爾特⓫之子、宙斯的後裔、足智多謀的奧德修斯，我會把心裡想要做的事明明白白地說出來，我相信我一定會這樣做。有些人心裡想的是一回事，嘴上說的是另一回事，這種人就像哈得斯⓬的大門那樣可恨。|b|而我心裡怎麼想，嘴上就怎麼說。」⓭在這幾行詩中，他清楚地揭示了他們各自的行爲方式，阿喀琉斯是誠實的，樸素的，而奧德修斯是狡猾的，是撒謊者⓮；因爲他讓阿喀琉斯對奧德修斯說了這些話。

蘇 現在，希庇亞，我也許懂你的意思了。你的意思是狡猾的人是撒謊者，或者像撒謊者。

⓫ 拉埃爾特（Λαέρτης），奧德修斯之父。

⓬ 哈得斯（Ἅιδης），亦譯冥府。

⓭ 荷馬：《伊利亞特》9:308-310, 312-314。這段「祈禱詞」的場景是奧德修斯、福尼克斯、埃阿斯懇求阿喀琉斯平息憤怒，重返戰鬥。

⓮ 或譯爲「說了假話的人」，無論其主觀意向是否欺騙。

希　〔c〕確實如此，蘇格拉底。荷馬在許多地方都把奧德修斯說成這種人，既在《伊利亞特》，又在《奧德賽》當中。

蘇　所以看起來，荷馬認爲誠實的人是一種人，撒謊者是另一種人，他們不是同一種人。

希　他怎能不這樣想，蘇格拉底？

蘇　你自己也這樣想嗎，希庇亞？

希　當然，蘇格拉底，如果我有別的想法，那豈不是很奇怪？

蘇　〔d〕那麼我們不談荷馬了，因爲我們不可能去問他寫下這些詩句時是怎麼想的。但由於你顯然接下了這件事，對你所說的他的意思表示同意，那就由你來代表荷馬和你自己來回答我的問題。

希　好吧。不管問什麼，請儘量簡短。

蘇　你認爲撒謊者，就像病人一樣，沒有能力做任何事情，還是有能力做某些事情？

希　我說他們非常有能力做許多事情，尤其是騙人。

蘇　〔e〕所以，按照你的論點，他們好像既是有能力的，又是狡猾的。對嗎？

希　對。

蘇　他們是狡猾的，是騙子，是由於愚蠢和笨拙，還是由於狡詐和某種理智？

希　肯定是由於狡詐和理智。

蘇　所以他們好像是理智的。

希　對，宙斯在上。他們非常精明。

蘇　既然他們是理智的，他們不知道他們在做什麼，還是知道他們在做什麼？

希　知道得很。這就是他們幹壞事的方式。

蘇　明白他們知道的事，那麼他們是無知的，還是聰明的？

希　—366—當然是聰明的，至少在這些事情上：欺騙。

蘇　停一下。讓我們回憶一下你說了些什麼。你主張撒謊者是有能力的、有理智的、有知識的，在他們撒謊的這些事情上是聰明的，是嗎？

希　我是這麼主張的。

蘇　誠實者和撒謊者不同，相互之間完全對立嗎？

希　我是這麼說的。

蘇　那麼好吧。按照你的論點，撒謊者是有能力的人、聰明的人。

希　當然。

蘇　—b—當你說撒謊者在這些事情上是有能力的、聰明的時候，你的意思是他們有能力撒謊，如果他們想要撒謊的話，還是在他們是撒謊者的事情上沒有能力？

希　我的意思是他們有能力。

蘇　那麼，簡言之，撒謊者是聰明的，有能力撒謊。

希　對。

蘇　所以，一個沒有能力撒謊和無知的人不會是個騙子。

希　對。

蘇　—c—但是一個人，當他想做某事的時候就能做，這樣的人是有能力的。我的意思是，有些人受阻於疾病或其他類似的事情不能這樣做，有些人，比如你，要是願意，就有能力寫下我的名字。你有能力做這件事，只要你想做。這就是我的意思。或者，你不會說這樣的人是有能力的吧？

希　我會這樣說。

蘇　現在告訴我，希庇亞，你不是精於計算和算術嗎？

希　我對所有這些都極爲精通，蘇格拉底。

蘇　所以如果有人問你，七百的三倍是多少，如果你願意，你難道不會馬上把正確答案告訴他嗎？

希　—d—當然會。

蘇　因爲你在這些事情上是最能幹，最聰明的嗎？

希　是的。

蘇　那麼，你僅僅是最有能力的、最聰明的，還是你在這些你最有能力、最聰明的事情上也是最優秀的，也就是在算術中？

希　當然也是最優秀的，蘇格拉底。

蘇　那麼關於這些事情，你最有能力說眞話嗎？

希　—e—我認爲是這樣的。

蘇　但對同樣這些事情，你能說假話嗎？請你仍以到現在爲止表現出來的坦率和寬宏大量的態度來回答，希庇亞斯。假如有人問你三乘七百是多少，而你想要撒謊，始終一貫地說這些事情的假話，—367—那麼你能極好地撒謊嗎？或者說，對計算一無所知的人比你更有能力撒謊，如果他希望這樣做的話？你不認爲，無知者經常不自覺地說了眞話，當他希望說假話的時候，如果發生這種情況，乃是因爲他不懂；而你，一個聰明人，如果希望撒謊，你能始終一貫地撒謊嗎？

希 能，事情就像你說的一樣。

蘇 那麼，撒謊者在其他事情上撒謊，而不對數字撒謊——對數字他不會撒謊嗎？

希 不，宙斯在上，對數字他也撒謊。

蘇 —b—所以我們應當堅持這一點，希庇亞，有這樣的人，他對計算和數字撒謊。

希 是的。

蘇 誰會是這個人？他一定沒有能力撒謊嗎，如你剛才同意的那樣，如果他想要成爲一名撒謊者？如果你記得，你說過一個沒有能力撒謊的人決不會變成撒謊者。

希 我記得。我說過。

蘇 你剛才不是說你最有能力在計算方面撒謊嗎？

希 對。我也說過這樣的話。

蘇 —c—那麼，你也最有能力在計算方面說眞話嗎？

希 當然。

蘇 那麼同一個最有能力人對計算既能說假話又能說眞話。這個人在這些事情上是好的，是算術家，是嗎？

希　是的。

蘇　那麼誰在計算方面成了撒謊者，希庇亞，這個好人以外的其他人嗎？因爲這個人也是有能力的、誠實的。

希　顯然如此。

蘇　那麼，你看到同一個人對這些事情可以既是撒謊者又是誠實的，「d」誠實者並不比撒謊者好到哪裡去嗎？確實，誠實者和撒謊者是同一個人，二者並非完全對立，如你剛才所假設的那樣。

希　好像不是對立的，至少在這個範圍內。

2. 支持論點的類比（367d-369b）

蘇　那麼，你希望考察其他範圍嗎？

希　如果你想要。

蘇　你對幾何不也很擅長嗎？

希　是的。

蘇　那麼好，在幾何學中不也是一樣的嗎？同一個人不是最有能力對幾何圖形既說眞話又說假話，也就是說，他就是幾何學家嗎？

希　是。

蘇 還有其他人在這些事情上是好的，⑮或者是幾何學家嗎？

希 —e—沒有其他人了。

蘇 那麼這個好的、聰明的幾何學家在這兩個方面最有能力，不是嗎？如果說有人能對圖形說假話，那就是這個人，這個好的幾何學家，是嗎？因爲他有能力撒謊，而壞人是沒有能力的；一個沒有能力撒謊的人不能成爲撒謊者，如你所承認的那樣。

希 對。

蘇 讓我們來考察第三個人，天文學家，—368—你認爲對他的技藝你知道得比前面那些人的技藝更好。對嗎，希庇亞？

希 對。

蘇 天文學中不也存在相同的情形嗎？

希 可能是這樣的，蘇格拉底。

蘇 在天文學中也是這樣，如果有誰是撒謊者，那一定是那個好天文學家，他有能力撒謊。而一定不會是那個沒有能力的人，因爲他是無知的。

希 好像是這種情形。

蘇 所以同一個人在天文學中既是誠實的又是撒謊者。

---

⑮ 在某些事情上好，亦即擅長做這些事情。

希　好像是這樣的。

蘇　〔b〕那麼來吧，希庇亞。讓我們對所有學問做相似的考察。看有什麼學問與我們說過的這些學問不同，或者全都是這個樣子？我知道你在許多門技藝中都是最聰明的人，因爲我曾聽到你爲此而自誇。在市場上，在錢莊老闆的桌邊，你談論你那偉大的、令人妒忌的智慧。你說你有一次去奧林匹亞，身上所有東西都是你自己製造的。首先，你戴的戒指——你從這樣東西開始說起——是你自己的作品，〔c〕表明你懂得如何雕刻戒指。另外有一枚印章，也是你的作品，還有一塊刮身板⑯和一個油瓶，是你自己造的。然後你說，你自己切割皮子做了你現在穿在腳上的這雙涼鞋、自己織布做了這件斗篷和外衣⑰。最令所有人感到非比尋常的，展示出最偉大的智慧的，是你外衣上鑲的花邊，很像最昂貴的波斯花邊，也是你自己做的。除了這些東西，你說你還帶來了詩歌——史詩、悲劇、〔d〕酒神頌歌，以及各式各樣的散文作品。你說你帶來知識，這種知識使你在我剛才提到的所有科目中出人頭地，還有韻律、諧音、訂正字母，此外還有許多事情，如果我還記得。噢，我好像忘了提起你的記憶術，你認爲自己在這方面是最出色的。我假定，〔e〕我還忘了其他許多事情。但是，我要說，看一下你自己的技

⑯ 一種工具，用來刮除體育訓練以後爲清洗汗水和泥土塗在皮膚上的橄欖油的殘渣。

⑰ 希臘人長達膝蓋的短袖束腰外衣。

藝——它們已經足夠了——還有其他人的技藝，告訴我，你是否發現有任何事例，在其中一個人是誠實的，而另一個人（注意區別，不是同一個人）369是撒謊者。找一個事例，無論用你的什麼智慧，或者你要是喜歡，叫它罪惡也可以，或者隨便你怎麼叫它；但是你找不到，我的朋友，因爲根本不存在這樣的事例。所以，你說吧！

希 但是，我做不到，蘇格拉底；至少，我現在做不到。

蘇 我想，你決無可能做到。但若我說的是眞的，你應當記得從我們的論證中可以推論出來的結果。

希 我完全不明白你的意思，蘇格拉底。

蘇 我假定這是因爲你沒有使用你的記憶術；你顯然認爲現在你不需要。不過，我會提醒你的。b你記得你說過阿喀琉斯是誠實的，而奧德修斯是撒謊者，是狡猾的嗎？

希 我說過。

蘇 那麼你現在明白了，我們已經發現這同一個人既是撒謊者又是誠實的，所以如果奧德修斯是撒謊者，那麼他也變成了誠實的，如果阿喀琉斯是誠實的，那麼他也變成了撒謊者，所以，所以這兩個人不是相互不同的，也不是相互對立的，而是相同的，是嗎？

二、論點的重建（369b-373c）

1. 分歧（369b-372a）

希　噢，蘇格拉底！你老是在編造論證之網。〔c〕你把論證最困難的地方挑出來，糾纏這些細節，而不就整個主題展開討論。所以，現在，如果你願意，我會用充足的論據向你證明，荷馬把阿喀琉斯說得比奧德修斯好，不是撒謊者，而把後者說成是騙人的，撒了許多謊，比阿喀琉斯要壞。然後，如果你願意，你可以提供一項與我的論證相匹配的論證，以證明奧德修斯較好。以這種方式，在場的人就能比以前更加明白我們中間誰講得比較好。

蘇　〔d〕希庇亞，我不置疑你比我聰明，但這是我的習慣，別人說了些什麼，我就密切注意他，尤其是說話者在我看來是聰明的。這是因爲我想要了解他的意思，我不停地向他提問，對他說的事情逐一加以考察，這樣我自己就能弄明白了。如果說話者在我看來是個沒有價值的人，那我既不會提問，也不在意他說了些什麼。用這種方法，你能知道我把哪些人當作聰明人。〔e〕你會發現我談到這類人的時候是一貫的，我不停地向他提問，這樣才能從中獲益，學到某些東西。所以，我注意到，你在剛才的講話中引述的那些詩句——阿喀琉斯對奧德修斯說話，表明奧德修斯好像是個騙子——在我看來是荒謬的，如果你說得對，〔370〕那麼我們不能在任何地方把奧德修斯（狡猾的這一個）

人描繪成騙子，並且按照你的論證，阿喀琉斯才應當被描繪成狡猾的。在任何情況下，他都撒了謊。他先說了你剛才複述過的那些話，「有些人心裡想的是一回事，嘴上說的是另一回事，這種人就像冥府的大門那樣可恨。」[18] b 稍後，他說自己不會聽從奧德修斯和阿伽門農[19]的勸告，也不會留在特洛伊。他又說：「明天我會向宙斯和全體天神獻祭，然後我會把船隻裝上貨物，拖到海上。只要你願意，這樣的事還值得你關心，那麼你就會看到，拂曉時我的船就會航行在多魚的赫勒斯旁[20]海上，c 我的人熱心划槳；要是那位聞名的震撼大地的海神賜我順利的航行，第三天我就能到達土地肥沃的弗提亞。」[21]還有，在此之前，他在辱罵阿伽門農時說：「我現在要回弗提亞，帶著我那些有著鳥嘴形船頭的戰船，那樣要好得多，d 我可不想在這裡忍受侮辱，爲你掙得財產和金錢。」[22]儘管他說了這些事情——一次當著全軍的面，一次當著他的同伴的面——但他沒有在任何地方準備或者企圖拉走戰船，航行回家。倒不如說，他表現出一種對說眞話的高度蔑視。所以，希庇亞，我從頭到尾都在向你提問，e 因爲我

---

[18] 荷馬：《伊利亞特》9:308。

[19] 阿伽門農（Αγαμέμνων），邁錫尼國王，攻打特洛伊時的希臘聯軍統帥。

[20] 赫勒斯旁（Ἑλλήσποντος），地名。

[21] 荷馬：《伊利亞特》9:357-363。震撼大地的海神指波賽冬。弗提亞（Φθία），神話中的冥府福地。

[22] 荷馬：《伊利亞特》1:169-171。

感到困惑，詩人對這兩個人的刻畫哪一個更好，我想他們兩位都是「最優秀的和最勇敢的」，很難辨別哪一位更好，不僅涉及他們哪一個在說眞話，哪一個在撒謊，而且也涉及美德；因爲在這個方面，兩個人也差不多。

希 那是因爲你沒有正確地看待這個問題，蘇格拉底。阿喀琉斯說謊的時候，他被刻畫爲撒謊，但不是有意的，而是無意的，他被迫待在軍中，等這支軍隊遭遇不幸的時候提供幫助。而奧德修斯撒謊是有意的、有目的的。

蘇 你在欺騙我，親愛的希庇亞，你在模仿奧德修斯！

希 |371|完全不是，蘇格拉底！你什麼意思？你指什麼？

蘇 我指你說阿喀琉斯撒謊不是有意的——他也是這樣的一個騙子和陰謀家，還要加上他的欺詐，如荷馬所說的那樣。他表現得比奧德修斯還要聰明，很容易就把奧德修斯騙了而不被察覺，面對奧德修斯，他自相矛盾，而奧德修斯竟然沒有察覺。不管怎麼說，奧德修斯沒有被刻畫成對阿喀琉斯說了些什麼，|b|表明他察覺到阿喀琉斯撒了謊。

希 你在說什麼，蘇格拉底？

蘇 你難道不知道，他在對奧德修斯說自己拂曉時就要啓航回家以後，他對埃阿斯沒有說自己要啓航回家，而是另一種說法？

希 他在哪裡說的？

蘇　在那些詩句中，他說：「在英勇的普利亞姆[23]之子、c 神一般的赫克托耳[24]殺死阿耳戈斯人，放火燒毀密耳彌冬[25]人的營帳之前，我不會準備參加這場流血的戰爭。但我懷疑，儘管赫克托耳渴望打仗，但他一定會在我的營帳和黑色的船隻前停下來。」[26] d 所以，希庇亞，你認爲這位忒提斯[27]之子，曾經受教於賢人喀戎[28]的人，記性那麼壞嗎——儘管前不久他還用最極端的言辭攻擊撒謊者——他本人對奧德修斯說要啓航回家，對埃阿斯他說要留下？他這樣做不是有意的嗎，他把奧德修斯當作大傻瓜，以爲憑著自己這樣的陰謀和謊言可以輕易地讓他上當？

希　e 在我看來不是這麼回事，蘇格拉底。倒不如說，在這些事情上也是由於阿喀琉斯的誠實，所以被誘導著對埃阿斯和奧德修斯說了不同的話。而奧德修斯無論是在說眞話還是在撒謊，都是有意的。

蘇　那麼說到底，奧德修斯要比阿喀琉斯好。

---

[23] 普利亞姆（Πριάμος），人名，特洛伊國王。

[24] 赫克托耳（Ἕκτωρ），人名，特洛伊王子。

[25] 密耳彌冬（Μυρμιδόν），地名。

[26] 荷馬：《伊利亞特》9:650。

[27] 忒提斯（Θέτις），海洋女神，希臘神話說阿喀琉斯爲珀琉斯和這位海洋女神所生。

[28] 喀戎（Χείρωνος），人名。

希　肯定不是這樣，蘇格拉底。

蘇　爲什麼不是？剛才不是已經表明無意撒謊者比有意撒謊者要好嗎？

希　372 但是，蘇格拉底，那些故意不公正的、自覺的、有目的的作惡者怎麼會比那些不自覺地行事的人要好呢？因爲這些人似乎更加溫和，當他們行事不公正但不自知，或者撒謊，或者做其他壞事的時候。法律也一樣，對那些自覺作惡和撒謊的人要比對那些不自覺地作惡的人嚴厲得多。

2. 回到原初論證的嘗試（372b-373c）

蘇　b 你瞧，希庇亞，我說過我向聰明人提問非常固執，我說的是眞話嗎？我想這可能是我唯一可取之處，而我擁有的其他品質全都是沒有價值的。我搞錯了事物存在的方式，不知道它們如何存在——當我與你們這些人當中的某一位在一起的時候，你們擁有崇高的智慧名聲，全體希臘人都可以爲你們的智慧作證，我爲這一點找到了充分的證據，我證明了自己一無所知。我很好地認識到，c 我對這些事情的看法和你完全不同；我不同意聰明人的意見，還能有什麼更大的證據能證明我的無知呢？但我神奇地擁有的一項良好品質救了我，我學習而不怕羞恥。我詢問和提問，對回答我的問題的人抱著深深的感激之情，從來不會忘了向他們表示感謝。當我學會了什麼東西，我也決不否認，或者把學到的東西說成是自己的發現。與此相反，我會讚揚教我的人，把他們當作聰明人，宣稱我是從向他學來的。d 所以，我現在不能同意你說的話，我非常強烈地表示反對。我非常明白這是我的錯——這是由於我就是我是的這種人，不會把自己說得更好，超過我應得的。在我看來，希庇亞，我的看法和你說的完全對立：那些傷害別人的人、行事不公正的人、撒謊騙人的人、做了錯事的人是自覺的，而非不自覺的，他們比那些不自覺地這樣做的人要好。然而，有時候我相信與此相反的觀點，—e—我來回反覆思考這個問題——這顯然是由於我的無知所致。而此刻我又顯得太輕率了，竟然認爲自覺做壞事的人比不自覺地做壞事的人要好。我要責備前面那些論證，它們要爲我當前的處境負責，它們使我認爲那些不自覺地做這些事情的人比那些自覺地做這些事情的人更無價值。—373—所以，請對我發發善心，不要拒絕治療我的靈魂。如果你能把我的靈魂從無知中解救出來，勝過給我的身體治病，那麼你眞的是幫了我的大忙了。但若你想發表長篇演說，我要提前告訴你，你治不好我，因爲我跟不上你。如果你願意回答我的問題，像剛才一樣，你會使我極大地獲益，我認爲你本人也不會受到傷害。我也想公正地請求你的幫助，阿培曼圖之子，因爲是你強迫我與希庇亞討論。所以現在，如果希庇亞不願回答我，你要代我向他求情。

歐　—b—好吧，蘇格拉底，我認爲希庇亞不需要我們的懇求。因爲他早先不是這樣說的，他說他不會逃避任何人的提問。對嗎，希庇亞？這不是你說的嗎？

希　是我說的。但是蘇格拉底老是在論證上製造混亂，他的爭論好像不公平。

蘇　噢，傑出的希庇亞，我不是自覺的，否則的話我就是聰明的和可怕的了，按照你的論證，我是不自覺的。所以請你對我仁慈一些，因爲你說應當溫和地對待不自覺地做了不公正事情的人。

歐 [c]不管怎麼說，就這麼辦吧，希庇亞。爲了我們，也爲了你前面說過的話，回答蘇格拉底向你提出的問題。

希 好吧，我會回答的，因爲你提出了請求。蘇格拉底，你想問什麼就問吧。

三、論點的延伸（373c-376c）

1. 分歧（373c-375d）

蘇 希庇亞，我很想考察我們剛才說的：自覺做壞事的人好，還是不自覺地做壞事的人好。我認爲，我們進行考察的最佳方式如下。請你回答。你把某類賽跑者稱作好賽跑者嗎？

希 [d]是的。

蘇 也有一類壞的嗎？

希 對。

蘇 你認爲跑得好的是好賽跑者，跑得壞的是壞賽跑者嗎？

希 對。

蘇 跑得慢就是跑得壞，跑得快就是跑得好嗎？

希　對。

蘇　那麼，在比賽中，跑得快是好事，跑得慢是壞事嗎？

希　還能怎樣？

蘇　那麼，哪一種人是較好的賽跑者：自覺地跑得慢的人，還是不自覺地跑得慢的人？

希　自覺地跑得慢的人。

蘇　跑步不也是做事嗎？

希　做事，當然了。

蘇　如果是做事，它不也是在完成某件事情嗎？

希　—e—是的。

蘇　所以跑得壞的人很壞地完成了一件事，在賽跑中是可恥的。

希　很壞，還能怎樣？

蘇　跑得慢的人就是跑得壞嗎？

希　是的。

蘇　所以那個好的賽跑者自覺地完成了這件壞的和可恥的事，而那個壞的賽跑者是不自覺的嗎？

希　好像是這樣的，至少。

蘇　那麼，在賽跑中不自覺地做了壞事的人比自覺地做了壞事的人更無價值嗎？

希　—374—在賽跑中，至少是這樣的。

蘇　摔跤比賽怎麼樣？哪一位是比較好的摔跤手，自覺摔倒的，還是不自覺地摔倒的？

希　自覺摔倒的，好像是這樣的。

蘇　在摔跤比賽中，摔倒更可恥，還是把對手摔倒更可恥？

希　摔倒更可恥。

蘇　所以，在摔跤比賽中，自覺地完成某些可恥事情的那個人比不自覺地完成這些事情的那個人更是一名較好的摔跤手。

希　好像是這樣的。

蘇　其他身體活動怎麼樣？｜b｜不是身體較好的人更能夠完成兩類活動嗎：強的和弱的，醜陋的和美妙的？所以，每當完成醜陋的身體活動時，身體好的人自覺地完成，身體差的人不自覺地完成，是嗎？

希　就膂力而言，也是這樣的。

蘇　優雅怎麼樣，希庇亞？不是較好的身體能夠自覺地擺出那些醜陋的姿勢，較差的身體則是不自覺的嗎？你怎麼想？

希　沒錯。

蘇　｜c｜笨拙也一樣，自覺的笨拙與美德相關，而不自覺的笨拙與可鄙相關。

希　顯然如此。

蘇　關於聲音你會說些什麼？你會說哪一位較好，有意跑調的，還是無意跑調的？

希　有意這樣做的。

蘇　那些無意這樣做的處於較差的境地？

希　對。

蘇　你寧可擁有善物還是擁有惡物？

希　善物。

蘇　那麼你寧可自覺地擁有瘸腿，還是不自覺地擁有瘸腿？

希　〔d〕自覺地。

蘇　但是，擁有瘸腿不就表示擁有無價值的、笨拙的腿嗎？

希　是的。

蘇　好，再來：看不清不就表示擁有無價值的眼睛嗎？

希　對。

蘇　那麼，哪一種眼睛你希望擁有和使用：你能用它們自覺地看不清楚和看錯的眼睛，還是不自覺地看不清楚和看錯的眼睛？

希　那些有了它們人就能自覺地看的眼睛。

蘇　所以你認爲自覺地完成可鄙結果的器官好於不自覺地嗎？

希　是的，在這些類別的事例中。

蘇　那麼，用一句話來概述，耳朵、鼻子、嘴，〔e〕以及所有感官：那些不自覺地完成壞結果的感官不值得擁有，因爲它們是無價值的，而那些自覺地完成壞結果的感官值得擁有，因爲它們是好的。

希　我也這樣認爲。

蘇　那麼好吧。哪些用具用來工作比較好？那些人用來自覺地達成壞結果的用具，還是不自覺地用來達成壞結果的用具？比如，是人用來不自覺地很壞地操縱方向的那個舵，還是人用來自覺地很壞地操縱方向的那個舵？

希　人用來自覺地很壞地操縱方向的那個舵。

蘇　弓、琴、笛，以及其他東西，不也是同樣的情況嗎？

希　—375—你說得對。

蘇　那麼好吧。一匹有著這種靈魂的馬、騎著牠人能自覺地讓它跑得壞，擁有一匹這樣的馬比較好，還是擁有一匹不自覺地跑得壞的馬比較好？

希　自覺地。

蘇　所以，這是一匹比較好的馬。

希　是的。

蘇　那麼，有了這匹較好的馬的靈魂，人可以自覺地做出這個靈魂的可鄙的行爲，有了無價值的母馬的靈魂，人可以不自覺地做出這些可鄙的行爲。

希　肯定是這樣的。

蘇　狗，或者其他動物，也是這麼回事嗎？

希　是的。

蘇　那麼好吧。對弓箭手來說，—b—擁有一顆自覺射不中靶子的靈魂較好，還是擁有一顆不

希　自覺地這樣做的靈魂較好？

蘇　自覺這樣做的靈魂。

希　所以就射箭術而言，這種靈魂也是比較好的嗎？

蘇　是的。

希　不自覺地射不中靶子的靈魂比自覺地射不中靶子的靈魂更無價值。

蘇　在射箭術中，確實如此。

希　醫學怎麼樣？自覺地對身體幹壞事在醫療中不是更好嗎？

蘇　是的。

希　那麼這種靈魂在這種技藝中比其他靈魂要好。

蘇　對。

希　那麼好吧。至於彈琴彈得較好、—c—吹笛子吹得較好，以及在這些技藝和學問中做事做得較好的靈魂——不是它在自覺地完成壞的和可恥的事，而那些較無價值的靈魂這樣做是不自覺的嗎？

蘇　顯然如此。

希　有些奴隸的靈魂自覺地做錯事和做壞事，我們也許寧可擁有這樣的奴隸，不要那些不自覺地這樣做的奴隸，因爲他們在這些事情上比較好。

蘇　是的。

希　那麼好吧。我們難道不希望擁有我們自己處於最佳狀態的靈魂嗎？

希　希望。

蘇　〔d〕所以，它是自覺地作惡或者做錯事比較好，還是不自覺地這樣做比較好？

希　這樣的結論是可怕的，蘇格拉底，如果那些自覺地作惡的靈魂比那些不自覺地作惡的靈魂要好！

蘇　無管怎麼說，看起來就是這樣，至少它與我們已經說過的話相符。

希　我不這麼看。

2. 道德暗示與覺醒（375d-376c）

蘇　但是，希庇亞，我認爲這些結論對你也是一樣的。請你再次回答：公正是某種能力還是知識，或者既是能力又是知識？或者說，公正必定是其中之一嗎？

希　〔e〕是的。

蘇　但若公正是靈魂的能力，不是靈魂越有能力也就越公正嗎？因爲，我的傑出的朋友，這種靈魂不是向我們顯示是比較好的靈魂嗎？

希　是的，它向我們顯示了。

蘇　但若公正是知識會怎麼樣？不是靈魂越聰明就越公正，越無知也就越不公正嗎？

希　對。

蘇　但若公正既是能力又是知識會怎麼樣？不是靈魂越是更多地擁有二者——知識和能力——就越公正，越無知也就越不公正嗎？結果不是必然如此嗎？

希　好像是這樣的。

蘇　這個比較有能力、比較聰明的靈魂被視爲較好的，—376—在它要完成的所有事情中有較強的能力，可以很好地做事，也可以可恥地做事，是嗎？

希　是的。

蘇　那麼，每當它要達成可恥的結果，它這樣做是自覺的，憑著它的能力和技藝，這些東西好像是公正的屬性，要麼二者都是，要麼其中之一是。

希　好像是這樣的。

蘇　做不公正的事就是很壞地做事，而約束自己不做不公正的事就是很好地做事。

希　對。

蘇　所以比較能幹的和比較好的靈魂，當它不公正地做事時，會自覺地做不公正的事，而無價值的靈魂會不自覺地做事，是嗎？

希　顯然如此。

蘇　—b—好人就是有好靈魂的人，壞人就是有壞靈魂的人，不是嗎？

希　是的。

蘇　因此，好人自覺地做不公正的事，而壞人不自覺地這樣做；也就是說，只要好人有一顆好靈魂。

希　但他肯定有。

蘇　所以，那個自覺地做錯事、做可恥之事、做不公正之事的人，希庇亞——也就是說，如果有這樣的人——他無非就是那個好人。

希 在這一點上我無法同意你的意見，蘇格拉底。

蘇 —c—我本人也不同意，希庇亞。但是，考慮到這個論證，我們現在無法加以拒絕，無論它是怎麼看我們的。然而，如前所說，我在這些事情上搖擺不定，來回反覆，從不相信同一件事。我，或者任何普通人，在這些事情上搖擺不定，不足爲奇。但若你們這些聰明人也會這樣——這對我們來說眞是太可怕了，如果我們不能停止搖擺，哪怕在我們與你們爲伴之後。

伊安篇

提要

本文是柏拉圖的早期作品，以文中談話人之一伊安的名字命名。西元一世紀的塞拉緒羅在編定柏拉圖作品篇目時，將本文列爲第七組四聯劇的第三篇，稱其性質是「探詢性的」，稱其主題是「論《伊利亞特》」。❶

詩歌的創作和吟誦在古希臘被視爲一門技藝和行業。吟誦者和醫生、工匠一樣被視爲能工巧匠，憑藉某種技能吟誦詩歌。技藝（τέχνη）這個詞亦有手藝、技能、藝術、行業、行當、職業等含義，既可指文學、音樂、繪畫、雕刻等藝術，又可指醫藥、耕種、騎射、畜牧等行業。伊安是一位吟誦者，來自愛菲索。伊安在節日慶典上吟誦荷馬史詩，自認爲是全希臘最偉大的吟誦者。他的自信和自滿與蘇格拉底的表現形成鮮明對照。

全文可以分爲三個部分：

第一部分（530a-532b），討論誰能較好地解釋詩人的作品，誰能較好地評價吟誦者的表現，誰能較好地談論專業問題 對話開始是簡短的引子（530a-b）。蘇格拉底與伊安在雅典相遇。伊安在紀念希臘醫神的誦詩賽會上得獎以後來到雅典，蘇格拉底主動上前問候，並滿懷關切地問，你從哪裡來，參加了賽會沒有，是否得獎，等等。伊安作了簡短的回答。蘇格

❶ 參閱第歐根尼·拉爾修：《名哲言行錄》3:59。

拉底祝願伊安能在泛雅典娜大節上獲獎，伊安認爲自己會爲荷馬增色，荷馬的崇拜者應當授給他金冠，蘇格拉底表達自己對伊安的羨慕（530b-d）。蘇格拉底承認荷馬具有重要地位，羨慕吟誦者的職業，羨慕伊安能與詩人荷馬打交道。但他指出，荷馬史詩不管讚頌和表演，缺少眞正的解釋者。伊安誤以爲自己對荷馬史詩的讚美即等於蘇格拉底說的解釋，想爲蘇格拉底表演誦詩，蘇格拉底說改天再聽，當務之急是請伊安回答問題：吟誦者應該做什麼？伊安無法回答這個問題，說自己只精通荷馬。蘇格拉底問是否所有的詩人處理相同的題材。伊安做出肯定的回答，但說荷馬處理的方式最好（530d-531d）。討論至此得出的初步結論是：幾乎所有詩人都處理相同的主題，因此同一個人可以恰當地評價和判斷所有詩人，專業人士比詩人能夠更好地談論相同的題材。伊安陷入矛盾之中，他本應承認自己也能處理其他詩人的作品，但他沒能看出詩人處理的題材和詩人對於題材的態度是兩個不同的問題，從而承認自己只精通荷馬（531d-532b）。

第二部分（532b-536d），證明吟誦者憑藉靈感吟誦詩歌　蘇格拉底以算術和醫術爲例，論證伊安誦詩不憑技藝和知識。伊安認爲蘇格拉底的看法不能解釋自己的情況：談論其他詩人，他沒有興趣，也無話可說，更無貢獻，而一談論荷馬，他馬上頭腦清醒，全神貫注，有一肚子話要說。蘇格拉底沿用伊安講的清醒與沉睡，指出這是因爲他沒有從整體上把握誦詩這門技藝（532b-533c）。伊安對此解釋不滿，再次提出困惑，請蘇格拉底指點迷津。蘇格拉底提出一種能讓伊安滿意的解釋，說伊安的吟誦力量來自神靈附體或靈感。詩歌就像光和長著翅膀的東西，是神聖的；只有神靈附體，詩人才能在神靈的激勵下超越自我，離開理智，創作詩歌，否則他絕對不可能寫出詩來。創作不是憑藉知識和技藝，而是受神的指派。優秀的詩人受上天指派解釋諸神的話語，而吟誦者又解釋詩人的話語。詩人是神的代言人，吟誦者是詩人的代言人。蘇格拉底在此提出磁石的比喻。磁石不僅可以吸引鐵環，並且可以使之具有磁力，吸引其他鐵環。繆斯女神首先使某些人產生靈感，然後透過他們傳遞靈感。在詩歌創作和吟誦中，詩人是最初的環節，樂師、演員、吟誦者是中間環節，觀眾是最後一環。在繆斯神力的吸引下，他們都像被磁石吸附的一個個的鐵環，形成一條長鏈。詩人處於磁石鏈中只能被動地傳遞神意。言說者是繆斯女神，詩人則保持著沉默（533c-535a）。下面的問題是，誰勝任解釋神言，吟誦者嗎？蘇格拉底對吟誦者進行考察，要伊安確認他誦讀荷馬史詩時的狀態是清醒的還是迷狂的（535b-e）。伊安坦言自己誦詩時的精神狀態，他遠非神志不清，陷入迷狂，而是細心觀察觀眾的表情，清醒地計算表演收入。蘇格拉底繼續描述磁石環鏈。神、詩人、吟誦者、觀眾，構成一個垂直的鏈條。這個鏈條不是封閉的，而是開放的、變動的，貫穿著上下張力。詩人生有羽翼，向上飛升，而吟誦者處於上下張力之間，有上升的可能（535e-536d）。為了能夠驗證蘇格拉底誦詩憑靈感的結論，伊安再次提出要為蘇格拉底誦詩。

第三部分（536d-542b），證明吟誦者憑藉知識和技藝談論荷馬　蘇格拉底再次推脫伊安表演誦詩的建議，將談話轉向提問。蘇格拉底認為伊安不可能對荷馬樣樣精通，想知道伊安最擅長解說荷馬提到的哪些事情。伊安自負地回敬蘇格拉底，荷馬提到的事情他無所不通。蘇格拉底引入赫西俄德等人的詩句，把話題從誦詩轉向史詩所涉及的全部技藝。蘇格拉底指出，每一種技藝都有自己特定的認知對象，不同技藝可以根據認識對象的不同而相互區別。蘇格拉底建立起技藝和認知對象之間的「一對一」原則（536d-539d）。但他認爲這條原則不適用於詩歌，因爲詩歌面對的是整全，詩歌的題材是天上、人間和冥府的所有事情。面對蘇格拉底的提問，伊安承認各門技藝的行家比詩人更能判斷史詩中那些有關技藝的段落，因爲這些行家掌握了這門技藝。蘇格拉底請伊安表達自己對誦詩職業的理解。伊安認爲，誦詩人要懂得城邦民衆如何言說才切合各自的身分。他試圖擺脫蘇格拉底設置的原則，明確詩歌的獨特性，建立新的誦詩技藝的標準（539d-540d）。蘇格拉底提出一系列問題驗證伊安的標準。面對蘇格拉底的提問，伊安束手無策，但他仍舊堅持自己懂得將軍訓導士兵時適合說什麼話（540d-541e）。蘇格拉底提出一個要害問題：既然你是希臘最好的將軍，又是希臘最好的吟誦者，爲什麼你在希臘遊蕩，只誦詩而從不指揮軍隊？伊安辯稱自己的城邦在雅典統治之下，不需要將軍，而雅典和斯巴達有足夠的將軍，不會用外邦人做將軍。那麼，吟誦者的價值究竟何在？最後，蘇格拉底把伊安比作試圖逃跑的海神僕人普洛托斯，暗示自己是能夠抓住普洛托斯的斯巴達王。蘇格拉底讓伊安陷入選擇的困境（541e-542b）：要麼認爲自己憑藉技藝誦詩，但從不展示自己究竟擁有何種技藝；要麼承認自己憑藉神賦靈感誦詩，但這意味著誦詩時自己神志不清，對於詩句和思想一無所知。

正文

談話人：蘇格拉底、伊安

一、誰能較好地解釋詩人的作品（530a-532b）

1. 引子（530a-b）

蘇　530 伊安❷，你好！這個時候來看我們，你打哪兒來？從你的家鄉愛菲索❸來嗎？

伊　不，才不是呢，蘇格拉底。我從埃皮道倫❹來，參加了那裡的阿斯克勒庇俄斯❺節慶典。

蘇　你是告訴我，埃皮道倫人爲了榮耀這位神在那裡舉行了誦詩比賽吧？

伊　的確是的！他們還舉行了各種詩歌和音樂❻比賽。

---

❷ 伊安（Ἴων），本篇對話人。

❸ 愛菲索（Ἔφεσος），地名。

❹ 埃皮道倫（Ἐπιδαύρος），希臘南部的一個城鎮，建有阿斯克勒庇俄斯神廟。

❺ 阿斯克勒庇俄斯（Ἀσκληπιός），醫神。

❻ 音樂（μουσική）一詞源於藝術女神繆斯（ἡ Μοῦσα），廣義上包括藝術的多個分支，並非僅指音樂。此處音樂一詞是在廣義上使用的。

蘇　眞的！你們參加比賽了嗎？結果怎樣？

伊　[b]我們拔得頭籌，蘇格拉底！

蘇　聽你這樣說眞是太好了。嗯，你就瞧著吧，下面該輪到我們在雅典的大節❼上獲勝了。

伊　我們會贏的，蘇格拉底，如果神保佑。

2. 蘇格拉底的羡慕（530b-d）

蘇　說實話，伊安，我經常羡慕你的吟誦者❽行當。你幹的這個職業要求你外出時穿得漂漂亮亮，美麗動人；你同時還必須熟悉詩人——許多優秀詩人，[c]荷馬列於首位，他是最優秀、最神聖的——你必須弄懂他的思想，而非僅僅熟讀他的詩句！幹你們這一行確實令人羡慕！我的意思是，如果不懂詩人的意思，就決無可能成爲優秀的吟誦者。吟誦者必須向聽衆呈現詩人的思想，除非懂得詩人的意思，否則不可能很好地呈現。所有這些都令人羡慕。

伊　你說得太對了，蘇格拉底。拿我自己來說，我在這門技藝的這個部分上花費了最大的功夫。我認爲，關於荷馬我比其他任何人都要講得好，[d]無論蘭薩庫斯❾的梅特羅多

---

❼ 指泛雅典娜節（Παναθήναια），全希臘性質的節慶，各城邦都會派人來參加，祭祀雅典保護神雅典娜。

❽ 吟誦者（ῥαψῳδός），在各種節慶中吟誦詩歌的人，後來成爲一種職業。

❾ 蘭薩庫斯（Λαμψακηνός），地名。

洛⑩、薩索斯⑪的斯特西洛圖⑫、格老孔⑬，還是其他任何一位已經仙逝或者仍舊還活著的人，都不能像我一樣豐富與精煉地解讀荷馬。

3. 詩的題材（530d-531d）

蘇　聽你這麼說眞是太好了，伊安。如果要你演示一番，你不會感到有什麼勉爲其難的吧？

伊　當然，蘇格拉底，我擅長給荷馬詩句潤色，很值得一聽。我爲荷馬如此增色，我認爲，配得上荷馬子孫⑭向我奉獻金冠。

蘇　531 是嗎？不過還是另外再找時間吧。我現在特別想要你回答我的問題：你只對荷馬的詩神奇地能幹，還是同樣熟悉赫西奧德⑮和阿基洛庫斯⑯？

伊　不，我不熟悉，我只朗誦荷馬。我認爲這已經足夠了。

---

⑩ 梅特羅多洛（Μητρόδωρος），人名。
⑪ 薩索斯（Θάσιος），地名。
⑫ 斯特西洛圖（Στησίμβροτος），人名。
⑬ 格老孔（Γλαύκων），人名。
⑭ 荷馬子孫是荷馬史詩吟誦者的行會，他們最初聲稱是荷馬的後裔。
⑮ 赫西奧德（Ἡσίοδος），希臘詩人。
⑯ 阿基洛庫斯（Ἀρχίλοχος），希臘詩人，擅長抒情詩和諷刺詩。

蘇　有沒有什麼話題，荷馬和赫西奧德說的是相同的呢？

伊　有，我認爲有。有很多。

蘇　那麼，對這些話題，你會把荷馬的詩句解說得比赫西奧德的更美嗎？

伊　[b]解說得同樣好，蘇格拉底，對這些話題，在他們說得一致的地方。

蘇　他們說得不一致的話題你會怎麼辦？比如，占卜。荷馬說過占卜，赫西奧德也說過。

伊　當然說過。

蘇　好吧。在這兩位詩人談論占卜的所有地方，他們意見相同的地方也好，意見不同的地方也罷，誰能解釋得比較好和比較美：是你，還是某位占卜師，如果他是出色的？

伊　占卜師。

蘇　假定你就是一位占卜師：如果你眞的能夠解釋兩位詩人意見相同的地方，你難道不也能知道如何解釋他們意見不同的地方嗎？

伊　這很清楚。

蘇　[c]那麼，你怎麼有本事解說荷馬，而不能解說赫西奧德和其他詩人呢？是因爲荷馬談論的話題和其他所有詩人都不一樣嗎？他主要講的不也是戰爭故事，講社會上的人——好人與壞人，普通人和匠人——怎樣相處嗎？談到衆神，他不也是在講祂們相互之間如何相處，和凡人怎樣來往嗎？他不也是在講述天上和地下發生的那些事情，講述衆神與英雄的出生嗎？[d]這些就是荷馬創作詩歌時的題材，不是嗎？

伊　你說得對，蘇格拉底。

蘇　其他詩人怎麼樣？他們撰寫相同的題材嗎？

伊　對，蘇格拉底，但他們的方式與荷馬不一樣。

蘇　怎麼不一樣？他們的方式比較差嗎？

伊　差遠了。

蘇　荷馬的方式更好嗎？

伊　宙斯在上，荷馬的方式眞的更好。

4. 伊安的矛盾（531d-532b）

蘇　好吧，伊安，親愛的，假如有一群人討論算術，其中有人講得最好，e 我想會有人知道如何把這位講得最好的找出來。

伊　對。

蘇　知道如何找出講得最差的，和這個人是同一個人，還是別的人？

伊　當然是同一個人。

蘇　這個人掌握了算術的技藝，對嗎？

伊　對。

蘇　好吧。假定有一群人在討論飲食健康，他們中間有個人講得最好。會有一個人知道這位最優秀的談論者講得最好，而有另一個人知道那個最差的談論者講得最差嗎？或者說同一個人就能判斷兩種情況？

伊　顯然是同一個人。

蘇　他是誰？我們把他稱作什麼？

伊　醫生。

蘇　那麼，概括一下我們說的意思：|532|當一些人談論相同的話題，總是同一個人知道如何識別最佳談論者和最差談論者。如果他不知道如何識別壞的談論者，他肯定也不知道如何識別好的談論者——當然，就同一話題而言。

伊　是這樣的。

蘇　那麼，這樣一來，就變成同一個人對兩種識別都「神奇地能幹」⓱了。

伊　對。

蘇　你聲稱荷馬和其他詩人，包括赫西奧德和阿基洛庫斯，全都談論相同的話題，但並非講得一樣好。他是好的，而他們是差的。

伊　對，這是真的。

蘇　|b|如果你真的知道誰說得好，你也知道那些說得差的低劣的談論者。

伊　顯然如此。

蘇　你太優秀了！所以，如果我們說伊安對荷馬和其他所有詩人都一樣能幹，這樣說不會

⓱ 參閱本篇 531a。

有錯。因爲你自己同意，同一個人可以恰當地判斷所有談論相同題材的人，而所有詩人幾乎都處理相同的話題。

二、證明吟誦者憑藉靈感吟誦詩歌（532b-536d）

1. 清醒與沉睡（532b-533c）

伊　可是，蘇格拉底，你該如何解釋我的事情呢？人們討論其他詩人的時候，[c]我就集中不了精力，也沒有能力貢獻什麼有價值的看法，只會打瞌睡。但若有人提到荷馬，我馬上就清醒過來，全神貫注地聽，也有一肚子話要說。

蘇　這不難解釋，我的朋友。無論誰都能告訴你，你沒有能力以知識和技藝爲基礎談論荷馬。因爲，如果你的能力來自技藝，你就能談論其他所有詩人。瞧，詩歌的技藝是一個整體，不是嗎？

伊　是的。

蘇　[d]現在我們把其他任何一門技藝作爲一個整體來考慮：其中不也貫穿著相同的原則嗎？它適用於能夠被掌握的每一門技藝。要我對你說這些話是什麼意思嗎，伊安？

伊　宙斯在上，當然要，蘇格拉底。我喜歡聽你這樣的聰明人講話。

蘇　我希望這是眞的，伊安。不過，聰明？你肯定是聰明人，你們吟誦者和演員肯定是聰明人，你和你在使用他們作品的詩人肯定是聰明人。至於我，只說老實話，普通人說話就是這個樣子。e 我的意思是，哪怕是我現在向你提出的這個問題，你瞧它有多麼普通和平凡。誰都能聽懂我的話：一旦掌握了作爲一個整體的技藝，你難道不會把相同的原則貫徹到底嗎？讓我們透過以下討論來把握這一點：整個繪畫是不是一門技藝？

伊 是的。

蘇 古往今來畫家很多，他們有好的，也有差的。

伊 當然。

蘇 你見過有人能夠指出阿格拉俄封[18]之子波呂格諾圖[19]的作品什麼地方好，什麼地方不好，533 但卻不能指出其他畫家作品的優劣嗎？別人向他展示其他畫家的作品，他就要打瞌睡，什麼也說不出來，沒有什麼可貢獻——但是，當他必須要對波呂格諾圖或其他某個畫家（只要是這一個）做出判斷的時候，他就會突然醒來，專心致志，有一肚子的話要說——你知道有這樣的人嗎？

伊 宙斯在上，當然沒有！

---

[18] 阿格拉俄封（Ἀγλαοφῶντος），人名。

[19] 波呂格諾圖（Πολυγνώτος），西元前五世紀希臘大畫家。

蘇　好吧，再以雕刻爲例。[b]你見過有人能夠解釋麥提翁[20]之子代達羅斯[21]、帕諾培烏斯[22]之子厄培烏斯[23]、薩摩斯[24]的塞奧多洛[25]，或某個雕刻家的精美作品，但在面對其他雕刻家的作品時，卻會打瞌睡，無話可說嗎？

伊　宙斯在上，沒有。我沒見過。

蘇　進一步說，這是我的看法，你從來不知道有誰是這樣的——在吹笛子方面沒有，在彈琴方面沒有，在伴唱方面沒有，在誦詩方面沒有——你從來不認識這樣的人，[c]他對奧林普斯[26]，或者對薩彌拉斯[27]，或者對奧菲斯[28]，或者對斐米烏斯[29]這位來自伊塔卡[30]

---

[20] 麥提翁（Μητίονος），人名。
[21] 代達羅斯（Δαιδάλος），希臘神話中的建築師和雕刻家，希臘雕刻藝術的祖師爺。
[22] 帕諾培烏斯（Πανοπτέως），人名。
[23] 厄培烏斯（Ἐπειός），雕刻家。
[24] 薩摩斯（Σαμίους），地名。
[25] 塞奧多洛（Θεόδωρος），雕刻家。
[26] 奧林普斯（Ὀλύμπος），人名。
[27] 薩彌拉斯（Θαμύρος），人名。
[28] 奧菲斯（Ὀρφεύς），希臘神話詩人。
[29] 斐米烏斯（Φήμιος），人名。
[30] 伊塔卡（Ἰθάκη），地名。

的吟誦者能夠很好地解釋，但對伊安這位來自愛菲索的吟誦者卻沒有什麼貢獻，無法說出他的吟誦是否成功——你從來不知道有這樣的人。

2. 詩人的沉默（533c-535a）

伊 在這一點上我無話可說，不跟你強辯，蘇格拉底。但有一點我是知道我自己的：我談論荷馬比誰都要強，一提起荷馬我就有許多話要說，大家也都承認我說得好。但是對其他詩人我就不這樣了。你說這是怎麼回事。

蘇 [d]我的確知道這是怎麼回事，伊安，我馬上就告訴你我是怎麼想的。我剛才說過，這不是一個你已經掌握了的主題——很好地談論荷馬；這是一種神聖的力量在推動你，就像一塊磁石在移動鐵環。這是歐里庇得斯㉛的說法，大多數人稱之爲「赫拉克勒斯石」㉜。這塊石頭不僅拉動這些環，如果它們是鐵的，[e]而且也把力量賦予這些環，使它們也能像這塊石頭一樣拉動其他環，許多鐵環懸掛在一起，形成一條很長的鐵鏈。它們之中蘊涵的力量全都依賴這塊石頭。以同樣的方式，繆斯㉝首先使某些人受到

㉛ 歐里庇得斯（Εὐριπίδης），希臘三大悲劇家之一，生於西元前四八四年，死於西元前四〇七年。

㉜ 赫拉克勒斯石（ἡ λίθος Ἡρακλείη），天然磁石產於瑪格奈昔亞和小亞細亞的赫拉克利亞（Ἡράκλεια），故此得名。

㉝ 繆斯（ἡ Μοῦσα），希臘神話中九位藝術和科學女神的通稱，此處指詩神。

激勵，然後透過這些受到激勵的人吸引其他熱衷藝術的人，形成一條長鏈。你知道，這些創作史詩的詩人，如果他們是好的，沒有一個掌握了他們這個主題；他們受到激勵，充滿了靈感，這就是他們能夠說出所有這些美妙詩句的原因。抒情詩人也一樣，如果他們是好的；|534|就像那些科里班忒㉞在狂舞時頭腦並不清醒一樣，抒情詩人創造那些美妙詩句時頭腦也不清醒，而是一旦開啓和諧與韻律的航程，就充滿了酒神信徒㉟般的瘋狂。就像酒神信徒一旦被神靈附身就要去河流中汲取乳液和蜜汁，但決不是在他們頭腦清醒的時候——抒情詩人的靈魂也一樣，|b|他們自己就是這樣說的。詩人告訴過我們，他們在繆斯的幽谷和花園裡，在那流蜜的清泉旁採集詩歌，從那裡把詩歌帶給我們，就像蜜蜂一樣飛舞。他們這樣說是對的。因爲詩人是想像的、長翅膀的、神聖的，只有受到激勵，超越他的心靈，離開他的理智，否則不可能創作詩歌。只要還有理智，人就缺乏寫詩或者發預言的能力。|c|由於詩人的創作不是憑藉精通，也不是就他們的主題說許多美妙的東西，如你談論荷馬一樣，而是憑藉神的饋贈——每一位詩人都能美妙地創作，只要受到繆斯的推動，有的能創作酒神頌，有的能創作頌神

㉞ 科里班忒（Κορύβαντες），希臘宗教中大母神的祭司，在舉行祭儀時狂歌亂舞，並用長矛胡亂碰撞，在瘋狂中互傷。

㉟ 酒神信徒醉酒後的瘋狂，參閱歐里庇得斯：《酒神的女祭司》（*Bacchae*）七〇八—七一一。

詩，有的能創作合唱詩，有的能創作史詩，有的能創作短長格詩；如果創作的是其他類型的詩歌，他們的作品就毫無價值。你瞧，不是精通使他們能夠說出這些詩句，而是由於某種神力，這是因爲，他們若是透過對這個主題的掌握能很好地談論一種類型的詩歌，那麼他們也能談論其他所有類型的詩歌。d 由於這個原因，神剝奪他們的理智，把他們當作僕人來使用，就像對待占卜師和預言家一樣，而我們這些聽衆應當知道，他們不是說出這些具有如此崇高價值的人，因爲他們的理智已經失去；眞正說話的是神本身，神透過詩人把聲音傳達給我們。這種解釋的最佳證據來自卡爾昔斯[36]的廷尼庫斯[37]，他從來沒有創作過一首值得一提的詩歌，除了那首人人傳誦的頌歌，它幾乎是所有抒情詩中最美的，e 絕對是「繆斯的作品」，如他自己所說。所以，我認爲，勝過其他事情，神用這件事向我們表明，使我們不懷疑，那些美妙的詩歌不是人的，甚至不是來自人，而是神的，來自神；詩人什麼都不是，只是衆神的代表，被依附他們的東西占有了。535 爲了表明這一點，神故意讓這位最差的詩人唱出最美妙的抒情詩。你認爲我說得不對嗎，伊安？

伊　宙斯在上，對，我確實認爲你說得對。你的話說得我心悅誠服，蘇格拉底，依我看，

---

[36] 卡爾昔斯（Χαλκιδεύς），地名。

[37] 廷尼庫斯（Τύννιχος），人名。

優秀的詩人憑藉神的饋贈才把這些源自衆神的詩歌向我們呈現。

3. 清醒抑或迷狂（535b-e）

蘇　而你們這些吟誦者又呈現了詩人的話語。

伊　說得對。

蘇　如此說來，你們就是轉呈者的轉呈者嘍？

伊　相當正確。

蘇　［b］等一下，伊安，我還有個問題。別對我保守任何祕密。當你在很好地吟誦史詩，深深地撥動聽衆的心弦的時候，要麼是你吟誦奧德修斯的時候——他如何跳上高臺，面向那些求婚者除去他的偽裝，用箭將他們射死——要麼是你吟誦阿喀琉斯[38]猛追赫克托耳[39]的時候，要麼是你吟誦安德洛瑪刻[40]、赫卡柏[41]、普利亞姆[42]的悲慘故事的時候，［c］你的神志是清醒嗎，或者說你已經靈魂出竅？你的靈魂處於激情中，相信自己身臨

---

[38] 阿喀琉斯（Ἀχιλλεύς），荷馬史詩中的希臘聯軍大英雄。

[39] 赫克托耳（Ἕκτωρ），特洛伊王子。

[40] 安德洛瑪刻（Ἀνδρομάχη），荷馬史詩中的人物。

[41] 赫卡柏（Ἑκάβη），荷馬史詩中的人物。

[42] 普利亞姆（Πρίαμος），特洛伊國王。

其境，無論是在伊塔卡，還是在特洛伊，或是在史詩中的事情實際發生的地方？

伊　你向我提供了一個鮮活的事例，蘇格拉底！我不會對你保守祕密。聽著，每當我吟誦一段悲慘的故事，我就熱淚盈眶；每當我講述一個恐怖的或可怕的故事，我也會害怕得毛骨悚然，心跳不已。

蘇　—d—好吧，伊安，我們要說這個人在這樣的時候神志是清醒的嗎：參加節日慶典，人人衣著華麗，頭戴金冠，儘管什麼衣飾也沒失去，但卻在那裡痛哭流涕——或者說，站在百萬友善的民眾中間，他感到恐怖，儘管無人想要剝去他的衣服，或者想要傷害他？這個時候他的神志是清醒的嗎？

伊　宙斯在上，不是，蘇格拉底。絕對不是，說眞話。

蘇　你要知道，你對你的大多數聽眾也產生了同樣的效果，不是嗎？

伊　—e—我非常明白我們做的事。我每次站在講壇上往下看，他們大聲哭喊，露出恐慌的表情，隨著故事情節的進展，他們充滿了驚愕。你瞧，我必須隨時注意他們的情況：如果我成功地讓他們哭了，那麼我會歡笑，就好像我得了他們的錢財；如果他們笑了，那麼我就該哭了，就好像我自己丟了錢財。

4. 磁石環鏈中的上與下（535e-536d）

蘇　你知道觀眾是最後一環，不是嗎——就是我說的借助那塊赫拉克勒斯石（磁石）的作用，相互之間獲得力量的那些環？—536—中間的環是你們這些吟誦者或演員，最初的環是詩人本身。透過所有這些環，這位神把人們的靈魂拉向他所希望的地方，把力量從一個環傳向另一個環。就好比第一個環懸掛在那塊磁石上，合唱隊的舞蹈演員、教舞蹈的教師、教師們的助手，全都懸掛在由繆斯吸引著的那些環上，形成了一條巨大的鏈條。[b]一名詩人依附一位繆斯，另一名詩人依附另一位繆斯，我們稱之爲「被附身」，這個意思相當接近了，因爲他被把握了。從這些最初的環開始，也就是從詩人們開始，其他人分別依附在詩人身上，受到激勵，有些人依附這個詩人，有些人依附那個詩人，有些人從奧菲斯那裡得到靈感，有些人從穆賽烏斯[43]那裡得到靈感，還有許多人依附荷馬，被荷馬附身。你是其中之一，伊安，你被荷馬把握了。有人吟誦其他詩人的作品時，你打瞌睡，無話可說；[c]而這位詩人的任何詩歌一旦響起，你馬上就蘇醒過來，神采飛揚，有許多話要說。你要知道，這不是由於你掌握了有關荷馬的知識，才能說出你想說的話來，而是由於得到神的饋贈，因爲你被把握了。科里班忒就是這種情況，他們有著敏銳的耳朵，但只對專門的樂曲，那首樂曲屬於他們依附的神；伴隨那首樂曲，他們有許多歌詞和舞蹈動作；如果音樂不一樣，他們就茫然不知所措了。你也一樣，伊安：有人提起荷馬，你就有許多話要說，[d]而提到其他詩人，你就茫然若失；對這個問題的解釋就是——因爲你問我，爲什麼你關於荷馬有許多話

---

[43] 穆賽烏斯（Μουσαῖος），希臘神話傳說中的詩人。

要說，而對其他詩人無話可說——不是對主題的把握，而是神的饋贈，使你能夠神奇地吟誦荷馬的頌歌。

伊　你說得眞好，蘇格拉底。不過，要是你能很好地說明，足以令我信服我在讚揚荷馬時神靈附體或神志不清，那麼我會更加驚奇。如果你聽過我談論荷馬，我不信你會這樣想。

三、證明吟誦者憑藉知識和技藝談論荷馬（536d-542b）

1. 重建技藝的原則（536d-539d）

蘇　—e—我確實想聽你談論，但你先回答我的問題：你談論荷馬的哪個話題最拿手？我想你不會對所有話題都很拿手吧？

伊　相信我，蘇格拉底，我對每一個話題都很在行。

蘇　對你正好一無所知的那些話題你肯定不在行，哪怕荷馬談論過它們。

伊　荷馬講過這些話題，而我卻不知道——請問是什麼話題？

蘇　—537—荷馬不是在許多地方談論過技藝，對這個話題說了許多話嗎？比如說，駕馭馬車，要是我能記得那些詩句，我就背給你聽。

伊　不，讓我來背。我肯定記得。

蘇 那就告訴我涅斯托耳[44]對他的兒子安提羅科斯[45]說了什麼，當時在舉行帕特洛克羅[46]的葬禮，賽車比賽前，涅斯托耳告誡他的兒子拐彎時要當心。

伊 他說：「你要倚靠在精製的戰車裡，|b|要在轅馬的左側，然後用刺棒和吆喝聲驅趕，放鬆手裡的轡繩。在拐彎處，要讓裡側的轅馬緊挨著路標駛過，讓戰車輪轂挨近那作標記的石頭。但你一定要當心，切不可讓那石頭碰壞戰車！」[47]

蘇 |c|夠了。誰能比較好地知道荷馬這些話說得是否對，伊安，或者不限於這些具體的詩句——是醫生還是馭手？

伊 當然是馭手。

蘇 因爲他掌握了這門技藝，還是有別的什麼原因？

伊 沒有。就是因爲他掌握了這門技藝。

蘇 神把知道某種功能的能力賦予每一門技藝。我的意思是，航海教我們的事情，我們不可能也從醫學中學到，是嗎？

---

[44] 涅斯托耳（Νέστωρ），荷馬史詩中的希臘聯軍英雄。

[45] 安提羅科斯（Ἀντιλόχος），荷馬史詩中的人物。

[46] 帕特洛克羅（Πατρόκλος），荷馬史詩中的人物。

[47] 荷馬：《伊利亞特》23:335-340。

伊　當然不能。

蘇　醫學教我們的事情我們也不能從建築中學到。

伊　〔d〕當然不能。

蘇　其他每一門技藝莫不如此：我們透過掌握一門技藝學到的事情不可能透過掌握另一門技藝來學到，對嗎？不過，先回答我這個問題。你同意技藝有不同——一門技藝與另一門技藝是不同的嗎？

伊　對。

蘇　這就是你確定哪些技藝不同的方法嗎？當我發現涉及一種情況的知識所處理的主題與涉及另一種情況的知識不同的時候，〔e〕我就聲稱這門技藝與另一門技藝不同。你是這麼做的嗎？

伊　是。

蘇　我的意思是，如果有一些相同主題的知識，我們爲什麼要說有兩門不同的技藝呢？——尤其是當它們各自允許我們知道相同的主題！以手指爲例：我知道有五個手指頭，關於它們你也和我知道得一樣多。現在假定我問你，這是同一門技藝——算術——教會了你和我相同的事情，或者說是兩門不同的技藝。當然了，你會說同一門技藝。

伊　對。

蘇　—538—現在請你回答我剛才提出的問題。你認爲，這種情況對所有技藝來說都是相同的——相同的技藝必定教相同的主題，不同的技藝，如果它是不同的，必定教不相同的主題，而教不同的主題——對嗎？

伊　我是這樣想的，蘇格拉底。

蘇　那麼，沒有掌握一門技藝的人不能很好地判斷屬於這門技藝的事情，無論是談論，還是做事。

伊　—b—對。

蘇　那麼，誰能比較好地知道在你剛才背誦的詩句裡荷馬是否說得美和說得好？是你，還是馭手？

伊　馭手。

蘇　當然了，這乃是因爲你是一名吟誦者，不是一名馭手。

伊　對。

蘇　吟誦者的技藝和馭手的技藝不同嗎？

伊　不同。

蘇　如果它不同，那麼它的知識也是關於不同主題的。

伊　是的。

蘇 c 那麼，荷馬在某個時候不是說涅斯托耳的小妾赫卡墨得[48]給受傷的馬卡昂[49]喝大麥藥酒嗎？他好像說：「她用青銅銼銼下一些山羊乳酪，拌入普拉尼[50]酒中，還在湯中放上一些蔥調味。」[51]荷馬說得對嗎：這裡的好處方來自醫生的技藝，還是吟誦者的技藝？

伊 醫生的。

蘇 荷馬在某個時候說：d「她像鉛墜子鑽到深處，那墜子拴在圈養的公牛頭上取來的角尖，它一直往下墜，給吃生肉的魚帶來死亡的命運。」[52]我們應當說是憑著釣魚人的技藝，還是吟誦者的技藝能夠判斷定他是否說得美，說得好？

伊 這很明顯，蘇格拉底。是憑著釣魚人的技藝。

蘇 e 好吧，再請看。假定你是提問者，你問我：「蘇格拉底，由於你正在尋找荷馬所涉及的每門技藝的段落——每門技藝應當加以判斷的段落——那麼請你告訴我：屬於占卜師和占卜這門技藝的段落有哪些，這些段落他應當能夠判斷創作得好還是不好？」你瞧，我能輕易地給你一個正確的回答。在《奧德賽》中，詩人經常說起這種事情，

---

[48] 赫卡墨得（Ἑκαμήδη），人名。

[49] 馬卡昂（Μαχάων），人名。

[50] 普拉尼（Πραμνεία），山名，產葡萄酒。

[51] 荷馬：《伊利亞特》11:630, 639-640。

[52] 荷馬：《伊利亞特》24:80-82。

就像特奧克呂墨諾斯[53]——墨拉普斯[54]子孫的預言家——說的話：539「啊，你們這些惡人，你們在遭受什麼災難？你們的頭臉手腳全都被黑夜籠罩，呻吟之聲陣陣，兩頰掛滿淚珠。走廊裡充滿陰魂，又把廳堂遍布，全都要急匆匆地奔向黑暗的地獄，太陽的光芒從空中消失，b滾滾湧來的是邪惡的濃霧。」[55]在《伊利亞特》中，詩人也經常說起這種事情，比如城牆邊的那場戰事。他說：「他們正急於要跨越壕溝，一隻老鷹向他們飛來，在隊伍左側高高地盤旋，c鷹爪緊緊抓著一條血紅色的大蛇，大蛇還活著，仍在拼力掙扎，不忘廝鬥。牠扭轉身軀朝著老鷹猛擊，甩中老鷹的頸旁前胸，老鷹痛得拋下大蛇，落在那支隊伍中間。d牠自己大叫一聲，乘風飛去。」[56]我要說，這些段落和其他相似的段落屬於占卜師。要由占卜師來考察和判斷。

伊　這個回答是對的，蘇格拉底。

2. 建立誦詩技藝的標準（539d-540d）

蘇　噢，你的回答也是對的，伊安。你現在告訴我——就好像我從《奧德賽》和《伊利亞

---

[53] 特奧克呂墨諾斯（Θεοκλύμενος），人名。

[54] 墨拉普斯（Μελάμπος），人名。

[55] 荷馬：《奧德賽》20:351-357。柏拉圖略去了第三百五十四行。

[56] 荷馬：《伊利亞特》12:200-207。

特》中為你選出屬於醫生、占卜師、|e|釣魚人的段落——以同樣的方式，伊安，由於你對荷馬作品的經驗比我豐富，請你為我挑選一些屬於吟誦者和他的技藝的段落，這些段落吟誦者能夠比其他人更好地加以考察和判斷。

伊　我的回答，蘇格拉底，是「全部」。

蘇　這不是你的回答，伊安。不是「全部」。或者你如此健忘？不，一位吟誦者不會如此健忘。

伊　|540|你認為我忘了什麼？

蘇　你還記得自己說過吟誦者的技藝和馭手的技藝不同嗎？

伊　我記得。

蘇　你不是同意由於他們是不同的，所以他們知道不同的主題嗎？

伊　是的。

蘇　所以按照你的看法，吟誦者的技藝不能知道一切，吟誦者也不能。

伊　但是，像這樣的事情是例外，蘇格拉底。

蘇　|b|你用「像這樣的事情」來表示例外的其他技藝的幾乎全部主題，不是嗎？但是，吟誦者能知道什麼事情，如果不是一切的話？

伊　不管怎麼說，我的看法是，他知道一個男人和一個女人適合說什麼話——或者一名奴隸和一名自由民，或者一名追隨者和一名領導人。

蘇　所以——一位領導人在海上，他的船遇到風暴，他會說什麼——你的意思是吟誦者會比舵手更知道該說些什麼嗎？

伊　不會，不會。舵手更知道。

蘇　[c]當他在處理病人的時候，一名領導人應當說什麼——吟誦者會比醫生更知道嗎？

伊　不會，也不會。

蘇　但他知道一名奴隸應當說什麼。這是你的意思嗎？

伊　是的。

蘇　舉例來說，一名奴隸是個牧牛人，在牛群受驚要狂奔的時候，他應當說什麼來讓他的牛鎮靜下來——吟誦者知道說什麼，而牧牛人不知道嗎？

伊　肯定不是。

蘇　關於紡織羊毛，[d]紡織毛線的婦女應當說些什麼嗎？

伊　不應當。

蘇　男人應當說些什麼嗎，如果他是一名將軍，要鼓舞士氣？

伊　應當！吟誦者要知道的就是這種事情。

3. 吟誦者與將軍（540d-541e）

蘇　什麼？吟誦者的技藝和將軍的技藝是一樣的嗎？

伊　嗯，我肯定知道將軍應當說些什麼。

蘇　這也許是因爲你正好也是一名將軍，伊安！我的意思是，假如你正好同時既是騎手

伊　又是琴師，e那麼你會識別好騎手和壞騎手。但若我問你：「哪一門技藝教你好騎術——使你成爲騎手的技藝，還是使你成爲琴師的技藝？」騎手，我會說。

蘇　如果你也能識別好琴師和壞琴師，教會你識別的技藝是使你成爲琴師的技藝，而不是使你成爲騎手的技藝。你不同意嗎？

伊　同意。

蘇　嗯，由於你知道將軍的事務，你知道這一點是憑著當將軍，還是憑著當一名好的吟誦者？

伊　我認爲這兩種說法沒有什麼區別。

蘇　541什麼？你說沒區別？按照你的看法，吟誦者和將軍是一門技藝，還是兩門技藝？

伊　一門，我認爲。

蘇　所以，任何一名好吟誦者也是一名好將軍。

伊　當然了，蘇格拉底。

蘇　還可以推論，任何一名好將軍也是好吟誦者。

伊　不。這一次我不同意。

蘇　b但是你同意：任何一名好吟誦者也是一名好將軍。

伊　我非常贊同。

蘇　你不是全希臘最優秀的吟誦者嗎？

伊　迄今爲止，蘇格拉底。

蘇　你也是一名將軍嗎，伊安？全希臘最優秀的？

伊　當然了，蘇格拉底。這方面，我也是從荷馬的詩歌中學來的。

蘇　噢，蒼天在上，伊安，你既是希臘最優秀的將軍，又是希臘最優秀的吟誦者，但你爲什麼只奔走於各地吟誦詩歌，[c]不去指揮軍隊？你認爲希臘眞的需要一名頭戴金冠的吟誦者，而根本不需要將軍嗎？

伊　蘇格拉底，我的城邦被你們雅典人統治和指揮；我們不需要將軍。此外，你的城邦和斯巴達都不會選我做將軍。你們認爲自己在這方面夠好了。

蘇　伊安，你說得太好了。你不是認識西澤庫[57]人阿波羅多洛[58]嗎？

伊　他是幹什麼的？

蘇　[d]他是個外邦人，但卻屢次被雅典人選爲將軍。安德羅斯[59]人法諾斯提尼[60]、克拉佐門尼[61]人赫拉克利德[62]——他們也是外邦人；他們已經證明了他們值得被關注，雅典人

---

[57] 西澤庫（Κυζικός），地名。
[58] 阿波羅多洛（Ἀπολλόδωρος），人名。
[59] 安德羅斯（Ἄνδρος），地名。
[60] 法諾斯提尼（Φανοσθένη），人名。
[61] 克拉佐門尼（Κλαζομενές），地名。
[62] 赫拉克利德（Ἡρακλείδης），人名。

任命他們擔任將軍或其他公職。你認爲，這個城邦，在做出了這樣的任命之後，不會挑選愛菲索人伊安來榮耀他們，如果城邦認爲他值得關注？|e|爲什麼會這樣？不就是因爲你們這些來自愛菲索的人長期在雅典居住已經成了雅典人嗎？不就是因爲愛菲索這個城邦並不比其他城邦差嗎？

4. 伊安的困境（541e-542b）

但是你，伊安，你在誤導我，如果你說的是眞的，那麼使你能夠讚揚荷馬的是知識或者是對一門技藝的掌握。你使我確信，你知道許多關於荷馬的可愛的知識，你許諾要表演給我看，但是你卻在欺騙我，離你的表演越來越遠。你甚至不願告訴我，你如此神奇地能幹的事情是什麼，儘管我一直在懇求你。眞的，你活像普洛托斯[63]，變來扭去，變化多端，|542|直到最後，你想逃離我的把握，把你自己說成是一名將軍，以此逃避我要你做的證明，你對荷馬爲何出奇地聰明。

如果你眞的掌握了你的主題，並且如我剛才所說向我許諾要爲我表演荷馬，那麼你是在傷害我。如果你沒有掌握你的主題，而是得到神聖的饋贈，被荷馬附身，所以能夠說出許多關於這位詩人的美妙話語，但卻不知道這是怎麼回事——如我所說——那麼你沒有傷害我。所以，請你選擇吧，你想要我們怎樣看待你——一個做錯事的凡人，還是某個

---

[63] 普洛托斯（Πρωτεύς），海神波賽冬的僕人，有能力變形，以避免回答問題。參閱荷馬：《奧德賽》4:385。

神聖者？

伊 [b] 這有巨大差別，蘇格拉底。被當作神聖者比較可愛。

蘇 那我們就這麼看你了，伊安，用比較可愛的方式：作爲一位神聖者，而不是作爲一位某門技藝的大師，你是荷馬頌詞的吟誦者。

高爾吉亞篇

提要

本文屬於柏拉圖早期對話中較晚的作品，以談話人高爾吉亞的名字命名。西元一世紀的塞拉緒羅在編定柏拉圖作品篇目時，將本篇列爲第六組四聯劇的第三篇，稱其性質是「駁斥性的」，稱其主題是「論修辭」。❶對話發生在雅典某個公共場所，大約寫於西元前四四七—四五五年間，與《普羅泰戈拉篇》寫作時間相近。

「修辭」（ῥητορική）在希臘文中含義很廣。古希臘人心目中的修辭學是運用語言的一門技藝。文辭的修飾、正確的語法、鏗鏘的音韻、崇高的風格都是修辭學的研究對象，而不限於演講中的立論和詞句修飾。希臘修辭學的發展與希臘古典時期智者的活動有密切的關聯。詞源學、語法學、音韻學、論辯術、演講術都是修辭學的分支。修辭在本篇中主要指演講術。

本文記載蘇格拉底同三位智者的精彩辯論。高爾吉亞是聲名顯赫的修辭學大師，正在雅典一展雄姿。波盧斯是高爾吉亞的門徒，已經撰寫了演講術和論辯術的著作。卡利克勒也是一位堅定的智者，在對話中是最主要的發言人。凱勒豐是一位追隨蘇格拉底的青年，在對話中起幫腔作用。整場討論，蘇格拉底同三位智者多次交鋒，討論了三個主要問題：(1)演講術

❶ 參閱第歐根尼・拉爾修：《名哲言行錄》3:59。

的定義、對象和本質；(2)道德原則和道德信念；(3)人生理想和政治哲學。

本文可分爲三個組成部分：

第一部分（447a-461b），演講術的定義　高爾吉亞剛剛結束演講術的演示，蘇格拉底、凱勒豐、卡利克勒一起走進大廳。蘇格拉底把他遲到的原因歸咎於凱勒豐，因爲凱勒豐非要拉著他在市場裡閒逛。卡利克勒建議蘇格拉底問高爾吉亞是否願意與他交談。高爾吉亞表示同意。蘇格拉底提出他的第一個問題：高爾吉亞是什麼人，他是幹什麼的？高爾吉亞說自己是一位優秀的演說家，精通演講術（447a-449a）。然後，高爾吉亞在交談中給演講術下了三個定義：第一，演講術是使用言語（講話）的技藝（449d）；第二，演講術的言語所涉及的事物是最偉大、最崇高的（451d）；第三，演講術的本質在於它是一種勸說的技藝，掌握了演講術可以帶來自由（452d）。蘇格拉底建議區別兩種不同的勸說：一種是根據學得的知識分辨正確和錯誤，以此勸說人；另一種是根據似是而非的論辯使人相信某種意見。然後，他把問題深入一步，討論是否只有演講術灌輸勸說（453b-458c）。蘇格拉底指出，演講術與公正或不公正無關。所以，演說家不是法庭和其他集會上的關於公正和不公正的事情的教師，而只是一名勸說者（458c-461b）。演說家不會不公正地使用演講術，也不願意去做不公正的事情。

第二部分（461b-481b）：演講術的本質　蘇格拉底和波盧斯圍繞演講術的本質，討論做不公正的事情和承受不公正的事情哪一樣更糟糕。蘇格拉底要波盧斯約束冗長的講話風格，不要長篇大論，選擇在對話中擔任的角色，要麼提問，要麼回答。波盧斯向蘇格拉底提問：什麼是演講術。蘇格拉底認爲演講術是一種旨在產生某種滿足和快樂的技巧。他直率地指出：演講術根本不是知識意義上的技藝，只是一種用來討人喜歡的奉承的本領，不值得讚譽（461b-466a）。波盧斯不承認演講術是冒牌的知識，驕傲地宣稱演說家和僭主一樣是城邦中最強有力的人，能在法庭或公共集會上左右局勢，甚至能按照自己的意願處死人。他把問題轉化爲演說家的權力。蘇格拉底針鋒相對地指出：演說家和僭主都是城邦中最沒有能力的人，因爲他們不知道什麼是善，不能按照人的本性行善，只有知識和能力才是善（466a-473a）。蘇格拉底認爲行不公正之事比承受不公正之事更糟糕。波盧斯駁斥蘇格拉底的觀點，認爲承受不公正之事更糟糕。蘇格拉底論證接受懲罰就是獲得好處：受到懲罰就是受到影響；被施刑者接受懲罰；懲誡是正義的；正義的懲誡就是做正義之事；遭受懲誡的受罰者是在承受正義之事；他在經受美好之事；他獲得好處（473a-481b）。

第三部分（481b-527e），人生理想和政治哲學 卡利克勒介入討論，把談話推向高潮。卡利克勒發表了長篇演講，認爲蘇格拉底對波盧斯的駁斥時而依據「約定」，時而依據「自然」，而智者主張人人生而平等，要靠自己的才能出人頭地，強者戰勝並統治弱者才是自然的正義。卡利克勒在演講中宣告了人的本性擁有的自然權利，然後譴責哲學以及蘇格拉底的辯論方式。他同樣相信遭受不正義之事更加糟糕（481b-486d）。蘇格拉底從道德哲學的高度批判卡利克勒，並闡述自己的人生理想和政治倫理。他指出，靈魂和身體都要做到公正和自我節制；如果一味追求強權，效法僭主，濫用權力，剝奪他人生命和財產，只能步入歧途；統治者治理城邦的首要任務是改善公民的靈魂，給他們知識教養，使他們過一種追求善的理性生活，這才是政治家的眞正職責（486d-522e）。在對話的最後部分，蘇格拉底講了人死以後亡靈在冥府受審的神話故事，警示世人要行善不要作惡。在克洛諾斯時代以及宙斯剛開始統治的時候，活著的審判者裁決那些仍舊活著的人，那些預見自己死亡的人可以用證人和證明書來迷惑審判者。他們運用高爾吉亞的演講術取得了完全的成功。於是宙斯建議審判者和被審判者都應該是死人，並且全身赤裸。這樣一來，審判可以變成靠靈魂本身來判斷靈魂本身，而不必關聯到外貌或其他因素。蘇格拉底從故事中推論，死亡即身體與靈魂的分離。然後，他推斷說，每一不義的行爲都在施行不義的靈魂上留下一道傷疤。最後，蘇格拉底把他自己與卡利克勒聯繫在一起，說他們都無法抗拒按照自己所愛的人的命令去言說（523a-527e）。

正文

談話人：卡利克勒❷、蘇格拉底、凱勒豐❸、高爾吉亞❹、波盧斯❺

一、演講術的定義（447a-461b）

1. 開場白（447a-449a）

卡 447 他們說，這才是你在一場戰爭或者戰鬥中應當起的作用，蘇格拉底。

蘇 哦？我們像俗話說的那樣「筵席將散才姍姍來遲」了嗎？我們遲到了嗎？

卡 沒錯，你們錯過了一場溫文爾雅的盛宴！高爾吉亞剛給我們作了一場精彩紛呈的演示❻。

蘇 這是凱勒豐的錯，卡利克勒。他讓我們在市場上閒逛得太久了。

---

❷ 卡利克勒（Καλλίκλεις），人名。

❸ 凱勒豐（Χαιρεφῶν），人名。

❹ 高爾吉亞（Γοργίας），著名智者，鼎盛年約為西元前四二七年。

❺ 波盧斯（Πωλός），人名。

❻ 演示（ἐπεδείξατο），智者在授課時示範演講，展示他們的演講能力。

凱　〔b〕沒關係，蘇格拉底。我還有個補救的辦法。高爾吉亞是我的朋友，所以他會給我們演示的——如果你認爲合適，現在就可以，或者其他時間，如果你喜歡。

卡　這算什麼，凱勒豐？蘇格拉底急於想聽高爾吉亞演講嗎？

凱　對。這就是我們到這裡來的原因。

卡　那麼好，在你們喜歡的任何時候到我家來。高爾吉亞住在我家，在那裡他會演示給你們看。

蘇　太好了，卡利克勒。但是，他願意和我們討論嗎？〔c〕我想從這個人身上發現他的技藝能成就什麼，他既在宣揚又在傳授的事情是什麼。至於另外一件事情，演示，就按你的建議，讓他另外再找時間吧。

卡　向他提問，這不算什麼，蘇格拉底。實際上，這是他的演示的一部分。剛才他要我們在場的人隨意提問，並且說他會回答所有問題。

蘇　好極了！向他提問，凱勒豐。

凱　問他什麼呢？

蘇　〔d〕問他是誰？

凱　你這是什麼意思？

蘇　好，假定他是製鞋的，他會說他是個鞋匠，不是嗎？或者說你不明白我的意思？

凱　我明白。我會問他的。請你告訴我，高爾吉亞，卡利克勒剛才說你聲稱要回答任何人有可能向你提出的任何問題，他說得對嗎？

高　—448—他說得對，凱勒豐。實際上我剛剛做出承諾，我要說多年來還沒有人向我提出過什麼新問題。

凱　要是這樣的話，你回答問題一定輕而易舉，高爾吉亞。

高　不信你可以隨便試試，凱勒豐。

波　宙斯在上，凱勒豐！要試就試我吧，如果你願意！我想高爾吉亞相當累了。他剛剛才結束他的長篇講話。

凱　眞的嗎，波盧斯？你認爲你提供的回答比高爾吉亞更令人讚賞嗎？

波　—b—這有什麼關係，只要這些回答對你來說足夠好就行了？

凱　是沒有什麼關係！那就由你來回答，因爲這是你情願的。

波　那你就提問吧。

凱　行。假定高爾吉亞對他兄弟希羅狄庫❼從事的技藝很有見識。那麼我們該用什麼樣的正確名稱來稱呼他呢？不就是與他兄弟相同的那個名稱嗎？

波　是的。

凱　所以我們把他稱作醫生是對的嗎？

波　是。

❼ 希羅狄庫（Ἡρόδικος），人名。

凱　如果他也在阿格拉俄封❽之子阿里斯托豐❾，或者阿里斯托豐的兄弟從事的行當裡也很有經驗，對他的正確稱呼是什麼呢？

波　顯然是畫家。

凱　〔c〕既然他對某一門技藝有見識，那麼這門技藝是什麼，對他的正確稱呼又是什麼？

波　人們有許多技藝是憑著經驗發明的，凱勒豐。對，就是這種經驗使我們花時間沿著技藝之路前進，而缺乏經驗會使他們在偶然性的道路上摸索。不同的人以不同的方式從事這些不同的技藝，最優秀的人從事最優秀的技藝。我們的高爾吉亞確實在這群人中間，他享有最令人欽佩的技藝。

蘇　〔d〕波盧斯為了能以令人欽佩的方式提供演講，顯然已經作了精心準備，高爾吉亞。但他沒在做他對凱勒豐許諾的事情。

高　他到底怎麼沒在做，蘇格拉底？

蘇　在我看來，他似乎不在回答問題。

高　那麼你怎麼不向他提問，要是你願意？

蘇　不，我不願意，除非你本人想要回答問題。我很想向你提問。我很清楚，尤其是從他

---

❽ 阿格拉俄封（Ἀγλαοφῶντος），人名。

❾ 阿里斯托豐（Ἀριστοφῶν），人名。

已經說過的話中可以看出，波盧斯本人更加熱衷於演講術，而不是討論。

波 |e|你爲什麼這樣說，蘇格拉底？

蘇 因爲，波盧斯，當凱勒豐問你高爾吉亞在什麼技藝中有見識時，你就大唱讚歌，好像有人在詆毀它似的。但你沒有回答這門技藝是什麼。

波 我不是回答說它是一門最令人欽佩的技藝嗎？

2. 演講術的三個定義（449a-453a）

蘇 確實如此。不過，沒人問你高爾吉亞的技藝怎麼樣，而是問你這門技藝是什麼，人們應當把高爾吉亞稱作什麼。所以，|449|正如凱勒豐向你提出前一個問題，你以令人欽佩的簡潔的方式作了回答，現在請你也以這種方式告訴我們，他的技藝是什麼，我們應當怎樣稱呼高爾吉亞。或者倒不如，高爾吉亞，爲什麼你本人不告訴我們你在什麼技藝中有見識，我們該如何稱呼你？

高 演講術，蘇格拉底。

蘇 所以我們應當稱你爲演說家嗎？

高 對，一名優秀的演說家，蘇格拉底，如果你眞的想要稱我爲「我自豪地說我是」的人[10]，如荷馬所說。

[10] 荷馬：《伊利亞特》6:211。

蘇　我當然這樣想。

高　那你就這樣稱呼我好了。

蘇　〔b〕我們不是說你也能使其他人成爲演說家嗎？

高　我確實是這麼說的。不僅在這裡，而且在其他地方。

蘇　那麼好，高爾吉亞，你願意用我們現在這種方式完成這場討論嗎？一問一答，至於像波盧斯剛才想要開始的長篇大論，你還是放到別的場合去用。請別對你的承諾後悔，而是簡潔地回答問你的問題。

高　有些回答，蘇格拉底，必須提供長篇大論。〔c〕儘管如此，我會試著盡可能簡潔。這實際上也是我宣稱過的。無人能比我更加簡短地敘說同樣的事情。

蘇　這正是我們需要的，高爾吉亞！向我展示一下你的簡潔，以後有機會再去發表鴻篇巨制。

高　很好，我會這樣做的。你會說你從未聽到任何人講話如此簡潔。

蘇　那麼來吧。你聲稱自己在演講術中是有見識的，〔d〕也能使別人成爲演說家。請問，演講術與什麼事情相關？比如，紡織與做衣服相關，不是嗎？

高　是。

蘇　所以，同樣的道理，音樂與創作樂曲相關嗎？

高　是。

蘇　赫拉[11]在上，高爾吉亞，我很喜歡你的回答．沒有比它們更加簡潔的回答了。

高　對，蘇格拉底，我敢說我很好地回答了問題。

蘇　你是這樣的。現在請你也以這種方式回答有關演講術的問題。它是關於什麼的，它與哪些事情有關，它是一種知識嗎？

高　—e—它是關於言語[12]的。

蘇　哪一種言語，高爾吉亞？那些解釋病人應當如何治療才能康復的言語嗎？

高　不是。

蘇　所以演講術並不涉及所有言語。

高　哦，不涉及。

蘇　但它使人能說話。

高　對。

蘇　也能使人在他們談論的事情上聰明嗎？

高　當然。

蘇　—450—那麼，我們剛才談到的醫療的技藝，使人既能擁有智慧，又能談論疾病嗎？

[11] 赫拉（Ἥραν），希臘神話中的天后。

[12] 言語（λόγος），亦譯講話。

高　必定如此。

蘇　那麼這門技藝顯然也和言語有關。

高　對。

蘇　它是關於疾病的言語，是嗎？

高　確實如此。

蘇　身體的訓練不也和言語有關嗎，談論身體條件好壞的言語？

高　對，是這樣的。

蘇　實際上，高爾吉亞，其他技藝也是這樣。〔b〕它們中的每一門技藝都與那些談論具體技藝的對象的言語有關。

高　顯然如此。

蘇　那麼，既然你把與言語相關的技藝稱作演講術，爲什麼不把其他技藝稱作演講術呢？它們也涉及言語！

高　蘇格拉底，原因在於其他技藝的知識構成幾乎全都與你雙手的勞作以及諸如此類的活動有關。而在演講術中沒有這樣的體力勞動。它的活動和影響全部依賴言語。〔c〕因此我考慮演講術的技藝和言語相關。我要說我的這個看法是對的。

蘇　我不確定我是否理解了你想說的這種技藝。但我很快就會弄明白的。告訴我這一點。有一些技藝供我們練習，沒有嗎？

高　有。

蘇　在所有這些技藝中，我想，有些技藝主要是在製造東西，很少講話，還有一些技藝根本不需要講話，只要沉默地去做就行了。比如繪畫、雕刻，以及其他許多技藝。|d|當你說演講術與其他技藝沒有什麼關係的時候，我想你指的就是這種技藝。或者說，你指的不是這種技藝？

高　是這種技藝，蘇格拉底。你很好地理解了我的意思。

蘇　那麼，有其他一些技藝，在完成它們的任務時用的是言語，實際上不需要體力勞動，或者只需要耗費很少的體力。我們可以算術、計算、幾何，甚至跳棋和其他許多技藝爲例。它們中有些涉及言語的程度和活動一樣，有些涉及言語要多一些。它們的活動和影響完全依賴言語。|e|我想你的意思是，演講術就是這種技藝。

高　對。

蘇　但你肯定不想把這些技藝中的任何一門都稱作演講術，儘管，如你所說，演講術是透過言語來產生影響的技藝。如果有人想找麻煩，他會提出責問說：「所以，你把算術稱作演講術嗎，高爾吉亞？」但我很確定，你不會說算術或幾何是演講術。

高　|451|對，你說得相當正確，蘇格拉底。你正確地理解了我的意思。

蘇　那麼，繼續。請你完成回答我的問題。由於演講術是一門主要使用言語的技藝，由於還有其他一些這樣的技藝，請你試著說明，這門透過言語來產生影響的演講術是關於什麼的。假定有人問起我剛才提到過的任何一門技藝，「蘇格拉底，|b|什麼是算術的技藝？」我會告訴他，如你剛才告訴我的那樣，它是透過言語來產生影響的技

藝之一。如果他進一步問我，「這些技藝是關於什麼的？」我會說，它們涉及偶數與奇數，無論這樣的數字有多少。如果他再問：「被你稱作計算的技藝是什麼？」我會說，它也是一門這樣的技藝，完全透過言語來產生影響。如果他繼續問，「它是關於什麼的？」我會以那些在公民大會上引起人們關注的人的講話方式回答說，[c]計算在有些方面與算術是相同的——因爲它涉及相同的事情，偶數與奇數——在有些方面與算術不同，算術要考察奇數和偶數的數量、二者與其自身的關係，以及相互之間的關係。如果有人問起天文學，我會回答，它也透過言語來產生它的影響，然後如果他問，「天文學的言語是關於什麼的，蘇格拉底？」我會說，天文學的言語涉及日月星辰的運動和它們的相對速度。

高　你這樣說相當正確，蘇格拉底。

蘇　[d]噢，高爾吉亞，輪到你的時候你再說。實際上，演講術是那些完全用言語來實施和產生影響的技藝之一，不是嗎？

高　是。

蘇　那麼告訴我：這些技藝是關於什麼事物的？如果有這樣一些事物，哪樣事物與演講術所使用的言語有關？

高　人所關心的最偉大的事物，蘇格拉底，最高尚的事物。

蘇　但是，這個說法也有爭議，高爾吉亞。它不是很清楚。[e]我肯定你聽過人們在宴飲中唱歌，一邊唱，一邊數，「第一位是享有健康，第二位是享有美麗，第三位」——這些歌詞的作者是這麼寫的——「是誠實地獲取財富。」

高　對，我聽到過。你爲什麼要提到它？

蘇　452 假定這位歌詞的作者所說的這些東西的生產者現在就在這裡，和你在一起：一位醫生、一位教練、一位財務專家。假定這位醫生首先說，「蘇格拉底，高爾吉亞在騙你。不是他的技藝，而是我的技藝，才和人類最偉大的善有關。」如果我問他，「你算什麼，竟敢這樣說？」我假定他會說他是一名醫生。「你說這話是什麼意思？最偉大的善眞的是你的技藝的產物嗎？」「當然了，蘇格拉底，」我假定他會說，「因爲它的產物就是健康。還能有什麼善比健康更大呢？」b 假定接下去輪到那位教練，他說，「如果高爾吉亞能夠向你展示從他的技藝裡產生的善比從我的技藝裡產生的善更大，蘇格拉底，那麼我也感到太驚訝了。」我也會問這個人，「你是幹什麼的，先生，你的產品是什麼？」「我是一名教練，」他說，「我的產品是使人身體健美和強壯。」在那名教練之後，那位財務專家會說，我肯定他說話帶有相當輕蔑的語氣，c「請你一定要考慮一下，蘇格拉底，你是否知道有任何善，高爾吉亞的善，比財富更大。」我們會對他說，「眞的嗎？那就是你生產的東西嗎？」他會說，「對。」「你作爲什麼說這樣的話？」「作爲一名財務專家。」「那麼好吧，」我們說，「你把財富斷定爲人類最大的善嗎？」「當然了，」他說。「啊，但是，在這裡的高爾吉亞會駁斥這一點。他宣稱他的技藝是一樣比你的善更大的善的源泉。」我們說。這位專家接下來顯然會問，d「請告訴我這種善是什麼？讓高爾吉亞回答我吧！」所以，來

高　吧，高爾吉亞。請你考慮一下這些人提出的問題和我提出的問題，給我們一個你的回答。你宣稱是人類最大的善、你聲稱自己是它的生產者的這樣東西是什麼？

高　這樣東西實際上確實是最大的善，蘇格拉底。它是人類本身自由的源泉，同時它又是每個人在自己的城邦裡統治其他人的源泉。

蘇　你指的這樣東西到底是什麼？

高　［e］我指的是在法庭上用言語勸說法官、在議事會中用言語勸說議員、在公民大會或其他政治集會中用言語勸說參會者的能力。事實上，有了這種能力，你可以讓醫生成為你的奴隸，讓體育教練也成為你的奴隸。至於你的那個財務專家，他會變得不為自己掙錢，而為其他人掙錢；實際上為你掙錢，如果你有能力講話，勸說眾人。

蘇　［453］我現在認為，你已經很接近弄清楚你把演講術當作什麼樣的技藝了，高爾吉亞。如果我沒弄錯，你說演講術是勸說的生產者。總之，它的全部事務就在於此。或者，你能指出演講術可以做的其他任何事情來嗎，除了往聽眾的靈魂裡灌輸勸說？

高　不能，蘇格拉底。我想你相當恰當地界定了演講術。總之，它就是一種勸說。

3. 是否只有演講術灌輸勸說（453b-458c）

蘇　［b］那麼，注意聽，高爾吉亞。你應當知道，有些人在與別人討論時真的想要擁有與其討論的主題相關的知識，我相信我是一個這樣的人。我想，你也是一個這樣的人。

高　好，那又怎樣，蘇格拉底？

蘇　讓我現在就來告訴你。你可以確定地知道，我不知道從你正在談論的演講術中產生出來的勸說是什麼，或者它勸說的主題是什麼。儘管我確實懷疑你說的勸說是哪一種勸說，它是關於什麼的，—c—但我仍舊要向你提出同樣的問題，從你正在談論的演講術中產生的勸說是什麼，它是關於什麼的。當我有這種疑問的時候，為什麼我要向你提問，而不是自己來回答呢？因為我跟隨的不是你，而是我們的討論，讓它以這樣的方式來進行，使我們正在談論的事情最清晰地向我們顯示。所以，請考慮我向你重提問題是否公平。假定我問你畫家宙克西⑬是哪一個。如果你告訴我，他是一個畫畫的人，那麼我問「這位畫家畫的是哪一種畫，在哪裡畫的」不是很公平嗎？

高　對，公平。

蘇　—d—其原因不就是實際上還有其他畫家，他們畫許多其他的畫嗎？

高　對。

蘇　如果除了宙克西沒有人是畫家，你的回答就會是一個很好的回答，是嗎？

高　當然。

蘇　那麼好，再來告訴我演講術的事。你認為只有演講術灌輸勸說，還是其他技藝也這樣做？我的意思是這樣的：一個人教某個主題或其他主題，他是在就他所教的事情勸說人，還是不是？

⑬ 宙克西（Ζεῦξις），人名。

高　他肯定在這樣做，蘇格拉底。他尤其是在勸說。

蘇　[e]讓我們再次以剛才討論過的技藝爲例。算術和算術家不是在教我們一切與數有關的事情嗎？

高　是的，他是這樣做的。

蘇　他也在勸說嗎？

高　是的。

蘇　所以算術也是勸說的生產者嗎？

高　顯然如此。

蘇　現在如果有人問我們，它生產什麼樣的勸說，它的勸說是關於什麼的，那麼我假定我們會回答他，它是透過教奇數和偶數的範圍而產生的勸說。[454]我們能夠說明我們剛才正在談論的其他所有技藝是勸說的生產者，也能說明勸說是什麼，勸說是關於什麼的。不對嗎？

高　對。

蘇　所以演講術並非唯一的勸說的生產者。

高　沒錯。

蘇　在這種情況下，既然演講術不是唯一生產這種產品的生產者，其他技藝也這樣做，那麼我們重複提出在畫家那個例子中向我們的談話人提出的問題就是對的：「演講術這門技藝是什麼樣的勸說，它的勸說是關於什麼的？」或者說，[b]你認爲重複提出這個問題是不對的？

高　不，我認爲是對的。

蘇　那麼好，高爾吉亞，由於你也這樣認爲，就請你回答。

高　這種勸說，蘇格拉底，我的意思是，它是一種在法庭和其他那些大型集會上發生的勸說，如我剛才所說。它涉及那些公正的和不公正的事情。

蘇　對，高爾吉亞，我懷疑這就是你所指的勸說，而演講術的勸說是關於這些事情的。但是，它是關於什麼的問題似乎是清楚的，如果我過一會兒再向你提出這樣的問題，你就不會感到奇怪了，—c—不過現在我要繼續我的提問——如我所說，我之所以要提出問題，爲的是我們能夠有序地推進討論。我要追隨的不是你；這樣做爲的是防止我們養成隨意胡亂猜測和摘取他人片言隻語的習慣。這樣做允許你按照你想要的任何方式提出你的假設。

高　對，我想你這樣做相當正確，蘇格拉底。

蘇　那麼，讓我們來考察一下這個觀點。有某樣東西你稱爲「學會了的」嗎？

高　有。

蘇　很好。也有某樣東西你稱作「相信了的」嗎？

高　—d—是的，有。

蘇　好，你認爲，學會了的和正在學、相信了的和相信，它們是相同的，還是不同的？

高　我當然假定它們是不同的，蘇格拉底。

蘇　你假定得對。這就是你能對我說的：如果有人問你，「有眞的和假的信念這樣的東西嗎，高爾吉亞？」你會說有，我肯定。

高　對。

蘇　那麼，有眞的和假的知識這樣的東西嗎？

高　完全沒有。

蘇　所以很清楚，它們是不同的。

高　你說得對。

蘇　|e|但是那些學會了的人和那些相信了的人肯定都被說服了。

高　是這樣的。

蘇　那麼你希望我們確定兩種類型的勸說嗎，一種提供信念但沒有知識，另一種提供知識？

高　是的，我希望。

蘇　那麼，演講術在法庭和其他集會上生產的勸說，涉及公正的和不公正的事情，是哪一種類型的？它的結果是信而不知，還是知？

高　這很明顯，確實，它的結果是信。

蘇　所以很清楚，演講術實施的勸說來自信，而非來自教，|455|涉及什麼是公正和不公正？

高　對。

蘇　所以，演說家不是法庭和其他集會上的關於公正和不公正的事情的教師，而只是一名勸說者，因爲我假定，他不能在如此短暫的時間內教會如此重要的事情。

高　對，他肯定不能。

蘇　那麼好吧，讓我們來看關於演講術我們到底該怎麼說。b因爲，請你注意，連我自己對我說的話都不太清楚。每當城邦開會挑選醫生、造船工，或其他各種手藝人，這肯定不是演說家提建議的時候，是嗎？因爲顯然是最有造詣的手藝人應當去承擔這些工作。演說家也不是一個在有關修建城牆、港口或船塢的會議上提建議的人，而那些建築師才是這樣的人。需要商談選拔將軍、c排兵布陣、抗擊敵軍、占領敵國等事務的時候，不是演說家，而是將軍們會提出建議。關於這些事情你會怎麼說，高爾吉亞？由於你聲稱自己是一名演說家，而且還能使別人成爲演說家，我們完全應當發現你的技藝的特點。請你體察我的用心，我這樣做完全是爲了你好。也許眞有某個在場的人想要成爲你的門徒。我注意到有些人，人數實際上還不少，他們羞於向你提問。因此，當我提問時，d請設想他們也在提問，「高爾吉亞，如果與你交往，我們能有什麼收穫呢？我們能給城邦提什麼建議呢？只涉及那些公正和不公正的事情嗎？或者也涉及蘇格拉底剛才提到的這些事情呢？」請試著回答這些問題。

高　行，蘇格拉底，我會試著把演講術能完成的事情清楚地告訴你。你自己也已經很好地這樣做了，因爲你確實知道，不是嗎，e那些有關修建雅典人的船塢和城牆，以及港口裝備的建議，來自塞米司托克勒⓮，有些情況下來自伯里克利⓯，而不是來自建築師？

蘇 人們是這樣談論塞米司托克勒的，高爾吉亞。我本人也聽伯里克利提出過修建中部城牆的建議。

高 456 在挑選你剛才提到的那些手藝人時，蘇格拉底，你知道是演說家在提出建議，他們對這些事情的看法說服了人們。

蘇 對，高爾吉亞，令我感到驚訝的是，我應當很早就問你演講術能完成什麼。因爲我要是這樣看待演講術的話，那麼它在範圍上是某種超自然的東西。

高 哦，是的，蘇格拉底，只要你了解演講術的全部，它實際上包含一切，b 並將一切能完成的事情置於它的管轄之下。我將給你充分的證明。很多次，我和我的兄弟或其他醫生一道去看望他們的某個病人，病人不願喝藥，拒絕開刀，不接受燒灼術。醫生無法說服他，而我卻用修辭術的技藝獲得了成功。我也堅持說，如果一名演說家和一名醫生來到你喜歡的任何一座城市，在議事會或其他集會上比賽講話，看誰能被選爲醫生，c 那名醫生完全不會有出人頭地的機會，而那位能言善辯的人會被選上，只要他

⓮ 塞米司托克勒（Θεμιστοκλῆς），西元前五二八—四六〇年，雅典政治家。

⓯ 伯里克利（Περικλῆς），西元前四九〇—四二九年，雅典大政治家。

願意。如果他與其他任何手藝人競爭，那麼是這位演說家，而不是其他手藝人，能夠勸說民衆選他，因爲在民衆面前，無論談論的是什麼主題，演說家都要比其他手藝人更具有說服力。這就是這門技藝所能成就的偉大之處，以及它的成就的種類！然而，人們應當像使用其他競爭性技能一樣來使用演講術，|d|蘇格拉底。在其他情況下，人們也一定不要用一種競爭性的技藝來反對任何人或所有人，這是因爲他學會了拳擊，或拳擊加摔跤，或武裝格鬥，由此使他自己比他的朋友和敵人強。而要痛打、刺傷，或者殺死一個人自己的朋友是沒有理由的！設想有某個人去了摔跤學校以後，身體強健，成了一名拳擊手，然後痛打他的父母或其他家庭成員和朋友。宙斯在上，沒有理由因此而痛恨體育教練或者傳授武裝格鬥的人，|e|把這些人從他們的城邦裡趕走！這些人傳授他們的技藝用來公正地對付敵人或作惡者，用於自衛而不用於侵犯，是他們的學生誤用了他們的力量和技能。|457|所以不是他們的教師是邪惡的，也不是這種技藝有罪或邪惡；而是那些濫用它的人確實是邪惡的人。對演講術來說，這也同樣是對的。演說家有講話反對任何人的能力，能夠談論任何主題，所以在集會上，簡言之，|b|在他喜歡談論的所有事情上更有說服力，但是，他有能力剝奪醫生或其他手藝人的名聲這一事實不會給他這樣做的理由。他會公正地使用演講術，就像使用任何競爭性的技藝。我假定，如果有人成了演說家，並用這種能力和技藝去作惡，那麼我們不要痛恨他的教師，把他從我們的城邦驅逐出去。因爲這位教師傳授的這種技藝要公正地使用，|c|而這位學生把它用到相反的地方去了。所以應當被痛恨、驅逐，乃至於處死

的是這位誤用者，而不是這位教師。

蘇 高爾吉亞，我想你像我一樣經歷過許多討論，在討論中你會注意到有這樣一類事情：參與者要共同限定他們正在討論的事情是不容易的，[d]所以，要互教互學，來完成他們的討論。與此相反，如果他們就某個觀點進行爭論，有人堅持說對方的觀點不對或不清楚，然後惱羞成怒，認爲對方說的話是惡意的。他們變得急於要在爭論中取勝，而不是考察討論的主題。事實上，到了最後有人會染上一種最可恥的風氣，相互謾罵，聽到這樣的討論甚至會使聽衆感到後悔，認爲眞不該來聽這些人討論。[e]我爲什麼要提到這些？因爲在我看來，你現在說的話與你一開始對演講術的看法很不一致，或者很不合拍。所以，我有點害怕對你進行考察，怕你把我當作急於取勝的對象，而不是爲了澄清我們要討論的問題。[458]就我而言，我很樂意繼續向你提問，如果你和我是同類人，否則我就算了。我是哪一類人呢？我是自己說了錯話遭到駁斥而感到高興的人，我也是駁斥說了錯話的其他人而感到高興的人，我還是一個自己受到駁斥不會比駁斥別人更不高興的人。因爲我把受到駁斥當作一件更大的好事，之所以如此，乃是因爲使自己擺脫錯誤比使他人擺脫錯誤是一件更大的好事。我不會假定，對我們現在所討論的主題持有一種虛假的信念，對一個人來說，還會有什麼事情比這更糟糕。所以，[b]如果你說你也是這類人，讓我們繼續討論；但若你認爲我們應當放棄討論，那就讓我們了結它，到此結束。

高 哦，是的，蘇格拉底，我說我本人也是你描述的這類人。還有，也許我們還要記在心裡，在場的這些人也是這類人。因爲，前不久，甚至在你到達之前，[c]我已經爲他們作了長時間的展示，如果我們繼續這場討論，也許拖得太久了。我們也應當爲他們著想，別讓他們中間想要做其他事情的人滯留在這裡。

4. 演講術與公正（458c-461b）

凱 你們自己都能聽到這些人的喧鬧，高爾吉亞和蘇格拉底。他們想要聆聽你們必須說的一切。至於我本人，我希望我決不會如此忙碌，乃至於要在以這種方式進行的這場討論結束之前離去，因爲我發現做其他事情更實際。

卡 [d]衆神在上，凱勒豐，事實上，此前我也聽過許多討論，但我不知道是否有我此刻這樣快樂的。所以，只要你們願意討論，哪怕要談一整天，我都樂意奉陪。

蘇 我沒有什麼要緊的事情要停止討論，卡利克勒，只要高爾吉亞願意。

高 話說到這一步我再不願意，蘇格拉底，那就是我的恥辱了。更何況我說過願意回答任何人的任何提問。[e]好吧，如果這些人都還行，我們就繼續討論，你想問什麼就問吧。

蘇 那麼好，高爾吉亞，讓我來告訴你，你說的事情中有什麼令我驚訝的。也許你說得對，是我沒有正確理解你的意思。你說過你能使任何一位願意向你學習的人成爲演說家嗎？

高 說過。

蘇 所以他在集會上談論任何主題都是有說服力的，不是透過傳授，而是透過勸說嗎？

高　459 對，是這樣的。

蘇　提醒你一下，你剛才說演說家在健康問題上甚至比醫生更有說服力。

高　是的，我說過，不過，是在集會上更有說服力。

蘇　「在集會上」的意思不就是「在那些沒有知識的人中間」嗎？因爲，在那些有知識的人中間，我不認爲他會比醫生更有說服力。

高　你說得對。

蘇　如果他比醫生更有說服力，不就證明了他比有知識的人更有說服力嗎？

高　是的，沒錯。

蘇　b 儘管他不是一名醫生，對嗎？

高　對。

蘇　一名非醫生，我想，在醫生知道的事情上肯定是不知道的。

高　顯然如此。

蘇　所以，當一名演說家比醫生更有說服力的時候，一名無知者會比無知者中間的有知者更有說服力。這不就是可以從中推論出來的嗎？

高　是的，是這樣的，至少在這個例子中。

蘇　那麼，關於演說家和演講術，這樣說也是對的，相對於其他技藝而言。演講術不需要擁有它們所談論的事物狀況的任何知識；c 它只需要發現某種產生勸說的技巧，爲的是使它自己在那些沒有知識的人眼中顯得比那些實際擁有知識的人更有知識。

高 哦，蘇格拉底，儘管你沒有學會其他任何技藝，而只學會這種技藝，但卻能使你自己顯得不比那些手藝人差，這樣的事情不是很輕鬆嗎？

蘇 是否由於這個原因演說家不比其他掌握某些技藝的手藝人差，這個問題如果與我們的論證有關，我們過一會兒就考察。d不過，現在讓我們先來考慮這個論點。涉及什麼是公正和不公正、什麼是可恥的和高尚的、什麼是好的和壞的，演說家是否處於相同的位置，就好像他在什麼是健康的問題上，以及他在其他技藝的主題的問題上？他是否缺乏知識，也就是說，他是否不知道這些事物是什麼，什麼是好的或什麼是壞的，什麼是高尚的，什麼是可恥的，什麼是公正和不公正？他用一些辦法生產關於這些事情的勸說——儘管他不懂這些事情——但在那些不懂的人中間，e他似乎比那些懂行的人知道得還要多，是嗎？或者說，他必須懂行，在到你這裡來之前，那些演講術的未來的學生在這些事情上已經有見識了？如果他不懂，那麼你這位演講術的教師，在他到你這裡來的時候，不會把這些事情教給他——因爲這不是你的工作——而只是使他在大衆面前顯得好像擁有關於這些事情的知識，而實際上他並不擁有這種知識，使他顯得像個好人，而實際上他並不是個好人？或者說，你根本不能教他演講術，除非他知道有關這些事情的眞相從哪裡開始？460像這樣的事情如何站得住腳，高爾吉亞？對，宙斯在上，對我們進行啓示吧，告訴我們演講術能成就什麼，這是你剛才答應過的。

高 好吧，蘇格拉底，我假定，即使他眞的不擁有這種知識，他也可以向我學習這些事情。

蘇 等一下！你這樣說沒錯。如果你使某人成爲一名演說家，那麼他必定已經懂得什麼是

高　公正，什麼是不公正，要麼是他以前就懂的，要麼是後來向你學到的。對，是這樣的。

蘇　〔b〕是嗎？一個已經學會了木匠的人是一個木匠，不是嗎？

高　是。

蘇　一個已經學會了音樂的人不是一個音樂家嗎？

高　是。

蘇　一個已經學會了醫學的人是一個醫生，不是嗎？以同樣的理由，學會了其他某樣技藝的人不也是這樣嗎？一個學會了某個具體主題的人擁有的知識使他成爲這種人嗎？

高　是的，他是這種人。

蘇　按照同樣的推論，一個學會了什麼是公正的人不也是公正的嗎？

高　是的，完全正確。

蘇　我想，公正的人做公正的事情嗎？

高　對。

蘇　〔c〕演說家不是肯定是公正的嗎，公正的人不是肯定想要做公正的事情嗎？

高　顯然如此。

蘇　因此，演說家決不會想做不公正的事情。

高　不會，顯然不會。

蘇　你還記得前不久你說過，〔d〕我們不應當抱怨我們的體育教練，或者把他們從我們的城邦裡驅逐出去，如果某個拳擊手把他的拳擊技藝用於做不公正的事情，同理，如果某個演說家不公正地使用他的演講技藝，我們也不應當抱怨他的老師，或者把他從城邦裡驅逐出去，而應當這樣對待那個做了不公正的事情的人，那個不恰當地使用演講技藝的人？你有沒有說過這樣的話？

高　說過。

蘇　|e|但是現在，這個人，這位演說家，好像決不會做不公正的事情，不是嗎？

高　對，不會做。

蘇　在我們開始討論時候，高爾吉亞，你說演講術與言語相關，它涉及的不是偶數和奇數，而是涉及公正和不公正。對嗎？

高　對。

蘇　好，在你這樣說的時候，我以爲演講術決不會是一樣不公正的東西，因爲它總是在談論公正。|461|但是，你稍後就說演說家也會不公正地使用演講術，對此我感到驚訝，並且認爲你的說法前後不一致，於是我說了那番話，我說如果你像我一樣，認爲受到駁斥是一件有益的事情，那麼值得繼續討論下去，但若你不是這樣的人，就讓我們停止討論。而現在，隨著我們剛才對這個問題進行後續的考察，你自己也能看到，結論正好相反，演說家不會不公正地使用演講術，|b|也不願意去做不公正的事情。我以神犬的名義起誓，高爾吉亞，要想徹底考察這些事情如何成立，短時間的討論無法完成！

二、演講術的本質（461b-481b）

1. 蘇格拉底揭示演講術的本質（461b-466a）

波　眞的嗎，蘇格拉底？你現在說的有關演講術的看法是你的眞實想法嗎？或者說，你眞的認爲高爾吉亞不太願意承認你的進一步的說法，演說家也知道什麼是公正，什麼是高尚，什麼是善，如果有人到這裡來向這位演說家學習，但並不擁有這種知識以開始他的學習，而這位演說家說他本人會教這個人，—c—然後就在這個地方，某些所謂前後不一致的地方就出現在他的陳述中——就是這一點讓你興奮不已，是你在誘導他，使他面對這樣的問題——你認爲有誰會否認他本人知道什麼是公正，也會教其他人公正？把你的論證引導到這樣一個結果，這是一種極大的魯莽的標誌。

蘇　最令人欽佩的波盧斯，我們想要得到同伴和兒子不是沒有原因的。當我們已經年邁，變得步履蹣跚的時候，你們這些年輕人會用手在我們的行動和言語兩方面把我們的生活扶正。—d—如果高爾吉亞和我在言語中有失誤——好，請你伸出援助之手，再次把我們扶正。這是唯一正確的辦法。如果你認爲我們表示同意是錯的，那麼只要你喜歡，我肯定願意回顧任何我們都同意的地方，只是你要注意一件事。

波　你什麼意思？

蘇　你要約束冗長的講話風格，波盧斯，從一開始你就試圖長篇大論。

波　眞的？我就不能自由發言，想怎麼說就怎麼說嗎？

蘇　—e—我的好朋友，如果來到雅典這個全希臘言論最自由的地方，而只有你不能自由發言，那就太難爲你了。但是請你換個方式想問題。如果你發表長篇講話而又不願回答別人向你提出的問題，而我沒有自由，—462—非得聽你講話，不能走開，那豈不是也太難爲我了嗎？但若你還在意我們已經進行的討論，想讓它走上正道，那麼如我剛才所說，請你回顧一下你認爲最好的觀點。你要像高爾吉亞和我一樣，輪番提問和回答，讓我和你自己都接受反駁。我以爲，你懂高爾吉亞在行的這門同樣的技藝？或者說，你不懂？

波　是的，我懂。

蘇　你不也邀請人隨意向你提問，任何時候都可以，因爲你相信你會做出回答，像一個有知識的人那樣？

波　當然。

蘇　—b—那就請你現在做出選擇：要麼提問，要麼回答。

波　很好，我會的。告訴我，蘇格拉底，你認爲高爾吉亞爲演講術所困惑，那麼你說它是什麼？

蘇　你問的是我說它是一門什麼技藝嗎？

波　正是。

蘇　說實話，波盧斯，我認爲它根本不是技藝。

波　那麼好，你認爲演講術是什麼？

蘇　「c」在我最近讀的一篇論文中，它是你說的生產技藝的那個東西。

波　你這話什麼意思？

蘇　我指的是一種技巧。

波　所以你認爲演講術是一種技巧？

蘇　是的，我是這樣想的，除非你說它是別的什麼東西。

波　它是一種爲了什麼的技巧？

蘇　爲了產生某種滿足和快樂。

波　你不認爲演講術是一種令人欽佩的東西，能夠給人以滿足嗎？

蘇　眞的，波盧斯！你已經從我說它是什麼有了發現，「d」所以繼續問我是否不認爲它是令人欽佩的嗎？

波　我不是已經發現你說它是一種技巧了嗎？

蘇　由於你推崇滿足，你願意在一件小事上使我滿足嗎？

波　當然願意。

蘇　請你向我提問，烤麵餅是一門什麼樣的技藝。

波　行。烤麵餅是一門什麼樣的技藝？

蘇　它根本不是技藝，波盧斯。你現在說，「那麼它是什麼？」

波　行。

蘇　它是一種技巧。你說，「它是一種爲了什麼的技巧。」

波　行。

蘇　[e]爲了產生滿足和快樂，波盧斯。

波　所以演講術和烤麵餅是同樣的嗎？

蘇　噢，不，完全不同，儘管它是同類實踐的一部分。

波　你指的是什麼實踐？

蘇　我擔心，要是說出事情的眞相會太魯莽。我有點猶豫不決，爲了高爾吉亞的緣故，怕的是他會認爲我在諷刺他的職業。我不知道高爾吉亞實踐的是否這種演講術——[463]事實上，在我們前面的討論中，我們還沒有弄清楚他認爲演講術是什麼。而我說的演講術是某種事務的一部分，它根本不值得欽佩。

高　哪一種演講術是這樣的，蘇格拉底？說吧，別對我有什麼顧忌。

蘇　那麼好，高爾吉亞，我認爲，有一種實踐不像技藝，而是一種用來產生預感的心靈，[b]一種大膽而又自然地與人打交道的能幹的心靈。我基本上稱之爲「奉承」。我認爲這種實踐也有許多組成部分，烤麵餅也是其中的一個組成部分。這個部分好像是一門技藝，但在我看來它根本不是技藝，而是一種技巧和常規。我把演講術也稱作這種實踐的一部分，還有化妝和智術。這些是它的四個組成部分，[c]它們指向四種對象。所以，如果波盧斯想要發現它們，那就讓他去發現好了。他還沒發現我稱之爲奉承的演講術是什麼。我還沒有回答的這個問題逃脫了他的關注，所以他繼續問我是否認爲它是令人欽佩的。但是，在我還說不出它是什麼的時候，我不會考慮它是否令人欽佩或可恥。因爲這樣做是不對的，波盧斯。不過，如果你想要發現這一點，那就問我，我

波　說演講術是奉承，它是奉承的哪個部分。

蘇　我會問的。告訴我，它是奉承的哪個部分？

波　—d—你理解我的問題嗎？演講術是政治的一個部分的影像。

蘇　是嗎？那麼你說它是令人欽佩的，還是可恥的？

波　我說它是一樣可恥的事物——我把壞的事物稱作可恥的——因爲我必須回答你，儘管你已經知道我是什麼意思。

蘇　宙斯在上，蘇格拉底，我也不明白你什麼意思！

高　—e—這相當合理，高爾吉亞。我還沒有把一切都說清楚。在這裡的這匹小馬駒又年輕又衝動。

蘇　別管他。請你告訴我，你說演講術是政治的一個部分的影像是什麼意思。

高　行，我會試著說明我對演講術的看法。—464—如果我沒有這樣做，波盧斯在這裡會駁斥我。我想，有某種東西你稱作身體，有某種東西你稱作靈魂，是嗎？

蘇　是的，當然。

高　你也想過它們各自有一種健康狀態嗎？

蘇　是的，我想過。

高　好吧。還有一種貌似健康，而實際上不健康的狀態嗎？我指的是這樣一種事情。有許

蘇

多人看起來身體健康，但除了醫生或某些體育教練，沒人會注意到他們不健康。

高　沒錯。

蘇　我要說，身體和靈魂中都有這樣一種東西，它會使身體和靈魂看起來似乎是健康的，—b—而實際上並非如此。

高　是這樣的。

蘇　來吧，我會更加清楚地告訴你我說的是什麼意思，要是我能做到。我要說的是，有兩門技藝與這一對主題相關，與靈魂相關的技藝我稱之爲政治；與身體相關的技藝，儘管它是一門技藝，但我還不能給你一個現成的名稱，但是照料身體是一門技藝，我說它有兩個部分：體育和醫療。在政治中，與體育相對應的是立法，—c—與醫療相對應的是公正。這些對子的每一成員都有共同的特點，醫療對體育，公正對立法，因爲它們關心相同的事情。然而，它們之間確實還有某些方面不同。所以它們一共是四個部分，總是提供關心，在一種情況下是爲了身體，在另一種情況下是爲了靈魂，它們想要看到最好的東西。奉承注意到了它們——我不說它是憑著認知，而說它只是憑著猜測——把它自身也分成四個部分，—d—各自戴上面具，假冒這些技藝的特點。它根本不去想什麼是最好的；以當前最大的快樂作誘餌，它愚蠢地嗤笑和欺騙，給人留下高尚的印象。烤麵餅帶上了醫療的僞裝，假裝知道什麼食物對身體最好，所以當一位烤麵餅的師傅和一名醫生不得不在兒童面前競爭，或者在那些像兒童一樣無知的大人面前競爭，請他們來決定烤麵餅的師傅和醫生誰對食物的好壞有專門的知識，那麼這位醫

生會餓死。|465|我把這件事稱作奉承，我說這件事是可恥的，波盧斯——我說這一點也是對著你說的——因爲它猜測什麼是快樂，而不考慮什麼是最好的。我說它不是一門技藝，而是一種技巧，因爲它不懂它所應用的任何事物的性質，而正是憑著這種知識它才能應用這些事物，所以它不能解釋每一事物的原因。我拒絕把缺乏這種解釋的事情稱作技藝。如果你對這些說法有爭議，我願意提交它們來討論。

|b|所以，烤麵餅，如我所說，是一種戴著醫療面具的奉承。化妝是一種以同樣方式戴著體育面具的奉承；一種可悲的、欺騙的、可恥的、粗野的東西，一種以形狀和顏色、光滑的外表、上等的穿著來實施欺騙的東西，它使人追求外在的美，而放棄透過體育得來的他們自己的美。所以，我不願發表長篇演說，|c|我願意用幾何學家的方式來對你說話——你現在也許跟得上我了——所謂化妝可歸於體育，所謂烤麵餅可歸於醫療；或者寧可說好像是這樣的：所謂化妝可以歸入體育，所謂智術可以歸入立法，還有所謂烤麵餅可以歸入醫療，所謂演講術可以歸入公正。然而，如我說的那樣，儘管以這種方式進行的活動有天然之別，但由於它們關係如此密切，智者和演說家傾向於混在一起，在同一領域工作，處理相同的主題。他們不知道如何對待自己，其他人也不知道如何對待他們。事實上，|d|如果靈魂不統治身體，而是身體統治它自己，如果烤麵餅和醫療不是由靈魂來觀察和區分，而是由身體本身來對它們做出判斷，依據

它得到的滿意來裁決，那麼阿那克薩戈拉[16]關於這個世界的說法就會盛行，波盧斯，我的朋友——你熟悉這些觀點——一切事物會在相同的地方混合在一起[17]，醫療和健康這些事情就不會有什麼區別，還有烤麵餅的事情。

你們現在已經聽到我對演講術的看法。它是烤麵餅在靈魂中的對應部分，e 烤麵餅是它在身體中的對應部分。我也許做了一件荒唐的事情：我不讓你發表長篇演說，而我自己談論了那麼長時間。儘管我應當得到原諒，因爲我要是講得簡潔，你就不明白，不知道如何回答我的提問，所以你需要這樣的敘述。所以，466 哪怕我也不知道如何回答你的問題，你也必須詳細地講述。如果我能回答，那就讓我來對待它們。這樣做才是真正的公平。如果你現在知道如何回答我的問題了，請你回答。

2. 演說家與僭主的權力（466a-473a）

波 噢，你說了些什麼？你認爲演講術是奉承？

蘇 我說它是奉承的一部分。你不記得了，波盧斯，你還這麼年輕？以後老了你會變成什麼樣？

---

[16] 阿那克薩戈拉（Αναξαγόρας），哲學家，約生於西元前五〇〇年，卒於西元前四二八年。

[17] 阿那克薩戈拉有一篇論文以這樣的話語開頭，「萬物一體」，描述了宇宙的原初狀態。參閱第歐根尼·拉爾修：《名哲言行錄》2:6。

波　所以你認爲優秀的演說家在他們的城邦裡被視爲奉承者嗎？

蘇　—b—你這是在提問，還是演講的開頭？

波　我在問問題。

蘇　我認爲根本就沒有人理會他們。

波　你什麼意思，沒有人理會他們嗎？他們不是在城邦裡擁有最大的權力嗎？

蘇　沒有，如果你說的「擁有權力」的意思是指某種對權力擁有者好的東西。

波　我正是這個意思。

蘇　那麼我認爲演說家在任何城邦中擁有的權力是最小的。

波　眞的？他們難道不像僭主一樣，只要他們願意或認爲恰當，就可以處死任何人，—c—剝奪他們的財產，把他們從城邦裡驅逐出去嗎？

蘇　我憑著神犬起誓，波盧斯！我對你說的每件事情都感到困惑，不知道你是在對自己說這些事情，表達你自己的觀點，還是在向我提問。

波　我在向你提問。

蘇　很好，我的朋友。如果你是在提問，那麼你一下子就向我提了兩個問題。

波　你什麼意思，兩個問題？

蘇　你剛才不是說了這樣的話，「演說家難道不像僭主一樣，—d—只要願意，就可以處死任何人，只要認爲恰當，就剝奪任何人的財產，把他們從城邦裡驅逐出去嗎？」

波　是的，我說了。

蘇　在這種情況下，我說有兩個問題，我對這兩個問題都會做出回答。我要說，波盧斯，演說家和僭主在他們的城邦裡擁有最小的權力，|e|這是我剛才說過的。因爲他們想要做的事情幾乎都做不成，儘管他們肯定在做他們認爲最適合做的事情。

波　好，這不就是擁有大權嗎？

蘇　我說這不是；至少波盧斯說這不是。

波　我說這不是？我肯定說這是！

蘇　憑著……，你肯定說這不是！因爲你說擁有大權對擁有者來說是好的。

波　是的，我是說過。

蘇　那麼，如果一個人在他缺乏理智的時候做他認爲最適宜的事情，你認爲這是件好事嗎？你會把這也稱作「擁有大權」嗎？

波　不，我不會。

蘇　那麼，你要駁斥我，證明演說家確實有理智，|467|演講術是一門技藝，而不是奉承？如果你不駁斥我，那麼演說家在他們的城邦裡做他們認爲適宜的事情不會獲得任何好處，僭主也一樣。你說權力是一樣好東西，但你也同意我的觀點，在沒有理智的情況下做自認爲適宜的事情是壞的。或者說你不同意？

波　不，我同意。

蘇　那麼，只要波盧斯沒有駁倒蘇格拉底，說明演說家或僭主在做他們想做的事情，怎麼能說他們在他們的城邦裡擁有大權？

波　—b—這個人……

蘇　……否認他們在做他們想做的事情。來吧，駁斥我。

波　你剛才不是同意說他們在做他們認爲適宜的事情嗎？

蘇　是的，我仍舊同意這一點。

波　那麼他們不就是在做他們想做的事情嗎？

蘇　我說他們不做他們想做的事情。

波　儘管他們做他們認爲適宜的事情？

蘇　這是我說的意思。

波　你的話眞是太過分了，蘇格拉底！荒唐透頂！

蘇　別攻擊我，我的出類拔萃的波盧斯，請按你自己的風格講話。—c—要是你能做到，就向我提問，證明我錯了。否則的話，你必須回答我的問題。

波　行，我願意回答，以便弄明白你在說什麼。

蘇　你認爲，當人們做事情的時候，他們想要的是他們正在做的事情，還是想要透過做這件事情來得到的東西？比如，你認爲在醫生的囑咐下吃藥的人想要的是他們正在做的事情，亦即吃藥，以及吃藥帶來的不舒服，還是想要健康，爲了得到健康他們才去吃藥？

波　他們想要的顯然是他們的健康。

蘇　—d—航海的船員也一樣，以及以其他途徑掙錢的那些人，他們正在做的事情不是他們想要的東西——因爲有誰會想要危機重重、千辛萬苦的航海呢？他們想要的是發財致富，我假定，正是爲了這個目的他們才去航海。爲了財富的緣故，他們才去航海。

波　對，是這樣的。

蘇　事實上，這在各種情況下不都是一樣的嗎？如果某人爲了某樣東西的緣故而做某件事情，他想要的不是他正在做的事情，而是想要這樣東西，|e|爲了這樣東西的緣故他才做這件事情？

波　對。

蘇　世上有既不是好的，又不是壞的這樣的事物嗎，或者說世上有的事物都介於二者之間，不好不壞？

波　不會有這樣的事物，蘇格拉底。

蘇　你說智慧、健康、財富一類的事物是好的，它們的對立面是壞的嗎？

波　是的，我會這樣說。

蘇　所謂不好不壞，你的意思是有時候分有好東西，有時候分有壞東西，有時候二者都不分有，比如坐、走、跑、航海，|468|或者石頭、木頭一類的東西，是嗎？這些就是你的意思嗎？或者說你所謂的不好不壞指的是其他事物？

波　不，我指的就是這些事物。

蘇　那麼人們在做事的時候，他們是爲了好的事情去做這些介於二者之間的事情，還是爲了這些介於二者之間的事情去做好的事情呢？

波　|b|肯定是爲了好的事情而去做介於二者之間的事情。

蘇　所以，是爲了追求這些好事情我們才去行走，每當我們行走的時候，我們假定行走比較好。與此相反，當我們站著不動的時候，我們也是爲了同樣的事情，好的事情，才站著不動的。不是這樣的嗎？

波　是這樣的。

蘇　我們不也處死人，如果我們做這種事情的話，或者放逐他，剝奪他的財產，因爲我們假設做這些事情對我們來說比不做這些事情要好嗎？

波　你說得對。

蘇　因此，是爲了那些好事物的緣故，所有做這些事情的人才做這些事。

波　我同意。

蘇　我們不是同意過，我們想要的，—c—不是那些爲了某種緣故而做的事情，而是這種事物，爲了這種事物的緣故我們才做這些事情？

波　對，就是這樣的。

蘇　因此，我們不是只想要殺人，或者把他們從城邦裡驅趕出去，剝奪他們的財產，等等；我們想要做這些事情，只是因爲這樣做有益，如果做這些事情有害，我們就不做了。因爲我們想要的事物是好的，如你所同意的那樣，我們不想要那些不好不壞的事物，更不想要那些壞的事物。對嗎？你認爲我說得對嗎，波盧斯，或者你認爲我說得不對？你爲什麼不回答？

波　我認爲你說得對。

蘇 —d—由於我們同意，如果一個人，無論他是僭主還是演說家，處死某個人，或者放逐他，或者剝奪他的財產，因爲這個人假定這樣做對他本人比較好，而實際上這樣做比較壞，那麼這個人是在做他自己認爲適當的事情，不是嗎？

波 是的。

蘇 如果這些事情實際上是壞的，他也是在做他想要做的事情嗎？你爲什麼不回答？

波 行，我不認爲他在做他想要做的事情。

蘇 —e—這樣的人在城邦裡能夠擁有大權嗎，如果擁有大權眞是件好事情，如你所同意的？

波 他不能。

蘇 所以我說得對，當時我說既不擁有大權，又不做他想做的事情，一個人才可能在他的城邦裡做他認爲適宜的事情。

波 眞的，蘇格拉底！你好像不喜歡處於這樣的地位，在城邦裡做你認爲合適的事情，寧可不處於這樣的地位！每當你看到有人處死他認爲適宜的人，或者剝奪他的財產，或者把他吊起來，你好像不羨慕！

蘇 你指的是公正地，還是不公正地？

波 —469—無論他以什麼方式做這件事，他不都被人羨慕嗎？

蘇 別出聲，波盧斯。

波 怎麼了？

蘇 因爲你不應該羨慕那些不值得羨慕的人或可悲的人。你應該對他們表示遺憾。

波 眞的？這就是你對我正在談論的這些人的想法？

蘇 當然。

波 所以，一個人處死任何他認爲適宜的人，並且公正地這樣做了，你認爲這個人是可悲的，要對他表示遺憾嗎？

蘇 不，我不這麼看，但我認爲這樣的人不值得欽佩。

波 你剛才不是說他是可悲的嗎？

蘇 ─b─是的，我指的是不公正地殺人的人，我的朋友，此外也要對他表示遺憾。而公正地殺人的人不需要欽佩。

波 不公正地被殺的人肯定既是遺憾的又是不幸的。

蘇 不會比殺他的人更不幸，也不會比公正地被殺的人更不幸。

波 怎麼會這樣呢，蘇格拉底？

蘇 因爲做不公正的事情實際上是最糟糕的事情。

波 眞的？那是最糟糕的嗎？承受不公正的事情難道不是更加糟糕嗎？

蘇 不，根本不是。

波 所以你寧願承受不公正之事，也不會去做不公正之事？

蘇 ─c─在我兩樣都不情願，但若我必須挑選，那麼我會選擇承受不公正，不會選擇實施不公正。

波 那麼，你不打算當一名僭主？

蘇 不，除非你說的當僭主的意思就是做我做的事情。

波 我的意思剛才說過了，就是占據一個職位，在城邦裡做任何你認爲恰當的事情，無論是處死人，還是放逐他們，在一切事情上都能隨心所欲，只要你認爲合適。

蘇 |d|哦，你眞是太神奇了！我給你講一件事，請你批評。想像我在人群擁擠的市場上，袖子裡揣著匕首，對你說，「波盧斯，我剛得到某種神奇的僭主的權力。所以，如果我認爲處死你在這裡看到的某個人是合適的，那麼他馬上就會被處死。如果我認爲讓哪個人頭破血流是合適的，那麼他馬上就得頭破血流。如果我認爲讓哪個人的衣服被撕爛是合適的，那麼他的衣服馬上就得被撕爛。這顯示了我在這個城邦裡的權力有多大！」|e|假定你不相信我的話，我就亮出匕首。看到匕首，你會說，「蘇格拉底，每個人都擁有這樣的大權。所以只要你認爲合適，任何房子都可以燒毀，雅典人的船塢和戰船，以及他們的所有船隻，無論是公家的還是私人的，都可以燒毀。」但是，做一個人認爲合適的事情，這並不是所謂的擁有大權。或者說，你認爲這就是擁有大權？

波 不是，至少不是這個樣子的。

蘇 |470|那麼你能告訴我你反對這類權力的理由嗎？

波 是的，我能。

蘇 它是什麼？告訴我。

波 理由是，以這種方式行事的人必定要受懲罰。

蘇　受懲罰不是一件壞事嗎？

波　是，確實是。

蘇　那麼好，我的令人驚訝的朋友，在此你再次涉及了一個觀點：按照自己認爲適宜的事情採取行動要和行動有益相一致，我想這是一件好事，這顯然就是擁有大權。否則它就是一件壞事，—b—實際上也沒有什麼權力。讓我們也來考慮一下另外一個觀點。我們剛才提到的這些事情，殺人、放逐、剝奪他們的財產，有的時候是好的，有的時候是不好的，我們同意嗎？

波　是的，我們同意。

蘇　這個觀點確實是你我雙方都同意的嗎？

波　是的。

蘇　那麼你是什麼時候開始說做這些事情比較好的？告訴我，你從哪裡開始的？

波　你爲什麼自己不回答這個問題，蘇格拉底？

蘇　—c—好吧，波盧斯，如果你更樂意聽我說活，那麼我要說，當一個人公正地做這些事情的時候，它是比較好的，但當一個人不公正地做這些事情的時候，它是比較糟的。

波　要駁斥你眞的很難，蘇格拉底！但你剛才說的這些話，就連小孩也能駁斥你，告訴你說錯了。

蘇　這樣的話，我會非常感謝那個小孩，正如要是你駁斥我，消除我的胡言亂語，我也非常感謝你。幫朋友的忙請別猶豫。駁斥我。

波　好，蘇格拉底，要駁斥你，我們不需要去講古代的歷史。[d]喔，講講當前發生的大事件就足已證明許多做事不公正的人是幸福的。

蘇　哪一類事件？

波　要我說，阿凱勞斯[18]，佩爾狄卡[19]之子，正在統治馬其頓，你能想起這個人來嗎？

蘇　哦，哪怕我想不起來，我也聽說過這個人。

波　你認爲他是幸福的還是不幸的？

蘇　我不知道，波盧斯。我還沒見過這個人。

波　[e]眞的？要是你見過他，你就知道了，沒見過他，你怎麼可能知道他是否幸福？

蘇　不知道，我確實不知道，宙斯在上！

波　那麼蘇格拉底，你顯然也不會說你知道那位大王[20]是幸福的。

蘇　對，是這樣的，因爲我不知道他受過什麼教育，是否公正。

波　眞的？幸福完全是由這些東西來決定的嗎？

蘇　是的，波盧斯，所以我才這樣說。我說那些値得敬重的人和善良的人，那些男男女

---

[18] 阿凱勞斯（Ἀρχέλαος），人名。

[19] 佩爾狄卡（Περδίκας），人名。

[20] 指波斯國王，非常富有，握有大權。

女，是幸福的，而那些不公正的人和邪惡的人是不幸的。

波 471 所以按照你的推論阿凱勞斯這個人是不幸的？

蘇 是的，我的朋友，如果他真的不公正。

波 噢，他當然是不公正的！他現在擁有的王權原本不屬於他，他的母親實際上是佩狄卡斯的兄弟阿凱塔斯㉑的一名女奴。按理說，他是阿凱塔斯的奴隸，如果他想要做事公正，那麼他仍舊應當是阿凱塔斯的奴隸，按你的推論他會很幸福。而他卻神奇般地「不幸」，他犯了非常可惡的罪行。首先，b 他派人請來他的主人和叔父，詭稱要幫他奪回被佩狄卡斯剝奪的王位。他設宴款待他，把他灌醉了，還有他的兒子亞歷山大㉒，也就是他的堂兄，和他一般年紀。然後他把他們扔進一架馬車，趁黑夜把他們送走，把他們倆都殺了，毀屍滅跡。儘管他犯下這些罪行，他仍舊不明白他變得有多麼「不幸」，也沒有絲毫悔恨。他拒絕透過公正地撫養他的兄弟、把王位傳給他來使自己變得「幸福」，c 他是佩狄卡斯的合法兒子，一個大約七歲左右的孩子，王位本應由他繼承。相反，不久以後，他就把他扔到井裡淹死了，然後告訴孩子的母親克勒

㉑ 阿凱塔斯（Ἀλκέτας），人名。

㉒ 亞歷山大（Ἀλέξανδρος），人名。

俄派特拉[23]，說他在追一隻鵝的時候掉進井裡送了命。現在由於這個原因，由於他在馬其頓人當中犯了最可怕的罪行，所以他是最「不幸」的，而不是最幸福的，但毫無疑問，在雅典有某些人，|d|從你本人開始，寧可當一名馬其頓人，而不願當阿凱勞斯。

蘇 在我們開始討論的時候，波盧斯，我已經稱讚你，因爲我認爲你受過很好的演講術的訓練。但我也認爲你輕視討論的實踐。你假定我說一個行事不公正的人是不幸福的，用這些論證連一個孩子也能駁倒我，你用這樣的論證來駁斥我，我現在就要接受，這就是你的全部論證嗎？你從哪裡得來這種想法，我的大好人？事實上，我對你說的每一件事情都不同意！

波 |e|你只是不願意承認罷了，你的實際想法和我是一樣的。

蘇 我的神奇的先生，你想用演講的方式駁斥我，就如那些法庭上的人所爲，他們認爲自己正在駁斥某種說法的時候就是這麼幹的。在那裡，一方認爲需要駁斥另一方，就提出許多可以辯駁的證據，用這些論證來代表自己的意思，而持有相反說法的人只提出一個證據，或者一個也提不出來。這樣的「駁斥」對於發現眞相來說是沒有價值的，因爲面對多數人的駁斥，|472|會有人成爲多數人提出的虛假證據的犧牲品。現在也是這樣，如果這就是你想要用來反對我，說明我說得不對的證據，幾乎每個雅典人和外

[23] 克勒俄派特拉（Κλεοπάτρα），人名。

邦人在你說的這些事情上都會站在你一邊。如果你喜歡，尼刻拉圖[24]之子尼昔亞斯[25]可以爲你作證，還有他的兄弟，他們長期在狄奧尼修斯[26]聖地的三腳祭壇奉獻。—b—如果你喜歡，斯凱利烏[27]之子阿里司托克拉底[28]也可以爲你作證，此人在庇提亞的阿波羅神廟[29]對神的獻祭極爲豐盛。如果你喜歡，伯里克利全家或其他家族，你都可以選來爲你作證。但無論如何，儘管我只有一個人，我還是不同意你。你沒有強迫我，而是提出許多虛假的論據來反對我，試圖剝奪我的財產，亦即眞理。對我而言，如果我不能爲你舉出一個證人來贊同我的觀點，那麼我假定，在我們已經討論過的事情上，我的收穫都不值一提。—c—我假定你也沒有什麼收穫，如果我不能站在你一邊爲你作證，儘管我只是一個人，而你輕視其他所有人。

所以，有這樣一種駁斥的方式，是你和其他許多人接受的。但也有另一種，是我接受的。讓我們對這兩種方式作一些比較，看它們有什麼差別。畢竟，我們之間爭論的問

---

[24] 尼刻拉圖（Νικήρατος），人名。

[25] 尼昔亞斯（Νικίας），人名。

[26] 狄奧尼修斯（Διόνυσος），神名。

[27] 斯凱利烏（Σκελλίος），人名。

[28] 阿里司托克拉底（Ἀριστοκράτης），人名。

[29] 庇提亞（Πυθία）的阿波羅神廟，位於德爾斐，德爾斐古稱庇索（Πυθώ）。

題決非微不足道的，而是至關重要的，擁有關於它的知識是最令人羨慕的，不擁有關於它的知識是最可恥的。這件事情的核心就是能識別或不能識別誰是幸福的和誰是不幸福的。〔d〕以我們當前討論的第一個問題爲例：你相信一個人可以不公正地做事，而不公正的人可能是幸福的，因爲你相信阿凱勞斯既是不公正的又是幸福的。我們可以把它理解爲這就是你的觀點嗎？

波　可以。

蘇　但我說這是不可能的。這是我們之間爭論的一個要點。有道理！儘管他不公正地做事，但他是幸福的——也就是說，如果他受到應有的懲罰，是嗎？

波　哦，不，肯定不是！這樣的話他就是最可悲的！

蘇　〔e〕但若一個不公正地行事的人不能得到他應得的，那麼，按照你的推論，他會是幸福的嗎？

波　這是我說的。

蘇　按照我的看法，波盧斯，不公正做事的人，不公正的人，是全然可悲的，如果他沒有爲他犯下的惡行受到應有的懲罰，他就更加可悲，如果他付出了代價，從衆神和凡人的手中得到了應有的懲罰，他就要好些了。

波　〔473〕你想要堅持的立場眞是荒謬絕倫，蘇格拉底！

3. 行不公正之事比承受不公正之事更糟（473a-481b）

蘇 對，我在試著讓你也站到和我相同的立場上來，我的大好人，因爲我把你當朋友。現在，這些就是我們的分歧。請你和我一道來觀察。我前面說過，不是嗎，行不公正之事比承受它更糟糕？

波 是的，你說過。

蘇 而你說承受不公正更糟糕。

波 對。

蘇 我說行不公正之事的那些人是可悲的，但被你「駁斥」。

波 你當然應當受到駁斥，宙斯在上！

蘇 [b] 所以，你是這樣想的，波盧斯。

波 所以，我眞的這樣想。

蘇 也許吧。還有，你認爲那些做不公正的事情的人是幸福的，只要他們沒有爲此付出代價。

波 我確實這樣看。

蘇 而我說他們是最可悲的，那些付了代價的要稍微好一點。你也想駁斥這個說法嗎？

波 喔，這個說法甚至比其他說法更難駁斥，蘇格拉底！

蘇 不是難，而是肯定，波盧斯。這是不可能的。眞理決不會被駁倒。

波 你什麼意思？好比有人在做不公正的事情時被抓住了，[c] 他搞陰謀想立自己爲僭主。假如他被抓住了，在拉肢架上受刑，眼睛也被燒壞了。假定他受了各種酷刑，被迫舉證他的妻兒，讓他們也受苦。到了最後，他被釘在柱子上，或者身上塗滿油汙。要是他沒有被抓住，把他自己立爲僭主，終生統治他的城邦，可以隨心所欲做事，—d—成爲本邦公民和異邦人羨慕的對象，他的福氣爲人們所稱道，那麼他就會比較幸福，是嗎？這就是你說的不可能駁斥的事情嗎？

蘇　這一次你是在嚇唬我，波盧斯，而不是在駁斥我。剛才你是在用證據來論證。不過，請你提醒我一下：這個人在搞陰謀，不公正地立他自己爲僭主，你這樣說了嗎？

波　是的，我說了。

蘇　在這個事例中，兩種情況都不會有比較幸福的，不公正地獲得了僭主的權力不會比較幸福，付出了代價的也不會比較幸福，因爲在兩個可悲的人中間不會有一個比另一個更幸福。—e—而是那個逃脫了被抓，成爲僭主的人更加可悲。怎麼回事，波盧斯？你在笑？這是另一種駁斥方式嗎，別人提出一個看法你就笑，而不是駁斥他？

波　你不認爲你已經被駁倒了嗎，蘇格拉底，你說的這些事情沒人會這樣看？你可以問在場的任何人。

蘇　波盧斯，我不是政治家。去年抽籤我被選爲議事會成員，我們的部落擔任輪值主席，—474—我必須召集投票，我進了會場，人們大笑。我不知道該怎麼辦。所以，別讓我召集在場的人投票。如果你沒有更好的「駁斥」要提供，如我剛才所建議的那樣，那就讓我說話，而你試著提出我認爲的這種駁斥。因爲我不知道如何就我說的任何事情提出一位證人，這是正在跟我討論的人幹的事。我是輕視民衆的。我不知道如何召集投票，我甚至不和民眾討論事情。b所以想一下，看你是否願意透過回答我的問題來駁斥我。我確實相信，你和我，還有其他每一個人，都認為做不公正之事比承受不公正之事更糟糕，不付出代價比付出代價更糟糕。

波 我確實相信我不相信，也沒有其他人相信。所有，你寧可承受不公正，而不是去行不公正，是嗎？

蘇 是的，你和其他每個人也會這樣做。

波 絕非如此！我不會，你不會，其他任何人都不會。

蘇 c那麼你不願意回答問題嗎？

波 我當然願意。實際上，我急於知道你要說什麼。

蘇 只要你回答我的問題，就當這是我的第一個問題，你會知道的。你認為哪一種情況更糟糕，波盧斯，做不公正之事，還是承受不公正？

波 我認為承受不公正更糟糕。

蘇 你這樣想？你認為哪一種情況更可恥，做不公正之事，還是承受不公正？告訴我。

波 做不公正之事。

蘇 如果做實際上更可恥，那麼它也是更糟糕的，不是嗎？

波 不，根本不是。

蘇 d我明白了。你顯然不相信值得讚賞的和善的是一回事，壞的和可恥的是一回事。

波 對，我確實不相信。

蘇 好吧，這種情況會怎麼樣？當你把所有值得讚賞的事物稱作可讚賞的時候，比如身體，或者顏色、圖形、形狀、聲音，或者實踐，你在每一次這樣做的時候就沒有什麼想法嗎？首先，以身體爲例，你不是因爲相對於其他有用的事物而言它們有用，才稱它們爲值得讚賞的嗎，或者你是因爲某種快樂才稱它們爲值得讚賞的，如果看著身體使看的人得到享受？在身體的值得讚賞的性質上，你還能說出其他什麼原因來嗎？

波 —e—不，我不能。

蘇 所有其他事物不也一樣嗎？你不是由於有某種快樂或利益，或者二者皆有，才把形狀或或顏色稱作值得讚賞的嗎？

波 是的，我是這樣做的。

蘇 聲音和其他與音樂有關的事物不也一樣嗎？

波 是的。

蘇 我想，與法律和習俗相關的事情——當然是值得讚賞的法律和習俗——肯定也是這樣，它們之所以值得讚賞不外乎它們是快樂的或有益的，或者二者皆有。

波 —475—不，我不認爲它們會是這樣的。

蘇 學習領域中值得讚賞的事情不也一樣嗎？

波 確實如此。是的，蘇格拉底，你聯繫快樂和善來給值得讚賞的事物下定義，值得讚賞。

蘇 所以我給可恥的事物下定義也可以聯繫與快樂和善相反的痛苦和惡，不是嗎？

波 必定如此。

蘇　因此，兩樣值得讚賞的事物中的一樣比另一樣更值得讚賞，之所以如此，乃是因爲它在快樂或有益方面超過了對方，或者在兩方面都超過對方。

波　是的，沒錯。

蘇　兩樣可恥的事物中的一樣比另一樣更可恥，［b］之所以如此，乃是因爲它在痛苦或惡的方面超過對方。這不也是必定如此嗎？

波　是的。

蘇　那麼好，我們剛才關於做不公正的事和承受不公正的事是怎麼說的？你不是說過承受不公正的事更糟糕，而做不公正的事更可恥嗎？

波　我是這樣說過。

蘇　如果做不公正之事實際上比承受不公正之事更可恥，那麼不就是由於做不公正之事更痛苦，在痛苦方面超過承受不公正之事，或者是由於在惡的方面超過承受不公正之事，或者在兩個方面都超過了嗎？這不也是必然如此嗎？

波　當然如此。

蘇　［c］讓我們先來看這一點：做不公正之事在痛苦方面超過承受不公正之事，做的人比承受的人受到更大的傷害，是嗎？

波　不，蘇格拉底，完全不是這麼回事！

蘇　所以，做不公正之事在痛苦方面不超過承受不公正之事。

波　肯定不超過。

蘇 所以，如果做不公正之事在痛苦方面不超過承受不公正之事，它在這一點上也不會在兩方面超過承受不公正之事。

波 顯然不會。

蘇 那麼它只能在其他方面超過了。

波 是的。

蘇 在惡的方面超過。

波 顯然如此。

蘇 所以，由於做不公正之事在惡的方面超過承受不公正之事，做不公正之事要比承受它糟糕。

波 這很清楚。

蘇 —d—大多數人，還有你剛才，同意我們的意見，做不公正之事比承受不公正之事更可恥，是嗎？

波 是的。

蘇 現在，你瞧，做不公正之事變得更糟糕了。

波 顯然如此。

蘇 那麼你會歡迎更糟糕和更可恥的事情，超過較不糟糕和較不可恥的事情嗎？請不要回避問題，波盧斯。你不會受到任何傷害的。請你高尚地臣服於論證，就好像你去看醫生，回答我。對我問你的問題說是或者不是。

波　—e—不是，我不會那樣做的，蘇格拉底。

蘇　其他人會嗎？

波　不會，我不這麼想，無論如何，不會按照這個論證。

蘇　那麼，我是對的，我說你和我，還有其他任何人，都不會去做不公正的事情，超過承受不公正的事情，因爲做不公正之事確實更糟糕。

波　好像是這樣的。

蘇　所以你瞧，波盧斯，這種駁斥與其他駁斥相比，完全沒有相同之處。如果只有我同意你的意見，—476—那麼你是我的全部需要，儘管你這一派只有一個人，我還是需要你的同意和證明。我只召集你一個人投票，其他人我都忽略掉了。在這一點上，就讓它成爲我們的判決。下面，讓我們來考察我們之間爭論的第二個要點，也就是做不公正的事情付出代價是更糟糕的事情，如你所假定的，或者不付代價是更糟糕的事情，這是我的看法。

讓我們以這種方式來看一下。你說付代價和做錯事而被公正地繩之以法是一回事嗎？

波　是的，我是這樣說的。

蘇　—b—那麼你能說一切公正的事情就其是公正的而言都不值得欽佩嗎？仔細想一想，把你的想法告訴我。

波　是的，我認爲它們都不值得欽佩。

蘇　也請考慮一下這個觀點。如果某人對某物採取行動，那麼也必定有某物承受它，以完成這個行動嗎？

波　是的，我認爲是這樣的。

蘇　這個完成了的行動就是行動者透過這個行動作用於承受者的那個行動嗎？我的意思是，比如某個人打人，必定有某個人被打嗎？

波　肯定有。

蘇　如果打人的人打得狠或打得快，─c─那麼被打的人也以同樣的方式挨打嗎？

波　是的。

蘇　所以被打的人也會以任何方式對打他的人採取行動嗎？

波　對，是這樣的。

蘇　所以，同樣的道理，如果某個人在做燒灼的手術，那麼必定有人被燒灼嗎？

波　當然。

蘇　如果他被嚴重地或痛苦地燒灼，那麼被燒的人接受燒灼的方式就是燒他的人進行燒灼的方式，對嗎？

波　對。

蘇　同樣的道理不也可以用來解釋某個人開刀？因爲有某人被切割。

波　對。

蘇　如果切割得很大、很深、很痛，─d─那麼被切割的人也以同樣的方式被切割嗎？

波　顯然如此。

蘇 我們小結一下，看你是否同意我剛才說的：在所有事例中，一事物無論以何種方式作用於另一事物，被作用的事物也以同樣的方式承受這個行動。

波 是的，我同意。

蘇 同意了這一點，那麼付代價是承受者的行動，還是行爲者的行動？

波 它必定是承受者的行動，蘇格拉底。

蘇 要透過採取行動的某個人嗎？

波 當然。透過實施懲罰的人。

蘇 一 e 一個正確、公正地實施懲罰的人？

波 是的。

蘇 這個行爲是公正的，還是不公正的？

波 是公正的。

蘇 所以受懲罰的人在付代價時是在公正地承受嗎？

波 顯然如此。

蘇 我想，這是大家同意的，公正的事情是值得欽佩的嗎？

波 對。

蘇 所以這些人中一個在做值得欽佩的事情，另一個，那個受到懲罰的人，值得欽佩的事情在他身上完成了。

波 是的。

蘇 477 那麼，如果這些事情是令人欽佩的，它們也是好的嗎？因爲它們既不愉快，又無利益。

波 確實如此。

蘇 因此，付代價的那個人有好事情在他身上完成嗎？

波 顯然。

蘇 因此，他得到了益處嗎？

波 是的。

蘇 他得到的好處是我認爲的那種好處嗎？如果他公正地受到懲罰，他的靈魂會得到改善嗎？

波 是的，好像是這樣的。

蘇 因此，付代價的那個人從他的靈魂中趕走了某種壞東西嗎？

波 是的。

蘇 喔，他趕走的壞東西是最嚴重的嗎？ b 請以這樣一種方式看問題：在一個人的財務中，你發現還有比貧窮更壞的事情嗎？

波 沒有，只有貧窮是最壞的。

蘇 一個人的身體情況怎麼樣？你會說這方面的壞由虛弱、患病、醜陋，以及諸如此類的事情組成嗎？

波 是的，我會。

蘇 你相信靈魂也有某種腐敗狀態嗎？

波　當然。

蘇　你不把這種狀態稱作不公正、無知、膽怯，等等嗎？

波　我肯定會這樣說。

蘇　關於這三件事情，人的財務，人的身體，人的靈魂，—c—你說有三種腐敗的狀態，亦即貧窮、疾病和不公正，是嗎？

波　是。

蘇　這些腐敗狀態中哪一種最可恥？不就是不公正嗎，不就是人的靈魂的整個腐敗嗎？

波　確實是這樣的。

蘇　如果這是最可恥的，那麼它也是最壞的嗎？

波　你這是什麼意思，蘇格拉底？

蘇　我的意思是這樣的：我們前面取得過一致意見的看法蘊涵著這樣一個意思，最可恥的事物之所以如此，乃是因爲它是最大的痛苦的源泉，或者是最大的傷害的源泉，或者是二者的源泉。

波　確實如此。

蘇　我們現在同意，—d—不公正和整個靈魂的腐敗是最可恥的事情。

波　我們是同意了。

蘇　所以，它之所以是最痛苦的或最可恥的，乃是因爲它在痛苦，或在傷害，或在這兩個方面都超過其他，是嗎？

波　必然如此。

蘇　那麼不公正、不受懲罰、膽怯、無知比貧窮和患病更痛苦，是嗎？

波　不，我不這麼想，蘇格拉底，從我們已經說過的話裡面好像推不出這一點。

蘇　所以，人的靈魂腐敗是最可恥的，—e—其原因是它透過某種巨大的傷害和令人震驚的惡超越了其他，而在痛苦方面沒有超過其他，按照你的推論。

波　好像是這樣的。

蘇　但是在最大的傷害方面進行超越的東西，我想，肯定是最糟糕的事物。

波　是的。

蘇　那麼，不公正、缺乏管束和所有其他形式的靈魂腐敗是最糟糕的事情。

波　顯然如此。

蘇　喔，擺脫貧窮的技藝是什麼？不就是財務管理嗎？

波　是。

蘇　擺脫疾病的技藝是什麼？不就是醫療嗎？

波　—478—肯定是。

蘇　擺脫邪惡和不公正的技藝是什麼？如果你不確定，可以這樣看：身體有病的人，我們送他去哪裡，去見什麼人？

波　去看醫生，蘇格拉底。

蘇　行爲不公正、不受管束的人，我們送他去哪裡？

波　去見法官，你認爲如何？

蘇　這樣做不就是讓他們付代價嗎？

波　是的，我同意。

蘇　那些正確地實施懲罰的人在這樣做的時候不是使用了一種公正嗎？

波　這一點是清楚的。

蘇　那麼，消除貧窮的是財務管理，|b|消除疾病的是醫療，消除不公正和不受約束的是公正。

波　顯然如此。

蘇　喔，這些東西中，哪一樣最值得欽佩？

波　哪一樣，你什麼意思？

蘇　財務管理，醫療，公正。

波　公正最值得欽佩，蘇格拉底。

蘇　如果公正眞的是最值得欽佩的，那麼它在這個例子中既不是最快樂的，又不是最有益的，或者二者都不是，對嗎？

波　對。

蘇　喔，在獲得醫療的時候，有什麼事是愉快的嗎？人們在得到治療的時候很享受嗎？

波　不，我不這麼認爲。

蘇　但它是有益的，不是嗎？

波　是。

蘇　［c］由於他們正在消除某些很壞的東西，讓身體得到康復，暫時忍受痛苦對他們來說是值得的。

波　當然。

蘇　喔，如果一個人正在接受治療，或者他從來不生病，那麼就他的身體而言，哪一種情況下人是最幸福的？

波　顯然是從來不生病。

蘇　因為幸福顯然不是消除某種惡的事情；倒不如說，幸福是從一開始就不染上惡。

波　是這樣的。

蘇　［d］很好，兩個人，各自在身體或靈魂上有某種惡，他們哪一個更可悲，是那個接受治療擺脫了惡的人，還是那個沒有接受治療仍舊保持惡的人？

波　那個沒有接受治療的人，在我看來是這樣的。

蘇　喔，付代價就不是要消除那個最大的惡，亦即腐敗？

波　是的。

蘇　對，我想，因為這樣的公正會使人們自控，變得比較公正。公正已經證明自己是一種對抗腐敗的治療。

波　是的。

蘇　那麼，最幸福的人是那個靈魂中沒有任何惡的人，而我們已經說明這種惡是最嚴重的。

波　這很清楚。

蘇　—e—我假定，第二位的是那個消除了惡的人。

波　顯然如此。

蘇　這就是那個受到告誡和譴責的人，那個付了代價的人。

波　是的。

蘇　那麼，繼續作惡的人，不能消除惡的人，他的生活是最糟糕的。

波　顯然如此。

蘇　這不就是那個人，—479—如你所說的阿凱勞斯和其他僭主、演說家、統治者，使他自己所處的位置嗎，儘管犯下極大的罪行，使用了最不公正的方法，又成功地逃脫了訓誡和懲罰，沒有付代價？

波　這很清楚。

蘇　對，我的大好人，我想這些人的所作所爲就像一名諱疾忌醫的病人，患了重病，—b—卻不願爲他身體的過失向醫生支付代價，又像小孩一樣，害怕燒灼術或外科手術，因爲它們是痛苦的。你也會這樣想嗎？

波　是的，我會。

蘇　這是因爲他顯然不知道健康和身體好的含義。以我們現在同意的觀點爲基礎，那些逃避付代價的人也在做同樣的事情，波盧斯。他們關注的是付代價的痛苦，但是漠視它的好處，根本不知道有不健康的靈魂的生活比有不健康的身體的生活要可悲得多，—c—

這個靈魂由於不公正和不虔誠而腐敗。也是由於這個原因，他們不遺餘力地逃避付代價，不願消除這種最糟糕的東西。他們爲自己尋找金錢和朋友，尋找可能具有說服力的講話方法。如果我們現在同意的這一點是眞的，波盧斯，那麼你明白從我們的論證中可以推出什麼事情來嗎？或者說，你喜歡我們把這些結論擺出來嗎？

波　是的，如果你認爲我們應當這樣做。

蘇　從中可以推出，不公正，做不公正的事情，是最糟糕的，不是嗎？

波　—d—是的，顯然如此。

蘇　我們已經說明付代價可以消除這種惡，是嗎？

波　好像是這樣的。

蘇　如果不付代價，那麼惡仍舊存在，是嗎？

波　是的。

蘇　所以，做不公正的事情是第二糟糕的事情。當一個人依其本性做了不公正的事情而又不付代價，這是第一糟糕的事情，是一切糟糕的事情中最糟糕的。

波　似乎如此。

蘇　我們之間爭論的不就是這一點嗎，我的朋友？—e—你認爲阿凱勞斯是幸福的，他犯了大罪而又不付代價，而我的看法正好相反，逃避爲他的惡行付代價，無論他是阿凱勞斯，還是其他人，都是或應當是最可悲的，超過其他所有人，做不公正之事的人總是比承受不公正之事的人更可悲，逃避付代價的人總是比付了代價的人更可悲。我不是說過這些事情嗎？

波 是的。

蘇 我們不是已經證明這個說法是正確的嗎？

波 顯然是正確的。

蘇 480 有道理。如果這些事情是眞的，波盧斯，那麼演講術的大用處在哪裡？以我們現在同意的觀點爲基礎，一個人應當保護自己，決不去做不公正的事情，知道自己若是做了，會有大麻煩。難道不是這樣嗎？

波 是的，沒錯。

蘇 如果他或其他人在意不公正的行爲，他應當自願去他可以付代價的地方，越快越好；b 他應當去見法官，就好像去看醫生，他焦慮的是不要讓不公正這種疾病迅速蔓延，乃至於他的靈魂到後來變得無法治癒。波盧斯，如果我們前面同意的觀點眞的能站住腳，我們其他還能說什麼？這些陳述不是必然以這種方式與我們前面的觀點相吻合嗎？

波 喔，是的，蘇格拉底。其他我們還能說什麼？

蘇 所以，如果演講術是用來爲不公正辯護的，波盧斯，爲自己的不公正，爲自己的親屬的不公正，爲自己的同伴的不公正，爲自己的子女的不公正，爲自己的國家的不公正，c 那麼它對我們沒有任何用處，除非將它用於相反的目的它才是有用的：首先和最重要的是譴責他自己，然後是譴責他的家庭成員和其他與他親近的人，他們正好在某個時間做了不公正的事情；他不應當隱瞞惡行，而要將它公布於衆，這樣可以付出

代價，重獲健康；迫使他自己和其他人不要做膽小鬼，而要咬緊牙關，勇敢地面對，就好像去見醫生，接受手術和燒灼，追求善的和值得欽佩的東西，而不在意要承受的痛苦。如果他的不公正的行爲要接受鞭打的處罰，|d|他應當去接受鞭打；如果應當坐牢，那麼就去坐牢；如果要付罰款，那麼就交罰金；如果應當流放，那麼就接受放逐；如果應該處死，那麼就去死。他應該是他自己的主要原告，是他自己家庭其他成員的原告，要用他的演講術來消除糟糕的事情，亦即不公正，把這些不公正的行爲都揭露出來。對此我們會肯定還是否定，波盧斯？

波　|e|我認爲這些說法是荒唐的，蘇格拉底，儘管你無疑認爲這些說法與前面的那些觀點相一致。

蘇　那麼，我們要麼拋棄這些說法，要麼認爲它們是必然推出的結論？

波　是的，只能這樣。

蘇　另一方面，反過來說，假定一個人不得不傷害某個人，某個敵人或其他任何人，而他沒有承受來自他的這個敵人的任何不公正的事情——這是要小心提防的事情——如果這個敵人對其他人做了不公正的事情，|481|那麼我們的人應當以各種方式來觀察，看他做了些什麼，也看他說了些什麼，看他的敵人有沒有去法官那裡付他的代價。如果他的敵人確實去了，那麼他應當設法開釋他的敵人，不要讓他付代價了。如果他的敵人偷了許多黃金，他應當設法讓他的敵人不要歸還黃金，而是保留黃金，以一種不公正的、無視神明的方式，讓他自己和他的人揮霍這筆錢。如果他的敵人的罪行應當被處

死，他應當設法讓他的敵人活命，不被處死，最好是讓他的敵人變得不會死，永遠活在腐敗之中，如果不可能做到這一點，|b|也要讓他盡可能活得長。對，我認爲演講術對這種事情是有用的，波盧斯，因爲對沒有意願做不公正的事情的人，演講術在我看來似乎沒有多少用處——哪怕它實際上有某些用處——因爲它的有用性到現在爲止還沒有以任何方式顯示。

三、蘇格拉底與卡利克勒辯論（481b-527e）

1. 卡利克勒的演講（481b-486d）

卡 凱勒豐，你來告訴我，蘇格拉底此刻是在說眞心話，還是在開玩笑？

凱 我認爲他是絕對眞誠的，卡利克勒。儘管，你最好還是問他自己。

卡 衆神在上！這正是我急於想問的。告訴我，蘇格拉底，|c|我們現在應該把你當作認眞的還是在開玩笑？如果你是認眞的，如果你說的這些事情確實是眞的，那麼我們凡人的生活豈不就要顚倒過來，我們做的事情不是顯然與我們應當做的事情正好相反嗎？

蘇 好吧，卡利克勒，如果人類並不分享共同的經驗，而是有人分享這種經驗，有人分享那種經驗，那麼我們每個人都有某些獨特的經驗不與他人共用，|d|要把自己經驗到的東西與他人交流不是一件易事。之所以這樣說，乃是因爲我明白，你和我現在眞的是

在共用一種相同的經驗：我們各自是兩個對象的熱愛者，我愛克利尼亞㉚之子阿爾基比亞德㉛和哲學，你愛雅典的「德莫」㉜和皮里蘭佩㉝的「德莫」㉞。我注意到，你在各種情況下都不會與你熱愛的對象對抗，無論他說什麼，或者宣布什麼，儘管你很能幹。—e—你不斷地來回改變自己的觀點。如果你在公民大會上說了什麼，遭到雅典各個區的反對，你就改變自己的看法，說些他們想聽的話。當你與那位長相俊美的年輕人皮里蘭佩之子在一起的時候，這樣的事情就在你身上發生。你不能反對你的情人說的話或他們的提議，所以當有人聽到你說完全同意他們的解釋，並對這種解釋有多麼荒唐感到驚愕的時候，你可能會說——如果有人提醒你要把眞相告訴他——482—除非有人阻止你的情人說話，否則你決不會阻止他們說這些事情。在這種情況下你一定要相信，你也必須聽我說這樣的事情，不是在我說這些事情的時候感到驚愕，而是必須阻止我熱愛的哲學說這些事情。因爲她總是在說你現在從我這裡聽到的這些話，我親愛的朋友，她比我的其他相好更加穩定。至於克利尼亞之子，他說的話這一刻與下一刻不

㉚ 克利尼亞（Κλεινίας），人名。

㉛ 阿爾基比亞德（Ἀλκιβιάδης），人名。

㉜ 「德莫」（δῆμος），雅典的區，在句中指各個區的人。

㉝ 皮里蘭佩（Πυριλαμπους），人名。

㉞ 此處「德莫」暗指皮里蘭佩的兒子德摩斯（δήμους）。

同，而哲學說的話始終如一，b她在說的這些事情令你感到震驚，儘管說這些事情的時候你是在場的。所以，要麼駁斥她，說明做不公正的事情而不付代價不是一切壞事情的終極，而我剛才說它是；要麼做別的選擇，對此不予駁斥，然後以神犬，埃及人的神的名義起誓，卡利克勒不同意你的觀點，卡利克勒一輩子都與你的觀點不合。不過，我的大好人，在我看來，我的豎琴和合唱隊可能跑調了，所以我的音調不和諧，c使得大多數人不同意我的看法，與我對立，所以我最好還是把弦調好，把音校準，而不是與自己不和，與自己對立，儘管我只是一個人。

卡

蘇格拉底，我認爲你在這些講話中譁衆取寵，你眞是一個取悅大衆的人。你在這裡對著大家賣弄技巧，就像波盧斯做過的事情一樣，他當時指責高爾吉亞容忍你對高爾吉亞這樣做。因爲他說，不是嗎，d你問高爾吉亞是否願意教前來向他學習演講術的人，但對那些不知道什麼是公正的人，高爾吉亞羞於說不願意，因爲按照一般的習俗，他要是加以拒絕就會遭到詬病，於是他說願意教。因此波盧斯說，由於高爾吉亞在這一點上表示同意，他就被迫自相矛盾，就像你現在這樣。波盧斯當時嘲笑你，我想他這樣做是對的。現在，同樣的事情在波盧斯身上發生了。正是由於相同的原因，我不贊成波盧斯的做法，他贊成你的意見，做不公正的事情比承受不公正的事情更可恥。e作爲這種承認的一個結果，他在討論中被你束縛住了，緘默了，乃至於羞於說出他內心的想法。儘管你聲稱追求眞理，但你實際上把這場討論引向那些大衆青睞的

觀點，這些觀點只有按照法律來看是令人欽佩的，按照自然㉟則不是。而這兩樣東西，自然和法律，|483|在大部分場合下是相互對立的，所以，如果一個人羞於說出內心的想法，他就被迫自相矛盾。事實上，這就是你想出來的能幹的伎倆，在你的討論中惡毒地加以使用：如果一個人依據法律來講話，你就狡猾地依據自然向他提問；如果他依據自然來講話，你就依據法律向他提問。這就是剛才在這裡發生的事情，討論的問題是做不公正的事情和承受不公正的事情。波盧斯的意思是依據法律做不公正的事情更加可恥，你在爭論的時候就把他的意思當作是依據自然。依據自然，一切事物越糟糕也就越可恥，就像承受不公正的事情，而依據法律，則是做不公正的事情更可恥。|b|不，沒有人會願意承受不公正的事情，只有奴隸才願意這樣做，對奴隸來說，死了比活著好，受到虐待的時候，奴隸不能保護自己，也沒有其他人在意這種事。我相信，我們法律的制定者是弱者，是多數人。所以他們要制定法律，為他們自己制定獎賞和懲罰，|c|心裡想的是他們自己的利益。作為嚇唬那些人群中比較有力量的人的方法，為了防止那些有能力的人獲取的一份利益超過他們，他們就說得到超過應得部分的利益是「可恥的」和「不公正的」，而做不公正的事情無非就是試圖得到比應得的一份更多的利益。我認為，他們喜歡得到平均的一份，因為他們是低能的。

㉟ 本性（φύσις），希臘文中的本性與自然是一個詞，人的自然就是人的本性。

爲什麼試圖得到比多數人更多的一份利益依照法律被說成是不公正的和可恥的，爲什麼人們要稱之爲做不公正的事情，這些就是原因。—d—但是我相信，自然本身已經揭示，比較好的和比較能幹的人獲得比那些比較差的和比較不能幹的人更多的利益是一件公正的事情。自然在許多地方表明應該是這樣的，在其他動物中，在所有城邦裡，在人的種族中，自然表明所謂公正就是這樣被決定的：優秀者統治低劣者，擁有比低劣者更多的一份利益。薛西斯[36]發兵侵略希臘，—e—或者他的父親[37]發兵侵略西徐亞[38]，這樣做依據的是哪一種公正？這樣的事例不勝枚舉。我相信這些人做這些事情依據的是公正的本性——對，宙斯在上，依據的是自然的法則，而不會是依據我們制定出來的所謂法律。我們在我們中間造就最優秀，最強大的人，但要趁他們還年輕的時候，就把他們像幼獅一樣抓來，用符咒使他們屈服，—484—使他們成爲奴隸，告訴他們每個人所得不能多於平等的那一份，這才是值得欽佩的、公正的。但可以肯定的是，本性平等的人會站起來，擺脫各種控制，打碎一切枷鎖，逃避所有這一切，他會踐踏我們的文件、我們的計謀和咒語、我們所有違反自然的法律。他，這個奴隸，會站起來宣

---

[36] 薛西斯（Ξέρξης），生於西元前五一九年，卒於西元前四六六年，波斯國王，西元前四八五—四六五年在位。

[37] 薛西斯的父親是波斯國王大流士一世。

[38] 西徐亞（Σκυθία），地名。

布，b 他才是我們的主人，自然的正義之光將在這裡閃耀。我想，品達[39]在他的那首頌歌裡也提到了我在說的事情，他說，「法律，萬物之王，可朽的凡人與不朽的諸神」，他還說，這種法律「支配一切，高舉雙手把公正賜給最強暴的行爲，赫拉克勒斯[40]的業績我可拿來證明，他無需付錢……」[41]他的話大意如此——我不太熟悉他的詩——他說赫拉克勒斯趕走了革律翁[42]的牛，赫拉克勒斯沒有付錢，c 革律翁也沒有把牛送給他，他這樣做的根據是天然的公正，那些低劣者的牛和其他所有財產都屬於優秀者和比較好的人。

這就是事情的眞相，如果你放棄哲學，轉到更加重要的事情上來，你會承認的。哲學無疑是一樣令人愉快的東西，蘇格拉底，只要在人生恰當的時候有節制地學習哲學。但若花費過多的時間去學習哲學，那麼它是人的禍根。這是因爲，哪怕一個人天性適宜學習哲學，但若他沉迷於哲學超過恰當的時間，d 他也一定會變得在日常事務上毫無經驗，而這些事務是一個值得欽佩的好人應當思考、應當熟悉的。這樣的人會變

---

[39] 品達（Πίνδαρος），希臘詩人，生於西元前五一八年。

[40] 赫拉克勒斯（Ἡρακλῆς），希臘神話中的大英雄，有諸多偉大業績。

[41] 品達：《殘篇》第一六九條。

[42] 革律翁（Γηρυών）是希臘神話中的巨人，他的牛被赫拉克勒斯奪走。

得對他們城邦的法律一無所知，也不知道在公共場合和私下裡該用什麼樣的語言與他人交談，更不明白人生享樂和風情，總而言之，他們完全缺乏人生經驗。所以，當他們大著膽子參加私人活動或公共活動時，e 就像我說的那些參加政治的人大著膽子進入你的行當，使用你這種語言，結果立刻成爲笑柄。歐里庇得斯說過這種事情的結果，「每個人要在一件事情上」閃亮發光，「全神貫注地做這件事，把每一天的大部分時間用來做這件事，而這件事是他最擅長的。」㊸ 485 一個人無論在哪件事情上是低劣的，他就會回避它和責罵它，而當他讚揚其他事情時，他認爲自己在這件事情上是能幹的，以爲這樣做也就是在讚美他自己。然而，我相信兩方面兼而有之才是最恰當的。按照你的教育的需要學習一定量的哲學，這是一件令人欽佩的事情，所以當你還是個孩子的時候，實踐哲學並不可恥，但若你長大成人之後仍舊學習哲學，b 那麼事情就變得滑稽可笑了，蘇格拉底！我自己面對哲學化了的人的反應很像面對講話吞吞吐吐、像兒童一樣在玩耍的人。當我看到一個孩子講話吞吞吐吐，在那裡玩耍，我會感到喜歡，因爲對他來說以這種方式講話仍舊是恰當的。我發現這是一件令人喜悅的事情，是他值得培養的象徵，這種方式對這個年紀的兒童來說是恰當的。而當我聽到

㊸ 歐里庇得斯（Εὐριπίδης），希臘悲劇詩人，西元前四八四—四〇七年。參閱歐里庇得斯：《安提俄珀》殘篇二十。

一個小孩十分清晰地講話，我會認爲這種聲音很刺耳，會傷了我的耳朵。我想，用這樣的方式講話適合奴隸。〔c〕但是，當我聽到一個成年人講話吞吞吐吐，或者看到他像兒童一樣玩耍，我會感到這是滑稽可笑的，不像成年人的作爲，這個人該受鞭笞。現在，我也以同樣的方式對待那些從事哲學的人。當我看到一名少年學習哲學，我會贊同，我認爲這是恰當的，把這名少年視爲值得培養的，我也會把那些不從事哲學的人視爲缺乏教養的，〔d〕今後也不會有任何令人欽佩或高尚的行爲。但是，當我看到一位成年人仍舊在從事哲學，不願放棄，我想這樣的人需要鞭笞。因爲，如我剛才所說，這樣的人非常典型，哪怕他有極高的天賦，也會變得不像個男人，回避去市中心和市場——按照這位詩人[44]的說法，男人在那裡嶄露頭角——〔e〕一輩子躲在某個角落裡，和三四個奴才竊竊私語，從來不談什麼有教養的、重要的或者恰當的事情。

蘇格拉底，我確實對你非常敬重，抱有深深的善意。我發現自己有了歐里庇得斯劇中的澤蘇斯[45]對安菲翁[46]的那種感覺，他的話我剛才引用過。事實上，他對他兄弟說的話到我這裡就變成了我對你說的話。「你放棄了你應當全身心投入的事情，儘管你的精

---

[44] 參閱荷馬：《伊利亞特》9:441。

[45] 澤蘇斯（Ζῆθος），人名。

[46] 安菲翁（Ἀμφίων），人名。

神稟賦如此崇高，但你把自己展現給世界的時候卻像個孩子。486 在公正的議事會裡你不能正確地講話，或者發出什麼似乎有理的、有說服力的聲音。你也不能代表其他人提出任何大膽的建議。」㊼所以，我親愛的蘇格拉底——請別對我生氣，因爲我是爲了你好才對你這樣說的——你不認爲我說的你走的這條道路是可恥的嗎，還有那些在哲學道路上走過頭了的人？正因如此，如果有人抓住你，或者抓住其他像你這樣的人，送你去監獄，罪名是你做了不公正的事情，而實際上你沒有，這種時候你就知道自己沒有任何用處了。你會頭暈目眩，b 你會張口結舌，你不知道該說什麼好。你會被送上法庭，面對一幫惡毒無賴的控告，最後被處死，如果他們要求處死你。然而，蘇格拉底，「這怎麼會是一件聰明的事情，這種把俊美的男子變得難看的技藝」㊽，既不能保護他自己，又不能拯救他自己和其他人，使之擺脫極端危險的處境，被他的敵人剝奪全部財產，c 在他的城邦裡過一種絕對無權的生活？說得更加殘忍一些，對這樣的人誰都可以打他的耳光而不必付代價。聽我說，我的好人，停止這種反駁。「練習一下積極生活的甜美音樂，從你爲了變得聰明而受到駁斥的地方開始。把那些精妙的東西留給其他人」——無論我們應當稱之爲愚蠢還是胡言亂語——「它們會使你獨居

㊼ 歐里庇得斯：《安提俄珀》殘篇二十一。

㊽ 歐里庇得斯：《安提俄珀》殘篇二十五。

空屋」[49]，値得羨慕的不是那些駁斥了這種微不足道的小事的人，d而是那些擁有生命、名望，以及其他許多好東西的人。

2. 蘇格拉底的批評（486d-522e）

蘇 假如我眞的擁有一顆黃金做的靈魂，卡利克勒，而我在一堆石頭中發現了一塊試金石，你不認爲我應當爲此感到高興嗎？如果我打算用來考驗我的靈魂的這塊石頭是最好的石頭，考驗下來以後它說我的靈魂已經得到了很好的照料，你不認爲我能夠很好地知道這一點，知道我的靈魂形態良好，不需要進一步考驗了嗎？

卡 e你的問題的要點是什麼，蘇格拉底？

蘇 我會告訴你的。我相信，能碰上你眞的非常幸運。

卡 你爲什麼這麼說？

蘇 我非常明白，如果你和我的靈魂相信的事情是一致的，487那麼它一定是眞的。我意識到，一個要把靈魂置於恰當的考驗之下，看它是否公正地生活的人必定擁有三項品質，而你全部都有，它們就是知識、善意和坦率。我碰到過許多人，他們不能考驗我，因爲他們不像你這麼聰明。其他一些人是聰明的，但他們不願把眞相告訴我，因爲他們不像你那麼關心我。至於這兩位來訪者，b高爾吉亞和波盧斯，他們倆是聰

[49] 卡利克勒此處再次引用歐里庇得斯。

明的，也喜歡我，但缺乏坦率，顯得過於害臊了。難怪！他們的害臊到了這樣一種程度，由於害臊，他們各自竟然當著眾人的面，在討論最重要的問題的時候自相矛盾。你擁有其他人所沒有的這三樣品質。你受過相當好的教育，[c]許多雅典人都會同意這一點，你對我抱有善意。我這樣說有什麼證據呢？我會告訴你的。我知道，卡利克勒，在智慧方面你們有四個人是同夥：你、阿菲德那[50]人提珊德爾[51]、安德羅提翁[52]之子安德隆[53]、科拉吉斯[54]人瑙昔居德[55]。有一次，我聽說你們商議一個人的智慧應當開發到什麼程度，我知道某種意見在你們中間占了上風：[d]你號召大家不要過分熱情地追求哲學化，乃至於迂腐，而要警惕，不要變得聰明過頭，不經意間給自己帶來毀滅。所以，你向我提出的建議與你向你最親密的同伴提出的建議是相同的，聽到你的建議，我有了充分的證據證明你確實對我心存善意。至於我說你能夠坦率地講話而不害臊，你本人已經這樣說了，你剛才講的那番話已經證明了這一點。所以，當前這些

---

[50] 阿菲德那（Ἀφιδναῖος），地名。
[51] 提珊德爾（Τείσανδρον），人名。
[52] 安德羅提翁（Ἀνδροτίων），人名。
[53] 安德隆（Ἄνδρων），人名。
[54] 科拉吉斯（Χολαργός），地名。
[55] 瑙昔居德（Ναυσικύδης），人名。

事情進到什麼地步是清楚的。—e—在我們的討論中如果有任何觀點你我意見一致，那麼這個觀點已經被你我恰當地作了考驗，沒有必要再作進一步的考驗，因爲你決不會由於缺乏智慧或過於害臊而對我的意見讓步，也不會對我撒謊。你是我的朋友，你自己也是這樣說的。所以，在我們相互一致的地方最終都能把握眞理。最令人欽佩的是，卡利克勒，對這些事情的考察是你要我承擔的任務，一個人應當成爲什麼樣的人，他應當獻身於什麼事務，—488—他應當做到什麼地步，年老的時候做到什麼地步，年輕的時候做到什麼地步。對我來說，如果我這輩子從事了什麼不恰當的行當，請你一定要理解我犯下這個錯誤不是故意的，而是由於無知。所以，別放棄你已經對我開始的訓誡，而要清楚地告訴我應當獻身於什麼事業，怎樣才能走上這條道路；如果你現在使我贊同了你的意見，而以後我沒有去做我表示贊同的事情，那麼你可以把我當作一個非常愚蠢的人，—b—不可救藥，以後再也不對我進行訓誡，因爲我是一個低劣的傢伙。請你從頭開始，重新表述一下你的立場。你和品達都認爲正確的那個「天然的公正」是什麼？是優秀者應當用武力奪走屬於低劣者的東西、比較好的人應當統治比較差的人、高貴的人應當比低劣的人擁有更多的利益嗎？你沒說其他什麼東西是公正，是嗎？我記得沒錯吧？

卡　沒錯，我就是這麼說的，而且現在還會這麼說。

蘇　你所說的「比較好的」人和「優秀的」人是同一個人嗎？—c—我剛才不明白，也想像不出你是什麼意思。你把比較強的人稱作優秀的，所以那些比較弱的人應當接受比較強的人的命令嗎？這也是我認爲你剛才試圖說明的，你說大城邦按照所謂的天然公正攻擊小城邦，因爲它們是優秀的和比較強的，假定優秀、—d—比較強、比較好，是一回事。或者說，有可能一個人是比較好的，但也是低劣的或者較弱的嗎，或者是比較強大的，但也是更加邪惡的？或者說「比較好」和「優秀的」確實有相同的定義嗎？請爲我清楚地界定這一點。「優秀的」、「比較好」和「比較強」是相同的還是不同的？

卡 很好，我正要清楚地告訴你，它們是相同的。

蘇 除了有某個優秀的人，不是還有許多人生來就是優秀的嗎？他們實際上就是給這個人制定法律的那些人，如你本人剛才所說。

卡 當然。

蘇 所以許多人的統治是優秀者的統治。

卡 是的，沒錯。

蘇 —e—許多人的統治不也是比較好的人的統治嗎？我想，按照你的推論，優秀者也是比較好的那個人。

卡 是的。

蘇 這些人的統治不是天然令人欽佩的嗎，因爲他們也是優秀的人。

卡 這就是我的看法。

蘇 喔，擁有平等的一份利益，做不公正的事情比承受不公正的事情更可恥，不就是許多人的統治嗎，—489—如你剛才所說？是這樣的，還是不是這樣的？請你小心，別被我抓住漏洞而丟臉。擁有平等的一份利益，不去獲取比較大的一份利益，做不公正的事情比承受不公正的事情更可恥，那麼許多人服從還是不服從這種統治？請別吝惜對我的問題做出回答，卡利克勒，這樣的話，我可以從你那裡確認你是否同意我的觀點，這才是一個有能力下判斷的人的贊同。

卡　行，許多人確實服從這種統治。

蘇　「b」所以，做不公正的事情比承受不公正的事情更可恥，或者說，只擁有平等的一份利益，依據的不僅是法律，而且也是自然。由此可見，你前面說的不對，你對我的指責也是錯的，你當時說自然和法律是相互對立的，說我儘管很明白這一點，但在陳述中犯了可悲的錯誤，別人提到自然的時候，我就訴諸法律，而別人提到法律的時候，我就訴諸自然。

卡　這個人不會停止胡言亂語！告訴我，蘇格拉底，你這把年紀的人還在咬文嚼字，吹毛求疵，挑剔別人的用詞，不感到可恥嗎？「c」你認爲我說的優秀只表示優秀而不能表示比較好嗎？我不是對你說過，我用「比較好」和「優秀」指的是同一事物嗎？或者說，你以爲我指的是一群奴隸和亂七八糟的人，除了有點兒力氣之外沒有什麼用處，這些人湊在一起說了一些話，然後這些話就是法規嗎？

蘇　有道理，最聰明的卡利克勒。這是你要說的嗎？

卡　當然是。

蘇　「d」那麼好，我神奇的朋友，我剛才還在猜測你用「優秀」指的就是這樣的人，我向你提問是因爲我想清楚地知道你的意思。我眞的不會假定你認爲二比一更優秀，或者奴隸比你更優秀，因爲他們比你強壯。我們還得重頭來過，請你告訴我，你說的「比較好」是什麼意思，因爲比較好不是比較強？喔，我奇妙的朋友，請你教我一些容易的東西，以免我在你的學校裡退學。

卡　[e]你在譏諷我，蘇格拉底。

蘇　不，我沒有，卡利克勒，是你剛才藉著那位澤蘇斯對我竭盡譏諷之能事！但不管怎麼說，告訴我，你用「比較好」這個詞指的是什麼人？

卡　我指比較高尚的人。

蘇　所以，你明白你自己說了幾個詞，但什麼也沒說清楚嗎？你不會說你用「比較好」和「優秀」這些詞指比較聰明或者比較什麼的人吧？

卡　不，宙斯在上，我指的就是這些人。

蘇　[490]所以按照你的推論，一個聰明人經常比無數不聰明的人更優秀，這個人應當統治，其他人應當被統治，這個統治者得到的份額要大於被統治者。我認爲這就是你打算表達的意思——我不想咬文嚼字——這個人優於其他無數的人。

卡　是的，這確實就是我的意思。我認爲這就是天然的公正：比較優秀的人，比較聰明的人，應當統治比他們低劣的人，也應當獲得更多的利益。

蘇　[b]等一下！你這一次又是什麼意思？假定我們許多人像現在這樣聚集在一起，在同一個地方，共同分享大量的食物和飲料，假定我們是亂七八糟的一群人，有些強壯，有些虛弱，再假定我們中間有一個是醫生，在這些事情上比其他人聰明。他很像是比有些人強壯，比有些人虛弱，但肯定比我們聰明，那麼他肯定會在這些事務中比較好和優秀嗎？

卡 是的，他會。

蘇 |c|所以，他應該擁有比我們更多的食物，因爲他比較好嗎？或者說他應該是分配各種食物的人，因爲是他在掌管，而不應該弄到更大的一份食物來消費，用於他自己的身體，如果他這樣做了還能逃避懲罰？相反，他得到的食物難道不會比有些人多，比有些人少，如果他正好是所有人中身體最虛弱的，這樣一來，不就是最優秀的人得到最少的一份食物了嗎，卡利克勒？難道不是這樣嗎，我的好朋友？

卡 |d|你在不停地談論食物、飲料和醫生，眞是一派胡言。我指的不是這些東西！

蘇 你不是說比較聰明的人是比較好的人嗎？說是還是不是。

卡 是，我說過。

蘇 但是比較好的人不是應該擁有更大的一份嗎？

卡 無論如何，不是食物或飲料。

蘇 我明白了。也許是衣服？織布匠應當擁有最大的衣服，應當穿著最多、最漂亮的衣服到處行走嗎？

卡 你什麼意思，衣服？

蘇 說鞋子也行，很明顯，這個領域最聰明的人，|e|最優秀的人應當擁有更大的份額。鞋

匠也許會穿著最大的鞋子和最多的鞋子到處行走。

卡　你什麼意思，鞋子？你一直在胡說八道！

蘇　喔，如果你指的不是這類東西，那麼也許是這樣的。拿農夫來說吧，他是一個聰明的人，一個令人欽佩的人，擅長地裡面的事情。他也許應當擁有更多的一份種子，把它們盡可能多地撒在他自己的土地上。

卡　你怎麼老是不停地說相同的事情，蘇格拉底！

蘇　是的，卡利克勒，不僅是相同的，而且是關於相同主題的。

卡　|491|衆神在上！你在一直不停地談論鞋匠、清潔工、廚師和醫生，就好像我們的討論和他們有關似的！

蘇　那麼你說我們的討論和誰有關？優秀的人，比較聰明的人公正地擁有更大的一份，你講這些幹什麼？你記不住我是怎麼推進討論的，又不把你的看法告訴我，是嗎？

卡　我一直在對你說。首先，所謂優秀者我指的不是鞋匠或廚師，而是那些在城邦事務上的聰明人，|b|他們知道如何良好地管理國家。他們不僅聰明，而且勇敢，有能力完成他們的意願，不會由於靈魂的虛弱而後退。

蘇　我的好卡利克勒，你看出你我相互指責的不是同一件事嗎？你說我老是在說同樣的事情，爲此批評我，而我正好與你相反，說你從來不就同一主題說同樣的事情。|c|一個時候你把比較好的和優秀的界定爲比較強的，然後又界定爲比較聰明的，現在又變成了其他什麼東西：優秀的和比較好的被你說成是比較勇敢的。但是，我的好夥伴，請

你一勞永逸地告訴我，你說的比較好和優秀指的是什麼人，他們在什麼方面比較好和優秀。

卡　我已經說過，我指的是那些在城邦事務上很聰明的人，[d]而且他們也是勇敢的。由這些人來統治城邦是恰當的，所謂公正就是他們作爲統治者應當擁有比其他人，那些被統治的人，更大的一份利益。

蘇　但是他們自己怎麼樣，我的朋友？

卡　什麼怎麼樣？

蘇　統治還是被統治？

卡　你什麼意思？

蘇　我的意思是每一個個人統治他自己。或者說他根本不需要統治他自己，只需要統治別人？

卡　統治自己是什麼意思？

蘇　這沒有什麼深奧的。只是許多人的想法：[e]自我節制，做自己的主人，控制自身的快樂和欲望。

卡　你太讓人高興了！你說的自我節制的人就是那些傻瓜！

蘇　怎麼會呢？誰都能看出我不是這個意思。

卡　你是這個意思，蘇格拉底，非常確定。一個人要是被奴役，怎麼還能證明是幸福的呢？倒不如說，這是令人欽佩的，是天然公正的——我現在極爲坦率地對你說——正確生活的人應當允許他的欲望盡可能增長，—492—而不是約束它們。當它們盡可能增長的時候，他應當能夠憑著勇敢和理智致力於這些欲望的實現，讓它們得到最大的滿足。但是我相信，這對許多人來說是不可能的，因此他們由於感到羞恥就貶低能做到這一點的人，以此掩飾他們自己的無能。如我前面說過，他們說缺乏規矩是可恥的，所以要由他們統治那些天生比較好的人，當他們缺乏能力爲自己提供足夠的快樂時，他們的膽怯引導他們去讚揚自我節制和公正。—b—至於那些人，要麼生來就是國王的兒子，要麼天生就有能力保障自己的統治地位，當上僭主或國君，對他們來說，還有什麼比自我節制和公正更可恥和更糟糕，儘管這些人自由自在地享受好事物而沒有任何障礙，但他們怎麼會把多數人的法律、他們的談論和他們的批評當作主人來強加到自己頭上？或者說，—c—他們身處「令人欽佩的」公正和自我節制的統治集團之下，他們能夠給予朋友的東西還不如給予敵人的多，以這種方式統治他們的城邦，他們怎麼能夠存在下去而不變得可悲？倒不如說，蘇格拉底，事情的眞相——你聲稱要追求的東西——是這樣的：如果給養充足，那麼放縱自己、無拘無束、自由自在是卓越的和幸福的；至於其他那些事情，那些華麗的詞藻，那些違反自然的人的契約，完全是毫無價值的胡言亂語！

蘇　—d—你的講話非常坦率，你的論證方式確實在爲你得分，卡利克勒。你現在清楚地說出其他人心裡在想卻不願說出來的話。所以我請求你，不要有任何懈怠，這樣才能使我們如何生活這個問題眞的變清楚。告訴我：你是說要是一個人成爲他應當是的那種人，他就不應當約束他的欲望，而應當讓它們盡可能地膨脹，從這樣和那樣的資源中爲它們尋求滿足，[e]而這就是卓越？

卡　對，這就是我說的。

蘇　所以，把那些沒有任何需要的人稱作幸福的是不對的？

卡　不對，如果對的話，石頭和屍體會是最幸福的。

蘇　但是這麼一來，被你稱作最幸福的那些人的生命也成了一件奇怪的事情。歐里庇得斯說過：「有誰知道，死就是生，生就是死？」[56] 如果他說得對，我不會感到奇怪。[493] 我們也許眞的死了。我曾經聽某個聰明人說過，我們現在是死的，我們的身體是我們的墳墓，我們的欲望所在的靈魂的那個部分實際上是一種能被說服的東西，搖擺不定。因此，有個能幹的人講了一個故事，他是西西里人或者義大利人，他把靈魂的這個部分稱作水罐，由於它動搖不定，很容易接受建議和被說服，[b]就這樣輕易地改變了名稱。[57] 他把未入會的人稱作傻瓜[58]，認爲傻瓜的靈魂的這個部分就是他們的欲望的居所，是不受控制和約束的，這個部分沒有緊緊地封閉，就像有裂縫的水罐。他就是

---

[56] 歐里庇得斯：《波呂伊都斯》殘篇七。

[57] 水罐（πίθος）與可被說服的（πιθανόν）詞形相近，所以說輕微地改變了名稱。

[58] 未入會的（ἀμυήτοι）和傻瓜（ἀνοήτοι）的詞形相近。這裡的「入會」指加入祕儀。

依據它的不穩定性來想像它的形象的。這個人，卡利克勒，他的觀點與你正好相反，他指出在哈得斯裡面——哈得斯的意思是不可見的[59]——那些沒入會的人是最可悲的。他們得用另一樣漏水的東西，篩子，去爲那只漏水的水罐取水。這就是他把靈魂比作篩子的原因（這是跟我談話的那個人說的）。|c|由於他們的靈魂是漏的，所以他把傻瓜的靈魂比作篩子，因爲篩子有許多洞，蠢人不可信並且易忘，因此不能保存任何東西。這個解釋總體上有點奇怪，但我把它告訴你，它確實表達了我的意願，想要說服你，改變你的想法，如果我能做到的話：選擇有序的生活，這種生活是恰當的，可以在任何既定時間的環境中得到滿足，而不是選擇一種永遠無法滿足的、不受約束的生活。|d|如果我能說服你，你會改變想法，相信那些過著有序生活的人比那些不受約束的人更幸福嗎，或者說如果我能提供更多諸如此類的故事，你能多少有些改變嗎？

卡 你說的後面這件事情比較現實，蘇格拉底。

蘇 好吧，讓我給你描述另一幅畫面，和剛才那個出自同一學派。考慮一下你對這兩種類型的生活會怎麼看：自我節制的人的生活和不受約束的人的生活。這幅畫是這樣的：假定有兩個人，各自有許多罐子。|e|屬於一個人的罐子都很好，裝滿了東西，一隻盛酒，一隻盛蜜，一隻盛奶，其他罐子裝了其他各式各樣的東西。假定這些東西的來源

[59] 不可見的（ἀιδὲς），與哈得斯（Ἅιδης）詞形相近。

是稀缺的，只有透過非常艱苦的勞動才能得到。然後這個人裝滿了他的罐子，不再往裡添加什麼東西，也不再想到這些罐子。他現在可以休息了。至於另一個人，他也有許多資源可以搞到這些東西往罐子裡添加，儘管很艱苦，|494|但他的器皿是漏的，有裂縫。他被迫不斷地往裡裝，日夜不停，受苦受累。如果有一種生活就是我描述的這個樣子，你會說不受約束的人的生活比有秩序的人的生活更加幸福嗎？講了這個故事，我能說服你，讓你承認有秩序的生活比不受約束的生活好嗎，或者說我不能說服你？

卡 你不能，蘇格拉底。那個把自己裝滿了的人不會再有任何快樂，他被裝滿了，也就既不能體驗到快樂，|b|也不能體驗到痛苦，這種人就像一塊石頭，如我剛才所說。倒不如說，快樂的生活是這樣構成的：盡可能地流入。

蘇 如果有大量東西流入，必定有大量東西流出，供它們流出的那些縫隙也一定很大，是嗎？

卡 當然是。

蘇 噢，你在談論的是一種海鳥的生活，而不是死屍或石頭的生活。告訴我，你認爲有沒有一種事情叫飢餓，餓了就吃？

卡 是的，有。

蘇 |c|有沒有一種事情叫口渴，渴了就喝？

卡 有，還有其他所有欲望，它們能夠被滿足，它們能享受，所以能夠幸福地生活。

蘇 好極了，我的大好人！請你繼續說下去，因爲你剛開了個頭，千萬別害臊。我顯然也不應當害臊。首先請你告訴我，一個人身上發癢，用手去撓，能夠撓到心滿意足，而且撓一輩子，這樣的人的生活是否也是幸福的。

卡　|d|胡說八道，蘇格拉底。你是一個典型的、討好大衆的奉承者。

蘇　這就是我剛才把波盧斯和高爾吉亞嚇壞了，使他們感到害臊的地方。不過，你肯定不會感到害臊，因爲你是一個勇敢的人。你只要回答我的問題就可以了，請吧。

卡　我說即使那個撓癢的人也會有愉快的生活。

蘇　如果是愉快的生活，那麼也是幸福的嗎？

卡　是的，確實如此。

蘇　|e|要是他只撓他的頭——或者我還要進一步提問嗎？如果有人不斷地提問，一個接一個，想一想你該如何回答。孌童[60]的生活，作爲這類事情的極致，難道不是最可恥、最可悲的生活嗎？或者，你還會說，只要他們的需要得到最大的滿足，他們就是幸福的？

卡　你把我們的討論引到這樣的事情上來，你不感到可恥嗎？

蘇　我傑出的夥伴，這樣做的人是我，還是剛才說了這樣一些話的人，只要自己感到快樂，|495|無論做什麼都是幸福的，至於這種快樂是好的還是壞的沒有什麼區別？也請你告訴我，你是否認爲快樂與善是相同的，或者說有某些快樂不是好的。

卡　喔，如果我說它們不同，我的論證就不能保持一致，所以我說它們是相同的。

---

[60] 孌童（κίναδος），男同性戀性行爲中被動的一方，尤指男孩子。

蘇　你在破壞你前面的陳述，卡利克勒，如果你說的與你想的相反，你不再適合與我一道考察事情的眞相。

卡　［b］你也破壞了你的陳述，蘇格拉底。

蘇　如果我這樣做了，那是我的不對，你這樣做了，是你的不對。不過，請你考慮一下，我神奇的朋友，善物肯定不只是不受約束的享受。如果是這樣的話，我們剛才暗示過的許多可恥的事情以及其他許多事情顯然就會尾隨而來。

卡　那是你的看法，蘇格拉底。

蘇　你眞的認同這些事情嗎，卡利克勒？

卡　是的，我認同。

蘇　［c］所以，我們是在你是誠實的這個前提下進行這場討論的？

卡　確實如此。

蘇　行，由於這就是你的想法，請你爲我區別下面的事情：我想，有某樣東西你稱作知識，是嗎？

卡　是的。

蘇　你剛才不是說有這樣一種東西，勇敢加知識，是嗎？

卡　是的，我說過。

蘇　只是由於假定勇敢和知識有區別，你才把它們當作兩樣東西來說嗎？

卡　是的，就是這樣的。

蘇 那麼好，你說快樂和知識是相同的還是不同的？

卡 [d]當然不同，你這個世上最聰明的人。

蘇 勇敢和快樂也肯定不同？

卡 當然。

蘇 行，讓我們把這一點記錄在案：來自阿卡奈[61]的卡利克勒說快樂和善是相同的，知識和勇敢相互之間不同，也和善不同。

卡 來自阿羅卑克[62]的蘇格拉底在這一點上表示不同意。或者他表示同意？

蘇 [e]他不同意。我相信卡利克勒來見他本人的時候也不同意。告訴我：你不認爲做事情做得好的人擁有和做事情做得不好的人完全相反的經驗嗎？

卡 不，我認爲。

蘇 既然這些經驗是相反的，那麼就健康和疾病來說，它們必定也是不同的嗎？因爲我想，一個人不可能同時既是健康的又是有病的，也不可能同時既趕走了健康又趕走了疾病。

卡 你這是什麼意思？

---

[61] 阿卡奈（Ἀχαρναί），地名。

[62] 阿羅卑克（Ἀλωπεκῆθεν）是雅典一個區的名字，蘇格拉底是這個區的人。

蘇　[496]以你喜歡的身體的某個部分爲例，想一想。一個人可能眼睛有病，我們稱之爲「眼疾」，是嗎？

卡　當然。

蘇　那麼他的眼睛肯定不可能同時也是健康的？

卡　不，決無可能。

蘇　如果他消除了眼疾會怎麼樣？他會把眼睛的健康也消除了，最後同時將兩樣東西都消除了嗎？

卡　不，一點也不。

蘇　[b]我假定，如果發生這樣的事情，那可眞令人驚訝，也是極不合理的，不是嗎？

卡　是的，很不合理。

蘇　但他會輪流獲得和消除健康和疾病，我假定。

卡　對，我同意。

蘇　強壯和虛弱不也是這種情況嗎？

卡　是的。

蘇　快捷和遲緩呢？

卡　是的，也是這樣的。

蘇　他也會輪流獲取和消除好事物和幸福以及它們的對立面壞事物和不幸嗎？

卡　毫無疑問，他會。

蘇 —c—所以，如果我們發現有些事物是被人同時擁有和消除的，那麼這些事物顯然不會是好事物和壞事物。我們同意這一點嗎？請非常仔細地加以考慮，然後再告訴我。

卡 我對此表示完全同意。

蘇 現在往後退，回到我們前面意見一致的地方。你提到過飢餓——它是一件愉快的事情還是痛苦的事情？我指的是飢餓本身。

卡 是一件痛苦的事情。但對一個飢餓的人來說，吃是快樂的。

蘇 —d—我同意。我理解。但是飢餓本身是痛苦的，不是嗎？

卡 我也是這麼說的。

蘇 口渴也一樣嗎？

卡 肯定一樣。

蘇 我還要繼續問嗎，或者說，你同意每一種缺乏和欲望都是痛苦的？

卡 我同意。你不用再問了。

蘇 說得好。你不會說，對一個口渴的人來說喝是一件快樂的事情？

卡 對，我會這樣說。

蘇 在你談論的這個例子中，我想「一個口渴的人」意味著「一個處在痛苦中的人」，對嗎？

卡 —e—對。

蘇 喝就是對這種缺乏的補充，是一種快樂？

卡 是的。

蘇　所以，就一個人在喝而言，你的意思不就是他感到享受嗎？

卡　確實如此。

蘇　哪怕他仍在口渴？

卡　對，我同意。

蘇　哪怕他仍處在痛苦中？

卡　對。

蘇　你觀察到這樣的結果嗎，當你說一個人口渴喝水的時候，你實際上是說一個處在痛苦中的人同時感受到快樂？這種情況不是在同一個地方同時發生嗎，在靈魂中，或在身體中，隨你高興？我不認爲這會有什麼區別。是這樣的，還是不是這樣的？

卡　是這樣的。

蘇　但是你說一個做事情做得好的人一497一不可能同時也做得壞。

卡　對，我是這樣說的。

蘇　然而你同意一個處在痛苦中的人感受到快樂是可能的。

卡　顯然如此。

蘇　所以，感到快樂和做事情做得好不是一回事，處在痛苦中和做事情做得壞不是一回事，結果就是，愉快的事物變得和好的事物不同了。

卡　我不明白你的這些能幹的談論想要幹什麼，蘇格拉底。

蘇　你實際上是明白的。你只是假裝不明白而已，卡利克勒。我們再前進一小步。

卡　你爲什麼還要繼續胡說八道？

蘇　［b］爲的是讓你明白你對我的斥責有多麼聰明。作爲喝的結果，我們每個人不是同時停止感到口渴和感到快樂嗎？

卡　我不知道你這樣說是什麼意思。

高　別這樣，卡利克勒！爲了我們的利益，回答他，讓討論可以進行下去。

卡　但蘇格拉底老是這樣，高爾吉亞。他專門提出一些微不足道的、沒有價值的問題，然後加以駁斥！

高　這對你來說又有什麼區別呢？評價它們不是你的事，卡利克勒。你答應過蘇格拉底，他可以用任何他喜歡的方式駁斥你。

卡　［c］行，那你就繼續問這些瑣碎的小問題吧，因爲高爾吉亞聽了會高興。

蘇　你是一個幸福的人，卡利克勒，能在這些小事情上領悟偉大的奧祕。我眞沒想到我這樣做是得到允許的。所以，就從你剛才中斷的地方開始，告訴我，我們每個人是否在停止感到快樂的同時也停止感到口渴。

卡　這是我的看法。

蘇　他在停止快樂的同時不是也停止飢餓，或者也停止了其他欲望嗎？

卡　是的。

蘇　［d］那麼一個人停止痛苦和停止快樂不也是同時的嗎？

卡　是的。

蘇　但是他肯定不會同時停止擁有好事物和壞事物，這是你同意的。你現在還同意嗎？

卡　是的，我同意。這是爲什麼？

蘇　因爲它證明了好事物與快樂的事物不是一回事，壞事物與痛苦的事物不是一回事。因爲快樂的事物和痛苦的事物會同時停止，而好事物和壞事物不會同時停止，因爲它們實際上是不同的事物。所以，快樂的事物怎麼能和好事物相同，痛苦的事物怎麼能和壞事物相同呢？如果你喜歡，可以用這個方式來看一下，因爲我假定你不會也同意這個論證。—e—請考慮一下這一點。你把某些人稱作好的，不就是因爲好事物在他們身上呈現嗎，就好像你把他們稱作好看的，因爲好看在他們身上呈現？

卡　是的，我是這麼看的。

蘇　那麼好吧，你把傻瓜或膽小鬼稱作好的嗎？你剛才沒有這樣做，而是把勇敢的和聰明的人稱作好的。或者說你不把這些人稱作好的？

卡　噢，是的，我會這樣做的。

蘇　那麼好，你見過愚蠢的兒童享受快樂嗎？

卡　是的，我見過。

蘇　你從未見過愚蠢的人享受快樂嗎？

卡　不，我想我是見過的。但這又怎樣？

蘇　—498—不怎麼樣。請你只管回答。

卡　是的，我見過。

蘇　好吧，你見過聰明人感受痛苦或感受快樂嗎？

卡　是的，我料定我是見過的。

蘇　現在，誰更多地感覺到痛苦或者快樂，聰明人還是愚蠢的人？

卡　這沒有什麼大的區別。

蘇　相當好。你曾見過戰鬥中的膽小鬼嗎？

卡　我當然見過。

蘇　好吧，敵人撤退的時候，你認爲誰會感到更多的快樂，是膽小鬼還是勇敢者？

卡　［b］我想他們都感到快樂，膽小鬼感到的快樂也許更多一些。如果不是這樣，那麼他們的快樂程度差不多。

蘇　是沒有什麼差別。所以膽小鬼也感到快樂？

卡　噢，是的，確實如此。

蘇　顯然，傻瓜也感到快樂。

卡　是的。

蘇　敵人前進的時候，只有膽小鬼感到痛苦，還是勇敢者也感到痛苦？

卡　他們都感到痛苦。

蘇　痛苦程度相同嗎？

卡　膽小鬼也許感到更多的痛苦。

蘇　當敵人撤退時，他們不是感到更多的快樂嗎？

卡　也許。

蘇　所以，傻瓜和聰明人、膽小鬼和勇敢者，[c]都能感受到程度大體相同的痛苦和快樂，如你所說，或者膽小鬼比勇敢者感受到更多的痛苦和快樂，是嗎？

卡　這是我的看法。

蘇　但是可以肯定的是，聰明的和勇敢的人是好的，膽小的人和傻瓜是壞的。

卡　是的。

蘇　因此，好人和壞人感受到快樂和痛苦的程度幾乎完全相同。

卡　我同意。

蘇　那麼，好人與壞人的好壞程度幾乎完全相同，或者說壞人甚至更好些？

卡　[d]宙斯在上！我不知道你是什麼意思。

蘇　你說好人是好的，壞人是壞的，由於好的或壞的事物在他們那裡呈現，好的事物是快樂的，壞的事物是痛苦的，你不知道？

卡　不，我知道。

蘇　如果感到快樂的人真的感到快樂，那麼好事物，亦即快樂，在他們那裡呈現，不是嗎？

卡　當然。

蘇　那麼那些感到快樂的人，由於好事物在他們那裡呈現，不是好人嗎？

卡　不，是好人。

蘇　那麼好，壞的事物，亦即痛苦，不在那些感到痛苦的人那裡呈現嗎？

卡　它們呈現。

蘇　|e|你確實說過，由於壞的事物的呈現，壞的人是壞的。或者你不會再這樣說了？

卡　不，我會這樣說。

蘇　所以，所有那些感受到快樂的人是好的，所有那些感受到痛苦的人是壞的。

卡　對，是這樣的。

蘇　感受到快樂或痛苦越多的人就越多好或壞，感受到它們越少的人就越少好或壞，感受到它們的程度幾乎相同的人就越是差不多好或壞。

卡　是的。

蘇　你不是說，聰明的人和愚蠢的人、膽小的人和勇敢的人，感受到的快樂和痛苦的程度幾乎是一樣的，膽小的人甚至感受到更多？

卡　是的，我說過。

蘇　那麼，請你和我一起來看從我們一致的意見中可以添加什麼推論。|499|有人說談論和考察令人欽佩的事物「兩次，甚至三次」是一件令人欽佩的事情。我們說聰明的人和勇敢的人是好的，不是嗎？

卡　是的。

蘇　傻瓜和膽小鬼是壞的？

卡　是的，這樣說是對的。

蘇　再來，感到快樂的人是好的？

卡　是的。

蘇　感到痛苦的人是壞的？

卡　必定如此。

蘇　好人和壞人感受到相同程度的痛苦和快樂，壞人的感受也許更加強烈。

卡　是的。

蘇　這麼一來，事情不就變成那個壞人既是好的又是壞的，其好壞程度和那個好人相同，甚至比好人還要好？［b］按照前面那些說法，如果一個人擁有快樂的事物就相當於他擁有好的事物，這不就可以從中推論出來了嗎？事情不是必定如此嗎，卡利克勒？

卡　蘇格拉底，我聽你講了有一會兒了，對你的意見我也表示同意，但我認爲，如果有人開玩笑似地告訴你某些觀點，你都樂意像個孩子似的抓住它。所以，你眞的以爲我或其他人根本不相信有些快樂是比較好的，有些快樂是比較壞的。

蘇　［c］噢，卡利克勒！你眞是個無賴。你對待我就像對待小孩。一會兒你說事情是這樣的，一會兒你說事情是那樣的，所以你在欺騙我。不過，我並不認爲你從一開始就想欺騙我，因爲我把你當作我的朋友。然而現在我顯然被誤導了，我已經沒的選擇，只好如古諺所說「在我擁有的東西裡選最好的」，接受你給我的東西。你現在的觀點顯然是，有些快樂是好的，有些快樂是壞的。對嗎？

卡　［d］對。

蘇　好的事物是有益的事物，壞的事物是有害的事物嗎？

卡　是的，這樣說是對的。

蘇　有益的事物就是那些產生好東西的事物，壞的事物就是產生壞東西的事物嗎？

卡　這是我的看法。

蘇　現在，你認爲快樂就是我們剛才聯繫身體時提到的吃喝一類事情嗎？這些快樂中有一些在身體裡產生健康、氣力，或者其他優秀品質，這些快樂是好的，e 而那些產生相反事物的快樂是壞的嗎？

卡　對，是這樣的。

蘇　同理，有些痛苦是好的，有些痛苦是壞的嗎？

卡　當然。

蘇　那麼，我們不應當選擇和實施擁有好的快樂和痛苦嗎？

卡　是的，我們應當。

蘇　但不會對壞的快樂和痛苦這樣做，對嗎？

卡　顯然如此。

蘇　沒錯，如果你還記得，[63]波盧斯和我都認爲，我們做所有事情確實應當以善爲目的。我

---

[63] 參閱本文 468b。

們最後認爲一切行動的目的就是善，爲了善的緣故我們做其他所有事情，500 而不是爲了這些事情的緣故而善，你也這樣認爲嗎？你願意投我們一票，使同意這種觀點的人有三個嗎？

卡 是的，我願意。

蘇 所以我們應當做其他事情，包括那些快樂的事情，爲了善的緣故，而不是爲了快樂的緣故而善。

卡 是這樣的。

蘇 那麼，每個人都能選擇哪一種快樂是好的，哪一種快樂是壞的嗎，或者說做這種選擇在每一情況下都需要行家？

卡 需要一位行家。

蘇 讓我們回想一下我對波盧斯和高爾吉亞說過的話。[64] b 如果你還記得，我說有某些實踐關注它們自身，而不是進一步考慮快樂和只想獲取快樂，有些實踐對於什麼是比較好的和什麼是比較壞的是無知的，有其他一些實踐知道什麼是好的和什麼是壞的。我把烤麵餅的「技巧」（不是技藝）放在那些關心快樂的事情當中，而把醫療的技藝置於那些關注善的技藝當中。宙斯在上，我以這位友誼之神的名義起誓，卡利克勒，請

---

[64] 參閱本文 464b-465a。

你別想跟我開玩笑，也別用那些實際上與你的眞實觀點相反的看法來回答我的提問，c請你不要把我的觀點當作開玩笑來接受！因爲你明白，我們的討論涉及我們應當以何種方式生活，哪怕是理智低下的人也會比我們更加嚴肅地對待。做男子漢的事情，在民衆中講話，練習演講術，積極參加你們這些人近來從事的政治活動，這就是你敦促我，要我接受的生活方式嗎？或者說是這種把生命耗費在哲學上的生活？後面這種生活方式與前一種生活方式有什麼區別？d區別它們也許是最好的，如我正在嘗試的那樣；做完了這件事，達成了一致意見，認定這兩種生活方式是不同的，然後再去考察它們之間如何不同，它們中哪一種生活方式是我們應當過的。現在，也許你還不知道我在說些什麼。

卡　是的，我確實不知道。

蘇　噢，我會講得更加清楚一些。考慮到你我達成過一致意見，有一樣事物作爲好的，有一樣事物作爲快樂的，快樂與好有區別，快樂和好各有一種實踐，旨在獲取它們，尋求快樂的是一方，尋求好的是另一方——你先表個態，同意不同意這個觀點。e你同意嗎？

卡　是的，我同意。

蘇　如果你認爲我當時說得對，那麼你也要進一步同意我當時對他們說的話。我說過，不是嗎，我不認爲烤麵餅是一種技藝，而是一種技巧，501而醫療是一種技藝。我說過，有一樣東西，醫療，這種技藝既要考察它服務的對象的本性，也要考察它做的事情的原因，能夠對這些分別做出合理的解釋。而只關心快樂的另一樣東西，它的服務是全身心投入的，以一種完全不像技藝的方式指向它的對象，根本不考察快樂的性質和快樂的原因。它這樣做是極爲不合理的，也完全不作什麼區分。[b]它只是透過常規和技巧保存慣常發生的事情的記憶，這也是它提供快樂的方式。現在，首先請你考慮這種解釋是否恰當，是否還有其他解釋，然後集中精力考慮靈魂的事情。有些對靈魂的思考是有技藝順序的，擁有先見之明，知道什麼東西對靈魂最好，而其他一些思考忽略這一點，像在考察其他事物的時候一樣，只考察靈魂獲得快樂的方式，而不考慮哪一種快樂比較好，哪一種快樂比較壞，不關注其他事情而只關注靈魂的滿足，[c]無論這些快樂是比較好的，還是比較壞的，你看呢？在我看來，卡利克勒，我認爲有這樣的先見，我說這類事情是奉承，既在身體這個例子中，又在靈魂這個例子中，以及在其他例子中，在其中一個人可以等待快樂而無需考慮什麼比較好，什麼比較壞。至於你，你願意加入我們嗎，你對這些事情持有相同的看法，還是反對這些意見？

卡 不，我不反對。我跟你一道前進，既加速你的論證，又讓在這裡的高爾吉亞感到滿意。

蘇 [d]喔，只有一個靈魂是這種情況，不涉及兩個或多個靈魂嗎？

卡 不，也涉及兩個或多個靈魂。

蘇 有可能讓一群靈魂一次全都滿足，而無需考慮什麼是最好的嗎？

卡 是的，我假定有可能。

蘇 你能告訴我哪些行當是做這件事的嗎？不過，要是你喜歡，還是由我來提問，你認爲與此相關的你就說是，—e—你認爲與此無關的你就說不是。首先讓我們來看吹笛子。你不認爲它是這類行當中的一種嗎，卡利克勒？它只給我們提供快樂而不考慮其他事情嗎？

卡 是的，我想是這樣的。

蘇 所有諸如此類的行當不也是這樣做的嗎？比如，豎琴比賽？

卡 是的。

蘇 訓練合唱隊和創作讚美詩怎麼樣？你不認爲它們是同一類事情嗎？你認爲美勒斯[65]之子喀涅西亞[66]想過要說這種事情會導向改善他的聽衆嗎，—502—或者說他好像只考慮如何讓大批觀衆滿足？

卡 顯然是後一種情況，蘇格拉底，至少喀涅西亞是這樣的。

蘇 他的父親美勒斯怎麼樣？你認爲他對著豎琴歌唱的時候，在意過什麼是最好的這個問題嗎？或者說他連什麼是最快樂的都不在意？因爲他用他的歌聲給他的觀衆帶來痛苦。不過，你考慮一下，你是否認爲所有對著豎琴唱歌和讚美詩的創作都不是爲了快樂的緣故。

卡 不，我認爲是的。

---

65 美勒斯（Μέλης），人名。

66 喀涅西亞（Κινησίαν），人名。

蘇　[b]那種莊嚴的，激發敬畏的行當，悲劇的創作，怎麼樣？它追求的是什麼？這項工作，悲劇創作的意圖僅僅是為了讓觀眾滿意，如你所認為的那樣，還是說它也竭力不說那些腐朽的東西，而說出或唱出那些可能令人不愉快但卻是有益的臺詞和歌聲，無論觀眾是否感到快樂？你認為悲劇是以這些方式中的哪一種方式創作的？

卡　[c]這很明顯，蘇格拉底，它更傾向於提供快樂，使觀眾滿意。

蘇　我們剛才不是把諸如此類的事情說成是奉承嗎？

卡　是的，我們說過。

蘇　那麼好，如果從整個創作中除去旋律、節奏和韻律，結果不就只剩下話語了嗎？

卡　必定如此。

蘇　這些話語不是說給聚集起來的民眾聽的嗎？

卡　我同意。

蘇　那麼詩學是一種「取悅於大眾的演說」[67]嗎？

卡　[d]顯然如此。

蘇　那麼這種取悅於大眾的演說就是演講術。或者你不認為詩人在舞臺上踐行演講術？

---

[67] 取悅大眾的演說（δημηγορία），同源名詞 δημηγορός 在 482 處譯為「取悅大眾的人」，同源動詞 δημηγορειν 譯為「取悅大眾」。

卡　不，我認爲是的。

蘇　所以，我們現在已經發現了一種面對大衆的演講術，是說給男人、婦女、兒童、奴隸和自由民聽的。我們不太喜歡它，說它是一種奉承。

卡　是的，是這樣的。

蘇　很好。那些對著雅典公民和 e 其他由自由民組成的城邦裡的人進行的演講怎麼樣？我們對這種演講術怎麼看？你認爲演說家們總是在講話並且在意什麼是最好的這個問題嗎？他們總是把他們的眼光放在透過他們的言語能使公民盡可能地變好嗎？或者說，他們也傾向於讓公民們感到滿意，由於他們自己的私人的善的緣故而輕視公共的善，他們對待民衆就像對待兒童，503 他們唯一的企圖就是使民衆感到滿意嗎？

卡　你問的問題不是一個簡單的問題，因爲有些人說他們這樣做是由於關心公民，也有些人就像你所談論的這個樣子。

蘇　你的回答相當好。如果這件事情眞的有兩個部分，那麼有一個部分是奉承，我假定，它就是可恥的公共演說，而另一部分——讓公民的靈魂盡可能地好，竭力敘說最優秀的事情，無論聽衆發現這種演說是更加令人愉快的，還是更加令人不愉快的——是某種令人欽佩的事情。b 但是你從未見過演講術的這種類型——或者說，如果你能提到任何一位這種類型的演說家，爲什麼不讓我也知道他是誰呢？

卡　不，宙斯在上！我肯定不能向你提到任何一位我們同時代的演說家。

蘇　那麼好，你能提到從前那些時代的任何人，在他開始公共演講以後，雅典人被認爲變得比較好了，而他們以前是比較壞的嗎？我肯定不知道這個人會是誰。

卡 —c—什麼？他們沒有告訴你塞米司托克勒已被證明是個好人嗎，還有喀蒙[68]、米爾提亞得[69]和最近去世的伯里克利，你也曾經聽過他講話？

蘇 卡利克勒，如果你前面談論的這種德性是眞的，那麼可以說是這樣的，你當時談論的是欲望的滿足，個人自己的欲望和其他人的欲望。如果它不是眞的，而我們在後來的討論中被迫同意的事情才是眞的——應當得到滿足的是那些能使人變好的欲望，—d—而不是那些能使人變壞的欲望，這是一門技藝要做的事——那麼我不明白我怎麼能說這些人中有哪一位已被證明是這樣的人。

卡 但若你小心觀察，你會發現他們是這樣的人。

蘇 那就讓我們平靜地考察一下這件事，看這些人中間是否有人已被證明是這樣的人。喔，這個好人，—e—這個講話時在意什麼是最好的這一點的人，是不會隨意亂說的，他總是帶著某種看法，就像其他手藝人似的，每個人總是想著自己的產品，不會隨意選擇和使用材料，這樣他才能賦予他的產品某種形狀，不是嗎？看一下畫匠，以他爲例，或者要是你喜歡，以建築師、造船工，或者你喜歡的其他手藝人爲例，—504—看他

---

[68] 喀蒙（κίμων），人名。

[69] 米爾提亞得（Μιλτιάδης），人名。

們每個人如何把他要造的東西組織起來，讓這些組件相互之間契合，直到整個產品有序地製造出來。還有其他手藝人，包括我們最後提到的那些手藝人，那些關心身體的人，體育教練和醫生，無疑也把秩序和組織賦予身體。情況就是這樣的，我們同意還是不同意？

卡　就算是吧。

蘇　所以，如果一幢房子得到了組織和秩序，那麼它是好房子，如果它沒有被組建起來，那麼它是很壞的房子？

卡　我同意。

蘇　對一條船來說，這也是對的嗎？

卡　｜b｜是的。

蘇　對我們的身體來說，這肯定也是對的嗎？

卡　是的，我們可以肯定。

蘇　我們的靈魂怎麼樣？如果它沒有被組織起來，它會是好的嗎，或者說，如果它得到某種組織和秩序？

卡　按照我們前面所說的，我們也必須同意這一點。

蘇　那些在身體中產生，作爲身體有組織有秩序的結果的那些事物，我們用什麼名字叫它們？

卡　你也許指的是健康和力氣。

蘇　｜c｜是的，我是這個意思。那些在靈魂中產生，作爲靈魂有組織有秩序的結果的那些事物，我們叫它什麼？試著發現它，把它的名字告訴我，就像在身體那個例子中一樣。

卡　你自己爲什麼不說呢，蘇格拉底？

蘇　行，如果這樣做能讓你比較開心，我會做的。如果你認爲我說得對，你就表示同意。如果你認爲我說得不對，你就駁斥我，一定不要後退。我認爲，用來表示身體有組織的狀況的名字是「健康」，它是在身體裡產生的健康和其他優點的結果。是不是這樣？

卡　是這樣的。

蘇　[d]用來表示靈魂有組織有秩序的狀況的名稱是「合法」和「法律」，引導人們變得遵守法律和循規蹈矩，也就是公正和自我節制。你同意不同意？

卡　就算是吧。

蘇　所以，這就是有技藝的、善良的演說家，當他把他的任何話語以及他的所有行爲，他的所有饋贈或收取，應用於人們的靈魂的時候，他會注意到的事情。[e]他總是關注公正如何能夠在他的同胞公民的靈魂中產生和存在，不公正如何能夠被消除，自我節制如何能夠產生，缺乏約束如何能夠被消除，其他優點如何能夠產生，邪惡如何能夠離去。你同意不同意？

卡　我同意。

蘇　是的，這樣做有什麼好處，卡利克勒，身體有病或佝僂的時候，給它提供大量令人愉快的食物、飲料和其他東西，這種時候這樣做不會給它帶來一丁點兒好處，或者說正好相反，公平地說，給它帶來的好處比較少？是這樣嗎？

卡 —505—就算是吧。

蘇 是的，因爲我不認爲人的身體處於可怕狀況時這樣做會有什麼好處，因爲這也是他的生活，他的生活一定是悲慘的。或者說，不是這樣的？

卡 是這樣的。

蘇 喔，一個人身體健康時，醫生一般都會允許他滿足欲望，比如，餓的時候吃，渴的時候喝，想吃多少就吃多少，想喝多少就喝多少，而在他生病時，醫生決不會允許他滿足欲望，這樣做不也是對的嗎？至少，你也贊同嗎？

卡 是的，我贊同。

蘇 —b—這對靈魂來說不也是同樣的嗎，我傑出的朋友？只要它是腐朽的，在這種情況下它是愚蠢的、無約束的、不公正的、不虔誠的，應當克制它的欲望，不允許它做任何事情，除了能使它變得比較好的事情。你同不同意？

卡 我同意。

蘇 因爲這樣做無疑對靈魂來說比較好？

卡 對，是這樣的。

蘇 讓它遠離欲望不就是管束它嗎？

卡 是的。

蘇 所以靈魂受約束比缺乏約束要好，這就是你自己剛才想到的。

卡 —c—我根本不知道你是什麼意思，蘇格拉底。你問別人好了。

蘇　這個傢伙不願意從這場討論涉及的每一件事情中受益，不願意受到約束。

卡　我也沒有忽視你說的每一件事。我給你這些回答只是爲了高爾吉亞的緣故。

蘇　很好。我們現在該怎麼辦？讓我們的討論半途而廢嗎？

卡　你自己決定好了。

蘇　有人說，故事講到一半就不說了是不允許的。|d|我們必須給它安個尾巴，別讓它成爲沒尾巴的東西。請你回答賸餘的問題，讓我們的討論有個結尾。

卡　你眞是糾纏不休，蘇格拉底！如果你想聽我說話，那就放棄這場討論，或者跟其他人去完成這場討論。

蘇　其他還有誰願意呢？我們一定不能讓這場討論不完整。

卡　你自己就不能完成討論嗎，要麼自說自話，要麼自問自答？

蘇　|e|如果這樣的話，厄庇卡爾謨⑩的一句話在我頭上應驗了：我證明自己是自足的，「一個人要說兩個人前面說過的話」。但是看起來我好像根本沒得選。讓我們就這麼辦吧。我假定，我們全都急於知道我們正在討論的事情是對還是錯。搞清楚這一點對大家都有好處。所以，我會檢討這場討論，|506|說出我對這場討論的看法，如果你們中間有人不認同我的看法，一定要反對我，駁斥我。因爲我在說這些事情的時候肯定沒

⑩ 厄庇卡爾謨（Ἐπίχαρμος），西元前五三〇—四四〇年，喜劇詩人，引文出處不詳。

有任何知識；是的，我在和你們一起探討，所以我的對手要是有了清晰的看法，我第一個會接受。不過，我這樣說是基於你們認為這場討論應當進行到底。如果你們不想這樣做，我們現在就停止，各自回家。

高 ｜b｜不，蘇格拉底，我不認為我們現在就要離開。你必須完成這場討論。在我看來，其他人也是這樣想的。我本人肯定想要聽你依靠自己完成討論的賸餘部分。

蘇 行，高爾吉亞。我本人喜歡和卡利克勒一起繼續討論，直到我把他送給我的安菲翁對澤蘇斯說的話㉑歸還給他。喔，卡利克勒，由於你不願意和我一道把這場討論進行到底，那就請你聽我講，｜c｜如果你認為我講錯了，可以打斷我。如果你對我進行駁斥，我不會像你一樣由於受到駁斥而感到惱火，而會繼續把你當作我最大的恩人記錄在案。

卡 說吧，我的好朋友，你自己去完成這場討論。

蘇 那麼好，聽著，我要從頭開始講一下這場討論。令人快樂的事物和好的事物是一回事嗎？——卡利克勒和我同意，它們不是一回事。——做令人快樂的事情是為了好事物的緣故，還是做好事情是為了令人快樂的事物的緣故？——做令人快樂的事情是為了好事物的緣故。——｜d｜所謂令人快樂，就是快樂在我們身上呈現的時候，我們感到快樂，所謂好，就是好在我們身上呈現的時候，我們是好的，是嗎？——沒錯。——但

㉑ 參閱本文485e。

是，我們，以及其他一切好的事物，當某些優點在我們身上呈現的時候，我們肯定是好的嗎？——是的，我認爲必然如此，卡利克勒。但是，每一事物的優點呈現的最佳方式，無論是器皿、身體、靈魂，還是任何動物，不只是一些老方式，而要歸於各種組織、正當和它們各自天生所獲得的技藝。|e|是嗎？——是的，我同意。——所以，由於它們的組織，每樣事物的優點是有組織的、有秩序的嗎？——是的，我會說是這樣的。——所以，當某種秩序，對每一事物來說恰當的秩序，在每一事物中產生的時候，使存在的每一事物都成爲好的，是嗎？——是的，我認爲是這樣的。——但是，有秩序的事物肯定是有序的，是嗎？——當然。——|507|一個有序的靈魂是自我節制的嗎？——絕對是。——所以，自我節制的靈魂是好的靈魂。對此我個人說不出什麼來了，我的朋友卡利克勒；如果你能說出什麼來，請你教我。

卡　你就說吧，我的大好人。

蘇　我說，如果自我節制的靈魂是好的靈魂，那麼受到與自我節制相反的方式影響的靈魂是壞的靈魂。於是，它就變成愚蠢的和不受約束的靈魂。——對。——自我節制的人肯定會去做那些對諸神和凡人適宜的事情。因爲他要是做了不適宜的事情，|b|他就不是自我節制的了。——必定如此。——當然了，如果他做了對凡人適宜的事情，他也會做公正的事情，而對諸神，他會做虔敬的事情，一個做公正的事和虔敬的事的人必定是公正的和虔敬的。——是這樣的。——是的，他也必定會是勇敢的，因爲一個自我節制的人不會追求或回避不適宜的事物，而會回避或追求他應當回避或追求的事

物，無論這些事物是要做的事情，還是人，或者是快樂或痛苦，他堅定不移，在應當忍受的地方忍受它們。|c|所以，這種情況必定是這樣的，卡利克勒，自我節制的人，由於他是公正的、勇敢的、虔敬的，如我們說過的那樣，所以他是一個全善的人，好人會做好事，他所做的一切都令人敬佩，做好事的人是有福的，是幸福的，而腐敗的人，那個做壞事的人，是可悲的。這個人所處的狀況與自我節制的人相反，這個人就是你讚揚的不受約束的人。

這就是我對這個問題的處理，我說它是對的。如果它是對的，那麼一個想要幸福的人顯然必須追求和實踐自我節制。|d|我們中的每個人必須儘快逃離不受約束的狀況，跑得越快越好，他尤其要弄清是否有受約束這種需要，如果確實有這種需要，那麼他本人，或他家裡的任何人，個別的公民或者整個城邦，必須付出代價，受到約束，只要他還想幸福。我認爲，這個目標是一個人在生活中要加以尋求的，在行動中，他應當把他自己的事務和城邦的事務全部指向這個目標，|e|讓公正和自我控制在這個有福的人身上呈現。他不會允許他的欲望不受約束，或者努力去滿足他的欲望——這是一種沒完沒了的惡——過一種掠奪者的生活。這樣的人不會與其他人親近，也不會與神親近，因爲他不會是一名合作者，而沒有合作就沒有友誼。是的，卡利克勒，有聰明人說過，|508|合作，友誼、秩序、自制和公正把天地聚合在一起，把眾神和凡人聯繫在一起，這就是他們把這個宇宙稱作「世界秩序」的原因，我的朋友，而不是不受約束的「世界混亂」。我相信，你沒有注意這些事實，儘管你在這些事情上是一個聰明人。

你沒有注意到有比例的平等在衆神和凡人中間都有很大的力量，而你假定你要去獲取一份更大的利益。這是因爲你輕視幾何學。

〔b〕好吧。我們要麼駁斥這個論證，說明使幸福者幸福不是透過公正和自我節制，使可悲者可悲不是透過惡，要麼說，如果我的論證是對的，我們必須考慮會有什麼樣的後果。這些後果全都是前面提到過的，卡利克勒，你當時問我講這些話是否認眞，我說如果有人做了什麼不公正的事，他應當是他自己的控告者，或者是他的兒子或朋友的控告者，他應當把演講術用於這個目的。還有，你當時認爲波盧斯由於害臊而承認的東西是實際上是對的，〔c〕做不公正的事情比承受不公正的事情更糟糕，更可恥，演說家的正確方式應當是公正和知道什麼是公正，波盧斯在發言的時候聲稱高爾吉亞由於害臊才同意這個觀點。

事情就是這樣，現在讓我們來考察你對我的責疑，看它對還是不對。你說我不能保護自己，也不能保護我的朋友和親屬，不能把他們從巨大的危險中解救出來，只能乞求先到者的憐憫，就像那些沒有權利的人，〔d〕無論他想要打我的耳光，用你蠻橫的表達法，或者剝奪我的財產，或者把我趕出城邦，或者最後把我處死。按照你的推理，處於這種境地是世上最可恥的事情。我自己的推論已經說了很多遍，但是再說一遍亦無妨。卡利克勒，我否定被人不公正地打耳光是最可恥的事，〔e〕我的身體挨打或者我的錢包被搶也不是最可恥的事情，我肯定不公正地打我或者搶走我的東西更加可恥，更加糟糕，與此同時，搶劫或奴役我，或者闖進我家，總而言之，對我和我的財產採取種種不公正行動的人比我這個承受這些行爲的人更糟糕，更可恥。我們在前面討論中得出過這些結論，我要說，它們透過鋼鐵和鑽石般的論證確立和結合在一起，哪怕這樣說相當粗魯。509 所以，無論如何，它似乎是這樣的。如果你或某個比你更加有力的人不想摧毀這些結論，那麼任何談論我現在說的這些事情以外的其他事情的人不會說得更好。至於我，我的解釋始終如一，我不知道這些事情怎麼是這樣的，但我碰到的人沒有一個，就像在這件事情上一樣，其他還能說些什麼而不荒唐可笑的。b 所以我再次確信，這些事情就是這樣的。如果它們是這樣的——如果不公正對犯下不公正的人來說是最糟糕的事情，如果一個人沒有付出應付的代價更加糟糕，如果可能的話，比那個最糟糕的人還要糟糕——那麼，能使一個不能爲自己提供保護的人不變得眞正可笑的保護是什麼？不就是那樣會盡力傷害我們的東西嗎？是的，情況必定如此，這是一種最可恥的保護，既不能提供給自己，也不能提供給朋友和親屬。c 第二種保護驅趕第二糟糕的事情，第三種保護驅趕第三可恥的事情，以此類推。依其本性，每一樣壞事物都是比較大的，能夠提供保護，防止受它傷害的那些事物都是更加令人欽佩的，而不能這樣做是更加可恥的。事情就是這樣的嗎，卡利克勒，或者說是其他樣子的？

蘇　卡　是的，不是其他樣子的。

那麼，在做不公正的事情和承受不公正的事情這兩件事中，我們說做不公正的事情更糟糕，承受不公正的事情不那麼壞。那麼，d 一個人憑什麼能夠爲自己提供保護，以便得到兩方面的好處，一方面來自不做不公正的事情，另一方面來自不承受不公正的事情？是力量還是希望？我的意思是：當一個人不希望承受不公正的時候，他會避免承受它，或者說，當他獲得力量的時候，他會避免承受不公正？

卡　當他獲取力量的時候。至少，這一點很明顯。

蘇　做不公正的事情怎麼樣？當一個人不希望做不公正的事情時，[e]這是否就足夠了——因爲他不願做——或者說他也要爲此獲得一種力量和技藝，所以除非他學習和實踐這種技藝，否則就會陷入不公正？你爲什麼不回答，卡利克勒？至少你要回答這個問題：波盧斯和我在我們前面的討論中被迫表示同意，無人因爲想做不公正的事情而去做不公正的事情，所有人做不公正的事情都是不自願的，[72]你認爲我們這樣做是對還是錯？

卡　[510]就算對吧，蘇格拉底，這樣你可以完成這個論證。

蘇　所以我們顯然應當獲得某種力量和技藝來對抗這一點，這樣的話，我們就不會做不公正的事情了。

卡　對。

蘇　那麼這種能確保我們不承受不公正，或者盡可能少承受不公正的技藝是什麼呢？考慮一下你想到的技藝是否我想到的技藝。我想到的是：一個人要麼自己就是他的城邦裡的統治者，甚至是一名僭主，或者是掌權的那個集團的成員。

---

[72] 參閱本文 467c-468e。

卡　看見了嗎，蘇格拉底，—b—只要你說出任何正確的事情，我都已經準備好為你鼓掌？我認為你的這段話說到點子上了。

蘇　喔，考慮一下我下面的話是否也說得不錯。我認為，作為某人朋友的這個人尤其是老人和聰明人稱之為朋友的人，他是喜歡另一個人的人。你不是也這樣認為嗎？

卡　是的，我也這樣認為。

蘇　那麼，在僭主這個例子中，僭主是野蠻的、無教養的統治者，在他的城邦裡有人比他要好得多，這個僭主無疑害怕他，—c—決不會全心全意地成為他的朋友。

卡　是這樣的。

蘇　比這個僭主還要低劣得多的人也不會成為僭主的眞正朋友，因為這個僭主會藐視他，決不會一本正經地把他當作朋友。

卡　這樣說也對。

蘇　只剩一個人與僭主擁有相同的秉性，他的好惡都與僭主相同，願意被統治，做順民，這樣的人才值得一提。—d—這個人會在城邦裡掌握大權，沒有人能傷害他而不受懲罰。不是這樣嗎？

卡　是這樣的。

蘇　所以，如果在那個城邦裡有某個年輕人在想，「我用什麼辦法能夠夠掌握大權，使得無人能夠不公正地對待我？」那麼，這顯然就是他要走的道路：從小養成習慣，像他的主人一樣去喜歡和厭惡，確保盡可能像主人一樣。不是這樣嗎？

卡　是這樣的。

蘇　按照你們這些人的說法，|e|這樣一來，這個人在城邦裡就會避免不公正的對待，並能獲取大權嗎？

卡　哦，是的。

蘇　也會免除不公正的行動嗎？或者說完全不是這麼回事，因爲他會像那個不公正的統治者，會站在統治者身旁獲得大權，是嗎？在我看來，情況正好相反，以這種方式他肯定會具備這種能力，盡可能多地做不公正的事情，逃避因這樣的行爲需要付出的代價。對嗎？

卡　顯然如此。

蘇　|511|所以，當他的靈魂變得腐朽，由於模仿他的主人而墮落，由於他的權力而變得殘缺的時候，他會惹來最糟糕的事情。

卡　我不知道你怎麼能夠不斷地朝著各個方向歪曲我們的討論，蘇格拉底。或者說，你不知道這位「模仿者」要是喜歡，會處死你的「非模仿者」，剝奪他的財產？

蘇　|b|我不知道，卡利克勒。我不是聾子。我聽你說過，也聽波盧斯說過很多遍，城裡頭其他人也這樣講。但你現在也要聽我說。我要說的是，是的，他會殺了他，如果他喜歡，但這是一個邪惡的人殺了一個令人敬佩的人，一個好人。

卡　這不正是最惱火的事情嗎？

蘇　對，然而對一個有理智的人來說並非如此，如我們的討論所指出的那樣。或者說你認爲一個人應當盡可能長時間地去實踐這些能把我們從危難中解救出來的技藝嗎，〔c〕就像你告訴我要實踐的演講術，在法庭上能保全我們的性命？

卡　是的，宙斯在上，這是給你的一項很好的建議！

蘇　好，我傑出的夥伴，你認爲游泳的技能非常宏偉嗎？

卡　不，宙斯在上，我不這麼看。

蘇　但是，當人們陷入需要這種技能的險境時，它肯定也能把人從死亡中拯救出來。〔d〕如果你認爲這種技能無足輕重，我可以告訴你一種比它更加重要的技藝，船老大的技藝，它像演講術一樣，不僅能從巨大的危險中拯救我們的靈魂，而且能拯救我們的身體和財產。這種技藝是眞實的、有序的，它不會擺出一副偉大的姿態，儘管它的成就是如此宏偉。然而，儘管它的成就與那種在法庭上實施的技藝的成就相同，但它只掙了兩個奧波爾[73]，我想，如果它把人平安地從伊齊那[74]送到這裡；〔e〕如果把我剛才提到的這些人從埃及或本都[75]送到這裡，這項服務可就大了，那個乘客、他的子女、財物、女人，把他們送到目的地，在港口靠碼頭下船，它只掙了兩個德拉克瑪[76]，如果

---

[73] 奧波爾（ὀβολός），希臘硬幣名。一德拉克瑪合六奧波爾。

[74] 伊齊那（Αἰγίνη），地名。

[75] 本都（Πόντος），地名，位於黑海南岸，古代有本都國。

[76] 德拉克瑪（δραχμή），希臘貨幣名。西元前四〇九－四〇六年，一個勞工的日標準工資是一德拉克瑪。

有那麼多的話。擁有這種技藝和完成這些業績的人，也會十分謙恭地下船，在船邊侍候。我想，他完全是一名行家，可以推斷不讓他的哪一名乘客在深海裡淹死，至於他可以傷害哪一名乘客，由此他自己可以從中得益，是不清楚的，512他知道送他們下船的時候，他們的身體和靈魂沒有比他們上船的時候更好。所以他推斷，如果一個人染上無法治癒的重病而不淹死，那麼這個人是可悲的，因爲他不死，從他那裡得不到什麼好處。如果一個人在比他的身體寶貴得多的地方，在他的靈魂中，染上許多難以治癒的疾病，那麼這個人的生命活得毫無價值，如果他把這個人從海裡、從監獄裡，或從其他任何地方救出來，不會給他帶來任何好處。b他知道，一個腐敗的人最好還是別活著，因爲這個人必定會邪惡地生活。

這就是儘管船老大救了我們的命，也不習慣表白自己的原因，建造城牆的工程師也不會這樣做，他在保全我們的身體方面，有時候不亞於一名將軍或其他人，更不必提船老大了。因爲他有時候保全了整座城市。你不會認爲他也是鼓動家一類的吧，會嗎？然而，c如果他也像你們這些人一樣講話，卡利克勒，榮耀他的職業，他會用言語使你窒息，緊急地告訴你，人應當成爲工程師，因爲其他所有職業都無法與之相比。這些話會表達他的觀點。但是你無論如何會藐視他和他的技藝，你會稱他爲「工程師」，把這個詞當作貶義詞來使用。你既不願意把自己的女兒嫁給他的兒子，也不會娶他的女兒。但是，想一下你讚揚自己的活動的那些理由，d你藐視工程師和我剛才提到的其他人的理由有什麼公正可言呢？我知道你會說自己是一個比較好的人，來

自比較好的家庭。但是你說的「比較好」和我說的意思不一樣，你說的比較好只意味著保全自己的性命和財產，而不管你正好是什麼樣的人，有什麼樣的長處，所以你對工程師、醫生，以及其他爲保全我們而發明的技藝的指責已被證明是滑稽可笑的。但是，我的有福之人，請你看一下，高尚的事情與好的事情是不是保全和被保全以外的事情。|e|一個眞正的人也許應當停止考慮自己能活多久的問題。他不應當迷戀今生，而應當把這些考慮交給神，寧可相信那位村婦說的話，無人能夠逃脫他的命運。因此，他應當考慮在他還盡可能好的時候如何才能平靜地過完他的餘生。|513|透過變得像那個他生活於其下的政權嗎？如果是這種情況，你現在就應該使你本人盡可能地像雅典人，要是你自己期待與雅典人親近，在這座城邦裡擁有大權。請你看一下這樣做對你我是否有益，我的朋友，這樣的話，他們所說的在帖撒利[77]的女巫們身上發生的事才不會在我們身上發生，她們想把月亮從天上拉下來[78]。我們對這種公民權力的選擇會耗費我們最寶貴的東西。如果你認爲，當你還不像這個政權的時候，|b|某個人或其他人會交給你這種技藝，使你能用它在這座城邦裡獲得大權，無論你是爲了變得較好還是爲了變得較壞，那麼在我看來，卡利克勒，你得到的不是一項好建議。如果你期待產

---

[77] 帖撒利（Θεσσαλία），地名。

[78] 指引發月蝕。

生任何眞正的結果，贏得雅典各個德莫的居民的友誼，哦，對了，宙斯在上，以及皮里蘭佩之子德摩斯[79]的友誼，你一定不要成爲他們的模仿者，而要以你自己這個人天然地和他們相似。無論誰使你變得與這些人極爲相似，他都會以你最想要的方式使你成爲政治家，[c]也成爲演說家。因爲每個群體的人都喜歡帶有自己特點的話語，厭惡那些外邦人的腔調——除非你還有其他什麼話要說，我親愛的朋友。要對這一點作答，我們還能說些什麼嗎，卡利克勒？

卡 我不知道，蘇格拉底——你說的好像有點對，但是大多數人會發生的事情也會在我身上發生，我沒有被你眞的說服。

蘇 卡利克勒，這是由於你對民衆的熱愛存在於你的靈魂中，對我進行抗拒。但若我們以一種比較好的方式經常細緻地考察這些事情，[d]你會被說服的。請你回憶一下，我們說過有兩種實踐關心一個具體的事物，無論它是身體還是靈魂。[80]兩個事物中的一個涉及快樂，另一個涉及什麼是最好的，我們不是要去滿足它，而是要對抗它。這不就是我們當時對它們的區分嗎？

卡 是的，沒錯。

---

[79] 德摩斯（δήμους），人名。參閱本文 481d。

[80] 參閱本文 500b。

蘇　現在，它們中的一個，涉及快樂的那一個，是卑賤的，它實際上什麼都不是，只是奉承，對嗎？

卡　〔e〕就算是吧，如果你喜歡。

蘇　而另一個，旨在使我們關心的事物，無論是身體還是靈魂，盡可能地好，它是比較高尚的嗎？

卡　是的，是這樣的。

蘇　那麼，難道我們不應該試圖關心這座城邦和它的公民，旨在使這些公民本身盡可能地好嗎？我們在前面已經發現，如果缺乏這一點，如果他們的意願像是掙大錢，謀取一個位置統治民衆，〔514〕或者謀取其他有權力的位置，但這個位置不是令人欽佩的和好的，那麼他們無論提供多少其他服務都沒有好處。我們要把這個觀點當作眞的嗎？

卡　當然，如果這能使你更加高興。

蘇　那麼，卡利克勒，假定你和我要處理一些城邦的公共事務，我們各自要負責一些公共建築——建設的主要工程有：城牆、船塢、神廟——〔b〕我們必須仔細考察我們自己，首先看我們是不是建築方面的專家，我們向誰學過這門技藝？我們必須這樣做，還是一定不會這樣做？

卡　是的，我們一定會這樣做。

蘇　嗯，其次，我們必須檢查，不是嗎，我們是否在私人事務中做過這種事情，比如說，爲我們的朋友造過房子，或者爲我們自己造過房子，無論這幢建築是令人欽佩的還是

醜陋的。如果我們在考察中發現我們的老師已經被證明是優秀的、|c|有名望的，我們在他們的指導下進行的建築是大量的和令人欽佩的，那些在我們離開我們的老師以後由我們獨立建設的建築物也是大量的，那麼，如果是這種情況，我們開始從事公共建築是明智的。但若我們既不能指出老師，又不能指出我們建造的建築物，要麼是根本沒有，要麼是許多毫無價值的建築物，那麼要從事公共建築和召集人們去從事公共建築肯定是愚蠢的。|d|我們要說這種觀點是對的，還是不對的？

卡　對，我們會這麼說。

蘇　在所有情況下不都是這樣嗎，尤其是如果我們試圖從事公共事務，相互邀約，以爲我們是能幹的醫生？無疑，我會考察你，你也會考察我：「好吧，衆神在上，蘇格拉底自己的身體健康狀況怎麼樣？有其他什麼人，奴隸也好，自由民也罷，由於蘇格拉底而從病中康復嗎？」我想，我也會對你提出相同的問題。|e|如果我們找不到任何人，無論是外邦來的訪客還是本鎮的居民，無論是男人還是女人，他們的身體得到改善的原因是由於我們，那麼宙斯在上，卡利克勒，在私人活動中產生許多一般的或成功的結果之前，在對這門技藝有過足夠的練習之前，他們應當試一下「從做一口大缸開始學習陶藝」，如那句諺語所說，然後再去親身參與公共實踐，也召集其他人像他們這樣做，民衆若是愚蠢到這種地步豈不是眞的非常可笑嗎？你難道不認爲像這樣的開始是愚蠢的嗎？

卡　是的，我認爲是愚蠢的。

蘇　|515|現在，我最傑出的夥伴，由於你本人正好剛開始從事城邦事務，你邀請我，並且責備我不這樣做，我們難道不需要相互考察嗎？「嗯，卡利克勒曾經使哪位公民有過改進嗎？有哪個從前邪惡的、不公正的、不受約束的、愚蠢的人，無論是外邦來的訪客還是本鎭的居民，是奴隸還是自由民，由於卡利克勒，現在變得令人敬佩的和好的嗎？」告訴我，卡利克勒，|b|如果有人向你提出這些問題，你會怎麼說？你能說出有誰透過和你的聯繫變得比較好嗎？你想在這些問題面前退縮嗎——哪怕你在試圖從事公共事務之前的私人活動中產生過什麼積極的成果？

卡　你喜歡贏，蘇格拉底。

蘇　我不是爲了喜歡贏才向你提問的。倒不如說，我眞的想要知道這種方式，無論它是什麼，|c|你假定城邦事務應當以這種方式在我們中間進行。現在你已經進入到這個城邦的事務，我們可以得出結論，除了我們這些公民應當盡可能地好，你還獻身於其他某個目標，是嗎？我們不是已經多次同意，這是一個在政治領域活動的人要做的事情嗎？我們已經同意，還是沒有同意？請回答。是的，我們已經同意。（讓我來替你回答。）所以，如果這是一個好人應當爲他自己的城邦弄清楚的事情，那就回想一下你在前面提到過的那些人，|d|告訴我你是否還認爲伯里克利、喀蒙、米爾提亞得和塞米司托克勒已經被證明是好公民。

卡　是的，我仍舊這樣看。

蘇　所以，如果他們是好公民，那麼他們每個人顯然都在使公民變得比他們以前更好。

卡 是，還是不是？

蘇 是。

卡 所以，當伯里克利第一次開始在民衆中演講的時候，雅典人比他最後作那些演講的時候還要糟糕嗎？

蘇 也許是的。

卡 沒有什麼「也許」，我的好人。從我們已經同意的那些觀點中必定推論出這一點，如果他眞的是個好公民。

蘇 [e]那又怎樣？

卡 不怎麼樣。但是請你也告訴我這一點。由於伯里克利，雅典人變得比較好了，還是正好相反，他們被伯里克利腐蝕了？不管怎樣，這是我聽說的，伯里克利使雅典人變得愚蠢和膽怯，變成誇誇其談的人和斤斤計較的人，因爲他第一個給公民發工資。

蘇 你聽到說這種話的人的耳朵被打開花了，蘇格拉底。

卡 哦，這種事情我不是剛聽到。我知道得不太清楚，你也一樣，伯里克利最初享有很好的名望，當雅典人很壞的時候，他們從來不用任何可恥的罪名控告他。但是後來，他使他們轉變爲「令人欽佩的和好的」民衆，[516]到了他的晚年，他們指控他盜用公款，到最後要判他死刑，顯然由於他們認爲他是個惡人。

蘇 是嗎？這樣做使伯里克利成了惡人了嗎？

卡 一個照料驢、馬、牛的人至少看起來像是個壞人，如果他踢、抵、咬這些畜牲，由於

卡　牠們野性大發，而當他馴服了這些畜牲以後，這些畜牲卻不會對他這樣做。b 或者說，你不認為這個照料牲口的人是個壞人，當這些牲口被馴服，變得比較溫和的時候，他會比這些牲口更狂野？你認為是這樣的，還是不是這樣的？

蘇　噢，是這樣的，這樣說我可以讓你滿意。

卡　要讓我滿意，你還得繼續回答我的提問。人也是一種動物嗎？

蘇　當然是。

卡　伯里克利不就是人的照管者嗎？

蘇　是的。

卡　是嗎？那麼按照我們剛才同意的觀點，如果他照管他們，c 如果他真的擅長政治，他不會把他們從比較不公正變成比較公正嗎？

蘇　不，他會這樣做。

卡　如荷馬所說，公正者是溫和的[81]。你會怎麼說？你會說同樣的話嗎？

蘇　是的。

卡　但是伯里克利對他們肯定比他們馴服以前更加野蠻，他們對他也一樣，而伯里克利一點兒也不希望這種事情發生。

---

[81] 荷馬史詩中的表達是「野蠻而非公正的」，參閱《奧德賽》6:120，9:175，13:201。

卡　你要我同意你的看法嗎？

蘇　是的，如果你認爲我說得對。

卡　那就算同意吧。

蘇　如果更加野蠻，那麼也就是更加不公正和更加壞，是嗎？

卡　〔d〕就算是吧。

蘇　所以按照這樣的推論，伯里克利並不擅長政治。

卡　至少，你否認他擅長。

蘇　宙斯在上，你剛才表示了同意，所以你也否認了。現在讓我們來談咯蒙。告訴我：那些被他服務過的人不是用陶片投票把他放逐，使人們十年都不能聽到他的聲音嗎？他們不是對塞米司托克勒做了同樣的事情，用流放來懲罰他嗎？他們不是投票處死享有馬拉松戰役名望的米爾提亞得，〔e〕要不是由於議事會主席[82]反對，他已經被扔進深坑了嗎？然而，這些事情不會發生在這些人身上，如果他們是好人，如你所說他們是好人。至少不會像那些好馭手，他們起初不會摔下馬車，但在他們馴好了馬匹，自己也成爲比較好的馭手以後，他們眞的會摔下馬車。這種情況不會在駕駛馬車或其他工作中發生。或者說你認爲會發生？

---

[82] 議事會主席（πρύτανις），議事會輪置部落的成員，每天抽籤選出，主持議事會和公民大會。

卡　不，我認爲會發生。

蘇　517 如此看來，我們前面的說法似乎是對的，我們不知道在這個城邦有誰已經被證明擅長政治。你同意我們現在還活著的人中間一個也沒有，儘管你說過去曾經有過，並且以這些人爲例。但是我們已經證明他們和現在還活著的人是一樣的。結果就是，如果這些人是演說家，他們實踐的既不是眞正的演講術——如果是這樣的話，他們就不會被放逐了——又不是奉承的演講術。

卡　但是，蘇格拉底，我們這個時代的任何人所取得的成就肯定遠遠超過 b 你說的這些人的成就。

蘇　不，我奇怪的朋友，我不是在批評這些這些人，就他們是城邦的公僕而言。倒不如說，我認爲他們已被證明是比現在這些人更好的公僕，就其滿足城邦的欲望而言他們更加能幹。事情的眞相是，在重新引導城邦的欲望，而不是與這些欲望妥協，使用說服或約束使公民們變得更好這些方面，c 他們與我們的同時代人眞的沒有很大差別。這也是一個好公民的任務。是的，我也同意你的意見，在提供戰船、城牆、船塢以及其他許多同類事情上比我們現在的領導人更能幹。

現在，你和我在我們的談話中正在做一件奇怪的事情。我們一直在討論，我們也不斷地向後退，回到同一個地方，都不承認對方的觀點。對我來說，我相信你已經多次同意並承認，我們的這個主題有兩個部分，d 既涉及身體又涉及靈魂。它的一個部分是服務性的，我們的身體餓了或渴了，它能夠給我們提供食物和飲水，我們的身體冷

了，它能夠給我們提供衣服、被褥、鞋子，以及我們的身體有需求的其他東西。在對你說話的時候，我故意使用相同的例子，讓你更容易理解。我想你是同意的，這些就是店主、進口商或生產者能夠提供的東西，|e|生產這些東西的有烤麵包的、做點心的、紡織工、鞋匠、製革匠，所以一點兒也不奇怪，這些人會認爲自己是看管身體的人，其他人也會這麼看——每一個不知道在這些實踐活動之上還有一類技藝的人都會這樣看，這類技藝就是體育和醫學，它們才是身體的眞正看管者，應當由它們來恰當地控制所有這些技藝和使用它們的產品，因爲只有它們才擁有什麼樣的飲食對身體健康來說是好的這種知識，|518|而其他技藝是缺乏這種知識的。由於這個原因，其他技藝對身體來說是奴僕和傭人，是無教養的，而體育和醫學是它們合法的女主人。嗯，我說的這些事情對靈魂來說也是對的，我想你有時候明白我的意思，對我的看法表示同意。但是過了一會兒，|b|你又開始說在我們城邦裡有過一些人已經被證明是令人敬佩的好的公民，當我問他們是誰的時候，你似乎對我提出一些政治領域裡的人，很像如果我問你「誰被證明或者是一個身體的好的看管者」的時候，你會提出來的人，你十分嚴肅地回答說，「麵包師塞亞里翁[83]，撰寫論西西里[84]的烤麵餅的書的米賽庫斯[85]，

---

[83] 塞亞里翁（Θεαρίων），人名。

[84] 西西里（Σικελία），地名。

[85] 米賽庫斯（Μίθαικος），人名。

店主薩拉姆布斯[86]，因為這些人已經被證明是極好的身體的看管者，第一位提供了極好的麵包，第二位提供了麵餅，c 第三位提供了葡萄酒。」

如果我對你說，「喂，你對體育一無所知」，你也許會十分惱火。你對我提到的這些人是僕人，欲望的滿足者！在這些事例中他們根本不懂什麼是令人欽佩的和好的。他們餵飽和養肥人們的身體，如果他們有機會，他們也會毀掉人們原先的肌肉，而他們全都受到人們的讚揚！後者由於缺乏經驗，d 會因為生病和失去肌肉而提出指責，不是對那些讓他們整天去參加宴會的人，而是對任何正好與他們在一起向他們提建議的人。是的，如果前面那些東西給人帶來疾病，而這些東西已被證明是不健康的，他們就會指責那些人，說那些人對他們做了壞事，而對前面那些人，e 那些對他們的疾病負有責任的人，他們卻大加讚揚。你現在幹的事情也很像我剛才說的這樣，卡利克勒。你讚揚那些設宴向我們的公民提供他們所希望吃到的各種美味佳餚的人。人們說這些人使我們的城邦偉大！519 但是由於早先那些領導人，這個城邦腐敗和潰爛了，這一點他們根本沒有注意到。因為他們用港口、船塢、城牆、稅收以及類似的垃圾來餵養我們的城邦，但在這樣做的時候缺乏公正和自我節制。所以，當相應的疾病出現的時候，他們就指責向他們提建議的人，並且讚揚塞米司托克勒、喀蒙和伯里克利，而

[86] 薩拉姆布斯（Σάραμβος），人名。

這些人才是要對他們的疾病負責的人。要是你不小心，他們也許會對你我的朋友阿爾基比亞德下手，[b]當他們不僅失去獲得的東西，而且失去他們原本擁有的東西時，儘管你對他們的疾病不需要負責，但你可能加重他們的疾病。

然而，有一件愚蠢的事情，我本人既看到它發生，又聽說它與我們早先的領導人有關。因爲我注意到，無論什麼時候城邦對它的某個政治家下手，因爲他做了不公正的事情，他們都會生氣，憤怒地抱怨說他們承受了可怕的事情。他們爲這個城邦做了許多好事，所以這些人遭到毀滅是不公正的，[c]他們的論證就這樣繼續下去。但這種論證是完全虛假的。沒有一個城邦領導人會被他領導的這個城邦毀滅。那些職業的政治家的情況倒像那些職業的智者。因爲智者也一樣，儘管他們在其他事情上是聰明的，但會做這種荒唐的事情：智者聲稱是傳授美德的教師，但他們不斷地指責他們的學生對他們不好，不交學費，對所受到的恩惠一點兒都不感恩，儘管得到了老師很好的服務。然而，還有什麼比這樣說更不合理嗎，[d]這些人已經變好了，變得公正了，他們的不公正被他們的老師消除了，他們已經獲得了公正，但他們卻會傷害老師——他們會做這樣的事情嗎？你不認爲這樣說很荒唐嗎，我的朋友？你已經使我發表了一篇眞正面對民衆的演說，卡利克勒，因爲你不願意回答我的問題。

卡　沒人回答你的問題，你就不能說話嗎？

蘇　[e]我顯然能說話。但我的講話變得冗長了，因爲你不願意回答我。但是，我的大好人，友誼之神在上，告訴我：有人說他已經使某人變好了，這個人會挑他的毛病，指責那個使他好的的人是非常邪惡的，你認爲這樣說合理嗎？

卡　不合理，我也這樣認爲。

蘇　你沒聽那些自稱教民衆美德的人說過這樣的話嗎？

卡　520 不，我聽說過。但是你爲什麼要提到那些完全毫無價值的人？

蘇　你爲什麼要談論那些人，儘管他們自稱是這個城邦的領導人，全心全意使城邦盡可能地好，但是後來又轉過來指責它是最邪惡的？你認爲他們和其他人有什麼不同嗎？是的，我的有福之人，智者和演說家是一種人，是同樣的人，或者說幾乎完全相同，這是我對波盧斯說的。但由於你沒有看到這一點，b 你假定兩種技藝中的一種，演講術，是神奇的，而你嘲笑另一種技藝。然而，智術實際上比演講術更令人敬佩，就像立法比公正的管理更令人敬佩，體育比醫學更令人敬佩。而我自己一個人會假定，公共的演說家和智者是僅有的不適宜去批評那些接受了他們的教育而又對他們做壞事的人，否則他們說的話會同時又是對他們自己的譴責，因爲按照同樣的論證，他們完全沒有給那些人帶來什麼好處，而他們聲稱使之受益了。難道不是這樣嗎？

卡　c 不，是這樣的。

蘇　如果我說得對，那麼無疑只有他們處在提供榮耀的位置上——不收費，好像是合理的。某個人得到了另外一項好處，舉例來說，他接受了體育教練的指導，走得比以前快了，如果教練向他提供另一項好處，使他得到榮耀，d 而不是同意在他教會學生快走的時候就儘快收取確定的費用。因爲我不假定人們會由於走得慢而採取不公正的行動，而是由於不公正人們會採取不公正的行動。對嗎？

卡　對。

蘇　所以，如果某人消除了這樣東西，不公正，他不會害怕受到不公正的對待。因爲只有他在提供榮耀這種好處時是安全的，如果某人眞的能使人成爲好的。不是這樣嗎？

卡　我同意這種說法。

蘇　那麼，這就是在其他事情上提建議而收費不可恥的原因，比如造房子或其他技藝。

卡　|e|是的，顯然如此。

蘇　但是這種活動，關心的是一個人如何能盡可能地好，如何以最好的方式管理他自己的家庭或城邦，如果拒絕提供相關的建議，除非某人付錢給你，那是相當可恥的。對嗎？

卡　對。

蘇　之所以如此，原因是清楚的，事實上，在所有好處中，只有這種好處會使獲得好處的人產生做好事來回報的願望，所以我們認爲這是一個提供這種好處的人的好兆頭，他會得到回報，獲得好處的人會爲他做好事，但若他不提供這種好處，這就不是一個好兆頭了。事情是這樣的嗎？

卡　|521|是這樣的。

蘇　現在，請你爲我準確地描述一下關心城邦的類型，這是你要我做的事。是努力奮鬥，像一名醫生那樣，使雅典人盡可能地好，還是做好爲他們服務的準備，與他們交往，盡可能使他們滿足？對我說眞話，卡利克勒。就像你一開始就十分坦率地講話，你應當繼續說出你心裡的想法才是好的。現在就說吧，好好地說，體面地說。

卡　要我說的話，好像是做好爲他們服務的準備。

蘇　—b—所以，最高貴的人，你要我做好奉承的準備。

卡　是的，如果你發現不矯揉做作更愉快，蘇格拉底。因爲，如果你不做這種事——

蘇　我希望你不要重複已經說過許多遍的話，任何想要處死我的人會來處死我。這樣，我就不用重複我說過的話了，這是一個惡人對一個好人做的事。也不要說他會來沒收我的任何財產，這樣我就不用回答，他會這樣做表明他不知道如何使用我的財產。倒不如說，正如他不公正地沒收了我的財產，所以在得到它以後，—c—他也會不公正地使用我的財產，如果這樣做是不公正的，那麼是可恥的，如果是可恥的，那麼是惡的。

卡　瞧你有多麼自信，蘇格拉底，好像這些事情在你身上一件都不會發生！你認爲只要過你自己的日子，不跟他們打交道，就不會被某個也許非常腐敗和邪惡的人告上法庭了。

蘇　如果我認爲在這個城邦裡這樣的事情不會對任何人發生，那麼我眞的是個傻瓜，卡利克勒。但我非常明白：—d—如果我上了法庭，面對你提到的某種危險，那麼控告我的人是個惡人——因爲沒有一個好人會把一個沒有做錯事的人告上法庭——如果我被處死，那也沒什麼可奇怪的。要我告訴你我有這種預期的理由嗎？

卡　是的，我要。

蘇　我相信，我是少數雅典人之一——所以，別說我是唯一的一個，在我們的同時代人中唯一的一個——掌握了眞正的政治技藝，從事眞正的政治。這是因爲，我在各個場合的講話不以使人滿意爲宗旨，而以至善❽爲宗旨。—e—它們不會以「最令人愉快的東西」爲目標。因爲我不願意做你推薦的那些能幹的事情，所以我在法庭上不知道該說些什麼。我對波盧斯做過的同樣的解釋又回來了。因爲我的受審就像一名醫生被一個由兒童組成的陪審團審判，如果有一名烤麵餅的廚師對醫生提出指控。想一想，這樣的一個人被抓到這些人中間，在辯護的時候能說些什麼，如果有人提出指控說，「孩子們，這個人對你們幹了許多大壞事，是的，對你們。他用手術刀殺死你們中間最年輕的，—522—燒灼你們，透過欺騙和恐嚇，他讓你們困惑。他給你們吃苦藥，迫使你們又饑又渴。他不給你們吃大量的、各種各樣的甜食，而我會這樣做！」你認爲在這種令人絕望的困境下，那個醫生還能說什麼？或者如果他說實話，「對，孩子們，我所做的所有這些事情都是爲了健康」，你認爲在這種時候，這些「法官」會如何咆哮？他們的聲音不會很響嗎？

卡　也許會吧。

蘇　我認爲會這樣的！你不認爲那名醫生完全不知該怎麼說嗎？

卡　—b—是的，他會這樣。

蘇　我知道這類事情也會發生在我身上，如果我上了法庭。因爲我不能指出我爲他們提供

❽ 亦譯「最好的事物」。

了什麼快樂，這些服務和好處他們相信自己已經得到了，但我既不羨慕那些提供快樂的人，又不羨慕那些得到快樂的人。如果有人指責我敗壞青年，讓他們感到困惑，或者指責我在公開和私下場合用嚴厲的話語汙辱老人，我也不能說出事實眞相。我不能說，〔c〕噢，「是的，我所說的和所做的所有事情都是爲了公正，我『尊敬的法官』」——用你們這些人的話來說——我也不能說別的什麼。所以，我假定自己只好聽天由命了。

卡 你認爲，蘇格拉底，一個在他的城邦裡處於如此境地的人，一個不能保護他自己的人，是令人敬佩的嗎？

蘇 是的，卡利克勒，只要他還擁有你們經常承認的他應當擁有的東西：只要他保護自己，不說和不做與凡人和衆神相關的任何不公正的事情。〔d〕因爲這是一種你我經常同意的最有效的自我保護。現在如果有人指責我不能爲自己或別人提供這種保護，那麼我在受到斥責時會感到羞恥，無論這種駁斥發生在有許多人在場的時候，還是只有少數人在場的時候，或者是發生在我們兩人之間；如果我由於缺乏這種能力而被處死，我眞的會十分惱火。但若我走到生命的盡頭是由於缺乏這種奉承的演講術，那麼我知道你會看到我從容就義。〔e〕沒有完全失去理智和勇敢的人沒有一個會怕死，做不公正的事情才是他要害怕的。因爲帶著一顆裝滿不公正行爲的靈魂抵達哈得斯[88]，這是一切

---

[88] 哈得斯（Ἅιδης），地下世界，冥府。掌管地下世界的冥王亦叫哈得斯，他是宙斯的兄長。

卡　壞事情的終極。要是你喜歡，我願意給你解釋一下，說明事情就是這樣的。行，因爲其他事情你都講完了，這件事你也可以講完。

3. 亡靈在冥府受審（523a-527e）

蘇　523 把你的耳朵伸過來——他們是這樣說的——這是一個很好的解釋。你會認爲這只是一個故事，但我相信，儘管我認爲這是一個解釋，我在講的時候是把它當作眞的來告訴你的。如荷馬所說，在宙斯、波塞冬[89]、普路托[90]從他們的父親那裡接管了王權以後，在他們中間劃分了王權。克洛諾斯[91]時代有一條關於人類的法律，甚至連衆神都繼續遵守，一個生活公正和虔敬的人今生走到終點的時候，他會去福島[92]居住，b 過一種完全幸福的生活，不受邪惡的侵害，而一個生活不公正和不虔敬的人死了，他會去一個被他們稱作塔塔洛斯[93]的監獄，接受報應和處罰。在克洛諾斯時代，乃至於後來宙斯剛取得王權的時候，那些人在他們還活著的時候就要面對活的法官的審判，這些法

---

[89] 波塞冬（Ποσειδῶν），宙斯的兄長，掌管水界。
[90] 普路托（Πλούτων），宙斯的兄長，即哈得斯。
[91] 克洛諾斯（Κρόνος），宙斯的父親，老天神。
[92] 福島（μακάρος νῆσος），死者亡靈在冥府受審後，善者被送往福島居住。
[93] 塔塔洛斯（Τάρταρος），地獄。

官在他們就要死的那一天審判他們。由於審判不準確，所以普路托和福島的看守去見宙斯，告訴他那些人自行其事，|c|去了他們不該去的地方。所以宙斯說，「好吧，我要下令停止這種審判。這種審判之所以不好，乃是因爲被審的人穿著衣服。他們是在還活著的時候受審的。」他說，「有許多人靈魂邪惡，但卻包裹在漂亮的身體裡，出生高貴而又十分富有，受審的時候會有許多證人跑來證明他們的生活是公正的。|d|這些事情使法官們充滿敬畏，馬上通過審判，而法官自己在進行審判時也穿著衣服，他們的眼睛、耳朵和整個身體就像屏風一樣遮罩著他們的靈魂。所有這些東西，他們自己的衣服，被審者的衣服，都已證明是他們的障礙。」他說：「我們首先要做的就是不讓他們提前知道自己的死期。而現在他們有這種知識。|e|這就是我已經告訴普羅米修斯[94]要停止的事情。其次，他們受審的時候必須剝去所有這些東西，赤裸裸的，因爲要在他們死後才對他們進行審判。法官也應當是赤裸裸的，是死了的，只用他自己的靈魂去研究那些剛死去的人的靈魂，這些人已經與他的親屬分離，把他們的全部裝飾打扮都留在大地上，這樣的審判才會是公正的。在你們想到這件事之前我已經想到了，我已經任命了我的兒子做法官，兩個來自亞細亞，彌諾斯[95]和拉達曼堤斯[96]，|524|

[94] 普羅米修斯（Προμηθεύς），造福於人類的神，因盜天火給人類而觸怒宙斯，受到懲罰。

[95] 彌諾斯（Μίνως），冥府判官，生前爲克里特王。

[96] 拉達曼堤斯（Ῥαδάμανθυς），冥府判官，生前爲克里特英雄，彌諾斯的兄弟。

一個來自歐羅巴，埃阿科斯[97]。他們死後，就去了荒野當法官，那裡是個三叉路口，往前面走有兩條路，一條通往福島，另一條通往塔塔洛斯。拉達曼堤斯審判來自亞細亞的人，埃阿科斯審判來自歐羅巴的人。彌諾斯比較年長，負責終審，如果其他兩名法官有什麼審判難以決斷，就由他處理，這樣一來涉及人該走哪條路的審判也許就可以盡可能公正了。

|b|卡利克勒，這就是我聽說的，我相信它是眞的。基於這些解釋，我得出結論：像這樣的事情是會發生的。我認爲，死亡無非就是兩樣東西的分離，靈魂與身體。所以，在它們分離以後，它們各自的處境不會比那個人活著的時候糟糕得多。身體保持著它的本性，在意得到照料和其他一切明顯對它呈現的事情。|c|如果一個人有身體，比如說，他活著的時候體形龐大（要麼是生來很大，要麼是透過養育，或者是透過二者），他的屍體在他死了以後也很龐大。如果他很胖，那麼死者的屍體也很胖，等等。如果一個人在意留長髮，他的屍體也會留有長髮。還有，如果一個人生前是個囚犯，身上有鞭笞的傷痕或其他傷口，死了以後他的屍體仍舊可以看到同樣的印記。如果一個人活著的時候手腳被打斷或扭曲，|d|他死後這些痕跡依然清晰可見。總之，一個人活著的時候他的身體無論怎樣處理，所有處理後留下的痕跡，或者大部分痕

[97] 埃阿科斯（Αἰακος），冥府判官，生前是阿喀琉斯之父，助阿波羅建造特洛伊城牆。

跡，在他死後的一段時間裡，是清晰的。因此，我認爲，同樣的事情對靈魂來說也是眞的，卡利克勒。靈魂一旦剝去外衣，像身體一樣裸露，靈魂中存在的一切也是清晰的，既有生來就有的東西，又有後來發生的事情，人的靈魂中擁有的東西實際上是他追求每樣東西的結果。所以，它們來到法官面前——|e|從亞細亞來的人到了拉達曼堤斯面前——拉達曼堤斯讓它們站住，研究每個人的靈魂而不知道它是誰。他經常能夠找出那位大王」[98]的靈魂，或者其他某位國王或統治者的靈魂，|525|注意到他的靈魂沒有什麼地方是健康的，而是遍布疤痕，這是背信棄義和做事不公正的結果，他的每個行爲都在他的靈魂上留下印記。被包裹起來的一切都是欺騙和虛僞的結果，沒有什麼是正直的，全都由於這顆靈魂沒有得到眞理的滋養。他看到這顆靈魂是畸形的，充滿醜惡，其原因可歸於行爲的奢侈、放蕩、專橫、失禁。看到這顆靈魂，他就把它徑直送往監獄關押，到那裡去等候接受與它相應的命運。

|b|對每一個受到公正懲罰的人來說，這樣做是恰當的，因爲這樣做能使他變得比較好，使他從中受益，或者讓他成爲其他人的榜樣，看到他遭受的種種苦難，其他人可以感到害怕和變得比較好。那些從中受益的人，那些向衆神和凡人付了代價的人，他們所犯的錯誤是可以矯正的；即便如此，他們還是要透過受苦受難的方式才能受益，

98 指波斯國王。

在這裡和在哈得斯，因爲除此之外，c 沒有其他可以消除不公正的方式。從那些犯有終極大罪的人中間可以選出榜樣，由於犯了這樣的罪行，他們已經變得無法救治。這些人自己不再能夠從接受懲罰中獲益，因爲他們是不可治的。然而，看到他們在哈得斯的監獄裡接受最殘忍、最可怕、最悲慘的折磨，其他人確實從中受益，那些永久受折磨的人起著榜樣的作用，d 對那些正在到來的不公正的人是一個可見的警示。我宣布，阿凱勞斯是他們中的一員，如果波盧斯說得對，其他任何像他那樣的僭主也是。我假定，這些樣板中的大多數實際上來自僭主、國王、統治者這個等級和那些積極從事城邦事務的人，這些人犯下了最嚴重的和最不虔敬的錯誤，因爲他們處在能這樣做的位置。荷馬也是這些事情的一名證人，e 因爲他描述了那些在哈得斯中接受永久懲罰的國王和統治者：坦塔羅斯[99]、薛西弗斯[100]和提堤俄斯[101]。至於忒耳西忒斯[102]和其他邪惡的公民，沒有一個被說成周圍全是最殘酷的刑罰，好像他不可救治似的；我假定，他不在那個位置上，由於這個原因他也比那些處在那個位置上的人幸福。事實上，卡

---

[99] 坦塔羅斯（Ταντάλος），人名。
[100] 薛西弗斯（Σίσυφος），人名。
[101] 提堤俄斯（Τιτυός），人名。
[102] 忒耳西忒斯（Θερσίτης），人名。

利克勒，—526—那些變得極端邪惡的人確實來自有權力的等級，儘管肯定沒有什麼東西阻止最有權力的人中間的好人不發生這樣的轉變，而那些不發生轉變的人應當受到熱情的敬仰。因爲這是一件難事，卡利克勒，當你發現自己享有充分的自由，可以胡作非爲的時候，你仍舊能夠一輩子過著公正的生活，這樣的人最值得讚揚。幾乎沒有人被證明是這樣的人。不過，還是有人已經被證明是這樣的人，在這裡和在其他地方，我假定還會有一些人值得敬佩，他們擁有美德，能公正地執行託付給他們的事務。—b—他們中有一位，呂西瑪庫[103]之子阿里斯底德[104]已經被證明，他確實非常出名，甚至在希臘的其他地方也很有名氣。但是，我的大好人，大多數我們的統治者已經被證明是壞的。所以，如我所說，法官拉達曼堤斯抓住了某個這樣的人，他對這個人一無所知，既不知他是誰，又不知他是哪裡人，只知道他是邪惡的。一旦確定了這一點，他就在那個人身上打下烙印，標明是可治的或是不可治的，只要他瞧著適宜，然後就打發那個人去塔塔洛斯，那個人一到那裡，—c—就開始接受相應的懲罰。有一次，他審查了另一顆靈魂，它過著一種虔敬的生活，獻身於眞理，也許是某位公民的靈魂，也許是其他人的靈魂，尤其是——我無論如何要說——一位哲學家的靈魂，他專注於自己的事

[103] 呂西瑪庫（Λυσίμαχος），人名。

[104] 阿里斯底德（Ἀριστείδης），人名。

務，生前沒有碌碌無爲。他敬重這個人，送這個人去福島居住。埃阿科斯也一樣，做著同樣的事情。他們倆各自手持權杖做出審判。彌諾斯坐在那裡臨督他們。只有他的權杖是黃金的，荷馬詩中的奧德修斯說看見他了，—d—「手握黃金權杖，在亡靈中宣判」。[105]

對我來說，卡利克勒，這些解釋令我信服，我在考慮的是我將如何向這位法官袒露我的靈魂，讓它越健康越好。所以我輕視大多數人視爲榮耀的事情，透過實踐眞理，我眞的試圖盡力做一個非常好的人，—e—作爲一個好人而活著，當我死的時候，也要像一個好人那樣去死。我也號召其他所有人，在我所能企及的範圍內——我尤其要號召你，作爲對你的號召的回應——走這條生活道路，這場競賽，我認爲比世上所有競賽更有價值。我要讓你接受這樣的任務，因爲當你出現在我剛才說的這種法庭上接受審判的時候，你不能夠保護你自己。你來到那位法官面前，—527—伊齊娜[106]之子，他抓住你審問，你目瞪口呆，不亞於我在這裡的表現，也許有人會打你的耳光，向你潑撒各種汙穢。

你也許認爲這種解釋就像鄉間老婦講的荒誕故事，打心眼裡瞧不起。如果我們能夠在

---

105 荷馬：《奧德賽》11:569。

106 伊齊娜（Αἰγίνη），希臘神話中的仙女，伊齊娜之子在文中指卡利克勒，卡利克勒的家鄉是伊齊那。

某個地方發現更好的、更眞實的解釋，那麼它受到輕視不足爲奇。然而，你看到這裡有三個人，b當今希臘最聰明的人——你、波盧斯、高爾吉亞——你們不能證明還有另外一種生活是人應當過的，而不是過這種顯然到了另外一個世界也有益的生活。但是在那麼多論證中，只有這種論證經歷了駁斥存活下來，並且穩固地站立：做不公正的事情比承受不公正更要警惕，一個人最要關注的事情不是「好像是好的」，而是「是好的」，既在他的公共生活中，又在他的私人生活中；如果一個人在某些方面被證明是壞的，他就應當受到懲罰，c僅次於公正的第二樣最好的事情就是透過付出應有的代價、接受懲罰而變得公正；各種形式的奉承，無論是對自己還是對別人，無論是多還是少，都應當避免，演講和其他各種活動永遠應當用來支持公正的事物。所以，聽我說，跟上我，到我這裡來，等你來到這裡，你今生會很幸福，你在今生的終點也會幸福，如那個解釋所表明的。讓某些人把你當作傻瓜來輕視，向你潑撒汙穢，要是他喜歡。嗯，d是的，宙斯在上，充滿自信地讓他來對付你和汙辱你。如果你眞的是個令人敬佩的人，是個好人，是個踐行美德的人，那麼不會有什麼可怕的事情對你發生。然後，在我們一起踐行美德以後，到了最後，當我們認爲自己應當去做事的時候，我們會轉向政治，或者說，等我們能夠比現在更好地商討的時候，我們再來商談我們喜歡的各種主題。像我們當前這種情況是可恥的——對於相同的主題我們從來沒有相同的看法，而這些主題是最重要的——我們要力陳己見，彷彿我們是其他人。e我們缺乏教養到了何等可悲的地步。所以，讓我們使用這個已經向我們顯明了的解釋，以它爲嚮導，它告訴我們這種生活方式是最好的，在生前和死後都要踐行公正和其他美德。所以讓我們自己遵循它，也號召其他人這樣做，讓我們不要遵循你相信並且號召我遵循的生活方式。因爲這種生活方式是毫無價値的，卡利克勒。

普羅泰戈拉篇

提要

本文屬於柏拉圖早期對話中較晚的作品，以談話人普羅泰戈拉的名字命名。西元一世紀的塞拉緒羅在編定柏拉圖作品篇目時，將本文列爲第六組四聯劇的第二篇，稱其性質是「駁斥性的」，稱其主題是「論智者」。[1]對話場景設在雅典某個公共場所，大約寫於西元前四四七—四五五年間，與《高爾吉亞篇》寫作時間相近。

對話採用蘇格拉底自述的形式，描寫蘇格拉底同當時最負盛名的智者普羅泰戈拉之間的談話，討論美德問題。對話時間設定在伯羅奔尼撒戰爭之前，此時的蘇格拉底年約四十歲，普羅泰戈拉則已年過花甲，智者普羅狄科和希庇亞的年紀同蘇格拉底相仿。他們住在雅典富翁卡里亞家中，卡里亞經常出資贊助智者的活動。

全文可以分爲四個組成部分：

第一部分（309a-317e），智者在雅典　蘇格拉底從普羅泰戈拉那裡回來，向一位無名朋友講述自己與普羅泰戈拉的談話（309a-310a）。得知普羅泰戈拉已經到達雅典，希波克拉底極爲興奮地去找蘇格拉底，要蘇格拉底代爲引薦，去見普羅泰戈拉，並打算做普羅泰戈拉的學生。蘇格拉底詢問希波克拉底這樣做的目的，要他先搞明白智者是什麼人，並指出希波

[1] 參閱第歐根尼．拉爾修：《名哲言行錄》3:59。

克拉底在不知道智者是什麼人的時候就要把自己的靈魂託付出去風險很大。蘇格拉底把智者描述爲販賣滋養靈魂的食品的零售商，認爲智者不知道自己所出售的教誨對靈魂是有益的還是有害的。蘇格拉底以此向希波克拉底表明，他需要一種特別的知識，這種知識比智者提供的知識更爲重要，這就是知道如何評價智者教誨的益處或危害（310a-314c）。他們抵達卡里亞家中以後，見到了普羅泰戈拉和其他智者，觀察這些智者及其追隨者在卡里亞家中的活動情況。最後應他們的要求，普羅泰戈拉召集了一場聚會，所有人都參加，由他和蘇格拉底進行對話（314c-317e）。

第二部分（318a-328e），討論美德是否可教 普羅泰戈拉重申智者教育的最重要功能是使人變好，在道德上變善，成爲一位好公民。蘇格拉底指出，道德方面的事務和技術方面的事務不同，美德是不可教的，即使是最聰明、最優秀的公民也不能把他們擁有的美德傳給自己的兒子或其他人，要求普羅泰戈拉對此做進一步的解釋（318a-320c）。普羅泰戈拉講述了普羅米修斯爲人類盜火的神話故事，指出人類由此擁有了一份神性，宙斯派遣赫耳墨斯把公正和羞恥感送給人類，讓所有人都擁有一份美德，所以人的美德是神授的，每個人都擁有一份公正和其他公民美德（320c-323a）。然而，普羅泰戈拉講述的這個故事具有不幸的後果，因爲它破壞了普羅泰戈拉的主張。所以普羅泰戈拉撇開神話，主張雅典人並不認爲他們自己天生擁有美德，而相信他們可以憑藉教育獲得美德。美德是某種可教的東西，可以在接受者身上加以精心培育。在美德問題上，沒有一個雅典人是外行，每個人都是專家。之所以難以找到一個專門的美德教師，原因在於每個人都在傳授美德（323a-328d）。

第三部分（328d-338e），探討美德的整體性　蘇格拉底沒有實質性地反駁普羅泰戈拉的演說，而是重新開始，詢問普羅泰戈拉是否將美德視爲一個同質的整體，由無差別的部分組成，像很多金塊一樣，或者將美德視爲異質性的，由形式和功能不同的部分組成，像組成整張臉的各個感覺器官似的。普羅泰戈拉採納後一種描述（328d-330b）。蘇格拉底針對普羅泰戈拉的選擇，證明美德是一個無差別的整體，它的各個組成部分可以歸爲知識。他從公正的人和公正的事中提煉出公正，思考公正本身。他推論說，公正不能不虔敬，虔敬也不能不公正。他由此將具體的美德作了等同（330b-332a）。蘇格拉底反對普羅泰戈拉的美德多樣性的主張，提出各種美德的名稱具有同一性，它們意味著相同的事物。他進而提出美德與邪惡相對立，美德即知識，邪惡即愚蠢（332a-338e）。

第四部分（338e-362a），立場轉換　在討論中，由於普羅泰戈拉回答問題的方式引發了一場爭吵，隨後又轉爲討論西摩尼德的詩歌。蘇格拉底重申了他的觀點，「任何人做錯事或做壞事都是不自願的」。普羅泰戈拉沒有把機會用於審查蘇格拉底關於美德的觀點，而是讓蘇格拉底鑑賞西摩尼德的一首詩。蘇格拉底堅持與普羅泰戈拉進行辯論，甚至不惜對詩句施暴。普羅泰戈拉指出，西摩尼德詩句說眞正成爲一個好人很難，但隨後又在詩中批評庇塔庫斯「做好人太難」的說法，因而自相矛盾。蘇格拉底拔高西摩尼德，保護詩人不受普羅泰戈拉的批判。普羅泰戈拉先前拒絕討論人類善的本質，蘇格拉底強行用西摩尼德的詩來處理這個問題，化解普羅泰戈拉所說的在西摩尼德詩中發現的矛盾（338e-347b）。經過這段離題話以後，討論重新採取一問一答的方式進行。這場討論最後得出了戲劇性的結果，雙方的論點各自走向反面。蘇格拉底開始時說美德不可教，但到後來卻證明所有美德都是知識，這是對美德可教的最好證明。普羅泰戈拉開始時認爲美德可教，但卻證明美德不是知識，而是情感，這就使它們成爲完全不可教的東西了。蘇格拉底對這種結果表示驚訝，表示要進一步討論這些問題。蘇格拉底回到美德同一性問題，但這個時候普羅泰戈拉已經改變了立場。他現在承認，其他美德都有些相似，但勇敢和智慧截然不同。蘇格拉底改變論證路徑，對智者展開批判。他設法讓普羅泰戈拉面對快樂，指出多數人把快樂等同於好，痛苦等同於壞。他反覆詢問，除了快樂和痛苦之外，多數人是否還有其他判斷事物好壞的標準。普羅泰戈拉無言以對。蘇格拉底進而指出，我們做壞事的原因僅僅在於無知，要驅除這種無知，必須具備一種技藝來拯救我們的生活（347b-359a）。面對蘇格拉底的批判，普羅泰戈拉保持沉默。蘇格拉底指出他們未能在美德是否可教的問題上達成一致意見，原因在於美德的本質仍不明朗。若把美德等同於知識，那麼美德必然可教；倘若美德不是知識，它如何可教？蘇格拉底的立場轉換，表明他既不贊同多數人的意見，也不贊同智者們的觀點（359a-362a）。

柏拉圖的早期對話一般只討論某一種美德的定義，並且都沒有得出肯定的結論。但本文卻將美德作爲一個整體加以考察，對公正、自制、虔敬、勇敢等主要美德進行分析，認爲它們有共同性，都和知識相聯，都受智慧的支配。這是柏拉圖對蘇格拉底理性主義倫理學的一個總結。

正文

談話人：朋友、蘇格拉底

一、智者在雅典（309a-317e）

1. 開場：蘇格拉底遇見朋友（309a-310a）

友 〔309〕你打哪兒來，蘇格拉底？不，你別告訴我，讓我猜猜看。你顯然一直在追求那位已經長大成人，並且對你心甘情願的阿爾基比亞德❷。嗯，我前些日子還見過他，他確實已經是個漂亮的男人了——這話只在我們倆中間說，「男人」對他來說是個恰當的詞，他已經長鬍子了。

蘇 〔b〕噢，那又怎麼樣？我想你是荷馬的崇拜者，荷馬說年輕人剛開始長鬍子的時候是最迷人的，❸這正是阿爾基比亞德所處的年齡段。

---

❷ 阿爾基比亞德（Ἀλκιβιάδης），約西元前四五〇—四〇四年，雅典將軍，年輕時因美貌和理智出眾而著名。他與蘇格拉底的交往和友誼參閱《會飲篇》215a。

❸ 參閱荷馬：《伊利亞特》24:348；《奧德賽》10:279。

友　那麼，你有什麼事兒嗎？你剛才和他在一起嗎？這個年輕人對你怎麼樣？

蘇　我想他對我很好，尤其是今天，因爲他站在我一邊，說了很多支持我的話。❹你說得沒錯，我剛才還和他在一起。但是，有件很奇怪的事我想告訴你。儘管我們待在一起，但我完全沒有注意到他；說眞的，我在大部分時間裡把他給忘了。

友　〔c〕你們倆怎麼會有這種事呢？想必你碰上某個比他更漂亮的人了，但肯定不是這個城邦的。

蘇　比他漂亮得多。

友　你在說什麼？他是雅典公民還是外邦人？

蘇　外邦人。

友　他來自哪裡？

蘇　阿布德拉。

友　這個外邦人在你看來比克利尼亞❺的兒子還要漂亮嗎？

蘇　擁有最高智慧的人怎麼就不能是最漂亮的呢？

友　什麼？你是說你在陪伴一位聰明人嗎，蘇格拉底？

---

❹ 參閱本篇336b，347b。

❺ 克利尼亞（Κλεινίας），阿爾基比亞德之父。

蘇 d 他是現在還活在世上的人中間最聰明的——如果你認爲最聰明的人就是最漂亮的人——他是普羅泰戈拉❻。

友 你說什麼？普羅泰戈拉在鎮上嗎？

蘇 已經有兩天了。

友 噢，你剛才跟他在一起，你從他那裡來嗎？

蘇 310 對，我們在一起談了很長時間。

友 好吧，請你坐下，如果你現在有空，把你們的談話都告訴我們。讓那個孩子給你讓個座。

蘇 行。我把你們願意聽當作你們對我的幫助。

友 正好相反，是你對我們的幫助，如果你能告訴我們。

蘇 這麼說來，這種幫助是雙向的。好吧，整件事情是這樣的：

2. 希波克拉底尋訪蘇格拉底（310a-314c）

b 今晨破曉時分，阿波羅多洛❼之子、法松❽的兄弟希波克拉底❾用棍子敲我的門，門

---

❻ 普羅泰戈拉（Πρωταγόρας），著名智者。

❼ 阿波羅多洛（Ἀπολλόδωρος），人名。

❽ 法松（Φάσων），人名。

❾ 希波克拉底（Ἱπποκράτης），人名。除了本篇提到的內容以外，其餘事蹟不詳。

開了，他急匆匆地走進來，大聲喊道：「蘇格拉底，你醒了，還是仍在睡覺？」

聽到他的聲音，我說：「是希波克拉底嗎？我希望沒什麼壞消息。」

「沒有，只有好消息，」他答道。

「那我太高興了，」我說。「什麼事情讓你在這個時候到我這裡來？」

「普羅泰戈拉到了，」他說著，站到我的床邊。

「前天到的，」我說。「你才知道？」

[c]「對！昨晚才知道。」他一邊說一邊摸到我的床邊，在我腳頭坐下，他繼續說，「對，是昨天晚上，在我從歐諾厄⑩回來以後。我的奴隸薩堤羅斯⑪逃跑了。我想告訴你，當時我正在追趕他，但有件事冒出來，讓我顧不上去管他了。回家以後我們吃了晚飯，正要上床睡覺，我的兄弟告訴我普羅泰戈拉已經到了。[d]我當時立刻就想來找你，不過我明白，時間確實太晚了。我上床睡了一會兒，倦意一過我就上這兒來了。」

看他如此堅決而又顯得非常激動，於是我問他，「那又怎樣？普羅泰戈拉傷害過你嗎？」

他笑著答道，「你說對了，他傷害了我，蘇格拉底。他獨霸智慧，一點兒也不給我。」

---

⑩ 歐諾厄（Οἰνόη），地名。

⑪ 薩堤羅斯（Σάτυρος），人名。

「噢，你瞧，」我說，「如果你能按他出的價給錢，他也會使你變得聰明。」

[e]「如果事情只是這樣，那倒也簡單了，」他說，「我自己寧可破產，我的朋友也一樣。但我來找你的原因是想讓你為我的事去跟他談談。我自己太年輕，另外，我從未見過普羅泰戈拉或者聽過他講話。他上次到鎮上來的時候，我還是個孩子。[311]他是個社會名流，蘇格拉底，大家都說他是個極為能幹的演說家。我們現在就過去，好嗎，這樣就肯定能截住他了？我聽說他住在希波尼庫❶之子卡里亞❸的家裡。來吧，讓我們現在就去。」

「現在別去，」我說。「太早了。不如我們去院子裡散散步，等待天明，好嗎？我們到那時再去。普羅泰戈拉大部分時間都待在屋子裡，所以你別急；我們肯定能截住他。」

[b]於是我們起身，去院子裡踱步。我想知道希波克拉底的決心有多大，於是就開始向他提問，對他進行考察。「告訴我，希波克拉底，」我說。「你試圖想方設法接近普羅泰戈拉，為的是他能向你提供服務，而你打算付現錢給他。但是，他是幹什麼的，你希望自己變成什麼樣的人？我的意思是，[c]假定你打定主意要去見與你同名的科斯⓮的名醫希波克拉底，付錢給他，為的是他能向你提供服務，那麼如果有人問，你要付錢給他的這位希波克拉

⓬ 希波尼庫（Ἱππονίκος），人名。
⓭ 卡里亞（Καλλίας），人名。
⓮ 科斯（Κῶς），島名。

底是幹什麼的，你會怎麼說呢？」

「我會說他是一名醫生，」他說。

「你希望自己成爲什麼樣的人？」

「醫生。」

「假定你想去見阿耳戈斯⑮的波呂克利圖⑯或雅典的斐狄亞斯⑰，付錢給他們，如果有人問你，你想付錢給他們的這些人從事什麼職業，你會怎麼說？」

「我會說，他們是雕刻師。」

「你希望成爲什麼樣的人？」

「顯然是雕刻師。」

[d]「好吧，」我說。「你和我，現在要去見普羅泰戈拉，我打算代你付錢給他，用我們自己的錢，如果還不足以說服他，也會用上我們朋友的錢。假定有人看到我們如此熱情，問我們，『告訴我，[e]蘇格拉底和希波克拉底，你們爲什麼要付錢給普羅泰戈拉？他是幹什麼的？』對此我們該怎麼說？斐狄亞斯被稱作雕刻師，荷馬被稱作詩人。我們聽到這

⑮ 阿耳戈斯（Ἀργεῖος），地名。

⑯ 波呂克利圖（Πολύκλειτος），人名。

⑰ 斐狄亞斯（Φειδίας），人名。

位普羅泰戈拉被稱作什麼？」

「噢，他被稱作智者，蘇格拉底。」

「那麼，是他作爲一名智者，我們才要付錢給他嗎？」

「是的。」

312 「如果有人問，你去見普羅泰戈拉，希望自己成爲什麼樣的人，你會怎麼說？」

他臉上緋紅地回答說，——此時天色已亮，可以看到他臉紅——「如果這也和前面的例子相同，那麼顯然是成爲一名智者。」

「什麼？你想做一名智者，把自己向整個希臘世界呈現，你不感到可恥嗎？」

「是的，我會感到可恥，蘇格拉底，說老實話。」

「那麼好吧，你瞧，希波克拉底，你期待從普羅泰戈拉那裡得到的也許不是這種教育。b 你期待得到的科目也許不是你從你的文法老師、音樂老師和摔跤教練那裡得來的那種樣子的。你不是爲了成爲一名專家而接受他們的專門指導，而是爲了成爲一個文明人接受一般的教育。」

「確實如此！這正是你可以從普羅泰戈拉那裡得到的教育。」

「那麼，你現在知道該怎麼辦了嗎，或者說你沒想過這個問題？」我說。

「你什麼意思？」

c 「你將把你的靈魂交給一位是智者的人去處理，這是你自己說的。如果你確實知道智者是什麼人，那麼我會感到奇怪。然而，要是你不知道這一點，你就不知道你把靈魂託付出去是對還是錯。」

「但是，我認爲我是知道的，」他說道。

「那麼告訴我，你認爲智者是什麼人？」

「我想，」他說，「就像這個名稱所表示的那樣，智者是一個懂得事情的聰明人。」

[d]「可是，你對畫家和建築師也可以說同樣的話，他們是懂得事情的聰明人。但若有人問我們，『在哪些方面聰明？』對畫家，我們也許會回答，『在製造相關的圖像方面聰明，』在其他事例中也可以這樣回答。但若有人問，『智者怎麼樣？他們如何聰明地懂得事情？』——我們該如何回答？他們擅長製造什麼？」

「蘇格拉底，除了說智者是把人造就爲能幹的演說家的專家，我們還能說什麼？」

「我們的回答是正確的，但不充分，因爲它會引發另外一個問題：[e]智者在什麼主題上使你成爲能幹的演說家？比如，演奏豎琴的演員使你在他從事的主題，亦即彈豎琴方面成爲能幹的。對嗎？」

「對。」

「那麼好。智者在什麼主題上使你成爲一名能幹的演說家？」

「這很清楚，就是他懂的那個主題。」

「很像是這樣的。那麼智者懂得並且使他的學生也懂的主題是什麼呢？」

「宙斯在上，」他說，「我眞的不知道該怎麼說了。」

[313]我繼續講我的下一個觀點：「你知道你將把你的靈魂置於何種危險之中嗎？如果你

必須把你的身體託付給某人，冒著使它變得健康或患病的危險，那麼你會愼重考慮要不要這樣做，你會躊躇好幾天，向你的親朋好友諮詢。而現在你要託付的東西，亦即你的靈魂，比你的身體更有價值，[b]你在生活中做的所有事情做得好與壞都取決於你的靈魂變得更有價值或者更無價值，但我卻看不到你向你的父親和兄弟詢問，或者找一個你的朋友來商量，要不要把你的靈魂託付給這個剛剛到達這裡的陌生人。噢，不對，你聽說他在頭天晚上就到了——是嗎？——而第二天早晨你就來到這裡，不是跟我討論是否應當把自己託付給他，而是打算花你自己的錢和你朋友的錢，[c]你好像已經想得很清楚了，無論如何要跟普羅泰戈拉交往，而這個人你承認並不認識，也從來沒跟他說過話，你稱他爲智者，儘管你顯然不知道智者是什麼人，就打算把自己交付給他。」

「蘇格拉底，聽你這麼一說，好像是這麼回事。」

「那麼，我說得對嗎，希波克拉底，智者是銷售滋養靈魂的營養的商人？我覺得智者就是這樣的人。」

「但是，什麼是滋養靈魂的營養？」

[d]「教育，我會這樣說。你瞧，或者說，智者在爲他出售的東西做廣告時會欺騙我們，就像那些在市場上出售身體的糧食的商人。一般說來，這些在市場上賣糧食的人不知道什麼東西對身體是好的，什麼東西對身體是壞的——他們只是在推銷他們出售的一切——那些買糧食的人也不知道，除非買者正好是體育教練或醫生。以同樣的方式，這些人帶著他們的教育周遊列邦，以批發或零售的方式把它們賣給想要買他們教育的人，向這些人推薦他

們所有的產品，但是，我的朋友，[e]如果這些人中間有人不知道他們的哪些產品對靈魂有益，哪些產品對靈魂有害，那麼我一點兒也不會感到奇怪。與此相仿，那些向他們購買的人也不知道，除非他們中間正好有人是靈魂的醫生。所以，如果你是一名有知識的消費者，你可以安全地向普羅泰戈拉或其他人購買教育。但若你不是有知識的消費者，[314]請別拿你最珍貴的東西進行危險的賭博，因爲購買教育的風險遠遠大於購買食物。向商人購買食物和飲料時，在把它們吃進或喝進你的身體之前，你可以把它們連帶包裝從商鋪裡拿回家，可以把它們存放在一個地方，然後向行家詢問自己應當吃什麼和喝什麼，[b]不應當吃什麼和喝什麼，應當吃多少，在什麼時候吃。所以，你的購買冒的風險不大。但是，你不可能把教育裝在一個單獨的容器裡帶走。你放下錢，透過學習得到教育，也就把它裝在靈魂裡帶走了，你離開的時候就已經受益或受害了。不管怎麼說，這些問題我們都應當思考，要取得我們長者的幫助。要想深入考察這樣的大問題，你我都還太年輕了。好吧，現在讓我們去做一開始想要做的事，去聽這個人講話；聽了他的講話以後，[c]我們也可以與其他人交談。要知道，不是只有普羅泰戈拉一個人在那裡。埃利斯⑱的希庇亞⑲也在那裡，還有科斯的普羅狄科⑳，

---

⑱ 埃利斯（Ἦλις），地名。

⑲ 希庇亞（Ἱππίας），著名智者。

⑳ 普羅狄科（Πρόδικος），著名智者。

我相信。還有許多人在那裡，他們全都是聰明人。」

3. 住在卡里亞家中的智者（314c-317e）

意見一致以後，我們出發了。到了卡里亞家的大門口，我們在那裡站了一會兒，繼續討論路上談論的一些問題，不想在問題沒解決之前就進去。所以，我們站在門外交談，直到有了共同的看法，|d|我想看門人聽到了我們的聲音，他是一個閹人，大批智者的到來使他對來訪者有一肚子火，因爲在我們敲了門，他打開大門的時候，一看到我們，他就說，「哈哈！又有智者來了。他很忙。」說著，他就用雙手砰地一聲用力關上了大門。我們又敲門，他透過門縫說，「沒聽到我說他很忙嗎？」|e|「我的好人，」我說，「我們不是來找卡里亞的，我們也不是智者。請你不要生氣！我們想見普羅泰戈拉。這是我們到這裡來的原因。所以，請你替我們通傳一下。」慢吞吞地，他給我們開了門。

進到裡面，我們見到了普羅泰戈拉，他在柱廊裡散步，有兩群人跟著他。一邊是希波尼庫之子卡里亞、|315|伯里克利㉑之子帕拉盧斯㉒，也就是卡里亞的同母異父兄弟、格老孔㉓

㉑ 伯里克利（Περικλῆς），雅典大政治家，將軍，約西元前四九五—四二九年。

㉒ 帕拉盧斯（Πάραλος），人名。

㉓ 格老孔（Γλαύκων），人名。

之子卡爾米德㉔；另一邊是伯里克利的另一個兒子克珊西普㉕、菲羅美魯之子腓力庇得，以及門德㉖的安提謨魯㉗，他是普羅泰戈拉的金牌學生，透過專門的學習成爲一名智者。那些緊隨其後、聽他們交談的人好像都是外邦人，[b]是普羅泰戈拉周遊列邦時吸引過來的。他用奧菲斯㉘一般美妙的聲音迷惑了他們，而他們也像是被符咒鎮住了似的跟著他來到這裡。他們就像是一個歌舞隊，隊裡也有一些本地人，他們的舞蹈讓我興奮，我看著他們美妙地舞動，小心翼翼，不讓自己擋住普羅泰戈拉的道。當他和那些緊隨左右的人轉身向後走的時候，跟在後面的聽衆秩序井然，立刻朝兩邊分開，讓出道來，等他們走過，兩邊又重新合攏，緊隨其後。眞是美妙極了！

[c]這時候我看到，就像荷馬說得那樣，㉙埃利斯的希庇亞端坐在對面門廊的一個高位

㉔ 卡爾米德（Χαρμίδης），人名。

㉕ 克珊西普（Ξάνθιππος），人名。

㉖ 門德（Μενδαῖος），地名。

㉗ 安提謨魯（Ἀντίμοιρος），人名。

㉘ 奧菲斯（Ὀρφεύς），希臘神話中的色雷斯詩人和歌手，據說他的琴聲能使猛獸俯首，頑石點頭。

㉙ 荷馬：《奧德賽》，11:601。

上，圍著他在長凳上就座的有阿庫美努㉚之子厄律克西馬庫㉛、密利努㉜的斐德羅㉝、安德羅提翁㉞之子安德隆㉟，還有一些埃利斯人和幾個其他城邦的人。他們好像正在向希庇亞提問，問的是天文和物理方面的問題，而他坐在高位上，正在逐一解答他們的疑難。

[d]不僅如此，我還見到了一位坦塔羅斯㊱，科斯的普羅狄科也在這個鎮上。他占據了一個大房間，希波尼庫以前用它作倉庫，由於來訪者太多，卡里亞把房間清理出來用作客房。當時普羅狄科還在床上，身上披著羊皮襖，蓋著毛毯。[e]坐在床邊睡椅上的是來自克

㉚ 阿庫美努（Ἀκουμενοῦ），人名。

㉛ 厄律克西馬庫（Ἐρυξίμαχος），人名。

㉜ 密利努（Μυρρινούς），地名。

㉝ 斐德羅（Φαῖδρος），人名。

㉞ 安德羅提翁（Ἀνδροτίων），人名。

㉟ 安德隆（Ἄνδρων），人名。

㊱ 坦塔羅斯（Ταντάλος），希臘神話中的呂底亞國王，因爲他把自己的兒子剁成碎塊給神吃，觸怒主神宙斯，被罰永世站在水中。「那水深至下巴，他口渴想喝水時，水就減退，他頭上有果樹，餓了想吃果子時，樹枝就升高。」（荷馬：《奧德賽》，11:582）柏拉圖此處將普羅狄科接受提問比作坦塔羅斯受酷刑。

拉梅斯㊲的鮑薩尼亞㊳，和他在一起的有個漂亮的小男孩，我得說他很有教養，人也長得漂亮。我想我聽到他的名字是阿伽松㊴，如果他是鮑薩尼亞的小情人，那麼我不會感到驚訝。所以，這個小男孩在那裡，兩位阿狄曼圖㊵也在那裡，一位是凱皮斯㊶之子，另一位是琉科洛菲得斯㊷之子，好像還有其他一些人。|316|他們在談些什麼，我站在外面聽不清楚，儘管我眞的很想聽普羅狄科講話，這個人在我看來眞像天神一般，無所不知。他的嗓音低沉，在房間裡引起迴響，但我聽不清他在說些什麼。

　　我們到了以後沒多久，漂亮的阿爾基比亞德接踵而至（你們稱他爲漂亮的，對此我不予爭辯），跟他一起來的還有卡萊克魯斯㊸之子克里底亞㊹。|b|我們進到院內，花了一些時間到處走走看看，然後去見普羅泰戈拉。我說：「普羅泰戈拉，這位希波克拉底和我特意來

㊲ 克拉梅斯（Κεραμέους），地名。
㊳ 鮑薩尼亞（Παυσανίους），人名。
㊴ 阿伽松（Ἀγάθων），人名。
㊵ 阿狄曼圖（Ἀδείμαντος），人名。
㊶ 凱皮斯（Κῆπις），人名。
㊷ 琉科洛菲得斯（Λευκολοφίδος），人名。
㊸ 卡萊克魯斯（Καλλαίσχρος），人名。
㊹ 克里底亞（Κριτίας），人名。

看你。」

「你們希望單獨跟我談，還是大家一起聊？」他說。

「我們無所謂，」我說，「我們把來訪目的告訴你，然後由你決定好了。」

「說吧，你們來的目的是什麼？」他問道。

「這位希波克拉底是阿波羅多洛的兒子，他的家族非常偉大，聲名顯赫。他自己的天賦能力在他這個年紀的人中間是最優秀的。[c]我的印象是，他想要在這個城邦裡成爲一名受尊敬的人，他認爲，要是他本人與你有聯繫，他的想法就最有可能實現。所以，現在就請你做決定。單獨跟我們談這件事，還是當著其他人的面？」

「你的謹慎在我看來是恰當的，蘇格拉底。慎重爲的是，一個外邦人來到一些強大的城邦，[d]試圖勸說他們中最優秀的青年拋棄他們的親朋好友，無論年老還是年少，與他交往，透過這種交往來改善自己。這樣的活動會引起大量的妒忌、敵意和陰謀。嗯，我斷言智者的技藝是一種古老的技藝，但是古代從事這種技藝的人害怕帶來怨恨，於是掩飾它，有時候僞裝成詩歌，如荷馬㊺、赫西奧德㊻、西摩尼德㊼所爲，有時候僞裝成宗教祭儀和預言，

㊺ 荷馬（Ὅμηρος），詩人。

㊻ 赫西奧德（Ἡσίοδος），詩人。

㊼ 西摩尼德（Σιμωνίδης），詩人。

奧菲斯和穆賽烏斯[48]可以爲證，|e|我注意到，它有時候僞裝成體育，如塔壬同[49]的伊克庫斯[50]，還有我們時代的塞林布里亞[51]人希羅狄庫[52]，他從前是麥加拉[53]人，是個一流的智者。你們自己的阿伽索克萊[54]是個偉大的智者，用音樂作僞裝，如開奧斯[55]的皮索克勒德[56]以及其他許多人所爲。|317|他們全都像我說的那樣，用各種技藝作掩護來躲避惡意的怨恨。這就是我和他們不同的地方，因爲我不相信他們的目的能夠實現；我認爲他們實際上失敗了，沒能在城邦的強權人物面前掩飾他們的眞實目的。|b|而大衆就不用說了，他們什麼也察覺不了，只會附和他們領導人的話語。噢，他們想逃跑但不成功，在逃跑時被公開逮捕，這樣做，從一開始就是極其愚蠢的，而且不可避免地引起人們更大的憤怒，因爲除了其他各種原

---

48 穆賽烏斯（Μουσαῖος），詩人。
49 塔壬同（Ταραντῖνος），地名。
50 伊克庫斯（Ἴκκος），人名。
51 塞林布里亞（Σηλυμβρια），地名。
52 希羅狄庫（Ἡρόδικος），人名。
53 麥加拉（Μέγαρα），地名。
54 阿伽索克萊（Ἀγαθοκλῆς），人名。
55 開奧斯（Κεῖος），地名。
56 皮索克勒德（Πυθοκλείδης），人名。

因外，人們會把逃跑者視爲眞正的惡棍。所以，我的做法與他們截然不同。我承認我是一名智者，我教育人，c 我認爲這種承認比否認要好，也比較謹慎。我在其他許多方面也非常小心，所以，神明保佑，我避免了由於承認是一名智者而會帶來的傷害。我從事這項職業已經多年，現在我年事已高，足夠做你們當中任何一人的父親。所以，如果你確實有這種請求，我會感到極大的快樂，我願意當著這個院子裡所有人的面公開講授我的課程。」

d 在我看來，他想在普羅狄科和希庇亞面前炫耀一下他的技藝，想在我們這些崇拜者中間獲取榮耀，所以我說，「很好，那麼我們爲什麼不請普羅狄科、希庇亞，還有他們的夥伴都過來呢，這樣他們也能聽到我們談話？」

「當然可以，」普羅泰戈拉說。

「你想搞一場討論課，讓大家都坐下參加討論嗎？」卡里亞提出一項建議，這似乎是唯一可行之事。我們大喜過望，因爲馬上就能聽到聰明人講話了，我們爲自己搬來了板凳和躺椅，e 在希庇亞身邊擺放好，那裡原先已經有一些板凳。與此同時，卡里亞和阿爾基比亞德去把普羅狄科從床上叫起來，讓他們那裡的人全都過來。

我們全都坐好以後，普羅泰戈拉說：「好吧，大家都到了，蘇格拉底，現在請你講一下，你剛才代表這位青年對我說的是什麼事。」

二、美德是否可教（318a-328d）

1. 蘇格拉底考察普羅泰戈拉的智慧（318a-320c）

318 「好的，普羅泰戈拉，」我說，「我剛才說了我們來訪的目的。請允許我像剛才那樣開始。這位希波克拉底想要成為你的學生，所以，很自然，他想知道跟你學了以後會有什麼結果。我們必須要說的就是這些了。」

普羅泰戈拉聽了我的話，就說：「年輕人，如果你跟我學，你能得到的就是，從你開始的那天起，回家的時候你會成為一個比較好的人，b 第二天也一樣。每一天，日復一日，你會變得越來越好。」

聽了這話，我說：「普羅泰戈拉，你這樣說並不奇怪，反倒很像是這麼回事。為什麼呢，因為哪怕是你，儘管已經如此年邁和睿智，如果有人教你一些你正好不知道的事情，你也會有所長進。但若情況發生變化，這位希波克拉底突然改變主意，想去向那位新近剛來鎮上的年輕人赫拉克利亞[57]的宙克西波[58]學習，c 希波克拉底去找他，就像他來找你一樣，從宙克西波那裡聽說了同樣的事情，就像從你這裡聽說的一樣——和他待在一起，希波

---

[57] 赫拉克利亞（Ἡρακλεία），地名。

[58] 宙克西波（Ζεύξιππος），人名。

克拉底每天也會變得比較好，有所長進。如果希波克拉底問他，自己會以什麼方式變得比較好，在什麼方面取得長進，宙克西波會說在繪畫方面。又若希波克拉底跟底比斯[59]的俄爾薩戈拉[60]學習，從他那裡聽到了同樣的事情，和從你這裡聽到的一樣，並且問跟他學習自己在什麼方面每天都會變得比較好，d 俄爾薩戈拉會說在吹笛子方面。以這種方式，你必須告訴我和我正在代表他提問的這位青年，回答這個問題：如果希波克拉底跟普羅泰戈拉學習，他眞的能夠變成一個比較好的人嗎，跟你待在一起，他在什麼方面每一天都能取得長進？」

聽了我的話，普羅泰戈拉說：「問得好，蘇格拉底，聽到好問題，我只會非常高興。如果希波克拉底到我這裡來，e 他不會有跟其他某些智者學習時的體驗。這些人虐待年輕人，違反學生的意願，強迫他們去學那些他們在學校裡想要蹺課的科目，教他們算術、天文、幾何、音樂和詩學，」——說到這裡的時候，他瞧了希庇亞一眼——「但若到我這裡來，他只學他想要學的東西。319 我教的是健全的深思熟慮，在私人事務方面，如何最好地管理家庭事務，在公共事務方面，如何實現人的最大潛能，在政治討論和行動中獲得成功。」

---

59 底比斯（Θῆβαι），地名。

60 俄爾薩戈拉（Ὀρθαγόρας），人名。

「我聽懂你的意思了嗎？」我問道。「你好像在談論有關公民的技藝，許諾要使人成爲好公民。」

「這正是我的意思，蘇格拉底。」

「好吧，這眞是一門令人敬佩的技藝，你發展了它，如果你確實擁有。b我要對你說的全是我自己的想法，完全沒有其他意思。事實上，普羅泰戈拉，我從來沒想過這種東西是能夠教的，但你說能教，我也無法提出質疑。我唯一正確的做法就是解釋我從哪裡得來這種它不可教的念頭，它不像某種東西，可以由一個人傳授給另一個人。我認爲，和希臘世界的其他人一樣，雅典人是聰明的。我注意到，當我們參加公民大會的時候，如果城邦要興建某些工程，我們請建築師給我們提建議；如果要造船，我們請造船的工匠給我們提建議；c其他被認爲可學的和可教的事情莫不如此。但若有其他不是工匠的人，試圖就這些事務提建議，那麼無論他有多麼英俊和富裕，或者他的出身有多麼高貴，人們都不會接受他。人們會嘲笑他，對他嗤之以鼻，把他轟下臺，直到他要麼放棄說話，自己走下臺去，要麼由衛士長按照大會主席團的命令把他拉下臺。d這就是他們處理那些被認爲是技術性事務的方式。但若事情是商談城邦的管理，那麼任何人都能站起來提建議，木匠、鐵匠、鞋匠、商人、船主、富人、窮人、貴族、平民——無論是什麼都沒關係——沒有人會猛烈地批評他，說他沒有在老師的教導下受過這方面的訓練，竟敢在這裡提建議。e之所以如此，其原因是清楚的：他們認爲這種東西是不可教的。除了公共生活，私人生活也貫穿同樣的原則，我們最聰明、最優秀的公民也不能把他們擁有的美德傳給其他人。看一下伯里克利，他是在這裡的這幾位年輕人的父親。320 他在教師所能教的所有事情上給了他們極好的教育，而在他本人真正在行的事情上，他既沒有親自教他們，也沒有讓其他人教他們，他的兒子們不得不像那些走散了的神牛一樣，到處蹓躂吃草，碰到什麼德性就吃進去。讓我們再好好地看一下克利尼亞，在場的這位阿爾基比亞德的弟弟。當時伯里克利成了他的監護人，伯里克利擔心阿爾基比亞德會把克利尼亞帶壞。所以他就把他們分開，把克利尼亞安置在阿里夫隆[61]家裡，想讓他在那裡受教育。六個月以後，b 阿里夫隆把克利尼亞送還給阿爾基比亞德，因爲他對克利尼亞束手無策。諸如此類的事情還有很多，我無法細說，好人自己是好的，但從來不能成功地使其他人變好，無論是家庭成員，還是完全陌生的人。基於這些事實，普羅泰戈拉，我認爲美德是不可教的。但是聽了你必須說的這些話，我發生了動搖；我在想，你正在談論的這種事情一定是有的。我把你當作一個經驗豐富、學識淵博、深思熟慮的人。所以，要是你能清楚地向我們說明美德如何可教，請你千萬別把你的解釋隱藏起來。」

c「我沒想過要對你們隱瞞，蘇格拉底，」他答道。「但是，你們希望我用講故事的方式來解釋，就像一位老人給一名年輕人講故事，還是以論證的方式來解釋？」

2. 普羅泰戈拉的神話故事（320c-323a）

許多聽眾都說隨他的便，無論哪種形式都可以。他說：「我想，我還是給你們講故事

---

[61] 阿里夫隆（Ἀρίφρων），人名。

吧，這樣會比較輕鬆一點兒。」

[d]「從前有一個時期，衆神已經存在，但是可朽的族類還不存在。到了它們出現的既定時候，衆神在大地上把土、水，以及這兩種東西的混合物攪拌在一起，塑造了它們。等到要把它們拿到陽光下的時候，衆神指派普羅米修斯[62]和厄庇墨透斯[63]來裝備它們，把恰當的力量和能力分配給每一族類。

「厄庇墨透斯請普羅米修斯把分配能力的事情讓給他來做。『等我完成了分配，』他說，『你可以來視察。』普羅米修斯同意了，於是厄庇墨透斯就開始分配能力。

[e]「他給了某些動物力氣，但沒有給牠們快捷，他把快捷給了那些比較弱小的動物。他武裝了某些動物，但沒有武裝其他動物，[321]而是發明了一些手段讓牠們能夠自保。他補償那些體形較小的動物，讓牠們能飛，或者讓牠們能在地底下居住。對那些體形龐大的動物來說，身體本身就是一種保護。就這樣，他不斷地平衡他的分配，進行調整，並且事先採取措施，不讓任何一個族類有遭到滅絕的可能。

「在向牠們提供了避免相互摧毀的保護措施以後，[b]他爲牠們發明了抵禦天氣變化的辦法。他讓牠們長出密密的毛或堅實的皮，足以抵擋冬天的風暴，也能有效地抵擋酷暑，睡

---

[62] 普羅米修斯（Προμηθεῦς），神話人物。

[63] 厄庇墨透斯（Ἐπιμηθεύς），神話人物。

覺時還能用作天然的被褥。他還讓有些動物腳上長蹄子，有些動物腳上長繭子，起到鞋子的作用。然後他又給牠們提供各種形式的營養，讓有些動物吃植物，讓有些動物吃樹上結的果子，還讓有些動物吃植物的塊根。他讓有些動物靠吃其他動物來維生。他讓有這種能力的動物很少生育，而讓被這些動物食用的其他動物多生多育，以便牠們能夠維繫種族的生存。

—c—「但厄庇墨透斯不那麼聰明，他在給這些沒有理智的動物分配力氣和能力的時候，竟然把所有裝備都用光了，人這個族類完全沒有得到任何裝備。正當他手足無措之際，普羅米修斯前來視察，看到其他動物都裝備得很恰當，樣樣齊全，只有人是赤身裸體的，沒有鞋子，沒有床，沒有武器，而此時已經到了所有族類，包括人在內，要在大地上顯現在陽光下的那一天。—d—這時候，普羅米修斯竭盡全力尋找某些裝備讓人能夠存活，他從赫淮斯托斯❻❹和雅典娜❻❺那裡偷來了各種實用技藝的智慧和火（要是沒有火，這種智慧實際上沒有什麼用處），把它們直接給了人類。人獲得了這種用來維持生存的智慧，但還沒有獲得在一個社團裡共同生活的智慧，政治智慧，因為這種智慧由宙斯❻❻掌管。普羅米修斯不再能夠任意進入天上的城堡，那是宙斯之家，此外，那裡的衛兵非常可怕。—e—但是，他偷偷地溜進雅

---

❻❹ 赫淮斯托斯（Ἥφαιστος），希臘火神和鍛冶之神。

❻❺ 雅典娜（Ἀθηνᾶ），神名。

❻❻ 宙斯（Διός），希臘主神。

典娜和赫淮斯托斯合用的密室，那是他們練習他們的技藝的地方，從赫淮斯托斯那裡偷走了用火的技藝，322 從雅典娜那裡偷起了她的技藝，把它們給了人類。由此開始，人類就有了生存所需要的資源。故事後來說，普羅米修斯被判盜竊罪，全都是因爲厄庇墨透斯的告發。

「由於人擁有一份神的特許，所以在動物中只有人崇拜諸神，人與諸神有一種親屬關係，只有人豎立神壇和塑造神像。不久以後，他們就能清晰地講話，有了語詞，並且發明了房屋、衣服、b 鞋子、毯子，向大地獲取食物。有了這樣的裝備，人類最初孤立地散居各處，沒有城市。他們被野獸吞食，因爲同野獸相比，他們在各方面都非常孱弱，儘管他們的技能適宜獲取食物，但不足以與野獸搏鬥。這是因爲他們還不擁有政治技藝，而戰爭技藝就是其中的一部分。他們確實試圖透過建立城邦的方法以求群居和生存。結果是，當他們這樣做了以後，他們又彼此爲害，c 因爲他們不擁有政治的技藝，重新四處流散和被毀滅。宙斯擔心整個人的族類會遭到毀滅，於是派遣赫耳墨斯[67]把公正和羞恥感帶給人類，讓城市可以建立秩序，用友誼的紐帶把人們團結起來。赫耳墨斯問宙斯他應當如何分配公正和羞恥。『我應該像分配其他技藝那樣分配它們嗎？其他技藝是這樣分配的：由一個人掌握醫療的技藝，足以爲許多普通人服務；其他各種技藝的掌握者也是這樣。d 我要用這種方式在人類中建立公正和羞恥，還是把它們分配給所有人？』『分給所有人，』宙斯說，『讓

---

67 赫耳墨斯（Ἑρμῆς），希臘眾神的使者，亡靈的接引者。

他們每人都有一份。如果只有少數人擁有它們，就像其他技藝的情況那樣，那麼城邦決不會產生。你要替我立法：凡有人不能分有羞恥感和公正，就把他處死，因爲他是城邦的禍害。』

「正因如此，蘇格拉底，當雅典人（以及其他城邦的人）在爭論與建築上的卓越或其他專門行業的技能有關的問題時，他們認爲只有極少數人有權提出建議，e 除了這些挑選出來的少數人，他們不接受其他任何人的建議。你自己也已經提出這個觀點，我還可以添加很好的理由。但若他們的爭論涉及政治上的卓越，323 這種卓越完全從公正和節制開始，他們接受任何人的意見，也有很好的理由這樣做，因爲他們認爲這種具體的美德，政治的或公民的美德，爲所有人分享，否則就不會有任何城邦。這就是我的解釋，蘇格拉底。

3. 普羅泰戈拉論證美德可教（323a-328d）

「所以，把這一點考慮爲所有人都擁有一份公正和其他公民美德這一普遍信念的進一步證明，你就不會認爲自己受騙了。在其他技藝中，如你所說，如果某人聲稱自己是個好笛手，或者擅長別的什麼技藝，而實際上他不是，b 那麼人們會嘲笑他或對他發火，他的家人會趕過來，把他捆綁起來，就好像他是個瘋子。但是論及公正或其他社會的美德，即使人們知道某個人是不公正的，但若他把事實眞相公開地說出來，那麼人們都稱之爲眞正的瘋狂，而在前面那個事例中，他們會稱之爲一種體面的感覺。c 他們會說，每個人必須聲稱自己是公正的，而實際上他們不是，不肯假裝公正的人一定是瘋子，因爲一個人必定擁有某些公正，否則他就不是人。

「那麼，這就是我的第一個觀點：承認每個人都是這種美德的建議者是合理的，理由是每個人都有一份這種美德。下面我試圖向你說明，人們不把這種美德當作天然的或者自我生成的，而是當作某種可教的東西，可以在接受者身上加以精心培育。

d「就惡而言，人們普遍把惡當作由於本性或噩運而產生的痛苦，在這種情況下，無人會對那些遭受這種痛苦的人發火，或者訓斥、告誡、懲罰他們，或者試圖矯正他們。對他們我們只是表示遺憾。無人會愚蠢到這種地步，會像對待醜陋、矮小、虛弱的人一樣去對待他們。我假定，其原因就在於他們知道這些事情發生在人身上是一種自然的過程，或者是命中註定的，這些疾病是這樣，這些疾病的對立者也是這樣。e就善而言，對那些透過實踐、訓練和教育在人身上產生的善物，如果某個人不擁有這些善，而是擁有與它們相對應的惡，那麼他會發現他自己是憤慨、懲罰和指責的對象。324在這些惡德中間有不公正和不虔敬，以及與公民美德相反的各種德性。這個領域中的過錯總會碰上憤慨和指責，其原因很清楚，因爲人們相信這種美德可以透過實踐和教導來獲得。蘇格拉底，懲罰的眞正意義的關鍵在於這樣一個事實，b人們把美德當作可以透過訓練來獲得的東西。無人會考慮到一個人做了錯事這樣一個簡單的事實而懲罰作惡者，除非這個人做事情像野獸一樣愚蠢和惡毒。合理的懲罰不是對過去的錯誤的報復——因爲已經做過的事情不可能挽回——而是著眼於未來，c防止作惡者和任何看到他受懲罰的人重犯罪惡。這種把懲罰視爲威懾的態度隱含著美德可以習得的意思，這也是所有在私下或公共場合尋仇的人的態度。所有人都會尋仇，懲罰那些他們認爲惡待他們的人，雅典人，你的同胞公民，尤其會這樣做。因此，按照我的論證，雅典人和那些人一樣，認爲美德是可以習得和可教的。所以，你的同胞公民在政治事務中有很好的理由接受鐵匠和鞋匠的建議。d 他們確實認爲美德是可以習得和可教的。在我看來，這兩種主張都已經得到充分的證明，蘇格拉底。

「現在來看你賸餘的難處，你提出一個有關好人的問題，這些好人把能教的一切都教給他們的兒子，使他們在這些事務中變得聰明，但卻不能使他們在這些具體的美德中比其他人更好，而這些好人自己在這些德性方面是傑出的。e 關於這個主題，蘇格拉底，我將放棄故事，而訴諸於論證。請考慮：要使一個城邦存在，有沒有一種東西是全體公民必須擁有的？就在這裡，而非在其他任何地方，有對你的問題的解答。如果有這樣一種東西，那麼它不是木匠的技藝、325 鐵匠的技藝、陶工的技藝，而是公正、節制和虔誠——我可以把它們統稱爲人的美德，它似乎就是這種每個人都應當擁有的東西，在想要學習什麼或者做什麼事情的時候，有了這種美德他就應當行動，但若沒有這種美德他就不應當行動；b 我們似乎應當對那些不擁有美德的人，男人、女人或兒童，進行訓導和懲罰，直到他們接受的懲罰使他們變好，若有人對這些懲罰和訓導不做回應，就應當把他從城邦裡驅逐出去，或者處死；如果情況就是這樣，這就是這件事情的性質，好人在所有事情上教育他們的兒子，唯獨在這件事情上無能爲力，那麼我們不得不對我們的好人的行爲感到驚訝，這樣做眞是太離奇了。我們已經說明他們把這種東西當作可教的，既在私人生活中，又在公共生活中。由於這是一種可以傳授、可以培養的東西，他們有可能讓他們的兒子去學那些即使學不懂也不會被處死的東西嗎，但若他們在學習美德中失敗了，不能得到美德的滋養——c不僅被處死，而且要剝奪財產，實際上對整個家族都是一種徹底的毀滅——那麼你認爲他們沒有把這種東西教給他們的兒子，或者沒有盡可能地關心他們嗎？我們必須認爲他們會這樣做的，蘇格拉底。

「從孩子幼年起直到他們自己還活在這個世上，d他們一直在教導和矯正他們的孩子。一旦孩子能夠明白事理，保姆、母親、老師以及父親本人都在爭著使孩子盡可能變好，抓住一切機會用行動和言語教育他，告訴他這是對的，那是不對的，這是高尚的，那是醜惡的，這是虔誠的，那是褻瀆的，應當這樣做，不應當那樣做。如果他自願服從，那麼好；如果不服從，他們就用嚇唬和毆打來矯正他，就好像他是一塊扭曲的木板。e在那以後，他們把他送去上學，告訴他的老師要更加關注他的品行，勝過關心他的語法和音樂課程。老師們關心這些事情，當孩子們學會了文字，能夠理解書面語言和口頭語言，老師們會把好詩人的作品放在孩子們的桌上，讓他們閱讀和背誦，326還有那些包含著許多訓誡的作品，用許多段落頌揚古代的善人，這樣一來，孩子們就會受到激勵，模仿他們，成爲像他們那樣的人。同樣，當孩子們學習彈豎琴的時候，音樂老師也培養學生們的道德尊嚴感和自我節制，b教他們更加好的一些詩人的作品，亦即抒情詩和讚美詩人。老師們給他們配樂，使節奏和旋律進入孩子們的靈魂，使他們變得比較溫順，使他們的語言和行動變得比較有節奏，比較和諧。在做了所有這些事情以後，他們還把孩子們送到體育教練那裡去，好讓他們擁有強健的身體，與他們現在的心靈相匹配，c使他們在戰爭或其他活動中不會由於身體虛弱而變成膽小鬼。

「這就是那些最有能力的人，也就是最富有的人，做的事情。他們的兒子很早就開始上學，［d］很遲才離開學校。等他們停止上學的時候，城邦強迫他們學習法律，並用法律規範他們的生活。他們不能按自己的意願行事。可以用老師教寫字做比喻，對那些初學寫字的學生，他們先用筆在蠟板上輕輕地寫字，然後讓學生照著他們寫的樣子描。以同樣的方式，城邦效仿以往那些偉大的立法家發明的法律制定法律，迫使人們依法實行統治和接受統治。城邦懲罰任何逾越這些法律的人，在你們的城邦和其他一些城邦，這種懲罰被稱作『矯正』，［e］因爲它是一種起矯正作用的法律行爲。

「有那麼多的關心和關注賦予美德，既在公共場合，又在私人場合，這種時候，蘇格拉底，你仍舊對美德可教感到困惑嗎？如果它是不可教的，那才是一件怪事。

「那麼，爲什麼好父親生的許多兒子一無是處？我想要你也明白，［327］如果我剛才關於美德說的話是對的，一個城邦要想存在，就沒有人可以是美德方面的外行，這一點實際上也不值得驚訝。這是因爲，如果我所說的這種看法是對的——其實沒有比這更加正確的看法了——那就以其他任何職業或學習爲例來考慮一下這種說法。比如，假設除非我們全都應當是笛手，否則城邦就不能存在，每個人都在這方面展現他的最佳能力，每個人都在在公開場合或私人場合把這種技藝傳授給其他人，並且訓斥差的笛手，［b］而且無限制地一直這樣做下去，就好像我們現在不會有人吝惜或者隱瞞他的關於公正與合法的知識，就好像他在從事其他職業時會這樣做似的。我們每個人都擁有公正和美德，這件事關係到我們大家的利益，所以我們全都樂意相互告知和傳授什麼是公正，什麼是合法。好吧，如果我們全都擁有吹笛子般的熱情，急切而又慷慨地相互傳授，那麼，蘇格拉底，你認爲好笛手的兒子們比壞笛手的兒子們更像是能夠成爲好笛手嗎？我完全不這麼想。c 當某個兒子正好生來就有吹笛子的天賦，他當然就會進步，能夠成名；否則的話，他就會默默無聞。在許多情況下，好的笛手的兒子會變差，差的笛手的兒子會變好。但是作爲笛手，與那些從來沒有學過吹笛子的普通人相比，他們全都是能幹的。同理，與那些缺乏教育、法庭、文明道德的勸說壓力的人相比，你必須把在人類社會中撫養成長、在法律下培養出來的最不公正的人，d 當作公正的典範，他們就像在去年的勒奈亞[68]節上被劇作家斐瑞克拉底[69]搬上舞臺的那些人那麼野蠻。毫無疑問，如果你發現自己置身於這樣的人中間，這些人就像那部戲的合唱隊中的那些仇視人類的人，e 那麼你會樂意遇見像歐律巴圖或佛律農達[70]這樣的人，並且會對這裡的民衆的不道德深感悲哀。情況就是這樣，蘇格拉底，你過於敏感，由於這裡的每個人都是美德的教師，都在盡力而爲，所以你一個美德的教師也看不見。328 你也可以尋找一位希臘語的教師，但你在他們中間一個也找不到。如果你問誰能把這些技藝教給我們的工匠的兒

[68] 勒奈亞（Ληναία），地名。

[69] 斐瑞克拉底（Φερεκράτης），人名。

[70] 歐律巴圖（Εὐρύβατος）和佛律農達（Φρυνώνδας），均爲歷史人物，爲人邪惡，他們的名字被當作邪惡的代名詞。

子，那麼你也不會更加成功，這些技藝他們當然會向他們的父親學習，只要他們的父親有這種能力，他們的父親的同行朋友有這種能力。要使某個人能夠持續不斷地進行教育是困難的，而要爲完全不懂任何技藝的人找到一位老師是容易的。美德和其他一切事情都是這樣。如果有某人能在美德方面比我們自己有那麼一丁點進步，他就應該得到珍惜。

[b]「我認爲我自己就是一個這樣的人，特別適合幫助其他人變得高尚和善良，完全配得上我收的那些學費，甚至應當收得更多，連我的學生也這樣認爲。這就是我按照下面的方式收取費用的原因：[c]僅當學生自願的時候，他才付全價；否則他就去神廟，立下誓言以後說出他認爲我的課程值多少錢，然後就付他說的這個價。

「蘇格拉底，你已經聽了我的神話故事和關於美德可教的論證，雅典人認爲事情就是這樣的，善良的父親生下卑劣的兒子，卑劣的父親生下善良的兒子，這種事不值得奇怪，因爲哪怕是波呂克利圖的兒子們，[d]他們與在場的帕拉盧斯和克珊西普同齡，與他們的父親相比也一無是處，其他藝術家的兒子們也一樣。但是，現在就指責他們倆[71]是不公平的；他們還有希望，因爲他們還年輕。」

---

[71] 指伯里克利之子帕拉盧斯和克珊西普。

三、美德的整體性（328d-338e）

1. 美德是同質的整體還是異質的整體（328d-330b）

到這裡，普羅泰戈拉結束了具有大師風範的展示，停止了講話。我出神地凝視著他，就好像他還會再說些什麼似的。我繼續急切地等待聆聽他的講話，等察覺到他已經眞的結束了的時候，我才回過神來，[e]看著希波克拉底，我說：「阿波羅多洛之子，非常感謝你把我引到這裡來。我剛才從普羅泰戈拉那裡聽到的這些話眞是太神奇了。我過去曾經認爲好人不會透過凡人的實踐來變好，而現在我信服了，有這樣的實踐，但是還有一個小小的障礙，我肯定普羅泰戈拉會做解釋的，[329]因爲他已經做了那麼多解釋。現在，你能聽到一篇與此相仿的講話，來自伯里克利或其他雄辯的演說家，如果你碰巧正好在場，而他們中的某個人在談論這個主題。但若試著向他們中的某個人提問，他們就不能回答你的問題，或者就像一本書似的不會提出它自己的問題。針對他們講話中的一些小事情提問，他們就像一些銅碗，被敲打以後就會長時間地發出響聲，直到你用手捂住它們。[b]這就是這些演說家的作爲：向他們提出一個小問題，他們就會發表長篇演說。但是在這裡的普羅泰戈拉不一樣，儘管他完全有能力發表一篇美妙的長篇演講，如我們剛才所見，但也有能力簡略地回答問題，他能夠提問，然後等待和接受回答——這些都是罕見的造詣。

「現在，噢，普羅泰戈拉，我想要的東西不多了，只要你回答了我的一個小問題，我想要的就全都有了。你說美德可教，c如果說有什麼人能夠說服我接受這個看法，那麼這個人就是你。但是你說的有一件事情讓我有點困惑，也許你能讓我的靈魂感到滿足。你說宙斯把公正和羞恥感賜予人類。在你的演講的許多地方，你還說公正、自制⑫、虔誠，以及所有這些東西都可以合成一樣東西：美德。d你能把這一點再說一遍，說得更加準確嗎？美德是以公正、自制和虔誠為組成部分的一樣東西嗎，或者說，我剛才提到它們名稱的這些東西全都是一個實體？仍舊讓我感到好奇的就是這一點。」

「這是一個很容易解答的問題，蘇格拉底，」他答道。「美德是一個實體，你正在問的這些東西都是它的部分。」

「部分，就像臉的部分那樣：嘴巴、鼻子、眼睛、耳朵，是嗎？或者像金子的部分那樣，部分與部分、部分與整體之間，除了大小不同，其他沒有什麼差別？」

e「我想，是前一種意義，蘇格拉底，就像臉的部分，對整張臉而言。」

「那麼，請你告訴我，是有些人擁有一個部分，有些人擁有另一個部分，還是，如果你擁有它們中的任何一個部分，你必定擁有所有部分？」

「絕非如此，因為許多人是勇敢的，但卻是不公正的，還有許多人是公正的，但卻不是智慧的。」

---

⑫ 此處的希臘詞是「σωφροσύνη」。這個詞的有多種含義，包括自我節制、克制身體欲望、自我認識、判斷力強、明智，等等。對柏拉圖來說，σωφροσύνη 是一種綜合的品德。

「那麼這些東西也是美德的部分嗎——智慧和勇敢？」

330 「絕對是，智慧確實是美德的最大部分。」

「每一部分都與其他部分不同嗎？」

「對。」

「每個部分都有它自己獨特的力量或功能嗎？以臉爲例，眼睛和耳朵不同，它的力量或功能也不同，其他部分也是這樣：它們在力量或功能方面，或者在其他方面，各不相同。
b 美德的部分是否也是這樣？它們各不相同嗎，無論是它們本身，還是它們的力量或功能？如果我們的類比有效，情況必定如此，這樣說難道還不清楚嗎？」

「是的，必定如此，蘇格拉底。」

「那麼，美德的其他部分沒有一個與知識、公正、勇敢、節制、虔誠相同。」

「我同意。」

2. 公正與虔誠的關係（330b-332a）

c 「好吧，現在讓我們總的來考慮一下這些事物是哪一類事物。首先有一個好問題：公正是一樣事物，還是不是一樣事物？我想它是一樣事物。你怎麼想？」

「我也這麼想。」

「那麼，下一步：假定有人問我們，『普羅泰戈拉和蘇格拉底，告訴我你們剛才提到名字的這個事物，公正。它本身是公正的還是不公正的？』我的回答會是它是公正的。你會做出什麼樣的回答？和我的回答相同還是不同？」

「相同。」

「那麼公正就是一類公正的事物。我會對提問者做出這樣的回答。你也會這樣回答嗎？」

「會的。」

d「假定他再進一步問我們，『你們也會說有一樣事物被稱作虔誠嗎？』我們會說我們會這樣說，不會嗎？」

「也會。」

「『你們說這樣事物依其本性是不虔誠的還是虔誠的？』e對這個問題我本人會有點惱火，我會說，『嗨，你安靜點！如果虔誠本身是不虔誠的，其他任何事物怎麼能是虔誠的？』你會怎麼說？你不也會以同樣的方式做出回答嗎？」

「絕對如此。」

「假定他下面繼續問我們，『那麼你們剛才是怎麼說的？難道我聽錯了？我想你們倆說美德的部分是連在一起的，但沒有一個部分與其他部分相同。』331我會回答說，『你聽到的都沒錯，只有這一點我沒有說。這是在這裡的普羅泰戈拉回答我的問題時說的。』如果他說，『普羅泰戈拉，是這麼回事嗎？你說了美德的一個部分與另一部分不同嗎？這是你的看法嗎？』對此你該如何回答他？」

「我會承認，也必須承認，蘇格拉底。」

「好吧，如果我們接受這一點，普羅泰戈拉，假定他下面繼續提問，我們該怎麼說，『那麼，公正的事物不是虔誠的，虔誠的事物也不是公正的，是嗎？或者說，公正是不虔誠的事物的，b 虔誠是不公正的事物的，因此它是不公正的，而公正是不虔誠的，是嗎？』我們該怎麼對他說呢？就我個人而言，我會回答說公正是虔誠的，虔誠也是公正的，我也會代表你做出同樣的回答，如果你允許，公正與虔誠是一回事，或者說它們非常相似，我特別要加以強調的是，公正是像虔誠那樣的同一類事物，虔誠也是像公正那樣的同一類事物。你怎麼想？你會否決這種回答，還是會同意這種回答？」

c「噢，蘇格拉底，說我承認公正就是虔誠、虔誠就是公正，在我看來事情不是那麼絕對清楚。這裡似乎有一種差別存在。但這種差別又是什麼呢？不過，要是你願意，我們就讓公正是虔誠、虔誠是公正好了。」

「別這樣對待我！我想要考察的不是願意不願意、同意不同意的問題。我想要的是你和我一道沿著這條路線進行考察，我想，如果我們把『如果』、『要是』這些詞都剔除了，我們的論證就會得到最好的檢驗。」

d「那好吧，行。公正確實與虔誠有某些相似的地方。畢竟任何事物都會以某種方式與其他事物相似。以某種方式，白與黑相似，硬和軟相似，其他所有各種通常對立的事物莫不如此。就連我們剛才說的那些有著不同力量或功能，e 但並不屬於同一類的事物——臉的部分——也會以某種方式相互之間顯得相似。所以，按照這種方法，如果你願意，你可以證明這些事物相互之間也都是相同的。但是，若是因為它們具有某些相同的地方，無論這些相同的地方有多麼細微，就把它們稱作相同，或者由於它們之間有某些細微的不同之處，就把它們稱作不同，那就不對了。」

我嚇了一跳，對他說：「噢，你認爲公正和虔誠之間的關係就是這樣的嗎，它們之間確實只有某些細微的相同之處嗎？」

332 「不完全這樣，但似乎也不像你所認爲的那樣。」

3. 諸美德的同一（332a-338e）

「那麼，好吧，由於在我看來，你似乎對此有點反感，那就讓我們放棄它，考慮你提出來的另一個要點。你認爲有愚蠢這樣一種東西嗎？」

「有。」

「與它完全對立的東西不就是智慧嗎？」

「好像是的。」

「當人們正確而有益地行事時，在你看來他們是在有節制地行事，還是與此相反？」

「有節制地行事。」

「那麼，是由於有節制，他們才有節制地行事嗎？」

b 「必定如此。」

「那些不能正確地行事的人行事愚蠢，那些以這種方式行事的人不節制地行事，是嗎？」

「我同意。」

「愚蠢地行事的對立者是有節制地行事嗎？」

「是的。」

「愚蠢的行爲是帶著愚蠢進行的，正如有節制的行爲是帶著節制進行的，是嗎？」

「是的。」

「如果某件事情是帶著力量去做的，那麼這件事強有力地完成了；如果是帶著無力去做的，那麼這件事做得很無力，是嗎？」

「我同意。」

「如果帶著快捷做某事，那麼這件事很快地完成了；如果帶著緩慢，那麼這件事做得很慢，是嗎？」

「是。」

—c—「所以，以某種方式做任何事情，這些事情的完成都有某種性質，以對立的方式做任何事情，它的完成也都有對立的性質，是嗎？」

「我同意。」

「那就讓我們繼續。有美這樣的東西嗎？」

「有。」

「除了醜，還有什麼東西與它對立嗎？」

「沒有。」

「有善這樣的東西嗎？」

「有。」

「除了惡，還有什麼東西與它對立嗎？」

「沒有。」

「有高音這樣一種東西嗎？」

「有。」

「除了低音，還有什麼東西與高音對立嗎？」

「沒有。」

[d]「所以，一樣東西可以有一個對立者，只有一個對立者，沒有許多個對立者，是嗎？」

「我同意。」

「假定我們現在需要數一下我們都同意的觀點。我們都同意一樣東西有一個對立者，沒有多個對立者，是嗎？」

「是的，我們同意了。」

「以對立的方式做事情，它們在完成時也是對立的嗎？」

「是的。」

「我們已經同意，愚蠢地完成了的事情以某種方式與有節制地完成了的事情對立，是嗎？」

「我們同意。」

「有節制地做事情是依據節制來做事，愚蠢地做事情是依據愚蠢來做事，是嗎？」

「同意。」

「e」「如果它是以一種對立的方式來做的，那麼它是依據對立的那個東西來做的，對嗎？」

「對。」

「一件事情依據節制來做，另一件事情依據愚蠢來做，是嗎？」

「是的。」

「以一種對立的方式？」

「是的。」

「依據對立的東西？」

「是的」

「那麼，愚蠢是節制的對立者，對嗎？」

「好像是這樣的。」

「那麼好吧，你記得我們前面同意過愚蠢是智慧的對立者嗎？」

「是的，我記得。」

「一樣東西只有一個對立者嗎？」

「當然。」

333「那麼在這些命題中我們應該拋棄哪一個命題，普羅泰戈拉？一樣事物只有一個對立者，還是我們說過的智慧與節制不同，它們各自都是美德的部分，還有，由於有差別，它們是不同的，它們自身不同，它們的力量或功能也不同，就像臉的部分那樣？我們應該拋棄哪個命題？這兩種說法似乎不太合拍，b相互之間不能和諧。如果一樣事物只有一個對立者，而愚蠢是一樣事物，它顯然有兩個對立者，節制和智慧，這如何可能呢？不是這麼回事嗎，普羅泰戈拉？」

他表示同意，儘管非常猶豫，我繼續說道：

「節制和智慧難道就不能是一樣事物嗎？前不久，公正和虔誠看起來幾乎就是同樣的事物。來吧，普羅泰戈拉，我們現在不能放棄，不能在我們把這些鬆散的頭緒理清之前半途而廢。所以，我要問你，某個行事不公正、但似乎有節制的人，在你看來他行事不公正嗎？」

c「說這樣的話我會感到羞恥，蘇格拉底，儘管許多人這樣說。」

「那麼我應當對他們說話，還是對你說話？」

「如果你願意，爲什麼不首先駁斥一下大多數人的看法呢？」

「我無所謂，只要你能做出回答，無論是你自己的看法，還是別人的看法。我最主要的興趣在於考察這個論證，儘管正好是我在提問，而你在回答，但我們同樣都要接受考察。」

d普羅泰戈拉起初有點靦腆，說這個論證對他來說太難把握，但過了一會兒，他同意回答。

「那就讓我們從這個問題重新開始，」我說，「你認爲有些人在行事不公正的時候能是明智的嗎？」

「讓我們假定是這樣吧，」他說。

「你用『明智』這個詞的意思是有良好的判斷力嗎？」

「是的。」

「有良好的判斷力意味著在行事不公正時有良好的判斷嗎？」

「就算是吧。」

「靠著不公正地行事，他們是否得到良好的結果？」

「僅當他們得到良好的結果，他們才會不公正地行事。」

「那麼，你是說這裡還是有些好東西的，是嗎？」

「是的。」

「這些好東西組成了對人們有益的東西，是嗎？」

e 「神靈在上，是的！哪怕它們對人無益，我仍舊會說它們是好的。」

我能看出普羅泰戈拉這會兒眞的有點跟我較勁了，他在努力抗拒回答更多的問題。於是，我小心翼翼地修飾了我提問時的腔調。

「普羅泰戈拉，你指的是對人無益的事物，還是沒有任何益處的事物？你把這樣的事物稱作好的嗎？」

334 「當然不是，」他說，「但我知道有許多東西對人是無益的，食品、飲料、藥物，以及其他東西，而有些東西是有益的；還有一些東西對人既無益又無害，但對馬卻有益或有害；還有一些東西只對牛有益；有些東西只對狗有益；有些東西對這些對動物都無益，但對樹木有益；［b］有些東西對樹根來說是好的，但對幼苗來說是壞的，比如糞肥，如果施在根部，那麼對所有植物都是好的，但若施在葉子或幼苗上，就會完全摧毀它們。或以橄欖油爲例，它對所有植物都是極壞的，它也是除了人以外的一切動物毛髮的最糟糕的敵人，而它對人的頭髮是有益的，就像它對人的身體的其他部分有益一樣。但是，好的形式多種多樣，［c］就拿油脂來說，它對人體的外部是好的，它對人體的內部是很壞的，就是由於這個原因，醫生普遍禁止他們的病人在食物裡放很多油，只能加一點點，只要能夠消除食物或調料中的異味就可以了。」

聽眾對普羅泰戈拉的這番話報以熱烈的掌聲，等到掌聲完全平息下來的時候，我說：［d］「普羅泰戈拉，我好像有點健忘，如果有人對我發表長篇大論，我就會把演講的主題給忘了。現在，就當我有點耳聾，而你在跟我談話，你會想你最好還是對我大聲說話，比對別人說話時更響。以同樣的方式，你現在碰上一個健忘的人，如果要讓我跟得上你，你必須簡短地做出你的回答。」

「你到底要我的回答有多短？比必要的還要短嗎？」

「絕非如此。」

「和必要的一樣長嗎？」

［e］「是的。」

「那麼，我的回答應當和我認爲必要的一樣長，還是和你認爲必要的一樣長？」

「好吧，我聽說，當你就某個主題在開導別人的時候，|335|你能夠長篇大論，如果你選擇這樣做的話，從來不會偏離主題，你也能簡潔明瞭，無人能夠比你更簡潔。所以，如果你想繼續和我談話，請使用後一種表達方式，簡短。」

「蘇格拉底，我曾經和許多人進行過舌劍脣槍的比賽，如果我接受你的要求，按照我的對手的要求去做，我就不會被認爲優於其他任何人了，普羅泰戈拉這個名字也就不會在希臘家喻戶曉，人人皆知了。」

|b|我能看出他對他前面的回答感到不舒服，不願意在這場辯證的討論中繼續回答問題，所以我想我和他一起進行的工作該結束了，於是我說：「你知道，普羅泰戈拉，我們這一輪談話沒有按照你認爲應當的方式進行，我本人也不太高興。但凡你願意主持一場以我能跟得上的方式進行的討論，我會參加，與你一起交談。人們說——你自己也這樣說——你在討論事情的時候，|c|既能長篇大論，又能簡潔地講話。畢竟，你是一位聰明人。但是我不具有發表長篇演講的能力，儘管我希望自己有這種能力。所以，事情取決於你，你能長能短，遷就我吧，使這場討論能有機會。但若你不願意，而我也還有別的事要去忙，不能待在這裡聽完你的長篇大論——我確實要去其他地方——所以我現在就要走了。儘管我能肯定，能夠聽完這些演講是一件美事。」

|d|說完這些話，我起身離去，但就在這個時候，卡里亞把我攔住，用右手抓住我的手腕，用左手抓住我穿的這件外衣。「我們不讓你走，蘇格拉底，」他說道。「沒有你，我們

的談話就不會是這個樣子了，所以請你留下，和我們在一起，我求你了。沒有別的什麼能比你和普羅泰戈拉之間的爭論使我更想聽了。請你一定讓我們大家的這個願望得到滿足。」

[e]此時我已經站了起來，好像眞的要離開了。我說：「希波尼庫之子，你對智慧的熱愛一直令我尊敬，而此時此刻，我尤其感到榮耀和親近。如果你的要求是我能夠做到的，那麼我一定會儘量滿足你。然而，現在的情形就好像你要求我趕上那位獲得冠軍的來自希墨臘[73]的短跑運動員克里松[74]，或者像是要我和那些長跑運動員進行競賽，或者要我大步行走，敵得上那些整日裡行走的遞送快信的人。[336]除了說我比你更希望自己能夠這樣做，我還能說什麼呢，只不過我確實趕不上這些賽跑運動員的步伐，如果你想觀看我和克里松一起跑步，那麼你必須要求他放慢速度，跑得跟我一樣慢，因爲我跑不快，而他卻能慢跑。所以，如果你打定主意想聽普羅泰戈拉和我談話，那麼你現在必須要求他回答我的問題，[b]就像他一開始那樣——簡潔。如果他不這樣做，我們的對話又怎麼能夠進行呢？在我個人看來，對話中的相互交流與公開演講是相當不同的。」

「但是，你瞧，蘇格拉底，普羅泰戈拉也有他的想法，他說過，應當允許他以他認爲恰當的方式來主導這場討論，他想要得到的許可決不亞於你。」

就在這個時候，阿爾基比亞德站起來說：「你這樣說沒有任何意義，[c]卡里亞。蘇格

---

73 希墨臘（Ιμερα），希臘城邦名，位於西西里島北部海岸。

74 克里松（Κρισων），人名。

拉底承認自己無法把握長篇講話，也承認普羅泰戈拉在這方面比他強。但是在進行辯證的討論、理解已有論證、進行新的論證的時候，如果普羅泰戈拉拒絕這樣做，那麼我會感到驚訝。現在，要是普羅泰戈拉承認自己在辯證法方面比蘇格拉底差，那麼這對蘇格拉底來說就足夠了。但若普羅泰戈拉對此提出質疑，那就讓他進行一問一答式的對話，不要在每一次做出回答時發表冗長的講話，把討論中遇到的各項事端攪混，d 因爲他並不想把問題理清楚，直到大部分聽衆都忘了所要討論的問題是什麼，儘管我向你們保證，蘇格拉底是不會忘記的，他說自己得到健忘症是在開玩笑。所以，我認爲蘇格拉底在這場爭論中處於比較強的地位。我們中的每個人必須弄清他本人的見解。」

我想，接著阿爾基比亞德說話的是克里底亞，他說：「好吧，普羅狄科和希庇亞，e 卡里亞好像明顯地偏袒普羅泰戈拉，而阿爾基比亞德像平常一樣想要出風頭。但是我們中的任何人都不需要對蘇格拉底或普羅泰戈拉進行黨派性的支持。相反，我們應當聯合起來請求他們雙方不要過早地結束我們的聚會。」

337 下面說話的是普羅狄科。他說：「你說得很好，克里底亞。旁聽這種討論的人必須公正地聆聽兩位對話人的講話，但這種公正不是平等對待。二者是有區別的。我們必須公正地聆聽，但不會給予平等的關注：比較多的關注應當給予比較聰明的談話人，比較少的關注給予不那麼聰明的談話人。b 在我看來，你們倆必須就這些問題展開爭論，但是不要爭吵。朋友間的相互爭論是善意的，而爭吵在相互敵對的人中間發生。以這樣的方式，我們的聚會才能有魅力，對你們這些談話人來說，你們肯定能贏得我們這些聆聽者的好評，而不是

讚揚。因爲好評眞誠地內在於聽衆的靈魂，而讚揚經常只是欺騙性的口頭表達。|c|還有，我們這些人，作爲你們的聽衆，會得到極大的愉悅，但不是得到滿足，因爲透過學習某些事情和參與某種理智活動可以感到愉悅，這是一種心靈狀態；而得到滿足不得不與吃東西有關，或者經歷身體的其他某些快樂。」

普羅狄科的評論被我們中的大多數人熱情地接受了，然後，聰明的希庇亞說：「先生們，我把你們這些在場的人全都當作我的親戚、|d|密友和同胞公民，這是依據本性來說的，而非依據習俗。因爲依據本性，那麼同類相聚，而習俗是人類的僭主，經常違背本性約束我們。然而，我們是可恥的，因爲我們理解事物的本性——我們這些人是希臘人中最聰明的，現在有幸來到這座城市，這所名副其實的智慧的殿堂，聚集在城中最大、最莊嚴的房子裡——|e|但卻不能，我要說，創造出與所有這些尊嚴相配的東西，而是相互鬥嘴，就好像我們是社會的渣滓。因此，我懇求你們，向你們提建議，普羅泰戈拉和蘇格拉底，你們和解吧，接受我們的仲裁。|338|你，蘇格拉底，如果普羅泰戈拉不適應簡潔的問答，那麼你一定不要過分堅持簡潔的討論，你可以放慢討論的節奏，讓我們也能更多地感受到討論的莊嚴和優雅。還有你，普羅泰戈拉，一定不要在大風勁吹時揚滿船帆出海航行，把大地留在遠處，自己消失在修辭的汪洋大海之中。|b|你們雙方都要折衷一下。所以，這就是你們要做的事，接受我的建議吧，挑選一個人做裁判、調解人，或者監督人，使你們的發言長度保持適中。」

在場的每一個人都認爲這是一個好主意，表示支持。卡里亞說他本來就不願意讓我走，他們要求我選一名裁判。我說，挑選一個人來裁決我們的講話是不適宜的。「如果選中的這個人比我們差，那麼讓比較差的人來裁決比他強的人是不對的。如果他和我們水準相當，那麼讓他當裁判仍舊不合適，c因爲他也會和我們一樣行事，讓他當裁判實在是多此一舉。那麼，選一個比我們強的人當裁判？說實話，我認爲你們要想選出一個比普羅泰戈拉還要聰明的人是不可能的。如果你們選了一個並不比他強的人，但卻宣稱他比普羅泰戈拉強，那麼這是對普羅泰戈拉的侮辱。普羅泰戈拉不是一個無足輕重的人，你們可以爲給他指定一位監督人。而對我來說，我無所謂，怎麼辦都可以。由於你們關心這場聚會和正在進行的這些討論，d要讓它能夠繼續下去，我想這麼做。如果普羅泰戈拉不願回答問題，那就讓他提問，讓我來回答，同時我會嘗試著告訴他我認爲問題該如何回答。等我回答完他想要提出的所有問題，到那時再讓他嘗試著以同樣的方式向我解釋。所以，要是他還沒有做好準備，願意回答提出的各種問題，你們和我可以緊急地聯合起來懇求他，就像你們懇求我一樣，別把這場聚會給糟蹋了。e這樣做不需要選一位監督者，因爲你們全都是監督者。」

四、立場轉換（338e-362a）

1. 解釋西摩尼德的詩句（338e-347b）

大家都同意應該這樣做。普羅泰戈拉本來不想參加，但他不得不同意我的建議，由他來提問，等他問題提夠了以後，再進行簡短的回答。

339 於是，他開始提問，他大體上是這樣說的：「在我看來，蘇格拉底，人的教育的最大部分是掌握詩歌，這樣說我指的是理解詩人用詞的能力，知道什麼時候一首詩正確地創作了，什麼時候沒有正確地創作，知道如何分析一首詩，回應與它相關的問題。所以，我現在提出來的這些問題的線索仍舊涉及我們當前討論的主題，亦即美德，只不過轉移到了詩歌領域。西摩尼德在一首詩中對帖撒利[75]的克瑞翁[76]之子斯科帕斯[77]說：b 『一個人要變好眞的很難，手腳和心靈都要循規蹈矩，他的成長方能不受指責……』[78]你知道這首抒情詩，還是要我把它全都背出來？」

我告訴他沒有這種必要，我知道這首詩，並且正好特別關注過這首詩。

「好，」他說。「那麼，你認爲這首詩寫得好不好？」

「寫得很好。」

「如果詩人自相矛盾，你也認爲它寫得很好嗎？」

---

[75] 帖撒利（Θεσσαλία），地名。

[76] 克瑞翁（Κρέον），人名。

[77] 斯科帕斯（Σκόπας），人名。

[78] 此處引文原爲詩歌。由於柏拉圖在下文中對這幾句詩要作逐字逐句的詳細分析，因此譯者在正文中將原詩含義詳細譯出，無法顧及詩體。

「不。」

［c］「那麼，你看仔細些。」

「我說過，我對它已經相當熟悉。」

「那麼你一定知道在這首詩後來的某個地方，詩人寫道：『庇塔庫斯❼的格言也不合拍，無論他有多麼聰明。他說，要做一個好人是難的。』

「你認得出來嗎，這些詩句是同一個人寫的？」

「我認得出來。」

「噢，你認爲後面那段詩和前面那段詩一致嗎？」

「在我看來好像是一致的，」我說道（但我這樣說的時候有點擔心，怕他有什麼特別用意）。「在你看來不是這樣的嗎？」

［d］「有誰會說這兩段詩中講的事情是一致的？首先，他說自己認爲一個人要眞的變好很難，然後，在稍後一點的地方他忘了自己原先說過的話，批評庇塔庫斯，而庇塔庫斯說的意思和他自己說的意思是一樣的，做一個好人很難，他拒絕接受庇塔庫斯的看法，而這也就是他自己的看法。然而，他指責與自己說過同樣話的人，顯然也就是在指責他自己，所以，要麼前面這個說法是不對的，要麼後面這個說法是不對的。」

---

❼ 庇塔庫斯（Πιττακὸς），人名。

—e—普羅泰戈拉這番妙語搏得聽眾的陣陣掌聲。一開始，我感到自己就像遭到一名優秀拳擊手的痛打。在普羅泰戈拉的演講術和其他人的喧囂面前，我頭暈目眩，眼前一片黑暗。後來，對你說實話，我鎮定下來，思索了一下這位詩人的意思，我轉向普羅狄科，喊他的名字，「普羅狄科，」我說，—340—「西摩尼德是你的同鄉，不是嗎？你有義務來拯救他，所以我不在意請求你的幫助，就像荷馬說的那樣，斯卡曼德[80]請求西謨伊斯[81]的幫助，當時他被阿喀琉斯[82]圍困：『親愛的兄弟，讓我們一起阻遏這位英雄的神力。』[83]所以，我也請求你的幫助，免得我們這位令人聞風喪膽的普羅泰戈拉摧毀西摩尼德。—b—而且，說實話，普羅狄科，復原西摩尼德的意思確實需要你的特殊技藝，剛才你就用這種技藝區別了『想要』和『欲求』，還有其他一些語詞。所以，告訴我你是否同意我的建議，因爲在我看來，西摩尼德是否自相矛盾是不清楚的。把你的看法現在就告訴我們。『變』[84]和『是』[85]是相同的，還是不同的？」

---

[80] 斯卡曼德（Σκάμανδρος），河神名。

[81] 西謨伊斯（Σιμόις），河神名。

[82] 阿喀琉斯（Ἀχιλλεύς），荷馬史詩中的大英雄。

[83] 荷馬：《伊利亞特》21:308。

[84] 變（γενέσθαι）。

[85] 是（εἶναι），在下面亦譯爲「做」。

「神靈在上，是不同的。」

「好吧。那麼，西摩尼德在第一段詩中宣稱他自己的看法是，一個人要變好眞的很難。」

「c」「對，」普羅狄科說。

「然後他批評庇塔庫斯沒有說出和他相同的意思，如普羅泰戈拉所認爲的那樣，而是說了其他不同的意思。因爲庇塔庫斯沒有說『變』好是難的，如西摩尼德所說，而是說『做』好人是難的。如普羅狄科所說，『做』和『變』不是一回事，普羅泰戈拉。「d」如果它們不是一回事，那麼西摩尼德並不自相矛盾。普羅狄科和其他許多人也許會同意赫西奧德的看法，『變』成好人是難的：『諸神使那些在通往善德的道路上行走的人流下汗水，但是，一旦達到善德的頂峰，儘管還會遇到困難，但以後的路就容易走了。』」[86]

聽了這些話，普羅狄科爲我鼓掌，但是普羅泰戈拉說：「蘇格拉底，你復原的西摩尼德有一個會帶來嚴重後果的錯誤，比你想要矯正的錯誤更大。」

「噢，我的復原工作做得很糟糕，」我說道，「我是一名可笑的醫生，我的治療比疾病本身還要壞。」

「對，就是這樣，」他說。

「e」「怎麼會這樣呢？」我說。

---

[86] 赫西奧德：《工作與時日》，第二百八十九行。

「大家都同意擁有美德是這個世上最難的事，在這種時候，如果這位詩人說擁有美德無關緊要，那就極大地表現了他的無知。」

然後，我說：「天神在上，普羅狄科參加我們的討論眞是太及時了。341 普羅泰戈拉，普羅狄科的智慧很可能具有古代的和神聖的起源，可以返溯到西摩尼德的時代，甚至更早。儘管你的經驗非常廣泛，但似乎不能延伸到智慧這個部門，而我作爲普羅狄科的學生受到了這方面的教育。所以現在看來，你並明白西摩尼德使用『難』這個詞和你使用這個詞的意思不一樣。每當我用 δεινοῦ[87] 這個詞來讚揚你或其他人的時候，普羅狄科會用相同的方式來矯正我，b 比如說，『普羅泰戈拉是個極爲聰明的人』。當我這樣說的時候，他問我把好事物稱作 δεινοῦ 不感到羞恥嗎。因爲 δεινοῦ 就是壞。沒有人會說『壞的富裕』或『壞的和平』，而會說『壞的疾病』、『壞的戰爭』、『壞的貧困』。所以，開奧斯人和西摩尼德當時也許把『難』這個詞理解爲壞，或者理解爲你不知道的其他意思。讓我們來問一下普羅狄科。c 要詢問西摩尼德的方言，問他算是問對了人。普羅狄科，西摩尼德說的『難』是什麼意思？」

「壞。」

---

[87] δεινοῦ，英譯爲 terrible，有可怕的、極度的、極壞的、很糟的、厲害的等意思，在俚語中也有極好的、了不起，等等含義。

「就是由於這個原因，他批評庇塔庫斯說『做一個好人是難的』，就好像他聽到庇塔庫斯說『做一個好人是壞的』。對嗎，普羅狄科？」

「你以爲西摩尼德還能有其他什麼意思嗎？」普羅狄科說，「他正在責備庇塔庫斯不懂得如何恰當區分意義，庇塔庫斯來自列斯堡[88]，在一種野蠻的方言中長大。」

d「好吧，普羅泰戈拉，你聽到普羅狄科說的話了。你還有什麼要回應的嗎？」

「你完全搞錯了，普羅狄科，」普羅泰戈拉說。「我肯定西摩尼德說的『難』的意思與我們是一樣的；它的意思不是『壞』，而是不容易，要做出許多努力才能完成。」

「噢，不過，我也這麼認爲，普羅泰戈拉，」我說。「這就是西摩尼德的意思，普羅狄科明白這一點。他剛才是在開玩笑，想要考驗一下你爲自己的陳述辯護的能力。e西摩尼德說的『難』不是『壞』的意思的最佳證明可以在下一句詩中找到，這句詩是：『只有神能擁有這種特權。』他完全不可能先說做一個好人是壞的，然後再說只有神有這種特權。普羅狄科會因此而把西摩尼德視爲一個墮落的人，342根本不像開奧斯人。但是，如果你願意考驗一下我對詩歌的把握（用你的話來說），我想告訴你我對西摩尼德這首詩的目的是怎麼想的。如果你不願意，我會聽你說。」

聽了我的話，普羅泰戈拉說：「你想說，你就說吧，」然後普羅狄科、希庇亞，以及其

---

[88] 列斯堡（Λέσβιος），地名。

他一些人也慫恿我說。

「那麼好吧，」我說，「我會嘗試向你們解釋我對這首詩是怎麼想的。首先要說的是，哲學有她最古老的根源，b 並在克里特[89]和拉棲代蒙[90]的希臘人中廣泛傳播，那些地區也集中了世上最多的聰明人。但是當地人否認這一點，僞裝成無知者，以掩蓋正是由於他們的智慧，他們才是希臘世界的領導者這一事實，這種情形就像普羅泰戈拉剛才談論過的智者一樣。他們的公開形象是擅長打仗的武士，在這方面比其他人優越，他們想要加深人們對他們的這種印象的原因是，如果他們的優點的眞正基礎，亦即智慧，爲人們所知，那麼每個人都會開始培養這種能力。這是一項頂尖的祕密，連那些居住在其他城邦的斯巴達人的部落也不知道，c 所以你們看到幾乎所有人的耳中都充斥著這樣一些言談，說斯巴達人手戴皮手套，身穿羊皮短褂，瘋狂地進行軍事訓練，就好像斯巴達的政治權力依賴的就是這些東西似的。當斯巴達的公民想要有某些隱私，能夠自由地、公開地與他們的智者討論問題時，他們就疏遠鎮上那些斯巴達化了的外邦人和外國人，不讓世上其他人知道他們的祕密聚會。d 因此，他們的年輕人不會忘記自己所學的東西，但他們不允許自己的青年去其他城邦旅行（克里特人也不允許）。在克里特和斯巴達，不僅男人，還有婦女，都爲他們的教育感到自

---

89 克里特（Κρήτη），地名。

90 拉棲代蒙（Λακεδαίμων），地名，即斯巴達（Σπάρτη）。

豪。你們知道該如何檢驗我的論點是否眞實嗎，斯巴達人在哲學和爭論方面受到過最好的教育？|e|隨便找一個普通的斯巴達人，跟他談一會兒。你們會發現，一開始他幾乎不能把握談話的目的，但若進到談話的某些關鍵點，他會像一名優秀的弓箭手那樣一箭中的，他會進行簡要的評價，讓你們永遠不會忘記，而與他談話的人在這種時候都像是無助的嬰兒。敏銳的觀察者很早就知道這一點了：做一名斯巴達人就是要做一名哲學家，|343|遠遠超過要做一名運動員。他們知道，能說出這樣的話來，就標誌著他是一名完善的受過教育的人。我們談論過米利都[91]的泰勒斯[92]、米提利尼[93]的庇塔庫斯、普里耶涅[94]的彼亞斯[95]、我們自己的梭倫[96]、林杜斯[97]的克萊俄布盧斯[98]、澤恩[99]的密松[100]這樣一些人，第七位就是拉棲代蒙的喀

---

[91] 米利都（Μιλήτος），地名。

[92] 泰勒斯（Θαλῆς），人名。

[93] 米提利尼（Μυτιλήνη），地名。

[94] 普里耶涅（Πριηνεύς），地名。

[95] 彼亞斯（Βίας），人名。

[96] 梭倫（Σόλων），人名。

[97] 林杜斯（Λίνδιος），地名。

[98] 克萊俄布盧斯（Κλεόβουλος），人名。

[99] 澤恩（Χηνεύς），地名。

[100] 密松（Μύσων）人名。

隆[101]。他們全都仿效、崇拜和學習斯巴達文化。[b]你們可以看到，他們精闢的格言和警句體現了這種獨特類型的斯巴達智慧，他們都把他們的智慧的最初成果奉獻給德爾斐的阿波羅神廟，把『認識你自己』、『切勿過度』這樣一些格言篆刻在那裡，這些格言現在幾乎被所有人掛在嘴上。

「我說的要點是什麼？古代哲學的典型風格就是拉科尼亞式的[102]簡潔。[c]在這種語境下，庇塔庫斯的這句格言——做一個好人很難——在私下裡廣爲流傳，也贏得了賢人們的贊同。所以，雄心勃勃、想要獲得哲學名望的西摩尼德認爲，如果能夠成功地打倒和推翻這句格言，就像一名摔跤手，或者把這名格言表達得更好，那麼他自己就能成爲那個時代的名人。所以他創作了這首詩，有意識地攻擊這句格言。我的看法就是這樣。

「現在讓我們一起來檢驗我的假設，看我說的是否正確。[d]如果這位詩人全部想要說的意思是『變成一個好人是難的』，那麼這首詩的開頭就變得不可思議了，因爲他在這裡添加了一個表示對立的連接詞。[103]除非我們假定西摩尼德正在把庇塔庫斯的格言當作對手在說

---

[101] 喀隆（Χίλων），人名。

[102] 拉科尼亞（Λακωνία）是希臘伯羅奔尼撒半島上的一個城邦。該地人講話簡潔明瞭，後世遂將拉科尼亞式的講話作爲簡潔、精練的代名詞。

[103] 這個連接詞是 ὥσπερ，意思是「一方面，……而另一方面」，但是蘇格拉底沒有引用後一句詩，這句詩也沒有保存下來，所以我們無法確知這裡表達的是哪一種意義上的對立。

話，否則這樣做就沒有意義。庇塔庫斯說，做一個好的人很難；而西摩尼德駁斥說，『不對，[e]要變成一個好人才是難的，庇塔庫斯，眞的』。請注意，他沒有說『眞的好』，他也不是在某些事物是眞的好，其他事物是好的，但並非眞的如此在這樣的語境下談論眞。要是這樣的話，會產生一種天眞的印象，不像是西摩尼德要說的意思。『眞的』這個詞在詩句中的位置一定是倒裝的。我們必須想像庇塔庫斯在說話，西摩尼德在回答，用這種方法來理解這句格言，[344]就好像庇塔庫斯說，『噢，先生，要做好人很難。』西摩尼德答道，『你說的不對，庇塔庫斯，不是做好人難，而是變成一個好人難，因爲一方面他的手腳和心靈都得循規蹈矩，另一方面他的成長也要不受指責，這才是眞的難。』按這種方式，添加『一方面』這個連接詞就變得有意義了，而『眞的』這個詞放在句尾也就正確了。後續的詩句都明顯有利於我這種解釋。這首詩有很多細節，[b]表明了它的優點；確實，這首詩風格優雅，構思縝密，但要依據這樣的解釋考察全詩，就得花費很長時間。所以讓我們換個方式，只看一下它的整體結構和它的意向，它從頭到尾都是爲了駁斥庇塔庫斯的格言。

「幾行詩以後，他說（想像他正在講話）：要變成一個好人眞的很難，[c]儘管短時間做好人是可能的，但要持續處於這種狀態，一直做好人，如你所說，庇塔庫斯，那是不可能的，是凡人做不到的。只有神才有這種特權，『而人不可避免地是壞的，一旦無法改變的厄運降臨就會被拋棄。』

「說吧，無法改變的厄運一旦降臨在一條船上，誰會被拋棄？顯然不是那些普通乘客，他們總是輕易受到他人的影響。你無法把一個已經躺在地上的人打倒，[d]而只能把站著的人打倒，讓他躺倒在地。同理，無法改變的厄運可以拋棄那些能幹的人，而不能拋棄那些始終沒有能力的人。狂風暴雨可以使舵手變得無能，壞的季節可以使農夫一無所獲，醫生也會遇到同樣的事。好的事物很容易變成壞的，如另一位詩人所說，『好人有時候是壞的，有時候是好的』，但是壞的事物不容易變成壞的，因爲它始終是壞的。因此，當無法改變的厄運降臨到一個能幹的、[e]聰明的、善良的人身上時，他必定『不可避免地是壞的』。庇塔庫斯，你說『做一個好人很難』，實際上，要變成一個好人才是難的，變好還有可能，但要『是』一個好人是不可能的。『事情順，每個人都好；事情不順，每個人都壞。』那麼，從字面上說，什麼是事情順呢？什麼事情能使人成爲好人呢？[345]顯然是透過學習。什麼樣的事情能順利造就一名好醫生呢？顯然是學習如何治病。『事情不順，每個人都壞。』那麼，誰會成爲一個壞醫生呢？很清楚，他首先要是一個醫生，其次他要是一個好醫生。他實際上會變成一個壞醫生，而我們這些對醫學一知半解的人決不會由於事情不順而變成醫生，在建築或其他職業中也一樣，[b]我們成不了木匠或其他行家。如果一個人不能因爲事情不順而成爲醫生，那麼他顯然也不能成爲一名壞醫生。以同樣的方式，隨著時間的流逝，好人也可以逐漸變壞，或者由於艱辛，疾病或其他眞正不順的境況而變壞，這就是知識的缺失。但是壞人絕不可能變壞，因爲他一直都是壞的。如果他要變壞，[c]那麼他首先必須變好。所以，詩歌的這一部分要講的道理就是，做一個好人並繼續保持這種狀態是不可能的，但是一個人，這同一個人有可能變好，也可能變壞，那些最好的人是衆神永遠喜愛的。

「所有這些都是針對庇塔庫斯而言，而下面幾行詩講得更加清楚：『在短促的人生中進行無望的探索，尋求一件不可能的事情，但我決不會陡然放棄。我想要在那些採摘大地成熟果實的人中間找到一位不受任何指責的人。等我一發現，我就會告訴你。』[d]你們瞧，這些話多麼有力，整首詩都在不斷地批評庇塔庫斯的格言：『我讚揚和熱愛所有那些自願不作惡的人。甚至衆神也在努力反抗必然的命運。』說這些話也是出於同樣的目的。因爲，西摩尼德不是那麼無教養，[e]乃至於會說他讚揚一切自願不作惡的人，就好像有人自願作惡似的。我本人確信無疑，沒有一個聰明人會相信有人自願犯錯誤，或自願做任何錯事或壞事。他們非常明白，任何人做錯事或做壞事都是不自願的。所以，西摩尼德也一樣，[346]他不是說他要讚揚那些自願不作惡的人，倒不如說他把『自願』這個詞運用於他自身。他察覺到，一個好人，一個高尚的人，經常迫使自己去熱愛和讚揚某些與他自己完全不同的人，比如與他疏遠了的父親、母親和祖國。而位於相同處境下的無賴和惡棍會非常高興地看到他們的父母和祖國碰上麻煩，會邪惡地加以揭露和斥責，[b]由此讓他自己拋棄對他們應負的責任不會引起注意。這樣的人實際上會誇大他們的抱怨，引發他人對父母和祖國的敵視，而好人會隱藏這種煩惱，強迫他們自己發出讚揚，就好比由於父母或祖國錯誤地對待他們，他們生氣了，但他們讓自己平靜下來，心平氣和地尋求和解，強迫自己去熱愛和讚揚他們自己的民衆。我想西摩尼德會不止一次地想起，他本人讚揚過一些僭主或其他諸如此類的人，這樣做不是自願的，而是被迫的。[c]所以，他正在對庇塔庫斯說，庇塔庫斯，我之所以要責備你，不是因爲我喜歡挑剔，而是因爲，『在我看來，那個人既不是壞的，又不是軟弱的，而是心靈健全、懂得公義的，我不責備他，因爲我不是一個喜歡責備的人，傻瓜的數量是無限的，』這裡的含義是，愛挑剔的人會竭力責備他們，『任何人都不願與傻瓜爲伍。』〔d〕這裡的意思不是白的不能與黑的混淆，這在許多場合下都是可笑的，而是他本人寧可接受介於二者之間的狀態而不受指責。『我不尋找，』他說，『一位不受任何指責的人，在那些採摘大地成熟的果實的人中間，但若我找到了這樣的人，我就會告訴你。』這裡的意思是，我從來不用這些話讚揚任何人，但我很樂意與一位不做任何錯事的普通人在一起，因爲我自願地『讚揚和熱愛所有人』——〔e〕請注意讚揚這個詞的列斯堡方言形式，因爲他正在對庇塔庫斯講話——『所有不作惡的人』（這是在『自願』這個詞前面應當停頓的地方），『自願，我讚揚和熱愛』，但是對有些人我的讚揚和熱愛是不自願的。所以，如果你以一種合理的、眞實的，甚至中庸的方式講話，庇塔庫斯，〔347〕我決不會責備你。但由於你對這個極爲重要的問題發表了完全錯誤的觀點，所以我要責備你。

「好吧，普羅狄科和普羅泰戈拉，」我總結說，「這就是我對西摩尼德撰寫這首詩歌時的心境所作的解釋。」

〔b〕然後希庇亞說，「你對這首詩的分析給我留下了很好的印象，蘇格拉底。我本人也曾對它有過一番談論，如果你願意，我想講給你聽。」

「很好，不過還是換個時間吧，」阿爾基比亞德說，「現在該做的是，蘇格拉底和普羅泰戈拉必須達成一致，如果普羅泰戈拉仍有問題要問，那就讓蘇格拉底回答，如果普羅泰戈拉做出別樣選擇，那就請他回答蘇格拉底的提問。」

2. 普羅泰戈拉的轉變（347b-359a）

[c]然後我說，「我把這一點留給普羅泰戈拉去決定，如果他同意，我們幹嘛不把這個有關詩歌的主題擱下，返回我最初向他提出的那個問題？普羅泰戈拉，能與你共同探討我非常樂意。討論詩歌使我聯想起許多二流的、普通人的宴飲。這些人沒什麼教養，靠喝酒聊天來娛樂，[d]還會花大錢請來女樂師，和著笛子的聲音唱歌，在柔弱的顫音中尋求樂趣。但在高尚的、有文化的人參加的宴飲中，你看不到吹笛、彈琴和跳舞的姑娘，只要能和與自己一樣的人相伴，他們就能享受樂趣，而無需那些膚淺的胡說八道。他們會用自己的嗓子參加嚴肅的討論，或是說話，或是聆聽，哪怕喝著酒也是如此。[e]我們的集會也一樣，如果參加集會的人都像我們自己所聲稱的那樣，那麼我們並不需要新異的聲音，哪怕是詩人的聲音也不需要。沒有人能夠解釋清楚詩人在說些什麼，在許多場合，只要一討論起詩歌來，有些人會說詩人是這個意思，有些人會說詩人是那個意思，根本無法對詩歌的主題做出總結性的概括。[348]最優秀的人會避免這樣的討論，而樂意使用他們自己的語言，鼓足勇氣把自己的觀點亮出來。我認爲應當追隨這樣的人，把詩人扔在一邊，用我們自己的語言來進行討論。我們要加以檢驗的是眞理和我們的心靈。如果你有問題要問，那麼我已經做好了回答的準備；或者說，如果你願意的話，你可以爲我做同樣的事，我們可以回到我們前面中斷了的地方，嘗試著得出結論。」

[b]說完這些，我又說了一些能起同樣作用的話，但是普羅泰戈拉沒有明確表示他想怎麼做。所以，阿爾基比亞德看了卡里亞一眼說，「卡里亞，普羅泰戈拉不說清楚他願意還是

不願意參加討論，你認爲他這樣做好嗎？我肯定不這麼想。他應當要麼說他參加，要麼說他不參加，這樣我們也就可以知道他的想法了，而蘇格拉底能夠開始討論，或者其他人能夠重起話題。」

c 在我看來，阿爾基比亞德的這些話使普羅泰戈拉感到窘迫，更不必提卡里亞以及其他所有人的堅持了。到了最後，他呑呑吐吐地答應繼續我們之間的對話。表明他做好了回答問題的準備。

「普羅泰戈拉，」我說，「我不希望你誤解我和你談話的動機，除了探討那些長期令我困惑的問題，我沒有其他目的。我認爲，荷馬說過 d『兩個人一起行走，一個人先拿主意，』」[104]這行詩說到了事情的要害。無論在行動中，還是在言語和思想上，若有人相伴就可以足智多謀。如果一個人有了自己的想法，他會馬上環顧四周，直至找到另外一個人，對他說明自己的想法，從他那裡得到確認。有一個特別的原因，使我寧可與你交談，而不去找其他人：我認爲你最有資格考察這類高尙的、e 可尊敬的人必須考察的事情，尤其是美德問題。除了你，還能有誰呢？其他一些人自己是高尙的、善良的，但不能使別人成爲這樣的人，你和他們不同，你不僅認爲自己是高尙的和善良的，而且也能使別人成爲善良的，你對自己充滿自信，因此不像其他人那樣隱藏這種技藝，349 而是公開向整個希臘世界廣而

[104] 荷馬：《伊利亞特》10:224。

告之，稱自己是一名智者，突顯你是一名美德的教師，第一個認爲爲此而收費是恰當的。因此，在考察這些問題的時候，我怎麼能夠不請求你的幫助，與我一道進行考察呢？捨此別無他途。

「所以，現在請你提醒一下我原先提出的問題，[b]從頭開始。然後我再和你一道就其他一些問題進行考察。我相信，原先的問題是這樣的：智慧、節制、勇敢、公正、虔誠——這五個名稱指的是同一事物，還是在每個名稱背後有一個獨特的事物，這個事物有它自己的力量或功能，每一事物均與其他事物不同？[c]你說它們不是同一事物的不同名稱，這些名稱中的每一個都指代一個獨特的事物，所有這些事物都是美德的組成部分，但它們不像金子的組成部分，各個部分都相同，並與由這些部分組成的整體相同，而像臉的組成部分，各部分與整體不同，相互之間也不同，各有自己不同的力量或功能。如果你現在仍舊保持這種看法，那麼你就說一下；如果你已經改變看法，那麼請你說一下新的看法。如果你現在想說一些完全不同的觀點，[d]我肯定不會抓住你原先的看法不放。眞的，哪怕你想要對我前面的觀點進行驗證，我也不會感到驚訝。」

「我想要對你說的是，蘇格拉底，所有這些事物都是美德的部分，其中有四個組成部分相互之間非常相似，但是勇敢則與它們完全不同。我提出的證據是眞的，你會發現有許多人極端不公正、不虔誠、不節制、無智慧，但卻非常勇敢。」

[e]「噢，停一下，」我說。「這件事值得深究。你會說勇敢者是自信的，或者是別的什麼樣的嗎？」

「是的，他們是自信的，並且做好了行動準備，而大多數人都會感到害怕。」

「噢，那麼你同意美德是某種好東西，你聲稱自己是美德的教師，因爲美德是好的嗎？」

「美德是一切事物中最好的，除非我喪失理智。」

「那麼它是部分卑鄙、部分高尙，還是全部高尙？」我問道。

「它肯定是全部高尙，極爲高尙。」

350 「你知道誰會無畏無懼地鑽入井中？」

「當然知道，潛水者。」

「這是因爲他們知道他們在幹什麼，還是因爲別的原因？」

「因爲他們知道他們在幹什麼。」

「誰在騎馬打仗時充滿自信？騎手還是非騎手？」

「騎手。」

「誰在用盾牌打仗時會這樣，輕盾步兵還是非輕盾步兵？」

「輕盾步兵，如果你下面要問的還是這一類問題，我的回答就是這樣。那些擁有正確知識的人比那些不擁有正確知識的人要自信，對某個人來說，獲得這種知識以後比獲得這種知識之前更加自信。」

b 「但你有沒有見過這樣的人，完全缺乏有關所有這些事情的知識，但卻在做這些事情的時候充滿自信？」

「我見過，他們全都過於自信了。」

「他們的自信是勇敢嗎？」

「不是，因爲這樣一來，勇敢就會成爲某種卑劣的事物了。這些人瘋了。」

「那麼，你說的勇敢的人是什麼意思呢？他們不是充滿自信嗎？」

[c]「這一點我仍舊這麼看。」

「那麼，這些如此自信的人變得不是勇敢的，而是發瘋了，是嗎？另外，最聰明的人是最自信的、最自信的人也是最勇敢的嗎？如此說來，結論會是智慧就是勇敢。」

「你很壞，蘇格拉底，你沒有記住我回答你的問題時說的話。你問我勇敢者是自信的嗎，我同意了。但你沒有問我自信者是否勇敢的。如果你問的是這個問題，[d]那麼我會說『並非所有自信者都是勇敢的。』你在其他任何地方都沒有指出我同意勇敢者是自信的這個命題是錯誤的。你後來說明的是知識增添了人的自信心，使人比那些沒有知識的人更自信。在後來的推論中你得出結論說，勇敢和智慧是同樣的事物。但是按照這種推理，你也會得出結論說，力量和智慧是同樣的事物。起先，[e]你問我強者是有力量的嗎，我說是的。然後你問我那些懂得如何摔跤的人比那些不懂的人更有力量嗎，個別的摔跤手在學習以後比他們學習之前更有力量嗎？對此我又說是的。在我對這些事情表示同意以後，你就可以準確地使用這些同意了的觀點來證明智慧就是力量。但在此過程中，我沒有在任何地方同意有力量者是強大的，[351]只同意強大者是有力量的。力量和力氣不是一回事。力氣產生於知識，也來自瘋狂或激情。力量則來自自然和身體的恰當培育。所以，自信和勇敢也不是一回事，由此推論，勇敢者是自信的，但並非一切自信者都是勇敢的。因爲，自信，就像力氣一樣，可以來自技藝，也可以來自激情或瘋狂，而勇敢來自自然和靈魂的恰當培育。」

[b]「普羅泰戈拉，你會說有些人生活得好、有些人生活得壞嗎？」

「是的。」

「但是，如果一個人生活在貧困和痛苦之中，你會認爲他生活得好嗎？」

「不會，確實不會。」

「噢，如果他度過了一生，快樂地生活，你會認爲他過得好嗎？」

「我是這麼看的。」

[c]「那麼，快樂地生活是好的，痛苦地生活是壞的嗎？」

「是的，只要他在高尚的事物中生活，取得快樂。」

「什麼，普羅泰戈拉？你肯定不像大多數人那樣，把某些快樂的事物稱作壞的，把某些痛苦的事物稱作好的嗎？我的意思是，一樣快樂的事物是好的，僅就其是快樂的而言，亦即，它會帶來的後果是快樂，而不是其他；另一方面，痛苦的事物是壞的，亦以同樣的方式，僅就其是痛苦的而言，不是嗎？」

[d]「蘇格拉底，我不知道我是否應當像你提問那樣簡潔地回答——一切快樂的事物是好的，一切痛苦的事物是壞的。在我看來，更加安全的回應不僅是我當前想到的這種回答，而且要從我的一生出發來看問題，一方面，有一些令人快樂的事物不是好的，另一方面，有一些令人痛苦的事物不是壞的，此外還有第三類事物是中性的——既不好也不

壞。」

[e]「你把那些分有快樂或產生快樂的事物稱作令人快樂的嗎？」

「當然。」

「所以我的問題是這樣的：事物之所以是令人快樂的，就在於它們是好的嗎？我在問的是，快樂本身是好的還是壞的。」

「就像你老是說的那樣，蘇格拉底，讓我們一起來考察這個問題，如果你說的似乎有理，可以認爲快樂和好的事物是相同的，那麼我們會達成一致意見；否則我們會表示不同意見。」

「你希望由你來引導這項考察嗎，還是由我來？」

「由你來引導比較合適，因爲這個想法是你提出來的。」

[352]「行，不知這一點是否有助於澄清問題？當某人根據外貌評價一個人的健康狀況或身體的其他功能時，他會觀察對方的臉和四肢，還會說，『讓我看看你的胸膛和後背，這樣我才能更好地檢查。』我想要的考察就是這一類的。看到你在好（善）和快樂問題上的立場，我需要對你說這樣一些話：來吧，[b]普羅泰戈拉，好好想一想！你對知識怎麼看？你會隨大流，還是有自己的看法？大多數人是這樣想的，它不是一樣強大的事物，既不是一位領袖，也不是一位統治者。他們根本不會以別的方式考慮知識，反倒會認爲，人身上經常呈現知識，但統治他的不是知識，而是其他一些東西——有時候是憤怒，有時候是快樂，[c]有時候是痛苦，有時候是愛情，經常是恐懼；他們認爲他的知識就像一名奴僕，完全被其他

這些東西牽著鼻子走。現在，你也這樣看嗎，或者說在你看來，知識是一樣優秀的事物，能夠統治人，只要人能夠區分善惡，他就不會被迫按知識所指點的以外的方式行事，要拯救一個人，理智就足夠了？」

「我的看法不僅如你所說，蘇格拉底，而且我還要進一步強調，[d]把智慧和知識當作其他什麼東西、而不視爲人的活動的最強大的力量，這種想法確實可恥。」

「你是對的。你明白大多數人的看法不能使我們信服。他們堅持說，大多數人不願意做最好的事情，哪怕他們知道它是什麼，知道自己能做這件事。我曾經問過他們不做好事的原因，他們說，那些以這種方式做這件事的人之所以這樣做，[e]乃是因爲受到我剛才提到的快樂、痛苦，或其他什麼東西的統治。」

「我認爲民衆說錯話是司空見慣的事，蘇格拉底。」

[353]「來吧，那就試著和我一起來說服他們，告訴他們所謂被快樂征服是怎麼一回事，正因如此，儘管他們知道什麼是最好的事情，但就是不願意去做。如果我們只是告訴他們，你們說得不對，可以證明你們說的話是錯的，那麼他們會問，『普羅泰戈拉和蘇格拉底，如果不是被快樂所征服的經驗，而是別的什麼東西，那麼你們倆說它是什麼？告訴我們吧。』」

「蘇格拉底，我們爲什麼一定要去考察那些普通人的意見呢，他們說話從來不經過思考？」

[b]「我想這樣做能幫助我們發現勇敢，發現它如何與美德的其他部分相連。如果你願

意按我們剛才同意的方式談話，由我來引導討論，按照我認爲能夠澄清問題的最佳方式進行，那就請你跟隨我；如果你不願意，那我就放棄談話。」

「不，你說得對；按你剛才的方法繼續吧。」

[c]「那麼我就接著剛才的話頭說；如果他們問，『我們剛才談論被快樂所征服，你們這樣說是什麼意思？』我會以這樣的方式回答他們：『聽著，普羅泰戈拉和我會向你們解釋的。先生們，這裡說的無非就是你們經歷的事情——你們經常被飲食男女之類快樂的事情所征服，儘管你們知道這些事情是毀滅性的，但還是沉迷於其中。』對此他們會表示同意。然後你和我會再問他們：『在什麼意義上，[d]你們把這些事情稱作毀滅性的？是因爲它們各自本身是快樂的，並能直接產生快樂，還是因爲它們後來會帶來疾病、貧困和諸如此類的後果？或者說，即使它後來不會帶來這些後果，而只是提供快樂，但它仍舊是一件壞事情，因爲它以各種方式提供快樂？』所以，普羅泰戈拉，我們能夠假定他們會做出其他什麼回答，而不是回答說壞的事物之所以是壞的，不是因爲它們帶來直接的快樂，而是因爲後來發生的疾病之類的事情嗎？」

[e]「我想大多數人會這樣回答的。」

「『那麼，帶來疾病和貧困，它們也帶來痛苦嗎？』我想他們會表示同意的。」

「是的。」

「『好人們，如普羅泰戈拉和我所堅持的那樣，[354]你們認爲這些事物是壞的，其原因無非在於這樣一個事實，它們導致痛苦，剝奪了我們其他的快樂，是嗎？』他們會表示同意嗎？」

普羅泰戈拉認爲他們會表示同意。

「那麼，再來，假定我們向他們提出一個相反的問題：『你們說某些痛苦的事情也可以是好的，你們不會說體育、軍訓、醫生的治療，包括燒灼術、外科手術、吃藥、節食，這樣一些事情是好事吧，儘管它們是痛苦的？』他們會這樣說嗎？」

「是的。」

[b]「那麼你們稱這些事情爲好的，不是因爲它們會引起極度的疼痛和痛苦，而是因爲它們最終將帶來身體的健康和良好狀況、城邦的安全、統治其他人和財富的權力？』他們會表示同意嗎？」

「是的。」

「『這些事情是好的，僅在於它們帶來快樂的結果，減緩或避免痛苦嗎？或者說除了快樂與痛苦，你們還有其他的標準，以此爲基礎你們把這些事情稱作好的？』[c]我想，他們會說沒有。」

「我會同意你的想法。」

「『所以你們把追求快樂視爲善，而把避免痛苦視爲惡？』」

「是的。」

「『所以，你們把痛苦當作惡，把快樂當作善，因爲你們把一件令人非常愉快的事情稱作惡的，當它剝奪了我們的比它所能提供的快樂更大的快樂時，[d]或者當它帶來比內在於它的快樂更大的痛苦時，是這樣嗎？但若你們把這件令人非常愉快的事情稱作惡的還有其他原因，除了我說的這個標準之外還有別的標準，那麼你們可以告訴我們它是什麼，或者說你們做不到。』」

「我也認爲他們做不到。」

「『關於痛苦的實際狀況不也一樣嗎？你們把受苦的實際狀況稱爲好的，只要它能減緩比它本身更大的痛苦，e 或者能夠帶來比痛苦更大的快樂，對嗎？現在，當你們把受苦的實際狀況稱作好的時候，如果你們正在使用我建議的這個標準以外的標準，你們可以告訴我們它是什麼，但是你們不可能做到。』」

「你說得對。」

「噢，再說，先生們，假如你們問我：『這一點你幹嘛要說這麼多，說得那麼細？』我會回答說，請你們原諒。首先，要說明被你們稱作『被快樂征服』是什麼意思不是一件容易的事；355 其次，所有論證都以此爲起點。不過，哪怕是現在，後退仍舊是可能的，如果你們能夠說出善是快樂以外的某樣東西，惡是痛苦以外的某樣東西。或者說，你們只要快樂而無痛苦地活著就足夠了嗎？如果這就夠了，除了好的事物引起快樂、壞的事物引起痛苦，你們說不出其他意思來，那就聽我說。我要對你們說，即便如此，你們的立場仍舊是荒謬的，b 因爲你們不斷地說一個人知道什麼是惡，但就是要去做，他總是被快樂所驅使和征服；還有，你們說一個人知道什麼是善，但就是不去做，這個時候你們也用眼前的快樂來加以解釋，說他被快樂所征服。如果我們不同時使用快樂、痛苦、善、惡這麼多名稱，這種說法的荒唐之處立刻就能顯示出來；因爲這些東西會變成只有兩樣東西，c 讓我們用兩個名稱來稱呼它們，第一樣東西是『善惡』，第二樣東西是『樂苦』。然後，以此爲基礎，讓我們說一個人知道惡的事情是惡的，對其他名稱也這麼說。如果這時候有人問我們：『爲什麼？』我們會回稱：『被征服了。』『被什麼征服了？』他會問我們。我們不能再說，『被快樂，』——因爲『快樂』已經改了名字，被稱作『善』了——所以我們會這樣說，並且回答『他被……征服了。』他會問，『被什麼征服？』『被善，』我們會說，『蒼天在上！』d 如果碰巧提問者很粗魯，他會大笑著挖苦我們說：『你們說的這些話太荒謬了——一個人知道什麼是惡，他就去做壞事，當這件壞事並非必然要做的時候，他被善征服了。』『所以，』他會說，『就你們自己來說，善重於惡，還是善輕於惡？』我們顯然會回答說，善不重於惡，否則的話，我們說被快樂征服了的這個人就不會做任何錯事了。他會說，『善爲什麼重於惡，或者惡爲什麼重於善？e 僅僅因爲一個大些，一個小些，或者一個多些，一個少些嗎？』我們不得不表示同意。『所以很清楚，』他會說，『你們說的被征服的意思就是爲了得到比較少的好事物而得到比較多的壞事物。』這一點就說到這裡吧。

「所以，現在讓我們回過頭來，把快樂和痛苦這些名稱用於這些非常相同的事物。現在讓我們說，356 一個人做了我們前面稱之爲『惡』的事情，現在我們要稱之爲『痛苦』的事情，我們知道它們是痛苦的，但卻被令人愉快的事情所征服，儘管這些令人愉快的事情顯然並不重於它們。但是，除了相對的過度或不足，快樂如何重於痛苦呢？不就是一件（用其他的話來說）比較大或比較小、比較多或比較少、程度上比較強或比較弱的事情嗎？

「這是因爲，如果有人說：『蘇格拉底，當下的快樂與後來的快樂和痛苦很不一樣，』我會回答說，b『這種差別只能是快樂和痛苦的差別，而不會是其他方式的不同。稱重量是一個很好的比喻，你們把快樂的事情都放在一起，也把痛苦的事情放在一起，一頭擔起快樂，一頭擔起痛苦，竭力保持平衡，然後說出哪一頭更重一些。但若你們稱的是快樂的事情和快樂，那麼一定會有一頭較大或較多；如果你們稱的是痛苦的事情和痛苦，也必然會有一頭較大或較小。如果你們稱的是快樂的事情和痛苦的事情，痛苦的事情被快樂的事情超過了——無論是近的被遠的超過了，還是遠的被近的超過了——你們不得不採取行動，c讓快樂的事情占上風；另一方面，如果快樂的事情被痛苦的事情超過了，那麼你們一定不會這樣做。這在你們看來有什麼區別嗎，我的朋友？』我知道他們不會說出其他什麼話來。」

普羅泰戈拉表示同意。

「既然如此，我會對他們說，『回答我的這個問題：同樣大小的東西放在眼前看起來比較大，而放在遠處則顯得比較小，不是嗎？』他們會說，是的。『東西的厚薄和數量也一樣嗎？同樣的聲音，距離較近聽起來就比較響，d距離較遠聽起來就比較輕嗎？』他們會表示同意。『那麼，要是我們現在的幸福依賴於此，那麼做和選擇比較大的事情，避免和不做比較小的事情，我們會視之爲我們生活中的拯救嗎？這會是一種度量的技藝，還是一種表面現象的力量？表面現象經常把我們引向歧途，使我們陷入混亂，經常改變我們對相同事物的看法，使我們後悔自己對大大小小的事物採取的行動和選擇，與此相反，e度量的技藝透過向我們顯示眞理，能使現象的力量消失，能給我們帶來心靈的安寧，讓我們的心靈堅定地植根於眞理之中，能夠拯救我們的生命。』因此，要是這些人同意這一點，在心裡記得這一點，那麼能拯救我們的是度量的技藝，還是其他技藝？」

「我同意，是度量的技藝。」

「如果我們的生命得到拯救取決於我們對奇數和偶數的選擇，這個時候要正確地比較事物的大小，357無論是拿同類的事物與它本身比，還是拿一種事物與另一種事物比，無論是放得比較近，還是放得比較遠，那會怎麼樣？這種時候拯救我們生命的是什麼？肯定是知識而不是其他什麼東西，特別是度量方面的知識，因爲它是一種有關事物大小的技藝，是嗎？實際上，它不就是算術嗎，算術就是處理奇數和偶數的？』這些人會同意還是不同意我們的看法？」

普羅泰戈拉認爲他們會同意。

「那麼好吧，我的好人們，既然我們的生命想要獲得拯救取決於正確選擇善惡，b無論它們或大或小，或多或少，或近或遠，那麼我們的拯救似乎首先就是一種度量，這種度量要研究相關的過度、不足和相等，不是嗎？」

「必定如此。」

「由於它是一種度量，它必定也是一種專門的技藝，是一種知識。」

「他們會同意這個說法。」

「這種技藝、這種知識到底是什麼，我們可以以後再考察；c爲了回答你們向普羅泰戈拉和我提出的問題，承認它是某種知識就足夠了。如果你們還記得，當我們同意沒有任何

事物比知識更強大或更好，只要知識呈現的時候，它總是對快樂和其他一切事物占據上風的時候，你們提出了這個問題。在這個時候，你們說快樂甚至經常統治那些有知識的人；由於我們沒有同意這一點，你們就繼續問我們：『普羅泰戈拉和蘇格拉底，如果這種經歷不是被快樂所征服，|d|那麼你們說它是什麼呢？告訴我們吧。』如果我們當時直截了當地回答說它是無知，那麼你們會嘲笑我們，但若你們現在嘲笑我們，你們就是在嘲笑你們自己。因爲你們已經同意了我們的看法，那些人在對快樂與痛苦，亦即善與惡，進行選擇的時候，使他們犯錯誤的原因就是缺乏知識，不僅僅是缺乏知識，|e|而且缺乏你們剛才同意了的那種度量的知識。你們一定知道，沒有知識的錯誤行動就是無知的。所以，這就是所謂的『被快樂征服』——無知處於最高程度，這就是普羅泰戈拉、普羅狄科、希庇亞聲稱要加以治療的。但是你們相信它是無知以外的其他事物，你們自己不去智者那裡，也不把你們的孩子送去智者那裡接受訓導，而相信我們正在處理的事情和你們一樣是不可教的。由於擔心你們的金錢，不想付錢給他們，所以你們在私人生活和公共生活中都做得很糟。』

|358|「這就是我們應當對這些人做出的回答。現在我要問你們，希庇亞、普羅狄科，還有普羅泰戈拉——這也是你們的談話——你們認爲我說的是否正確。」他們全都認爲我說得非常正確。

「所以你們同意快樂是善，痛苦是惡。我請求得到區分語詞的普羅狄科的豁免，無論你稱之爲快樂、|b|愜意，還是喜悅，還是用你喜歡的其他方式來稱呼這類事情，我的傑出的普羅狄科，請對我的問題的內容做出回應。」普羅狄科大笑著表示同意，其他人也一樣。

「那麼好吧，你們這些傢伙，這個問題怎麼樣？並非一切行爲都會導向無痛苦、快樂、高尚、有益的生活，對嗎？高尚的活動不是善的和有益的，對嗎？」

他們表示同意。

[c]「如果快樂就是善，那麼沒有一個知道或相信有其他比他正在做的事情更好的事情的人，在他有可能做更好的事情時，會去繼續做他正在做的事。能使人放棄的無非就是無知，能控制自己的無非就是智慧。」

他們全都表示同意。

「那麼，好吧，你們會說無知就是擁有一種虛假的信念，在一些重要的事情上受騙嗎？」

對此他們全都表示同意。

[d]「好，沒有人會自願趨向於惡或者趨向於他相信是惡的東西；也不會有人，看起來，按其本性，想要趨向於他相信是惡的東西，而不是趨向於善的東西。在他被迫要在兩樣壞的事物中做選擇的時候，如果他能夠挑選較小的，不會有人挑選較大的。」

他們又再一次表示同意。

「好吧，有被你們稱作恐懼或害怕的這種東西嗎？我是對你說的，普羅狄科。我說，你是否把這種東西稱作害怕或恐懼，這是一種對某種惡的事情的預期。」

[e]普羅泰戈拉和希庇亞認爲，對害怕和恐懼來說這樣說是對的，但是普羅狄科認爲這樣說只適用於恐懼，不適用於害怕。

「好吧，這沒什麼關係，普羅狄科。如果到現在爲止我說的都是對的，那麼任何願意趨向於他所恐懼的事物的人，當他能夠趨向於他不恐懼的事物時，他會這樣做嗎？或者說根據我們已經同意了的那些看法，這是不可能的嗎？因爲我們已經同意，人們會把他害怕的東西當作惡的，沒有人會自願趨向那些他認爲是惡的事情，或者自願選擇這些事情。」

359 他們全都表示同意。

3. 蘇格拉底的轉變（359a-362a）

「好，普羅狄科和希庇亞，根據我們已經確定的這個看法，讓普羅泰戈拉向我們作一番辯護吧，讓他告訴我們他最初的回答是否正確。我指的不是他一開始的回答，因爲當時他說美德有五個部分，相互之間都各不相同，各自有其獨特的力量或功能。我現在想說的不是他的這個看法，b 而是他後來說的話。因爲他後來說，美德的五個部分中有四個非常相似，只有一個，也就是勇敢，與其他部分很不一樣。他當時說，我能根據下面的證據知道這一點：『你會發現，蘇格拉底，有些人極爲不虔誠、不公正、不節制、無知識，然而卻非常勇敢；憑著這一點，你會認識到勇敢與美德的其他所有部分很不相同。』當時我對這個回答感到非常驚訝，但是現在我在和你們談論了這些事情以後感到更加驚訝。然後我問他，他說的勇敢是否就是自信。他說，『是的，並且也是做好行動的準備。』c 你還記得你做過這個回答嗎？」

他說他做過。

「好，那麼請你告訴我們，這個勇敢者準備好要採取的是什麼行動？同樣的行動是否也可以看作是膽怯者的？」

「不。」

「不同的行爲？」

「是的。」

「膽怯者會趨向於那些激勵自信的事物，而勇敢者會趨向那些值得害怕的事物嗎？」

「大多數人是這樣說的。」

—d—「對，但是我要問的不是這一點。倒不如說，我要問的是，你們說勇敢者大膽地趨向什麼，趨向那些令人害怕的事物，相信它們值得害怕，還是趨向那些不令人害怕的事物？」

「按你剛才所說的，前者是不可能的。」

「你又說對了，所以，如果我們的證明是正確的，那麼沒有人會趨向那些他認爲可怕的事物，因爲不能控制自己的人都是無知的。」

他表示同意。

—e—「但是所有人，勇敢者和膽怯者，趨向於他們充滿信心的事物；所以，勇敢者和膽怯者趨向於相同的事物。」

「但是，蘇格拉底，膽怯者趨向的事物與勇敢者趨向的事物完全相反。比如，勇敢者自願參戰，而膽怯者不願意。」

「參戰是高尚的還是可恥的？」

「高尚的。」

「好吧，如果它是高尚的，我們在前面同意過，那麼它也是好的，因爲我們同意所有高尚的行爲都是好的。」

「非常正確，我始終相信這一點。」

360 「非常正確；但是你會說誰不願意參戰，參戰是高尚的和好的？」

「膽怯者。」

「如果一樣事物是高尚的和好的，那麼它也是快樂的嗎？」

「我們完全同意這點。」

「所以，這些膽怯者，有著完全的知識，不願意趨向於比較高尚、比較好、比較快樂的事物嗎？」

「如果我們同意這一點，我們就會破壞我們前面同意看法。」

「勇敢者怎麼樣，他會趨向於比較高尚、比較好、比較快樂的事物嗎？」

「我們必須同意這一點。」

「所以，一般說來，當勇敢者害怕時，他們的害怕不是可恥的；當他們感到自信時，他們的自信也不是可恥的。」

「對。」

b 「如果不是可恥的，那麼它是高尚的嗎？」

他表示同意。

「如果它是高尙的，那麼它也是好的嗎？」

「是的。」

「而膽怯者的、魯莽者和瘋子的害怕與自信是可恥的，對嗎？」

他表示同意。

「他們的自信是可恥的和壞的，除了無知和愚蠢，還有其他任何原因嗎？」

〔c〕「不，沒有其他原因。」

「那麼好吧，就是由於這個原因，膽怯的人是膽怯的，你稱之爲膽怯還是勇敢？」

「我稱它爲膽怯。」他答道。

「所以，由於膽怯者對所害怕的事物的無知，他們才表現得膽怯嗎？」

他表示同意。

「由於膽怯，他們是膽怯的，你同意嗎？」

他說他同意。

「所以，我們能夠得出結論說，膽怯就是對什麼事物值得害怕、什麼事物不值得害怕的無知。」

他點了點頭。

〔d〕「好吧，現在勇敢是膽怯的對立者。」

他說是的。

「所以，關於什麼事物值得害怕、什麼事物不值得害怕的智慧是這種無知的對立者嗎？」

他又點了點頭，但是非常猶豫。

「所以，關於什麼事物值得害怕、什麼事物不值得害怕的智慧是勇敢，它是這種無知的對立面。」

說到這裡，他甚至不願意再點頭了，他保持沉默。

於是我說：「普羅泰戈拉，你怎麼啦？不願意對我的問題說是或不是？」

「你自己回答吧。」

|e|「我只有一個問題還要問你。你仍舊相信，像你原先那樣，有些人是極端無知的，但仍舊非常勇敢嗎？」

「我認爲，你只想要贏得這個論證，蘇格拉底，這就是你強迫我回答的原因。所以，我會滿足你的，我會說，以我們已經同意了的看法爲基礎，這在我看來是不可能的。」

「除了回答這些關於美德的問題，尤其是美德本身是什麼的問題，|361|我問這些事情沒有其他原因。因爲我知道，如果我們能夠弄清了這一點，那麼就能解決我們倆談論了很久的那個問題——我認爲美德不可教，而你認爲美德可教。

「在我看來，我們的討論已經轉而針對我們了，如果它有它自己的聲音，它會嘲笑我們說，『蘇格拉底和普羅泰戈拉，|b|你們倆眞是太荒唐了。蘇格拉底，你原先說美德不可教，但是現在你論證了相反的觀點，試圖證明一切都是知識——公正、節制、勇敢——在

這種情況下，美德當然就顯得是非常可教的了。另一方面，如果美德是知識以外的某種東西，像普羅泰戈拉原先試圖想要說的那樣，那麼它顯然是不可教的。但若美德整個兒轉變爲知識，像你現在所敦促我們的那樣，蘇格拉底，如果還說美德不可教，那可就太奇怪了。好吧，普羅泰戈拉原先堅持美德可教，〔c〕但是現在他認爲事情正好相反，敦促我們說任何美德幾乎都不會轉變爲知識。據此來看，美德幾乎完全不可教。』

「喔，普羅泰戈拉，看到我們現在已經陷入泥淖，困惑不已，〔d〕我有一種最強烈的願望，想要弄清它，我希望能夠繼續我們當前的談話，直到弄清美德本身是什麼，然後再返身考察美德是否能教，別讓厄庇墨透斯在這場考察中第二次挫敗我們，就好像在你講的故事中，他在分配技藝時把我們給忽略了。我更加喜歡你講的這個故事中的普羅米修斯，超過喜歡厄庇墨透斯。由於我採用了普羅米修斯的預見，把我的生活當作一個整體來預想，所以我關注這些事情，如果你願意，如我開始時所說，我會很樂意與你一道來考察這些事情。」

〔e〕「蘇格拉底，我高度評價你的熱情和你透過論證尋找出路的方式。我眞的不認爲我是個壞人，我肯定是最後一個能容納惡意的人。確實，我告訴過許多人，我對你的尊敬超過我遇到的任何人，肯定超過你這一代人中的其他人。我要說，如果你在智慧方面在凡人中贏得最高聲望，我也不會感到驚訝。我們以後會考察這些事情，只要你願意，不過現在我們該把我們的注意力轉到別處去了。」

〔362〕「那我們就到這裡吧，如果你希望如此。我其實早就該去赴約了。我之所以還待在這裡，只是爲了表明我喜歡我們高貴的同道卡里亞。」

我們的談話就這樣結束了，我們各自離去。

蘇格拉底年表[1]

Socrates, 469BC~399BC

[1] 本年表根據范明生先生《柏拉圖哲學述評》（上海人民出版社，一九八四年版，五一五—五二二頁）所附柏拉圖年表改製。作者對人名、地名等專有名詞的譯名作了統一，增補了與蘇格拉底相關的內容。年表中的年代均爲西元前。

年代	生平記事
一〇〇〇年左右	愛琴海地區進入鐵器時代。
九〇〇—八〇〇年	具有相對固定居住區和共同方言的埃俄利亞人、伊奧尼亞人、多立斯人形成。傳說中的荷馬（Homer）、赫西奧德（Hesiod）時代。開始在南義大利（大希臘）殖民。
七七六年	第一次奧林匹亞賽會（競技會、運動會）舉行。
八〇四年	傳說中的萊喀古斯（Lycurgus）為斯巴達立法。
六六〇年	札琉庫斯（Zaleucus）為南義大利希臘殖民城邦洛克里制定希臘最早法律。
六四〇年	卡隆達斯（Charondas）為西西里希臘殖民城邦卡塔那制定法律。
六二四？—五四七？年	米利都學派哲學家泰勒斯（Thales）。
六二〇年	雅典執政官德拉科（Dracos）並頒布法律。
六一〇？—五四六？年	米利都學派哲學家阿那克西曼德（Anaximander）。
六世紀初	奧菲斯（Orpheus）教興起。
五九四—五九三年	梭倫（Solon）改革，頒布解負令，廢除債務奴隸制，創立四百人議事會。
五八八？—五二五？年	米利都學派哲學家阿那克西美尼（Anaximenes）。
五八〇？—五〇〇？年	畢達哥拉斯學派創始人畢達哥拉斯（Pythagoras）。
五六五？—四七三？年	愛利亞學派先驅者塞諾芬尼（Xenophanes）。
五六〇—五二七年	庇西特拉圖（Pisistratus）成為雅典僭主。
五四六—五四五年	波斯征服小亞細亞沿海希臘殖民城邦。

年代	生平記事
五四四—五四一年	米利都哀歌體詩人福庫利得（Phocylides）鼎盛年·
五四〇年	麥加拉哀歌體詩人塞奧格尼（Theognis）鼎盛年。
五四〇—四八〇年	愛菲索哲學家赫拉克利特（Heraclitus）。
五四〇年	波呂克利圖（Polyclitus）成為薩摩斯僭主。畢泰戈拉移居南義大利克羅頓，義大利學派興起。
五二五—四五六年	悲劇詩人埃斯庫羅斯（Aeschylus）。
五一八—四三八年	抒情詩人品達（Pindar）。
約六—五世紀	愛利亞學派哲學家巴門尼德（Parmenides）。
五一〇年	庇西特拉圖建立的僭主政體告終。
五〇九年	政治家克利斯提尼（Cleisthenes）在雅典確立民主政體，積極推行改革。
五〇〇？—四四〇？年	原子論哲學家留基伯（Leucippus）。
五〇〇？—四二八？年	多元論哲學家阿那克薩哥拉（Anaxagoras）。
四九九年	小亞細亞伊奧尼亞城邦起義反對波斯的統治。
四九六？—四〇六年	悲劇詩人索福克勒斯（Sophocles）。
四九二—四四九年	希波戰爭。
四九〇年	馬拉松之役。希臘雕刻家斐狄亞斯（Phidias）出生於雅典。愛利亞學派哲學家芝諾（Zeno）出生於愛利亞。

年代	生平記事
四八七年	雅典創立貝殼驅逐法以防止僭主政體。
四八五？—四〇六年	悲劇詩人歐里庇得斯（Euripides）。
四八四？年	歷史學家希羅多德（Herodotus）出生。
四八三？—三七五？年	智者高爾吉亞（Gorgias）。
四八三—四八二年	雅典發現新銀礦，國庫增加收入。
四八一？—四一一？年	智者普羅泰戈拉（Protagoras）。
四七九年	伊奧尼亞諸希臘城邦爭取獨立，試圖擺脫波斯統治。
四七八年	以雅典為首建立提洛同盟。
四七二年	埃斯庫羅斯的悲劇《波斯人》參加演出得頭獎。
四六九年	哲學家蘇格拉底（Socrates）誕生於雅典阿羅卑克區，父親是雕刻匠索佛隆尼司庫，母親是接生婆斐娜瑞特。
四六五年	埃斯庫羅斯的悲劇《普羅米修斯》演出。
四六四年	斯巴達地震，國有奴隸希洛人起義。
四六二年	政治家伯里克利（Pericles）開始在雅典產生影響。
四六〇年	雅典推行陪審員薪給制。
四六〇？—四〇〇？年	歷史學家修昔底德（Thucydides）。
四六〇？—三七〇？年	醫學家希波克拉底（Hippocrates）。

年代	生平記事
四六〇？—三七〇？年	原子論哲學家德謨克利特（Democritus）。
四五八年	索福克勒斯的悲劇《阿伽門農》演出得頭獎。
四五七年	雅典人和斯巴達人戰於塔那格拉，雅典戰敗。
四五四—四五三年	提洛同盟金庫從提洛移到雅典，標誌著雅典海上帝國的建立。
四五二年	蘇格拉底追隨哲學家阿凱勞斯，相隨日久，成為阿凱勞斯學派的一名成員。
四五一年	雅典修改公民資格法律，限制公民人數。雅典進入全盛時代。
四五〇—三八五？年	喜劇詩人阿里斯托芬（Aristophanes）。
四四七年	雅典的帕德嫩（Parthenon）神廟開始興建。
四四四年	普羅泰戈拉訪問雅典，與蘇格拉底相見。《普羅泰戈拉篇》記載了他們的會面。
四四〇年	蘇格拉底與阿凱勞斯奉命前往薩摩斯島參加軍事封鎖。
四三六—三三八年	雅典辯論家伊索克拉底（Isocrates）。
四三五？—三七〇？年	犬儒學派創始人安提司泰尼（Antisehenes）。
四三五？—三六〇？年	昔勒尼學派創始人阿里斯提波（Aristippus）。
四三一—四〇四年	伯羅奔尼撒戰爭。
四三一年	索福克勒斯的《伊底帕斯王》和歐里庇得斯的《美狄亞》相繼上演。
四三一—四三〇年	蘇格拉底參加波提狄亞戰爭。
四三〇年	希羅多德撰寫《歷史》告一段落。

年代	生平記事
四三〇—三五五年	歷史學家色諾芬（Xenophon）。
四三〇？—四二四？年	歐里庇得斯的悲劇《赫庫巴》演出。
四三〇年	雅典發生瘟疫。伯里克利受審和被罰。
四二九年	伯里克利卒。雅典開始向公民徵收財產稅。
四二七年	柏拉圖出生於雅典附近的埃癸那島。
四二七年	雅典第二次發生瘟疫。阿里斯托芬的第一部喜劇《宴會》在雅典的酒神節演出。
四二五年	斯巴達的國有奴隸希洛人逃亡。阿里斯托芬的喜劇《阿卡納人》演出。
四二四年	歷史學家修昔底德遭到驅逐。雅典人在德立安被斯巴達人打敗（蘇格拉底和阿爾基比亞德參加過這次戰役）。阿里斯托芬的喜劇《騎士》演出得頭獎。
四二三年	雅典人和斯巴達人訂立一年休戰和約。阿里斯托芬的喜劇《雲》演出，劇中諷刺蘇格拉底。
四二二年	蘇格拉底參加安菲波利戰役。阿里斯托芬的喜劇《馬蜂》演出。
四二一年	雅典和斯巴達再次訂立同盟條約，為期五十年。阿里斯托芬的喜劇《和平》演出。柏拉圖《國家篇》、《蒂邁歐篇》、《克里底亞篇》假託的談話進行時期。歐里庇得斯的悲劇《請願的婦女》演出。
四二〇？年	在伯羅克尼撒的巴塞建造阿波羅神廟。
四一九年	尼昔亞斯（Nicias）和阿爾基比亞德（Alcibiades）當選為雅典的將軍。

年代	生平記事
四一八年	原和雅典結盟的阿耳戈斯敗於斯巴達，因此和斯巴達人結盟並建立貴族政體；次年即被推翻，重新恢復和雅典人的結盟。歐里庇得斯的《伊安》演出。
四一六年	雅典人攻陷梅洛斯島後進行大屠殺。索福克勒斯的悲劇《厄勒克特拉》演出。
四一五年	雅典海軍在阿爾基比亞德、尼昔亞斯等人領導下遠征敘拉古。阿爾基比亞德奉召回國，歸途中逃往斯巴達。
四一四年	阿里斯托芬的喜劇《鳥》上演。
四一三年	雅典同盟國相繼脫離、拒納年貢、經濟困難而徵收進出口稅。雅典帝國開始瓦解。雅典遠征敘拉古海軍遭到覆滅。二萬多雅典奴隸逃亡。歐里庇得斯的悲劇《伊菲革涅亞在陶洛人裡》等演出。
四一二年	雅典盟國暴動。斯巴達和波斯結盟並接受波斯資助共同對抗雅典。薩摩斯在雅典支持下出現平民革命，反對貴族奴隸主的統治。以斯巴達為首的伯羅奔尼撒諸城邦的海軍集中於米利都，雅典的海軍集中於薩摩斯。
四一一年	雅典發生寡頭政變，推翻民主政體，建立四百人議事會，遭到駐薩摩斯雅典海軍反對；不久廢除四百人議事會，由溫和的寡頭黨執政，召回阿爾基比亞德。阿里斯托芬的喜劇《利西翠妲》和《地母節婦女》上演。
四一〇？—三三九年	學園派哲學家斯彪西波（Speusippus），柏拉圖的外甥，學園的第二任領導人。
四一〇年	雅典在庫梓科戰役獲勝，恢復民主政體，拒絕斯巴達的和平建議。索福克勒斯的悲劇《菲羅克忒忒斯》演出得頭獎。

年代	生平記事
四〇八？—三五四年	狄翁（Dion），柏拉圖的最重要的朋友和學生之一。
四〇七年	阿爾基比亞德回雅典出任將軍職務。赫謨克拉底（Hermocrates）在敘拉古被殺。
四〇六年三月	雅典在諾丁姆戰役敗績，阿爾基比亞德引咎辭職，三月雅典在阿吉紐西戰役獲勝，但雅典審判和宣告指揮該戰役的將軍們有罪，遭到蘇格拉底的反對。索福克勒斯和歐里庇得斯相繼去世。
四〇五年	薩摩斯人取得雅典公民權。雅典在埃戈斯坡塔彌戰役敗績。狄奧尼修斯一世（Dionysus I）成為敘拉古僭主。阿里斯托芬的喜劇《蛙》演出。
四〇四年	伯羅奔尼撒戰爭以雅典向斯巴達投降結束。雅典出現以柏拉圖的近親克里底亞（Critias）、卡爾米德（Charmides）為首的「三十僭主」政體。
四〇三年	「三十僭主」政體覆滅，雅典恢復民主政體。
四〇一年	索福克勒斯去世不久，其悲劇《伊底帕斯在科羅諾斯》演出得頭獎。
四〇〇？—三一四年	學園派哲學家色諾克拉底（Xenocrates），柏拉圖學園的第三任領導人。
三九九年	蘇格拉底在民主政體下遭到指控和被處死。柏拉圖離開雅典到麥加拉等地遊學。柏拉圖《申辯篇》、《克里托篇》、《斐多篇》假託的談話進行時期。
三九八年	修昔底德的《伯羅奔尼撒戰爭史》發表。
三九五—三八七年	科林斯戰爭，柏拉圖曾參加該戰爭。柏拉圖到埃及、昔勒尼等地遊學。
三九五—三九四年	雅典和底比斯等結盟反對斯巴達。

年代	生平記事
三九四—三九一?年	柏拉圖撰寫《伊安篇》。
三九二—三九〇?年	波呂克拉底（Polycrates）發表小冊子攻擊已去世的蘇格拉底。
三九〇?年	柏拉圖撰寫《克拉底魯篇》。
三九〇—三八九年	雅典宣布徵收稅率為百分之四十的戰爭稅。
三八九年	阿里斯托芬的《公民大會婦女》和傳世的最後喜劇《財神》演出。
三八七年	柏拉圖第一次訪問南義大利和西西里，結識塔壬同民主政體領袖阿啓泰，以及敘拉古僭主狄奧尼修斯一世。回雅典後創立學園，開始構思《國家篇》。
三八七—三六七?年	柏拉圖撰寫《國家篇》。
三八七年後	撰寫《美涅克塞努篇》、《高爾吉亞篇》。
三八六—三八二?年	撰寫《美諾篇》。
三八五—三八〇?年	撰寫《會飲篇》。
三八四年	亞里斯多德（Aristotle）出生於斯塔癸刺。
三八四年	德謨斯提尼（Demosthenes）出生於雅典。
三七八—三七七年	雅典為首的第二次海上同盟組成。
三七七年	雅典實行新的財產稅。
三七五?—二八七年	哲學家塞奧弗拉斯特（Theophrastus），柏拉圖和亞里斯多德的著名學生。
三七一年	雅典和斯巴達建立和平。斯巴達在琉克特剌戰敗，國勢逐漸衰落。

年代	生平記事
三六九—三六七年	柏拉圖撰寫《泰阿泰德篇》。
三八八？年	敘拉古僭主狄奧尼修斯一世去世。柏拉圖應邀第二次訪問西西里。亞里斯多德進入學園。
三六六？年	柏拉圖撰寫「第十三封書信」。
三六一年	柏拉圖應邀第三次訪問西西里。回雅典後構思《法篇》。
三六〇年	柏拉圖撰寫「第十二封書信」。
三五九—三三六年	馬其頓興起。菲力出任馬其頓執政。
三五七年	雅典收復失地刻索尼蘇斯和歐玻亞。狄翁回西西里，領導推翻狄奧尼修斯二世的統治。柏拉圖在此前後撰寫《蒂邁歐篇》。
三五六—三二三年	亞歷山大大帝出生於馬其頓的佩拉。
三五四年	狄翁成為敘拉古僭主，不久被卡利浦斯（Callipus）謀殺。柏拉圖撰寫「第七封書信」。
三五三年	卡利浦斯被推翻。柏拉圖撰寫「第八封書信」。
三五一年	德摩斯梯尼發表《斥菲力書》。
三四七年	柏拉圖逝世，斯彪西波繼任學園領導；亞里斯多德和色諾克拉底等離開雅典到阿泰努等地。
三四六年	狄奧尼修斯二世在敘拉古重建僭主政體。
三四四—三四三年	提摩勒昂（Timoleon）領導推翻狄奧尼修斯二世的統治。

年代	生平記事
三四三年	亞里斯多德應邀擔任亞歷山大的老師。
三四一—二七〇年	晚期哲學家伊壁鳩魯。
三三五年	亞里斯多德回雅典創建逍遙學派。
三三六年	斯多亞學派創始人芝諾（Zeno）出生於季蒂昂。

柏拉圖著作篇名縮略語表

希臘文篇名	英文縮略語	英文篇名	中文篇名
Ἀπολογία	Ap.	Apology	申辯篇
Χαρμίδης	Chrm.	Charmides	卡爾米德篇
Κρατύλος	Cra.	Cratylus	克拉底魯篇
Κριτίας	Criti.	Critias	克里底亞篇
Κρίτων	Cri.	Crito	克里托篇
Ἐπίνομις	Epin.	Epinomis*	伊庇諾米篇
Ἐπίστολή	Ltr.	Letters***	書信
Εὐθύδημος	Euthd.	Euthydemus	歐緒德謨篇
Εὐθύφρων	Euthphr.	Euthyphro	歐緒弗洛篇
Γοργίας	Grg.	Gorgias	高爾吉亞篇
Ἱππία Μείξων	G.Hp.	Greater Hippias**	大希庇亞篇
Ἱππία Ἐλάττων	L.Hp.	Lesser Hippias	小希庇亞篇
Ἴων	Ion	Ion	伊安篇
Λάχης	Lch.	Laches	拉凱斯篇
Νόμοι	L.	Laws	法篇
Λύσίς	Ly.	Lysis	呂西斯篇
Μένεξένος	Mx.	Menexenus	美涅克塞努篇
Μένων	M.	Mono	美諾篇
Παρμενίδης	Prm.	Parmenides	巴門尼德篇
Φαίδων	Phd.	Phaedo	斐多篇
Φαῖδρος	Phdr.	Phaedrus	斐德羅篇
Φίληβος	Phlb.	Philebus	斐萊布篇
Πρωταγόρας	Prt.	Protagoras	普羅泰戈拉篇
Πολιτεία	R.	Republic	國家篇
Σοφιστὴς	Sph.	Sophist	智者篇

希臘文篇名	英文縮略語	英文篇名	中文篇名
Πολιτικὸς	Stm.	Statesman	政治家篇
Συμπόσιον	Smp.	Symposium	會飲篇
Θεαίτητος	Tht.	Theaetetus	泰阿泰德篇
Τίμαιος	Ti.	Timaeus	蒂邁歐篇
Ἀλκιβιάδης	Alc.	Alcibiades**	阿爾基比亞德上篇
Ἀλκιβιάδης δεύτερος	2Alc.	Second Alcibiades*	阿爾基比亞德下篇
Ἵππαρχος	Hppr.	Hipparchus*	希帕庫斯篇
Κλειτοφῶν	Clt.	Clitophon**	克利托豐篇
Θεάγης	Thg.	Theages*	塞亞革斯篇
Μίνως ἢ Περί Νόμο	Min.	Minos*	彌諾斯篇
Δημόδοκος	Dem.	Demodocus*	德謨多庫篇
Σίσυφος	Sis.	Sisyphus*	薛西弗斯篇
Ἐρυξιας	Eryx.	Eryxias*	厄里西亞篇
Αξίοχος	Ax.	Axiochus*	阿西俄庫篇
Ἐπασταί	Riv.	Rival Lovers*	情敵篇
Περί Δίκαιω	Just.	On Justice*	論公正
Περί Ἀρετη	Virt.	On Virtue*	論美德
Ἀλκυών	Hal.	Halcyon*	神翠鳥
Ὅροι	Def.	Definitions*	定義集
Ἐπίγραμμαι	Epgr.	Epigrams***	詩句集

* 表示偽作。

** 表示大多數學者認為不是柏拉圖真作。

*** 書信和詩句集的各篇各節真偽情況不一。

名詞索引

篇名縮略語：

Ap. 申辯篇　**Chrm.** 卡爾米德篇　**Cri.** 克里托篇
Euthphr. 歐緒弗洛篇　**Grg.** 高爾吉亞篇　**Ion** 伊安篇
Lch. 拉凱斯篇　**L.Hp.** 小希庇亞篇　**Ly.** 呂西斯篇
Prt. 普羅泰戈拉篇

※ 名詞後數字頁碼順序：柏拉圖著作標準頁碼／本書頁碼。

cooking: ἕψησις 烹調 Grg. 462d+, 465b+, 500b, 500e+, 501a, 518b+; Ly. 209+ / 188, 347, 351, 420, 421, 450

corruption of youth: διαφθορά 毒害、敗壞（青年）Ap. 24+; Euthphr. 2c, 3a+, 5b / 20, 21, 223, 228

Corybantes: Κορύβαντες 科里班忒 Ion 534a / 298

Cos: Κῶς 科斯（地名）Prt. 311b / 476

Council, at Athens: ἐκκλησία 議會（雅典的）Ap. 32b / 34

courage(ous): ἀνδρεία 勇敢 Grg. 495c+; Lch. 190d-199e; Prt. 329e+, 349a-360d / 148-166, 408, 504, 535-553

cowardice: δειλία, πονηρία 膽怯 Prt. 326c, 359+ / 499, 549-551

craft(s): τέχνη 技藝 Grg. 448b+, 449a+, 450b+, 451a+, 456c, 462c+, 500a+, 511c, 512c / 322, 324, 327, 328, 338, 347, 420, 439, 440

craftsman/craftsmen: δημιουργός 匠人、藝人 Ap. 22d / 17

creation: δημιουργία 創造，產生 Prt. 320c+ / 492

creatures: θηρίον 被造物、生靈 Prt. 320d / 493

Creon of Thessaly: Κρέον 克瑞翁 Prt. 339a / 520

Cretan(s)/Crete: Κρής, Κρήτη 克里特人／克里特 Cri. 52e; Prt. 342a+ / 71, 526

crime(s): ἀδίκημα 罪惡、罪行 Cri. 50b+; Grg. 525e / 67, 462

criminal(s): κᾰκοῦργος 罪犯 Prt. 325b / 498

Crison: Κρίσων 克里松 Prt. 335e+ / 516

Critias, Κριτίας 小克里底亞：Chrm. 157e / 87

Critias: Κριτίας 克里底亞，《卡爾米德篇》、《克里底亞篇》、

death: θνήσκω 死亡 **Ap. 29, 35, 37b, 40b+; Grg. 524b+** / 29, 38, 42, 46, 460

definition: λόγος 定義、界定 **Euthphr. 6d** / 231

Delium: Δελίον 代立昂（地名）**Ap. 28e; Lch. 181b** / 29, 133

Delos: Δήλος 德洛斯（地名）**Cri. 43d** / 56

Delphi: Δελφοί 德爾斐（地名）**Ap. 20e+; Chrm. 164d+; Prt. 343b** / 14, 101, 528

demigods: ἡμίθεος 半神 **Ap. 27** / 28

Democrates: Δημοκράτης 德謨克拉底 **Ly. 204e, 205c, 208, 209a** / 179, 180, 187

Demodocus: Δημόδοκος 德謨多庫（《塞亞革斯篇》談話人）**Ap. 33e** / 36

Demophon: Δημοφῶν 德謨封 **Ly. 207b** / 183

demos, Athenian: δῆμος 德莫（區）**Grg. 481d+, 513b** / 386, 442

Demos: δήμους 德摩斯 **Grg. 481d+, 513b** / 386, 442

desire(s): ἐπῐθῡμία 欲望、期望 **Grg. 496d; Ly. 218a, 221; Prt. 340b** / 206, 212, 213, 214, 411, 522

dialect(s): γλῶσσα 方言 **Prt. 341b+; 341c, 346e** / 524, 525, 532

dialectic(al)/dialectician(s): διαλέγω 辯證的 **Grg. 448d, 471d+** / 323, 364

difference(s)/different: διαφορά 區別、差別、不同 **Euthphr. 7e+** / 233

Dionysus (the god): Διόνυσος 狄奧尼修斯 **Grg. 472a; Ion 534a** / 298, 365

disputation: ἔρίς, ἀντίλογία 爭論，爭執 **Prt. 337b** / 517

Epicharmus: Ἐπιχάρμος 厄庇卡爾謨 **Grg. 505e** / 430

Epidaurus: Ἐπιδαύρος 埃皮道倫（地名）**Ion 530a** / 288

Epigenes: Ἐπιγένης 厄庇革涅 **Ap. 33e** / 36

Epimetheus: Ἐπιμηθεύς 厄庇墨透斯 **Prt. 320d+, 321b+, 361c+** / 493, 494, 554

equal(ity): ἴσος 相等 **Grg. 483c+; Prt. 337a** / 388, 517

Eryximachus: Ἐρυξίμαχός 厄律克西馬庫，《會飲篇》對話人 **Prt. 315c** / 484

essence: οὐσία 本質 **Euthphr. 11a** / 239

Eudicus: Εὔδικος 歐狄庫，《小希庇亞篇》、《大希庇亞篇》對話人 **L.Hp. 363b+** / 256

eunuch(s): εὐνοῦχος 閹人 **Prt. 314d** / 482

Euripides: Εὐριπίδης 歐里庇得斯 **Ion 533d; Grg. 484e, 485e+, 486b, 492e** / 297, 391, 392, 393, 404

Europe: Εὐρώπη 歐羅巴（地名）**Grg. 524a** / 460

Eurybatus: Ευρύβατος 歐律巴圖 **Prt. 327d** / 501

Euthyphro: Εὐθύφρων 歐緒弗洛，《歐緒弗洛篇》對話人 **Euthphr. 3b, 3e+, 4a+, 5a, 5b, 9a, 11e, 12a, 13e, 14d, 15b, 15d** / 224, 225, 226, 227, 228, 235, 240, 241, 245, 246, 247, 249

even: ἄρτιος 雙（偶）**Euthphr. 12c+** / 242

Evenus: Εὔηνος 厄文努斯 **Ap. 20b** / 13

evil(s): κἄκός 惡、邪惡 **Ap. 25e+** / 23

exercise(s): ἄσκησις, γυμνασία 練習，訓練 **L.Hp. 374a+** / 275

experience: ἐμπειρία 經驗 **Grg. 448c** / 323

gadfly, Socrates as: μύωψ 牛虻 Ap. 30a / 32

games: παιγνιά 遊戲 Grg. 450d; Ly. 206e / 182, 328

general(s): στρἄτηγος 將軍 Euthphr. 14a; Ion 540d+; Lch. 198e+ / 164, 245, 310

generation(s)/genesis: γένεσις 生成 Prt. 320d+ / 493

gentleness: ἡσῠχία 溫和 Grg. 516c / 447

geometer/geometrical/geometry: γεωμέτρης, γεωμετρικός, γεωμετρία 幾何學家，幾何學 L.Hp. 367d+ / 265

Geryon: Γηρυών 革律翁 Grg. 484b / 390

Glaucon, famous rhapsode: Γλαύκων 格老孔（著名吟誦詩人）Ion 530d / 290

Glaucon, father of Charmides: Γλαύκων 格老孔（卡爾米德之父）Chrm. 154b, 158b; Prt. 315a / 82, 88, 482

god(s): Θεός, θεῖον 神 Ap. 26; Ion 534; Prt. 320d+, 345d / 24-25, 298-299, 494, 531

gold(en): χρῦσός 金 / 金的 Ly. 220a / 211

good(ness/s): ἀγαθὸν 好（善）Ap. 28a, 30d, 41; Chrm. 156e+; Euthphr. 15a; Ly. 216b, 216d+, 220d; Grg. 468, 474d, 497+, 500c+, 503d+, 504, 506c+; 451e+, 497+,526c, 527c; Prt. 332c, 333d+, 352+, 354+, 358 / 27, 31, 48, 86, 201, 202, 211, 246, 356, 369, 412, 510, 513, 539, 542, 547

Gorgias: Γοργίας 高爾吉亞（《高爾吉亞篇》談話人）Ap. 19e; Grg. 447b, 449a-460e, 482d, 487a, 494d / 12, 321, 324-344, 387, 394, 407

government(s): πολιτεία, πράγμασι 政府 Prt. 322b+ / 495

grace/Graces: κἄϱἴς 優雅 **L.Hp. 374b** / 276

Greece/Greek(s): Ἑλλάς 希臘 / 希臘人 **Ly. 223; Prt. 337d** / 216, 518

gymnasiums: γυμνάσιον 體育場，摔跤學校 **Ly. 206e; Prt. 326c** / 182, 499

gymnastics: γυμναστικός 體育鍛煉 **Cri. 50d; Grg. 464b+, 517e+; Ly. 212d; Prt. 312b, 326c** / 68, 194, 350, 450, 478, 499

Hades: Ἅιδης 哈得斯 **Grg. 493b, 525c+** / 405, 462

happiness: εὐδαίμων 快樂，幸福 **Chrm. 173+; Grg. 470d+, 494d+** / 118, 362, 407

harmonies/harmony: σὔμφωνος 和音，諧音 **Lch. 188d+; L.Hp. 368d; Prt. 326b** / 145, 266, 499

health: ὑγίεια 健康 **Ly. 219a** / 208

Hecamede: Ἑκαμήδη 赫卡墨得 **Ion 538c** / 307

Hector: Ἕκτωϱ 赫克托耳 **Ap. 28c; Ion 535b** / 28, 300

Hecuba: Ἑκάβη 赫卡柏 **Ion 535b** / 300

Hellas/Hellenes/Hellenic: Ἑλλάς, Ἑλληνις, Ἑλληνική 希臘 / 希臘人 / 希臘式的 **Ly. 210b** / 189

Hephaestus: Ἡφαίστος 赫淮斯托斯 **Euthphr. 8b; Prt. 321d+** / 234, 494

Hera: Ἥϱαν 赫拉 **Ap.25a; Euthphr. 8b** / 21, 234

Heraclea: Ἡϱακλεία 赫拉克利亞（地名）**Ion 533d; Prt. 318b** / 297, 489

Heracles: Ἡϱακλῆς 赫拉克勒斯 **Grg. 484b; Ly. 205c** / 180, 390

merchant(s): ὁλκᾶς 商人 **Prt. 319d** / 491
Metion: Μητίονος 麥提翁 **Ion 533a** / 296
Metrodorus: Μητρόδωρος 梅特羅多洛 **Ion 530c** / 289
Miccus: Μίκκος 彌庫斯 **Ly. 204a, 204e, 206e** / 177
Miletus: Μιλήτος 米利都（地名）**Prt. 343a** / 527
Miltiades: Μιλτιάδης 米爾提亞得 **Grg. 503c, 515d, 516d** / 426, 445, 448
mind: νοῦς 心靈 **L.Hp. 375a+** / 278
Minos: Μίνως 彌諾斯 **Ap. 41a; Grg. 523e+, 524a, 526c+** / 459, 460, 464
Mithaecus: Μίθαικος 米賽庫斯 **Grg. 518b** / 450
moderate/moderation: σωφροσύνη 節制、明智 **Prt. 324e+** / 498
modesty: αἰδώς, αἰσχῦνη 節制 **Chrm. 158c, 160e+** / 88, 93
money: χρήμᾰτα 錢、金錢 **L.Hp. 368b; Ly. 211e** / 192, 266
Moon (goddess): σελήνη 月亮女神 **Ap. 26d** / 25
moon: σελήνη 月亮 **Ap. 26d** / 25
multitude, the: πολύς 衆多 **Ap. 28a** / 27
murder(ers): φόνος 兇手、謀殺者 **Euthphr. 4, 8, 9a** / 226, 234, 235
Musaeus: Μουσαῖος 穆賽烏斯 **Ap. 41a; Ion 536b; Prt. 316d** / 47, 302, 487
Muses: Μοῦσα 繆斯 **Ion 533e+, 535e+** / 297, 302
music(al): μουσἶκή 音樂 **Chrm. 160a; Cri. 50d; Lch. 188d; Prt. 312b, 316e, 326a+** / 68, 92, 145, 478, 487, 499
Myrrhinus: Μυρρινούς 密利努（地名）**Prt. 315c** / 484

Sophroniscus: Σωφρονίσκος 索佛隆尼司庫 **Lch. 180d+, 187d** / 132, 143

soul(s): ψῦχή 靈魂 **Grg. 479b, 493b+, 523-525; L.Hp. 372d+, 375e+** / 273, 280, 381, 404, 458-463

Sparta/Spartan(s): Σπάρτη 斯巴達 / 斯巴達人 **Cri. 52e; Lch. 183a+, 191b+; Prt. 342+** / 71, 136, 150, 526

species: εἶδος 物種 **Prt. 320e+** / 493

spectator(s): θεατής, θεωρός 觀看者，觀衆 **Ion 533e+** / 297

speech(es): φωνή, λόγος, ῥῆμα 言語，話語 **Grg. 461e; Prt. 319d, 329a** / 345, 491, 503

Sphettus: Σφήττιος 斯費圖（地名）**Ap. 33e** / 36

spirit(s): δαίμων 精靈 **Ap. 27b+** / 26

Stasinus: Στασίνος 斯塔昔努 **Euthphr. 12b** / 241

state(s) (or conditions): κᾰτάστᾰσις 狀況、狀態 **Euthphr. 10; Prt. 346d** / 237, 532

state(s) (political): πάνδημος, δήμιος 城邦 **Prt. 322d+, 324e, 326d+** / 496, 498, 500

statesman(ship)/statesmen 政治家：**Grg. 515, 517+, 519, 521d** / 445, 449, 451, 455

statues: εἰκών 雕像 **Euthphr. 11c, 15b** / 240, 248

Stesilaus: Στησίλαος 斯特西勞 **Lch. 183d** / 136

Stesimbrotus: Στησίμβροτος 斯特西洛圖 **Ion 530d** / 290

stories/story: μῦθος 故事 **Prt. 320c** / 492

strength/strong: δύνᾰμις 力量 / 強大 **Grg. 483+, 488c+; L.Hp. 374a+; Prt. 332b** / 276, 388, 396, 509

經典名著文庫087

蘇格拉底對話集

作　　者 — 柏拉圖
編　　譯 — 王曉朝
發 行 人 — 楊榮川
總 經 理 — 楊士清
總 編 輯 — 楊秀麗
文庫策劃 — 楊榮川
本書主編 — 蘇美嬌
特約編輯 — 郭雲周
封面設計 — 姚孝慈
著者繪像 — 莊河源
出 版 者 — 五南圖書出版股份有限公司
地　　址 — 臺北市大安區106和平東路二段339號4樓
電　　話 — 02-27055066（代表號）
傳　　眞 — 02-27066100
劃撥帳號 — 01068953
戶　　名 — 五南圖書出版股份有限公司
網　　址 — https://www.wunan.com.tw
電子郵件 — wunan@wunan.com.tw
法律顧問 — 林勝安律師事務所　林勝安律師
出版日期 — 2020年2月初版一刷
2022年9月初版三刷
定　　價 — 650元

國家圖書館出版品預行編目資料

蘇格拉底對話集 / 柏拉圖(Plato)著 ; 王曉朝譯. — 1版.
— 臺北市 : 五南圖書出版股份有限公司, 2020.02
面；公分. -- (五南經典名著文庫；87)

ISBN 978-957-763-524-2（平裝）

1. 柏拉圖(Plato, 427-347 B.C.) 2. 學術思想
3. 古希臘哲學

141.4　　108011676